安徽省普通高中学科教学指导意见

安徽省教育科学研究院 编著

主　编：余奕祥
副主编：徐贵亮　王光厚　曹　武
编　委：俞　璐　李院德　包文敏　赵　杰　丁学武　徐贵亮
　　　　吴儒敏　杨思锋　朱成东　钟能政　方其桂　梅小景
　　　　胡　敏　余　含　郝蔚舒　吴　桥　许晓红

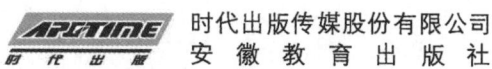

时代出版传媒股份有限公司
安徽教育出版社

图书在版编目（CIP）数据

安徽省普通高中学科教学指导意见/安徽省教育科学研究院编著. —合肥：安徽教育出版社，2021.4
ISBN 978-7-5336-9278-0

Ⅰ.①安… Ⅱ.①安… Ⅲ.①课程－教学研究－高中 Ⅳ.①G632.3

中国版本图书馆 CIP 数据核字(2021)第 002866 号

安徽省普通高中学科教学指导意见

出 版 人：费世平
质量总监：武常春
责任编辑：刘义平　黄　俊
装帧设计：袁　泉
责任印制：吴　宾

出版发行：时代出版传媒股份有限公司　安徽教育出版社
地　　址：合肥市经开区繁华大道西路 398 号　邮编：230601
网　　址：http://www.ahep.com.cn
营销电话：(0551)63683012,63683013
排　　版：安徽时代华印出版服务有限责任公司
印　　刷：安徽联众印刷有限公司

开　　本：787×1092　1/16
印　　张：26.5
字　　数：550 千字
版　　次：2021 年 4 月第 1 版　2021 年 9 月第 2 次印刷
定　　价：68.00 元

（如发现印装质量问题，影响阅读，请与本社营销部联系调换）

前　言

　　普通高中教育是国民教育体系的重要组成部分，是在义务教育基础上进一步提高国民素质、面向大众的基础教育，在人才培养的过程中起着承上启下的关键作用；其任务是促进学生全面而有个性的发展，为学生适应社会生活、高等教育和职业发展作准备，为学生的终身发展奠定基础。普通高中的培养目标是在义务教育的基础上，进一步提升学生综合素质，着力发展学生核心素养，使学生具有理想信念和社会责任感，具有科学文化素养和终身学习能力，具有自主发展能力和沟通合作能力，成为有理想、有本领、有担当的时代新人。

　　普通高中学科教学要坚持全面贯彻党的教育方针，落实立德树人根本任务，发展素质教育，推进教育公平，努力构建具有中国特色、体现国际发展趋势、充满活力的课程体系，培养德智体美劳全面发展的社会主义建设者和接班人。

　　2019年，《国务院办公厅关于新时代推进普通高中育人方式改革的指导意见》出台。2020年，教育部印发《普通高中课程方案和语文等学科课程标准（2017年版2020年修订）》。2020年，安徽省委、省政府出台《安徽省深化基础教育改革全面提高育人质量行动计划》。中共安徽省委教育工委、安徽省教育厅也于2020年先后印发了《安徽省新时代推进普通高中育人方式改革实施方案》《安徽省普通高中新课程新教材实施方案》等文件。从2020年秋季开始，我省普通高中高一年级全面实施新课程，并使用新教材。

　　为贯彻落实国家和我省对普通高中教育教学的一系列重大部署，全面深化普通高中课程改革，深入推进课堂教学改革，适应新课程、用好新教材，切实提高普通高中基于新课程标准的教学质量，巩固增效减负工作成果，我们在委厅领导的支持、指导下，组织全省教研系统和教学战线的精兵强将，结合安徽实际，研究制定了《安徽省普通高中学科教学指导意见》（以下简称《教学指导意见》）。《教学指导意见》经过专家论证、合法性审查等程序，并报厅长办公会、工委会审议通过，于2020年8月13日以省教育厅的名义印发，请各地教育主管部门和学校遵照执行。

　　《教学指导意见》分语文、数学、英语、思想政治、历史、地理、物理、化学、生物学、信息技术、通用技术、音乐、美术、体育与健康、综合实践活动15门学科。除综合实践活动学科以外，每门学科的教学指导意见均包括指导思想、教学安排、教学要求、教学建议、评价与考试建议五个部分，并附有备课规范要求、作业规范要求。考虑到纸质出版物更便于教师、教研员和教育行政管理人员阅读和使用，能进一步增强指导实效，经过研究，在报请委厅领导批准后，现将《安徽省普通高中学科教学指导意见》正式出版，并免费提供给我省普通高中各学科教师、教研员和教育行政管理人员学习使用。各普通高中要在当地教育行政部门的领导下,在各级教研部门的指导下,认真研读本《教学指导意见》,结合校情、学情精心组织教学工作。教学中要更加关注育人目标,更加注重培养学生的核心素养,更加强调提高学生综合运用知识解决实际问题的能力,帮助教师和学生把握教与学的深度和广度,为阶段性评价、学业水平考试和升学考试命题提供重要依据,促进教、学、考有机衔接,形成育人合力。

本书编委会

目录

普通高中语文学科教学指导意见	1
普通高中数学学科教学指导意见	32
普通高中英语学科教学指导意见	59
普通高中思想政治学科教学指导意见	85
普通高中历史学科教学指导意见	110
普通高中地理学科教学指导意见	136
普通高中物理学科教学指导意见	160
普通高中化学学科教学指导意见	190
普通高中生物学学科教学指导意见	213
普通高中信息技术学科教学指导意见	246
普通高中通用技术学科教学指导意见	267
普通高中音乐学科教学指导意见	294
普通高中美术学科教学指导意见	322
普通高中体育与健康学科教学指导意见	356
普通高中综合实践活动学科教学指导意见	397

普通高中语文学科教学指导意见

为贯彻落实《国务院办公厅关于新时代推进普通高中育人方式改革的指导意见》(国办发〔2019〕29号)、《安徽省深化基础教育改革全面提高育人质量行动计划》(皖发〔2020〕6号)、《安徽省新时代推进普通高中育人方式改革实施方案》(皖教工委〔2020〕31号)等有关文件精神,以《普通高中语文课程标准(2017年版2020年修订)》(以下简称《课程标准》)、《安徽省普通高中新课程新教材实施方案》(皖教基〔2020〕9号)和统编高中语文教科书为依据,结合我省普通高中语文教学实际,对我省普通高中语文教学提出如下指导意见:

一 指导思想

坚持以习近平新时代中国特色社会主义思想为指导,深入贯彻党的十九大和全国教育大会精神,全面贯彻党的教育方针,落实立德树人根本任务,培育和践行社会主义核心价值观。以深化普通高中语文课程和教学改革为导向,以提高学生终身发展所需的语文学科核心素养为目标,遵循教育教学规律和学生发展规律,全面落实《课程标准》和统编高中语文教科书的理念和要求,加强普通高中语文课程实施的指导与管理,规范教育教学行为,改进教与学的方式,全面提高教育教学质量,实现高中语文课程目标,培养德智体美劳全面发展的社会主义建设者和接班人。

二 教学安排

普通高中语文课程由必修、选择性必修、选修三类课程构成。必修课程,每名高中学生必须修习;选择性必修课程,学生可根据个人需求与升学考试要求选择修习;选修课程,学生可自由选择学习。对于选择性必修课程和选修课程,教师应根据学生个人未来发展的意愿和学业状况,有针对性地给予指导,使学生获得良好的发展方向和空间。

普通高中语文必修、选择性必修和选修课程分别安排7~9个学习任务群,其中在选择性必修和选修课程中穿插了必修课程中的3个学习任务群的学习要求,并分别对必修课程中的7个任务群、选择性必修课程中的6个任务群和选修课程中的6个任务群提出了学分要求。这些学习任务群的具体学习内容有一定区别,体现着不同的学习要求:必修课程的学习任务群构成普通高中语文课程的基本框架,体现高中阶段对每个学生基本的、共同的语文素养要求;选择性必修和选修课程的学习任务群则是在此基础上的延伸、拓展、提高和深化,以满足不同发展方向、不同发展水平学生的语文学习要求。

高中语文各学习任务群的所占比重(按学分计),安排如下:

普通高中语文课程结构与学分

必修(8学分)	选择性必修(6学分)	选修(任选)
整本书阅读与研讨(1学分)	(整本书阅读与研讨、当代文化参与、跨媒介阅读与交流在选择性必修和选修阶段不设学分,穿插在其他学习任务群中)	
当代文化参与(0.5学分)		
跨媒介阅读与交流(0.5学分)	语言积累、梳理与探究(1学分)	汉字汉语专题研讨(2学分)
语言积累、梳理与探究(1学分)	中华传统文化经典研习(2学分)	中华传统文化专题研讨(2学分)
文学阅读与写作(2.5学分)	中国革命传统作品研习(0.5学分)	中国革命传统作品专题研讨(2学分)
思辨性阅读与表达(1.5学分)	中国现当代作家作品研习(0.5学分)	中国现当代作家作品专题研讨(2学分)
	外国作家作品研习(1学分)	跨文化专题研讨(2学分)
实用性阅读与交流(1学分)	科学与文化论著研习(1学分)	学术论著专题研讨(2学分)

安徽省普通高中语文课程安排

第一学年				第二学年				第三学年			
上学期		下学期		上学期		下学期		上学期		下学期	
学段1	学段2	学段3	学段4	学段1	学段2	学段3	学段4	学段1	学段2	学段3	学段4
必修(8学分)				选择性必修(0~6学分):选择性必修(上),选择性必修(中),选择性必修(下); 选修(0~6学分):汉字汉语专题研讨、中华传统文化专题研讨、中国革命传统作品专题研讨、中国现当代作家作品专题研讨、跨文化专题研讨、学术论著专题研讨6个任务群								
必修(上)/4		必修(下)/4										
整本书阅读与研讨、当代文化参与、跨媒介阅读与交流三个任务群的学习贯穿三学年,在选择性必修和选修阶段不设学分,应根据所选任务群的特点穿插在整个高中教学过程中											

【注】表格中"/"后的数字为建议周课时数。

三 教学要求

(一)总体教学要求

1. 明确课程性质

语文课程是一门学习祖国语言文字运用方法和技巧的综合性、实践性课程。工具性与人文性的统一,是语文课程的基本特点。语文课程应引导学生在真实的语言运用情境中,通过自主的语言实践活动,积累言语经验,把握祖国语言文字的特点和运用规律,培养运用祖国语言文字的能力;同时,发展思辨能力,提升思维品质,培育社会主义核心价值观,培养高雅的审美情趣,积累丰厚的文化底蕴,理解并尊重文化多样性。

2. 遵循基本理念

普通高中语文课程应遵循《课程标准》所倡导的如下理念:坚持立德树人,增强文化自信,充分发挥语文课程的育人功能;以核心素养为本,推进语文课程深层次的改革;加强实践性,促进学生语文学习方式的转变;注重时代性,构建开放、多样、有序的语文课程。

3. 落实目标任务

普通高中语文课程要让学生通过阅读与鉴赏、表达与交流、梳理与探究等语文学习活动,在语言建构与运用、思维发展与提升、审美鉴赏与创造、文化传承与理解等方面都获得进一步的发展;坚定文化自信,自觉弘扬社会主义核心价值观,树立积极向上的人生理想,为全面发展和终身发展奠定基础。

(二)必修课程教学要求

1. 整本书阅读与研讨

(1)教学目标

引导学生通过阅读整本书,积累阅读经验,形成读书方法,并能够在高中阶段运用这些经验与方法阅读相关作品。

(2)实施要求

高一年级第一学期使用必修上册教材,要求围绕《乡土中国》开展学习活动。引导学生通读全书,勾画圈点;梳理大纲小目及其关联,写出内容提要;把握作品的重要观点和价值取向;了解作品的学术思想及学术价值;探究作品的语言特点和论述逻辑。高一年级第二学期使用必修下册教材,要求围绕《红楼梦》开展学习活动。引导学生通读全书,整体把握思想内容和艺术特点;深入探究,体会作品的主旨,把握作品的艺术价值和文学价值。

引导学生享受读书的愉悦,丰富精神世界;指导学生撰写读书笔记或作品梗概等。

2. 当代文化参与

(1)教学目标

引导学生关注和参与当代文化生活,学习剖析、评价文化现象,增强文化自信,由此形成经验、方法与能力,并运用到其他学习任务群。

(2)实施要求

高一年级第一学期使用必修上册教材,要求围绕"家乡文化生活"开展学习活动。

引导学生关注家乡文化生活,开展调查,进行分析;积极参与社会主义先进文化传播、交流和建设。

3.跨媒介阅读与交流

(1)教学目标

引导学生学习跨媒介的信息获取、呈现与表达,增强跨媒介分享与交流的能力,提高理解、辨析、评判媒介传播内容的水平,培养求真求是的态度。

(2)实施要求

高一年级第二学期使用必修下册教材,要求围绕"信息时代的语文生活"开展学习活动。

指导学生掌握利用不同媒介获取信息、处理信息、应用信息的能力,学习运用多种媒介进行表达和展开交流;引导学生辩证分析网络对语言、文学的影响;指导学生构建跨媒介学习共同体。

4.语言积累、梳理与探究

(1)教学目标

引导学生养成丰富语言积累、梳理语言现象的习惯,探究语言文字运用规律,增强语言文字运用的灵活性,增强热爱祖国语言文字的感情。

(2)实施要求

高一年级第一学期使用必修上册教材,要求围绕"词语积累与词语解释"开展学习活动。

引导学生积累有关汉字、汉语的现象和理性认识;指导学生通过文言文阅读,把握古今汉语词义与语法的异同,梳理古今词义与语法的发展关系;指导学生在学习文学作品时,体会文学语言的灵活性和创造性;指导学生在运用口语和书面语表达的过程中,体会口语与书面语的风格差异。

本学习任务群贯串整个高中阶段所有的学习任务群。

5.文学阅读与写作

(1)教学目标

引导学生阅读优秀的文学作品,提升文学欣赏与审美表达能力。

(2)实施要求

高一年级第一学期使用必修上册教材,要求围绕"青春""人生""自然"等不同主题,通过古今中外优秀文学作品开展学习活动。高一年级第二学期使用必修下册教材,要求围绕散文、戏剧、小说等不同文体,通过古今中外优秀文学作品开展学习活动。

指导学生感受作品的艺术形象,欣赏作品的语言表达,把握作品的内涵,理解作者的创作意图;指导学生根据不同的艺术表现方式,认识作品的美学价值;指导学生了解诗歌、散文、小说、剧本写作的一般规律，尝试不同文体的文学写作。

6. 思辨性阅读与表达

(1)教学目标

引导学生学习思辨性阅读和表达，提升实证、推理、批判与发现的能力，增强思维的逻辑性和深刻性。

(2)实施要求

高一年级第一学期使用必修上册教材，要求围绕"学习"，通过古今中外优秀作品开展学习活动。高一年级第二学期使用必修下册教材，要求围绕"倾听理性的声音"，通过中国古代优秀作品开展学习活动。

指导学生把握作者的观点、态度和语言特点，学习作者阐述观点的方法和逻辑；指导学生阅读时事评论，学习评说的立场、观点、方法；指导学生多角度思考问题，学习立论与反驳。

7. 实用性阅读与交流

(1)教学目标

引导学生学习实用性语文，丰富学生的生活经历和情感体验，提高阅读与表达交流的水平，增强适应社会、服务社会的能力。

(2)实施要求

高一年级第一学期使用必修上册教材，要求围绕"劳动"，通过古今优秀作品开展学习活动。高一年级第二学期使用必修下册教材，要求围绕"探索与发现"，通过中外优秀作品开展学习活动。

指导学生多角度观察社会生活，掌握当代社会常用的实用文本的写作方法，善于运用新的表达方式。

(三)选择性必修课程教学要求

1. 语言积累、梳理与探究

(1)教学目标

引导学生通过对所有任务群的研习，主动积累典型语言材料，梳理和探究语言现象，进一步增强语言运用的规则意识、创新意识。

(2)实施要求

指导学生把握中国古典诗歌、散文、小说、戏剧不同的语言特点，梳理文言词语、语法、修辞现象；指导学生深入体会文学作品语言的生动性、灵活性和创造性，深入体会科学与文化论著语言的准确性、平易性和逻辑性，进一步提高语言修养。

2. 中华传统文化经典研习

(1)教学目标

引导学生研习中华传统文化经典，积累文言阅读经验，培养民族审美趣味，增强文化自信。

(2)实施要求

指导学生研习传统文学经典作品,体会其中所包含的精神内涵、审美追求和文化价值,学习其表达艺术;指导学生在特定的社会文化场景中考察传统文化经典。

3. 中国革命传统作品研习

(1)教学目标

引导学生研习优秀的革命传统作品,深入体会革命精神和革命人格,感受其爱国精神。

(2)实施要求

引导学生研习革命先辈的名篇诗作,体会崇高的革命情怀;指导学生研习反映革命传统的优秀文学作品,把握作品内涵,获得审美体验。

引导学生研习弘扬革命精神的优秀文章,体会革命理论著作所具备的逻辑严谨与精神崇高有机结合的特点;引导学生研习关于革命传统的实用性文体优秀作品,深入理解其内容,学习其写作手法。

4. 中国现当代作家作品研习

(1)教学目标

引导学生研习现当代代表性作家作品,进一步提高文学阅读和写作能力,把握中国现当代文学思想性、艺术性有机统一的价值取向。

(2)实施要求

引导学生研习中国现当代代表性作家作品,把握其精神内涵与艺术价值;引导学生关注当代文学创作动态,并练习创作短篇作品。

5. 外国作家作品研习

(1)教学目标

引导学生研习外国文学名作,了解不同国家和民族不同时期的社会文化面貌,感受人类精神世界的丰富,培养阅读外国经典作品的兴趣和开放的文化心态。

(2)实施要求

引导学生研习外国文学经典作品,认识作品的地位和价值;引导学生探讨不同民族文学之间的共同话题和文化差异。

6. 科学与文化论著研习

(1)教学目标

引导学生研习科学与文化论著,提高阅读和理解科学与文化论著的能力,培养求真求是的科学态度和勇于探索创新的精神。

(2)实施要求

引导学生研习简明易懂的科学与文化论著,领会不同领域科学与文化论著的内容;引导学生学习概括、归纳、推理、实证等科学思维方法,把握科学与文化论著观点明确、逻辑严密、语言准确等特点。

(四)选修课程教学要求

1. 汉字汉语专题研讨

(1)教学目标

指导学生在"语言积累、梳理与探究"的基础上,研讨若干问题,训练学生观察语言文字现象的能力和总结规律的综合、分析能力,加深对汉字、汉语的理性认识。

(2)实施要求

指导学生有意识地发现与汉字、汉语有关的问题,通过研讨,归纳、梳理、验证汉字、汉语的理论规律;指导学生针对语言生活中的现实问题,阅读相关论著,整理事实与数据;对社会语言热点展开讨论,得出结论。

2. 中华传统文化专题研讨

(1)教学目标

指导学生在"中华传统文化经典研习"的基础上,研讨若干专题,加深对传统文化的理解,增强学生传承、弘扬优秀传统文化的自信心、责任感。

(2)实施要求

指导学生选读体现传统文化精神的代表作品,通过研讨,增进对中华文化核心思想和人文精神的认识和理解,体会中华文化创造性转化和创新性发展的趋势;指导学生尝试阅读未加标点的文言文。

3. 中国革命传统作品专题研讨

(1)教学目标

指导学生在"中国革命传统作品研习"的基础上,研讨若干专题,进一步认识中国革命和建设的历程,激发学生热爱中国共产党、热爱社会主义祖国的情感。

(2)实施要求

指导学生精读一部老一辈无产阶级革命家的诗文专集,通过研讨,感受思想和语言的力量;指导学生精读一部反映革命、建设、改革伟大历程的长篇文学作品,通过研讨,深入理解作品的时代背景、思想内涵和艺术特点;指导学生学习整理研究资料的方法,结合研究专题,进行调查、访问。

4. 中国现当代作家作品专题研讨

(1)教学目标

指导学生在"中国现当代作家作品研习"的基础上,研讨若干专题,提升鉴赏品位,把握时代精神和时代走向。

(2)实施要求

指导学生选读、梳理影响中国现当代文学发展的重要作家作品,通过研讨,发现有价值的文学现象与问题;指导学生尝试参与文学评论。

5.跨文化专题研讨

(1)教学目标

指导学生在"外国作家作品研习"的基础上,研讨若干专题,汲取思想精华,培养开放的文化心态,发展批判性思维。

(2)实施要求

指导学生阅读不同时期、不同民族的文学、文化经典作品,通过研讨,增进对人类文明史上多样文化并进的事实及全球化背景下文化多样性的理解;指导学生选读一本外国文学理论名著,了解某一流派的基本主张和文学解读方法;指导学生进行跨文化专题研究。

6.学术论著专题研讨

(1)教学目标

指导学生在"科学与文化论著研习"的基础上,研讨若干专题,体验学者发现问题、分析问题并尝试解决问题的路径,以及陈述学术见解的思维过程和表达方式。

(2)实施要求

指导学生阅读合适的学术著作,通过研讨,撰写研讨笔记或学术性小论文。

四　教学建议

(一)总体建议

1.发挥语文课程的独特功能,促进学生语文核心素养全面提高。

高中语文课程应贯彻"立德树人"要求,重视对学生情感、态度、价值观的正确引导。应注意教学内容的价值取向,发挥语文课程的熏陶作用,引导学生在语文学习中接受优秀文化的熏陶,培养良好的人文修养,树立正确的世界观、人生观和价值观。应围绕四个维度的核心素养,整合阅读与鉴赏、表达与交流、梳理与探究等学习活动,引导学生积极参与丰富多彩的语文实践活动,促进学生语文核心素养的全面发展。

2.充分理解学习任务群的特点,注意处理学习任务群之间的关系。

高中语文课程设计的18个学习任务群都有各自的学习目标与内容,彼此之间又渗透融合、衔接延伸。应根据每个任务群的特点和学生的学习水平,明确不同任务群的定位和功能,协调各个任务群之间的关系,避免遗漏缺失。要关注共同任务群在必修、选修课程中不同的学习重点、呈现方式和深度广度,避免简单重复。

3.整体把握必修课程和选修课程,加强课程之间的衔接和统整。

要注意加强必修、选择性必修、选修三类课程之间的衔接与统整。必修课程的教学应立足于共同基础,重视日常语文积累,为学生学习选修课程奠定坚实根基;要在义务教育阶段语文学习的基础上,重点提升学生的阅读能力、思维能力、审美能力、表达能力和文化修养。选修课程的教学应突出差异性和层次性,鼓励学生开展个性化修习,通过修习不同的选修课程,获得个性化发展。要引导学生通过对文学文化经典、学术论著等的修习,拓展学习视野,丰富语言积累,进一步培养语言梳理与建构能力、文学阅读与鉴赏能力、科学思维与问题解决能力、文化理解与批判能力。选择性必修课程应注重学习"面"的广度,选修课程应注重学习"点"的深度。选择性必修课程是在必修课程基础上拓展的学习领域,原则上应与必修课程作同样的教学要求,要以教材为基础完成相应的教学任务。选修课程要突出发展学生的个人兴趣,给予他们相应的学习空间和时间,可根据教学班学生的共同感兴趣的1~2个专题开展全班性专题研讨活动,可根据不同学生的兴趣分组设立不同的专题,也可帮助某个学生开展个人专题探究。要对教材作全面了解,系统把握教材的编写思路和教学要求,防止造成教学的盲目性和无谓的重复。

因地制宜开设选修课程。不同学校应从本校实际出发,充分评估学校的教学条件,包括师资和所能利用的各种教学资源,并以此为基础开设选修课程。教师应充分发挥自己的特长和创造性,依据学生的个人兴趣、个性需要与接受能力开设选修课程。学校应确保选修课程开课的数量和学时,不能为追求高考分数而削减选修课程。教师不能将选修课程的教学处理成高考专题复习课,也不能将选修课程变成大学的专题讲座,简单地以讲座形式替代学生的自主研习。同时,要加强对学生的选课指导,让学生充分了解所开设的选修课程的课程目标、课程内容和课程特点,根据自己的兴趣和未来发展需要修习选修课程。

4. 根据不同类型文本的特点,有侧重点地做好文本的研习指导。

研习论述类文本,要注重培养学生的思辨能力。要引导学生关注文本思想的深刻性、观点的科学性、逻辑的严密性、语言的准确性,引导他们追求问题思考的广度和深度,掌握思辨的方法,发展发散性思维和批判性思维,培养他们的科学理性精神。

研习实用类文本,要侧重培养学生的信息筛选整合能力。要引导学生准确解读文本,分析文本的思想内容、构成要素和语言特色,评价文本的社会功用,探讨文本反映的人生价值和时代精神。

研习文学类文本,要侧重培养学生的审美鉴赏能力。要通过对中外文学作品的阅读和鉴赏,让学生了解常见文学体裁的基本特征及主要表现手法,感受人物形象,品味语言,领悟内涵,体会其艺术表现力,并理解作品反映的社会生活和情感世界,探索作品蕴含的民族心理和人文精神,结合作者的创作背景和创作意图,对作品做出价值判断。要尊重学生对作品的个性化体验,珍视学生富有个性的理解。

5. 培养学生良好的表达习惯,引导他们负责任、有个性、有创意地表达。

要引导学生关注生活、关注人生、关注社会、关注自然,积极参与实践活动。应注意开展针对性强的语文实践活动,丰富学生的情感体验,帮助他们撷取素材,让他们产生表达的内在欲望,以负责任的态度发表自己的看法,自由表达真情实感,提高他们的感悟力、思辨力和表达力。

要鼓励学生的个性化写作和有创意的表达,要注重学生写作心理的调适、良好写作习惯的培养、自我修改能力的提高以及写作成就感的获得,力争每个学生每学期都能完成一至两篇令人满意的作文。

要鼓励学生在各种语言实践活动中以及日常生活场景中锻炼口语交际能力,注意培养他们语言交际中的文明态度,帮助他们养成尊重他人和善于倾听的习惯、从容自信和有理有节地表达自己观点的习惯,提升他们根据不同的交际场合和交际目的恰当地进行表达的能力。

6.注意创设综合性的学习专题和学习情境,开展自主、合作、探究学习。

关注学生学习方式的转变,做好语文学习活动的设计与组织,根据学生的发展要求,围绕任务群创设能够引发学生积极参与的学习情境。学习情境可通过多样化的语文实践活动,融合听说读写,跨越古今中外,使语文学习融入学生的生活世界中,运用优质的素材和范例,激发学生的学习兴趣,训练他们的语言运用能力。加强课程实施的统整性,通过主题阅读、比较阅读、专题学习等方式,实现知识与能力、过程与方法、情感态度与价值观的统整,整体提升学生语文素养。

鼓励学生根据个人的兴趣和特长,自主选择学习内容和学习方式,学会自我管理学习,形成个性化的学习路径。注意保护学生的好奇心、求知欲,鼓励自主阅读、自由表达,激发问题意识,引导他们体验发现问题、解决问题的过程。积极倡导基于任务群的专题学习,围绕语言与文化、经典作家作品、科学论著等,组织学生开展自主、合作、探究活动。要引导学生在自主学习的基础上,掌握探究性学习的方法,学会倾听和分享、沟通与协作,以多种形式研讨、交流、展示学习成果,促进知识的迁移与运用,提高语文综合运用能力。

要积极拓宽学生的学习渠道,引导学生利用社会实践、互联网络等平台,参与有关的语言、文学和文化讨论活动,提高语文实践能力。

7.合理利用现代教育技术,探索信息化背景下教与学方式的有效转变。

教师要与时俱进,利用现代教育技术提高语文教学的效益。同时,要避免技术至上的观念,把握好教育技术与语文教学的关系,合理利用信息技术,遵循语文教学的规律。要创设运用语言文字的真实情境,形成有意义的互动学习环境,帮助学生有效地投入语文实践。要借助信息技术优化课堂教学,引导学生通过多样化的学习方式在更广阔的语言环境中开展学习。要积极探索基于网络的教学改革,利用网络学习空间,创设线上线下一体化的"混合式"学习生态,为课堂教学和课外学习服务。要注意研究信息化环境下教学流程、教学资源、教学手段、学习评估等方面的新变化,实现教与学方式的有效转变,构建更高效的语文教学模式。

(二)学习任务群教学建议

1.必修课程教学建议

(1)整本书阅读与研讨

阅读作品的选择要注意经典性、代表性、适合性。学生的阅读活动宜课内外结合进行，以学生自主阅读、撰写读书笔记、交流讨论为主。教师的主要任务是营造读书氛围，提出学习目标和研讨问题，促使学生深入思考，组织学生交流研讨。

(2)当代文化参与

引导学生关注身边的文化生活、当地文化资源的开发利用和当代文化生活热点，以专题形式为主开展参与性、体验性、探究性的学习活动。教师可根据教材内容、当下文化现象或学校实际情况，与学生讨论来确立活动主题。

(3)跨媒介阅读与交流

建议设置文学名著的跨媒介形式和当代网络文学、网络文化两个专题的学习活动。在交流与展示过程中，教师要指导学生恰当运用多种媒介来呈现研习成果，增强学习成果的表达效果，提高多媒介表达与传播能力。

(4)语言积累、梳理与探究

本任务群贯串于必修、选择性必修、选修三个阶段，教学一定要从整体上做好安排，有计划、有步骤、持续地进行，要将它贯串于每一个学习任务群，每一个学习任务群都要为它设计课内、课外的学习任务。要引导学生积极参与语言实践活动，养成持之以恒的语言积累习惯，持续积累语言材料和言语活动经验，把握汉语言的运用规律。

(5)文学阅读与写作

应以学生的自主阅读、讨论、写作、交流为主。要根据不同的阅读目的，针对不同的体裁作品，指导学生灵活运用诵读、默读以及精读、略读、浏览、速读等方法研读作品。教师既要引导学生尊重经典，了解经典作品的思想价值和艺术价值，学会用历史眼光和现代观念审视作品的内容和思想倾向，又要尊重学生个人的见解，鼓励学生批判质疑，发表不同意见。同时，应引导学生关注和阅读当代文学精品，让经典的文学营养和时代的文学活水共同滋养学生的文学灵性，并由此开展文学写作训练。

(6)思辨性阅读与表达

应以古今中外论说名篇为主，辅以重要时事评论，以专题性学习为主要方式。开展思辨性阅读训练，要引导学生把握作者的立场、观点、态度和语言特点，领悟作者阐述观点的方法和逻辑，鼓励学生分析质疑、多元解读，培养学生思辨能力，并在此基础上开展思辨性写作、专题讨论与辩论等训练活动。

(7)实用性阅读与交流

建议设置社会交往类、新闻传媒类、知识性读物类三个学习专题。要注意引导学生多角度观察社会生活，掌握当代社会常用的实用文体，学习运用简明生动的语言，介绍比较复杂的事物，说明比较复杂的事理。教师应根据不同的学习内容采用不同的教学方式，合理安排阅读、调查、讨论、写作与口语交际等活动。

2.选择性必修课程教学建议

(1)语言积累、梳理与探究

要贯串本阶段五个学习任务群的全过程。根据本阶段课程内容的特点,引导学生积累、梳理和探究现当代作品、中国革命传统作品、传统文化经典、外国文学作品、科学文化论著的精言妙语,初步认识文学作品、文化经典、科学文化论著语言运用的特点,丰富自己的语汇,提高语言运用水平。可指导学生撰写梳理探究作家作品语言特点的短文,深化对语言规律性和丰富性的认识,增强语言运用的规则意识和创新意识。

(2)中华传统文化经典研习

可根据教材内容多角度、多层面地组织主题单元的研习,合理运用精读、略读的方式,点面结合地感知和体会传统文化的博大精深,初步了解所读经典在中国文化史上的地位与影响。要求学生熟读精思精粹篇章,多藏诗书于腹中,积淀应有的文化修养。同时引导学生学习中国传统文化经典的表达艺术,提高写作水平。

(3)中国革命传统作品研习

可从体裁、题材、写作时期等角度设计研习任务,研习活动应以学生的自主阅读、讨论、写作、交流为主。要引导学生体会诗词作品中革命先辈崇高的情怀和节操,充分感悟小说中英雄形象的艺术魅力和作品的精神内涵,领会论述性作品思想的先进性、深刻性、独到性及其所体现的理论思维水平,准确把握纪实类作品所述事件、事迹、人物、观点等的价值取向和现实意义。要根据学习内容,布置相应的作品鉴赏与评论的写作任务。

(4)中国现当代作家作品研习

可从体裁、题材、风格、发展阶段等角度设计研习任务,研习活动应以学生的自主阅读、研讨、写作、交流为主,根据不同作品的特点,采用朗诵、朗读、默读、表演、讨论等方式进行。要根据不同的学习内容布置相应的文学创作、作品鉴赏与评论的写作任务。

(5)外国作家作品研习

可从体裁、题材、风格、国别等角度设计研习任务,以学生的自主阅读、研讨、写作、交流为主。要帮助学生树立尊重世界多元文化的意识,了解相关的世界历史、地理知识以及不同民族的文化背景知识,探讨不同国家、不同民族的共同话题和文化差异,增进对作品所反映的社会生活及心灵世界的理解,更好地把握作品的艺术形象、思想情感和文化内涵。要根据不同的学习内容布置相应的作品鉴赏与评论的写作任务。

(6)科学与文化论著研习

以学生的自主阅读、研讨、写作、交流为主,引导学生结合所学学科知识,借助工具书和相关资料,辨析文本中的基本概念和观点,理清文本的论证思路和论证方式,把握文本的行文逻辑和结构特点,体会文本的表述方式和语体风格,学习专家学者归纳、概括、推理、实证等科学思维方法,探究人类科学与文化的优秀成果。可指导学生就自己感兴趣的科学发现和文化成果写作学术小论文,训练科学思维和学术表达能力。

3. 选修课程教学建议

(1) 汉字汉语专题研讨

专题设计应立足于学生的学习积累和经常应用的问题,着眼于他们将来的语言学习与语言运用,能充分利用现有的汉字汉语研究成果,并具有一定的探究性,可设计4~6个专题。要指导学生借助现代信息技术和互联网等媒介,观察语言生活,收集语言数据,贮存语言资料,分析语言问题,总结语言研究成果,提高研究质量。要求学生写语言札记,随时记录自己的阅读发现、阅读感悟和典型的语言现象,并以小论文的形式呈现专题学习成果。

(2) 中华传统文化专题研讨

可从传统文化作品的作者、内容、体裁、艺术手法等方面设计3~4个专题。可适当提供阐释经典的名家著述(如评注、评点、译注、集注、详解、选讲等)让学生研读参考,引导学生将经典原著与研究论著结合起来学习。指导学生用小论文的形式将自己的研习成果表达出来。

(3) 中国革命传统作品专题研讨

可从时代精神、英雄形象、表现手法、风格特点等方面设计3~4个专题。要引导学生体悟作品所写人物体现的理想信念和所记事件蕴含的时代精神,鉴赏作品的思想情感、英雄形象、艺术特色。可与政治、历史等学科的教师组成专题指导小组,开展跨学科研讨活动。指导学生学习整理研究资料的方法,做读书笔记,撰写读后感和研讨心得。

(4) 中国现当代作家作品专题研讨

可从时代、作者、体裁、题材、形象、表现手法、风格特点等方面设计3~4个专题,所选作家作品要注意代表性和经典性,专题所涉及的作家不宜过多。同时要引导学生通过主流媒介关注近期有影响的文学热点和文学作品,发现有价值的文学现象,开展专题研讨活动。要求学生做好读书笔记,指导学生以小论文的形式呈现学习成果。

(5) 跨文化专题研讨

应以外国文学、文化经典类专题为主,可就外国文学、文化经典设计2~3个专题,就外国文学理论名著设计1个专题,也可指导学生根据自己的兴趣自主设计1~2个专题,或可整合文学、文化、文学理论等设立专题。要帮助学生掌握必要的跨文化探究方法,了解相关的跨文化研究成果,拓展学生的学习视野和探究思路。要指导学生用多种形式和媒体来呈现自己的探究结果。

(6) 学术论著专题研讨

结合"整本书阅读与研讨"设计3~4个专题,可让学生根据自己的兴趣、发展倾向自主选择。要让学生了解并掌握学术规范,创设平等对话、学术自由的氛围,让学生遵守学术规范,有理有据、符合逻辑地阐述心得和见解。要指导学生掌握学术论文的基本格式和语言表述方式,引用理论和观点、采用调查数据和实验数据等要遵循学术规范,表达要讲求逻辑,用语准确,不牵强附会。

(三)课程资源开发与利用的建议

1. 增强课程资源意识,以满足学生语文学习多样化和选择性的需要

高中阶段学生语文学习多样化和选择性的需求显著增强,教师必须增强课程资源意识,加强课程内容与学生生活、现代社会和科技发展的联系,关注学生的学习兴趣和经验,积极利用和开发课程资源来满足他们的学习需求。在教学过程中,教师应在课程标准的指导下,加强语文学习活动中内容和目标的整合,创造性地实施任务群的教学,积极开展各类语文活动,增强学生在各种场合学语文、用语文的意识,形成开放、多样、有序的语文课程体系,多方面地提高他们的语文核心素养。

2. 充分利用本地本校各类课程资源,开发有利于促进学生语文核心素养发展的特色课程资源

语文课程资源指的是课程设计、编制、实施和评价等整个课程发展过程中可资利用的一切人力、物力以及自然资源的总和,包括课堂教学资源和课外学习资源,除教科书、教学挂图、工具书、其他图书、报刊、电影、电视、广播、网络、报告会、演讲会、辩论会、研讨会、戏剧表演、图书馆、博物馆、纪念馆、展览馆、布告栏、各种标牌广告等外,还有自然风光、文物古迹、风俗民情,国内外的重要事件,学生的日常生活等。此外,教师与学生也是课程资源的组成部分。

我省自然、人文等资源十分丰富,各地都蕴藏着可开发与利用的语文课程资源,如徽州文化、皖江文化、淮河文化等地域文化是巨大的资源宝库,黄山、九华山、天柱山、大别山、齐云山、琅琊山、敬亭山、八公山、采石矶等自然山川蕴含着丰富的自然和人文资源,皖南古民居、凤阳明皇陵、安庆振风塔、合肥逍遥津、宣城谢朓楼、阜阳颍州西湖、亳州花戏楼等名胜古迹有着独特的人文历史积淀,管子、老子、庄子、曹操、曹丕、曹植、嵇康、刘伶、包拯、皋陶、梅尧臣、吴敬梓、戴震、陈独秀、胡适、陶行知、张恨水、朱光潜等思想家、文学家、教育家代不乏人,徽剧、黄梅戏、花鼓戏、庐剧、泗州戏、池州傩戏等是不可多得的地方戏曲明珠,新安理学、徽派朴学、桐城派、新安画派等思想文化流派影响深远,宣纸、徽墨、宣笔、歙砚等文房四宝独步天下,还有各地不同的民俗风情等。教师要认真分析当地的课程资源特点,充分利用已有课程资源,努力开发具有地方特色的课程资源。

要用好教科书这一传统的课程资源。在使用教科书时,要深入发掘教科书的课程价值,使其更加有益于学生有效学习和语文素养的提高。

要发展好教师自己这一最具影响力的课程资源。教师要勤于读写,不断提升专业素养,塑造好专业形象,使自己成为学生最钦敬、最具示范性的"教科书"。

要重视学生这一重要的课程资源。学生学习中产生的问题、阅读中的个性化理解、写作中的个性化表达、学生之间的交流研讨和学习过程中的自主探究,都是需要利用的课程资源。它们在学生学习的过程中随时生成,应特别注意撷取和利用,以增强教学的针对性,提高教学的有效性。

3. 增强共建共研共享意识,有计划地建设语文课程资源系统

各地各学校应增强课程资源共建的意识,树立动态的建设观念,有计划地建立语文课程资源系统,精选教学案例、学习资源,通过整理加工,完善资源库的建设。要积极创造条件,为语文教学配置相应的图书资料和设施设备,同时争取社会各方面的支持,给学生创设语文实践的环境。要通过校本教研、区域教研、网络教研等活动,以主题研修、课例研究等方式,引导教师搜集材料、分析问题、积累案例,促进学校之间资源的互补与共享,切实帮助教师解决课程实施中的重点难点问题。应积极探索建立高中、高校和教研机构联合的课程研究共同体,不断完善课程资源建设机制。

4. 借助现代教育技术,积极探索信息化环境下的课程资源建设

应高度重视信息化环境下的课程资源建设,借助现代教育技术构建立体、开放的课程资源系统,引导师生运用多种媒介和信息技术手段呈现教学内容,优化教与学的活动,不断提高语文教学的效率和效益。

(四)地方与学校实施本课程的建议

1. 根据语文学科特点和国家课程实施要求,因地制宜实施课程

要充分认识语文学科在立德树人上的独特作用和在整个课程体系中的基础地位,依据国家课程方案和语文课程标准的要求开足开齐必修和选修课程,鼓励和引导教师充分利用地方和学校的资源,根据学生语文学习的实际实施课程,积极提高课程实施的效果和质量。

2. 加强课程实施研究,积极探索课程教学方式的变革

要指导教师做好三项研究:一是研究新课程标准和语文学科的前沿理论,以准确理解、接受和有效实施新课程;二是研究新教材,要系统研究整套教材的体系,深入研究每一个学习任务群的落实,可就每个学习任务群开展专题研讨,以准确理解教学目标和教学内容,把握教学要求,提高驾驭教材的能力;三是研究课堂教学,根据新课程的理念,把每一个学习任务群的教学目标、教学内容、教学要求贯彻到课堂教学的设计和实施中去,并通过行动研究、问题会诊、案例分析、实践反思、观摩讨论等方式形成有效路径,解决实施过程中的问题,不断提高实施效果。

应引导和鼓励教师遵循语文教育规律和学习任务群的要求,积极变革课程教学方式,通过丰富多样的语文实践活动,以及对现代教育信息技术的合理利用提高学生的语文核心素养。要防止过于偏重技能的倾向和题海操练的应试做法。

3. 加强资源保障和师资建设,建立合适的课程开发与管理方式

为保证语文课程全面、有效的实施,切实满足学生多样化发展的需要,切实提高他们的语文核心素养,必须积极做好语文课程实施的资源保障和师资准备工作。同时要积极探索新的语文课程管理机制,建立与新课程实施相适应的课程开发和管理方式。

4. 加强语文课程评价的研究,建立科学的课程评价体系

要遵循语文课程标准的要求,结合高中新课程评价制度的深入改革,多角度、多层面、多方式评价学生的语文素养和教师的教学工作,建立促进学生核心素养发展、教师专业水平提高、课程教学优化的评价体系。要建立科学的语文教育质量检测体系,防止单纯以纸笔测试分数的高低来评价学生的语文学习和教师的教学成效的做法,反对用频繁考试的方式评价学生的语文素养。

5. 高度重视教师的专业发展,组织好教师的专业研修活动

教师的专业素养是否过硬是新课程能否有效实施的首要条件。要高度重视语文教师的专业发展,努力构建教师专业发展共同体,要有计划、有针对性地组织好教师的专业研修活动,引导教师研究语文教育规律,了解最新的教学研究与实践成果,了解语言文学、文化研究的前沿成果,了解新理论、新技术、新手段、新方法在教学领域中的运用,了解世界发展、社会发展与人的发展,更新专业知识,提高专业技能,全面提升专业素养,适应新时代育人需求。

五 评价与考试建议

(一)评价建议

1. 评价的基本原则

(1)着眼于核心素养的整体发展

语文课程评价的根本目的在于全面提高学生的语文学科核心素养。评价应围绕阅读与鉴赏、表达与交流、梳理与探究等学习活动,在具体的语文学习情境和活动任务中,全面考查学生核心素养的发展情况。评价要综合发挥检查、诊断、反馈、激励、甄别、选拔等多种功能,不宜片面强调评价的甄别和选拔功能。评价不仅要关注学生外在的学习结果,更要关注内在的学习品质。注意通过评价引导学生学会学习,自觉提升语文学科核心素养。语文教师要有意识地利用评价过程与结果,发现学生学习的个性特点和具体问题,及时引导,提出有针对性的建议,激发学生学习的动力。

(2)全面把握学习任务群的特点

语文课程评价要把握学习任务群的特点,综合统筹评价过程。每个任务群的学习目标与内容,各自独立又彼此关联。评价时既要突出每个任务群的学习重点,又要兼顾任务群之间的联系,体现学习目标、内容与评价的一致性。评价时要充分考虑语文实践活动的特点,注意考查学生在活动中表现出来的参与程度、思维特征,以及沟通合作、解决问题、批判创新等能力,记录学生真实、完整的任务群学习过程。

(3)倡导评价主体的多元化

评价应面向全体学生,尊重学生的主体地位。评价要注重展示学生自我发展的过程。在保证基本目标达成的基础上,评价要考虑学生的个体差异,关注学生的不同兴趣、表现,满足不同发展需求。在具体学习任务的评价中,语文教师应提供细致的描述性反馈,提出具有

操作性的建议,引导学生通过评价反馈,调整学习进程,梳理学习方法,确立学习目标,制订学习规划。鼓励学生、家长、教师、教学管理人员等参与课程评价。语文教师应利用不同主体的多角度反馈,帮助学生更好地认识语文学习与个人发展的关系,学会自我监控和管理。学校应创造条件,引导学生参与多种评价活动,建构学习与评价的共同体,学会持续反思、终身学习。

(4)选用恰当的评价方式

语文教师应根据实际需要,整合诊断性评价、形成性评价、终结性评价等多种评价方式,考查学生核心素养的发展情况。教师应根据特定的评价目的选择纸笔测试、现场观察、对话交流、小组分享、自我反思等多种评价方式,提高评价效率,增强评价的科学性和可靠性。对学生的评价,既要有对基本目标的确定性要求,确保底线,也要注意以恰当的方式对希望继续提高核心素养的学生予以引导。教师要注意搜集学生在语文实践活动中产生的各类材料,如测试试卷、读书笔记、文学作品、小组研讨成果、调查报告、体验性表演活动和个人反思日志等。通过这些材料了解学生在任务群学习中表现出的个性品质和精神态度,建立完整的学习档案,全面记录学生核心素养的发展轨迹。有条件的地方,可以运用信息技术,丰富学生的表现性评价,形成多样化的学生成长记录,全面而科学地衡量学生的发展。

(5)明确必修、选择性必修和选修课程评价的重点和联系

必修课程评价应立足于共同基础,考查学生在不同学习情境和实践活动中学习和运用语言文字的基本能力。重点考查学生语文学习过程中的体验和感受、学习策略,以及梳理、探究能力,尤其是基于社会情境的阅读、表达与交流的能力,读写活动中的思维表现以及对不同体裁文学作品的审美感知、评价欣赏、独立创作情况;还要考查对多样文化的理解,对当代文化现象的关注和评析,以及对未来文化发展的思考和展望等。

选择性必修和选修课程评价,要在关注共同基础的前提下,突出差异性和层次性,以促进学生的个性发展。选择性必修的评价应该更关注学生语文学习内容"面"的广度。评价重点包括:语言积累、梳理与迁移运用能力;在独立研习古今中外经典作品过程中阐释文本阅读体验的能力;语言实践中的逻辑推理能力和实证意识,以及运用科学思想方法解决实际问题的能力;对古代文化遗产的辨别,对中外文化要义的理解,以及对科技文化的理解与反思等。选修的评价应更关注学生语文学习内容"点"的深度。评价要注重学生在专题研讨中对语言运用现象和规律的探究,对学术论著语言特点的把握,语文实践活动中思维的严密性、深刻性和批判性;注重学生个性化地理解古今中外经典作家作品及其思想内涵、艺术价值;注重学生的多样文化认知,跨文化理解,文化批判、反思和创造等。要明确必修课程评价与选修课程评价的区别和联系,选修课程评价要注意与必修课程衔接,在衔接中呈现体系和梯度。尤其是"整本书阅读与研讨""当代文化参与""跨媒介阅读与交流""语言积累、梳理与探究"四个学习任务群,它们贯串必修和选择性必修课程,有的还贯串选修课程,在不同类课程中有不同的广度、深度和难度。评价要注意区分重点和层次,考查学生完成不同难度的学习

任务时语文学科核心素养发展的不同表现。

2.学习任务群评价举例

(1)整本书阅读与研讨

完成一部长篇小说和学术著作的阅读与研讨。能在阅读中综合运用精读、略读与浏览的方法,把握文本的内涵和精髓,形成自己阅读整本书的经验;阅读长篇小说能整体把握其思想内容和艺术,理清人物关系,感受、欣赏人物形象,探究人物的精神世界,体会小说的主旨,欣赏语言表达的精彩之处,探求小说的艺术价值;阅读学术著作能了解其学术思想及学术价值,把握书中的重要观点和作者的价值取向,探究本书的语言特点和论述逻辑;能通过阅读发展思辨能力和联想想象能力,掌握正确的思考问题的方法;能用自己的语言撰写全书梗概或提要、读书笔记与作品评价,通过口头、书面形式或其他媒介与他人分享。

可通过对学生阅读过程和阅读成果展示交流等活动的观察与访谈,对学生的读书笔记、读书报告等的鉴定,以及纸笔测验等方式进行评价。

(2)中华传统文化经典研习

能借助注释、工具书独立研读文本,养成勤查资料、圈点批注、勤做笔记的习惯,梳理文言实词、虚词、特殊句式的用法和文化常识,养成熟读精思的学习习惯,熟记学过的经典篇章,运用评点方法记录自己的阅读感受和见解;能初步认识所读作品在中国文化史上的地位、影响与贡献,丰富文学、文化知识;能初步理解中华传统文化的思想魅力、精神内涵、永恒价值及时代局限,增强鉴赏能力和文化修养;能汲取中华传统文化经典表达艺术的营养,提高写作水平。

可通过对学生独立研读文本和梳理常见文言实词等知识过程以及成果展示交流活动的观察和访谈,对学生在传统文化交流和专题讨论中表现的关注,对学生的读书提要、读书笔记等相关写作成果的鉴定,以及纸笔测试等方式进行评价。

(3)汉字汉语专题研讨

能发现与汉字、汉语有关的问题,结合汉字、汉语普及读物的阅读,进行归纳梳理,把握汉字、汉语的基本规律;能针对语言生活中的现实问题,阅读相关论著,借助现代信息技术手段,整理事实与数据,用正确的观点与方法分析问题,得出结论;能以撰写读书报告、语言专题调查报告、小论文等形式呈现学习成果。

可通过对学生阅读过程以及成果展示交流活动的观察与访谈,对学生利用社会实践、网络平台参与专题研讨交流等活动中的表现的关注,对学生读书报告、语言专题调查报告、小论文等的鉴定,以及纸笔测试等方式进行评价。

(二)学业水平考试建议

1.考试目的

语文学科高中学业水平考试是语文课程评价的重要组成部分,应真实反映学生语文学科核心素养的发展过程与现有水平,准确判断学生核心素养发展过程中的问题及其原因,对高中语文教学改革发挥积极的引领和导向作用。

语文学科高中学业水平考试以《课程标准》划分的"学业质量水平二"为考试的依据,目的是检测普通高中学生是否达到国家规定的语文学习要求的程度,考试成绩是学生毕业的主要依据。

2.命题思路和框架

(1)基于《课程标准》

命题要全面落实《教育部关于普通高中学业水平考试的实施意见》精神,体现《课程标准》所确立的课程目标和教育教学理念,要有利于促进和引导高中语文教学全面落实课程内容和学业质量标准;有利于引导学生优化语文学习方式,拓展语文学习渠道,提高语文学习效率;有利于教师大胆探索语文教育教学改革;有利于普通高中学校综合评价学生的语文学习水平和表现。

(2)落实核心素养

语文学科核心素养是在具体的阅读与鉴赏、表达与交流、梳理与探究等语文实践活动中形成和发展,并通过具体、多样的实践活动表现、展示出来的。学业水平考试题目应以具体的情境为载体,以典型任务为主要内容,通过阅读与鉴赏、表达与交流、梳理与探究等实践活动,呈现学生核心素养的发展过程与现有水平。

(3)符合学业水平

语言建构与运用:具有主动积累的习惯,能进一步扩展语言积累,运用多种方法整理自己积累的语言材料,发现其中的联系;能凭借语感,结合具体语境理解重要词语的隐含意思,体会词句所表达的情感;能发现语言运用中存在的比较明显的问题,并运用自己掌握的语言知识予以纠正;具有反思并整理语文学习经验的意识,能用多种形式整理、记录自己学习、生活中的所得。

思维发展与提升:在理解语言时,能区分主要信息和次要信息,理解并准确概括其内容、观点和情感倾向;能对获得的信息及其表述逻辑作出评价;能利用获得的信息分析并解决具体问题。在表达时,能注意自己的语言运用,力求概念准确、判断合理、逻辑严密。

审美鉴赏与创造:喜欢欣赏文学作品,能整体感受作品的语言、形象和情感,展开合理的联想和想象;能对作品的内容和形式作出自己的评价。在文学鉴赏中,有正确的价值观,有追求高雅审美情趣和审美品位的意愿。

文化传承与理解:表现出对中华优秀传统文化的兴趣,喜欢学习汉语和汉字,喜欢积累优秀古代诗文,能主动梳理和探究语言材料中蕴含的中国传统文化内容;能在自己的表达中运用富有文化意蕴的语言材料和语言形式,增强语言的表现力;能理解各类作品中涉及的文化现象和观念,能理解和包容不同的文化观念,能运用所学的知识对学习中遇到的一些文化现象发表自己的看法;能关注当代语言文化现象,积极参与相关的多种语文实践活动。

3. 命题与阅卷建议

(1)以情境任务作为试题主要载体,让学生在个人体验、社会生活和学科认知等特定情境中完成不同的学习任务,以呈现学生语文素养的多样化表现。

(2)以综合考查作为命题导向,通过综合性语言实践活动,考查学生语文学习的能力和水平。倡导综合性的测试形式,可围绕情境选择相关材料,设置一组有内在联系的、指向核心素养的问题或任务。

(3)选用的语言材料要具有时代性、典型性和多样性,贴近学生生活,充分体现语文学科特点。要重视中华优秀传统文化材料的选用,引导学生从中获得对当代文化问题的思考。

(4)考题形式要创新,多设置可供学生选择的题目,体现学生的个性;多设置主观性、开放性的题目,展现学生智慧,鼓励学生发挥和创造。试卷结构和测试形式不应固化,以避免形成新的应试模式。

(5)与高考的指向应保持一致。健全主观性、开放性试题的阅卷标准,逐步建立语文学科学业水平考试阅卷人资格制度。

附件 1

高中语文学科备课规范要求

一　基本原则

(一)教育性原则

习近平总书记在全国教育大会上强调,要在党的坚强领导下,全面贯彻党的教育方针,坚持马克思主义指导地位,坚持中国特色社会主义教育发展道路,坚持社会主义办学方向,立足基本国情,遵循教育规律,坚持改革创新,以凝聚人心、完善人格、开发人力、培育人才、造福人民为工作目标,培养德智体美劳全面发展的社会主义建设者和接班人,加快推进教育现代化、建设教育强国、办好人民满意的教育。

基础教育课程承载着党的教育方针和教育思想,规定了教育目标和教育内容,是国家意志在教育领域的直接体现,在立德树人中发挥着关键作用。

语文学科的教育目标和教育内容,要坚持正确的政治方向,要帮助学生提高鉴别是非、善恶、美丑的能力,在立德树人中发挥学科特有的作用。

(二)科学性原则

在课程认知上,在教学方法上,在知识素养建构上,讲求科学,求真求实。

从祖国语文的特点和高中生学习语文的实际规律出发,以语文学科核心素养为纲,以学生的语文实践为主线,设计教学方案。

遵循教育教学规律和学生身心发展规律,贴近学生的思想、学习、生活实际,充分反映学生的成长需要,促进每个学生主动地、生动活泼地发展。

备课时要着眼于学习任务群的整体教学设计,要着眼于培养语言文字运用的基础能力,充分考虑问题导向、跨文化、自主合作、个性化、创造性等因素,并关注语言文字运用的新现象和跨媒介运用的新特点。

(三)超前性原则

备课是上好课的前提,备课要有一定的超前性,要始终走在上课的前面。要坚持不备课不能进课堂。

整体谋划整册书的教学,要在开学前"备"好;单元教学,要提前一周"备"好;具体到每一个课时,要提前两三天甚至一周"备"好。

(四)实践性原则

《课程标准》强调:"语文课程是一门学习祖国语言文字运用的综合性、实践性课程。"要引导学生在真实的语言运用情境中,通过自主的语言实践活动,积累言语经验,把握祖国语言文字的特点和运用规律,加深对祖国语言文字的理解与热爱,培养灵活运用祖国语言文字的能力;同时,要引导学生发展思辨能力,提升思维品质,培养社会主义核心价值观,培养高雅的审美情趣,积累丰厚的文化底蕴,理解文化的多样性。

(五)因材施教原则

要正视学情、校情,因材设计,不能脱离教学实际。在备课时,教师要灵活运用教材,合理设计教学情境,合理设计教学活动,活跃课堂氛围,如让学生身临其境地学习语文,让学生根据课文自由发挥想象,以发展核心素养而取得满意的教学效果。

整体设计,统筹安排,要体现层次性与差异性。

二 基本要求

(一)教学目标制定要准确

教学目标的制定,要有针对性。要区分课程教学目标、任务群教学目标、单元教学目标、课时教学目标等。就课时教学目标而言,在教学中可实现的具体教学目标,是值得倡导的。不提倡大而空的教学目标。

(二)教学法要得当

积极实践自主、合作、探究的学习方式,在课堂教学中使学生的主体地位有切实保障。关注最新研究成果,不断提升教学水平。

(三)学情要关注

学段不同、区域不同、智力不同、习惯不同等,都与学情相关。学情是备课的起点,教什么、教到什么程度、怎么教,都要依据学情而设计。

(四)课时设计要合理

课时要有总体设计,要规划总课时,要落实到每一个分课时。

(五)教学过程要清晰

备课过程,也是整理自己教学思路的过程。教什么,怎么教,要清清楚楚。教学的顺序(步骤),要安排恰当。教学活动,也要考虑先后次序。

(六)要重视课堂生成

教学需要预设,但在教学过程中常常会发生预料之外的事情,对课堂教学中"生成"的问题,不能视而不见。要重视课堂教学中"生成"的问题,将这些问题区别对待。因此,教学设计中,要有"留白"。

(七)重视教学辅助手段

要充分利用现代教育技术,利用"技术"辅助教学。要创造性开发教具辅助教学,要利用板书辅助教学。板书设计要科学、精当、美观。

(八)精心设计"学习任务单"和课后作业

要根据学情和教学文本的实际,设计"学习任务单",以帮助学生在课前自学。要精心设计课后作业,以帮助学生提高语文素养。对各种练习资料中的习题,要区别对待,逐一甄别、筛选。

(九)要有"课后反思"的自觉

对教学中的得失,及时总结,是提高教育教学能力的有效途径。课后反思,有话则长无话则短,以实事求是为原则。

三 备课方式方法

(一)注重层次分类

备课层次分类,可以分为三个:整册书备课、单元备课、单文本课时备课。

1. 整册书备课

一般来讲,开学前一周以整本书备课研讨为主,主要任务如下:

(1)分解学科课标目标、级段目标与本册目标。
(2)浏览、阅读整册教材。
(3)在熟悉整册书各章节逻辑体系结构基础上,画出整本书知识树或思维导图。
(4)确定整册书的重点、难点。
(5)编制教学进度表。
(6)撰写学期教学策略、方案。

2. 单元备课

(1)研读单元文本,联系核心素养,制定单元总目标。
(2)根据单元教学目标,确定教学内容和教学方法。
(3)根据教学内容,确定教学重难点,划分单元课时数。

(4)根据学情和单元教学内容,编制学前任务单和单元练习。

3. 单文本课时备课

所谓单文本,就是通常所说的具体的课文。具体到每一篇课文,每一个课时,着重要解决三个问题:学什么,怎么学,学会了没有。

(1)研读单元文本,联系核心素养及单元总目标,制定单文本教学目标,以及每一课时的教学目标。

(2)确定每一课时的教学内容和教学方法,尤其要关注"怎么学",要预设情境和语文活动。

(3)要有科学的评价。要设计巩固练习,要写好教学反思。

(二)以个人备课为主,积极参加集体备课

备课,可分为个人备课和集体备课两种基本类型:

1. 个人备课,是指教师个人为教学需要而进行的备课,是教师个人研究学科课程标准和教材而设计自己的教学计划、教案等的一系列活动。

2. 集体备课,是由相同学科的教师共同研究教材,解决教材的重点、难点和教学方法等一系列问题的活动。常见的集体备课有:

(1)教研组备课。同一学校、同一学科的教师,有组织地在一起进行备课。教研组是学校教学工作基层组织,是教学指挥系统的一个重要组成部分,同时,又是学校开展教学研究活动的基本组织单位。在备课、听课、说课、磨课等学科活动中,有着不可替代的地位。

(2)备课组备课。同一学校、同一年级、同一学科的教师,有组织地在一起进行备课。备课组是在同学科、同年级的基础上组建的,开学时由各教研组与教师商量组成,并确定各年级学科备课组的组长。备课组每周进行一次活动,备课组组长负责安排和组织该年级、该学科的备课活动,并负责协调该学科教学中出现的一些问题和教学情况的监控和反馈。备课组的主要活动是:

①每学期初,根据学科特点及教学要求,制定详细、具体、可行的学科教学计划,并就全册教材的体系进行深入研究,研究教学重点、难点,安排教学进度。

②按单元进行集体备课,通过对单元教材进行具体研究,制定单元教学计划,并负责实施。

③制定课时计划,按照教学要求,逐课进行教材分析,共同确定教学重点,确定教学最佳方案、课时教学计划的基本结构。

④共享。真诚合作,人人参与,实现智慧和资源的共享。集体备课时,老师们把各自带来的不同的备课资料和以往的教学经验,进行分享,从而达到有效沟通。

⑤进行教学质量分析,共同研究改进教学工作的方法和措施,落实提高教学质量的有关措施。

⑥定期总结教学经验,分析教学中存在的问题,并研究制定改进方法。可结合教学与学生实际,科研促教,开展旨在解决亟待解决的教学实际问题的课题研究,如案例研究、教与学方式方法变革的研究。

工作室备课。以名师领衔的教育工作室的合作伙伴(教师),相聚一起备课。工作室主持人是"指导"教师,能帮助工作室成员解决诸多难题和困惑,指导工作室成员备好课,能带动工作室成员快速成长。

跨学科备课。不同学科的教师,为专题的教育活动相聚,一起备课。跨学科课程重在培养学生的基本技能、批判性的思考能力、解决问题的能力、利用图书馆和信息的能力、创造性思维及艺术表现能力。使学生学会比较不同学科的理论观点,学会使用对比方法阐明一个或一系列问题,促进学生学习的综合化,使学生的知识结构和知识体系成为一个紧密联系的整体,形成整体知识观和生活观,以全面的观点认识世界和解决问题。

教师以个人备课为主,可根据实际情况,创造条件,积极组织、参与不同类型的备课活动。

四 备课呈现方式

与时俱进,精心撰写教案。

教案最初的呈现方式是:由手写的一篇篇教案(教学设计)组成的备课笔记。随着时代进步、技术发展,备课的呈现方式也在不断革新。

(一)手写教案

用手写的方式,呈现一篇篇教案。优点在于个性、直观,便于检查;缺点在于不能及时共享和修改。

(二)电子教案

电子教案中,除 word 文档之外最为常见的有多媒体课件、微课等。

随着技术进步,电子教案逐渐兴盛,内容也逐渐丰富。它还可以包容学习任务单、课后练习、友情链接等一系列教学资料,汇成丰富的教学资源。

教师要积极使用各种多媒体技术,跟上技术进步的步伐,把多媒体技术当作改进教学、促进教学、提高教学效率的有效的辅助手段。

电子备课的优点是不言而喻的。它与时俱进,便于及时共享和修正,便于保存,符合"绿色"理念。

教师可根据自身的条件和学校及当地主管部门的具体要求,与时俱进,精心撰写属于自己的教案。

(三)详案与简案

详案和简案是一组相对的概念,详案是相对简案而言的,或者说,简案是相对详案而言的。

相对于简案而言的详案,它不仅要写出上课流程,还要写详细步骤,设计各种语文活动,预设课堂生成等。一份合格的详案,应包括教学目标、教学重点、教学难点、教学方法、教学课时、课前学习任务单、教学过程、拓展训练、课外作业、教学总结、教学反思等。

相对于详案而言的简案,实际上是详案的简省版。简案实际上是一种教学大纲,就是在备课的时候只写出上课的流程,即罗列出上课的重点,以及大概思路,无须详细过程。但简案也是一种"方案",因此不能过于随心所欲,至少要有明晰的思路和过程。

年轻教师宜写详案。详案,有利于厘清自己的教学内容、教学方法、教学过程,对自己的专业成长有很大帮助。

附件 2

高中语文学科作业规范要求

一 语文学科作业设计和实施的原则

作业是学生为完成特定学习任务而进行的一种学习活动,是承载学习内容、体现学习方式、实施过程性学习评价的重要载体。作为母语课程教学的重要组成部分,语文作业对学生语文学科核心素养的培育和发展应发挥重要作用,语文作业设计和实施必须遵循以下原则。

(一)教育性原则

语文课程是党的教育方针和国家意志在教育领域的直接体现,在立德树人中发挥着关键作用。设计和实施语文学科作业应有助于学生培养良好的政治素质、道德品质和健全人格,有助于引导学生形成正确的世界观、人生观、价值观。语文作业是影响学生学习兴趣的重要因素,是实现语文课程育人目标的重要载体,是提升语文教育教学效率的关键环节。

(二)科学性原则

教师设计实施语文学科作业,必须确立课程视域下的科学的作业观,要依据语文课程标准来设计实施语文作业,细化任务群、单元和课时学习目标,并根据学生在学习过程中的表现确定作业的目标、形式和评价方法。教师应明确布置作业的目的,确保作业具有科学性,并与课程教学的内容具有一致性和互补性,能够共同促进课程目标的有效达成。

(三)主体性原则

作业内容应以学生为主体,针对学生的年龄特点和认知规律设计,让学生在完成作业的过程中能够习得知识、提升能力、实现自我价值。作业设计要明确作业承载的语文学科知识和反映出的学生应具备的关键能力,关注学生的思维发展和素养提升,突显能力指向,着眼于学生语文核心素养的发展。要从学生主体参与和学习过程的整体视角来设计实施作业,努力构建以学习者发展为中心的语文作业体系。

(四)实践性原则

语文作业应促进学生积极利用信息技术以及身边的各种资源和机会,增强学生学语文、用语文的自觉意识,通过阅读与鉴赏、表达与交流、梳理与探究等语文实践活动,把握语文运用的规律,学会语文运用的方法,有效地提高语文运用的能力,并在学习语言文字运用的实践过程中促进方法、习惯及情感、态度与价值观的综合发展。

(五)创新性原则

语文作业要适应当代社会发展的需要,引导学生在语言文字运用过程中发现问题,培养学生探究意识和发现问题的敏感性,探求解决问题和语言表达的创新途径。教师要创造性地开发实施情境化作业,努力接近语文社会应用的实际,促进学生学习方式向自主、合作、探究转变,使学生语文素养的发展与提升能适应社会进步新形势的需要。

(六)差异性原则

语文作业要适应学生学习语文的不同特点和社会对人才的多样化需求。教师应深入了解不同类型、不同层次学生思维能力的发展水平及其个性特征,分层设计实施符合学生认知水平的作业,注重作业形式的多样性、层次性和差异性,增加学生的自主选择性,激发其学习语文的兴趣和潜能,确保全体学生的语文素养得到良好发展。

(七)有效性原则

语文作业设计与实施应明确指向并真正落实到语言建构与运用、思维发展与提升、审美鉴赏与创造、文化传承与理解上来。教师要及时更新教育教学理念,精选语文学习内容,设计实施类型多样的语文作业,重视设计综合实践类作业,注重作业的情境化、主题化、实践性和开放性,关注作业设计的综合性、结构性、个性化,有效促进学生变革学习方式,切实提高语文教育教学效率。

(八)适当性原则

语文作业设计与实施应充分考虑到大多数学生的接受能力,保持作业的类型结构合理、难度适宜、数量适中。要适当地布置作业,切实减轻学生过重的课业负担,坚决反对题海战术。语文作业应注重针对性和适切性,倡导教师以人为本,设计实施开放、多样、分层、有序的语文作业。

二 语文学科作业设计与实施的要求

作业是教学系统的重要环节,是课堂教学的延伸和教学评价的重要依据。作业设计能力是体现教师专业发展水平的重要指标之一,也是影响教育质量提升的关键因素。科学设计作业,努力提高作业设计的质量,是提高教育教学效率的重要途径,也是推动课堂教学变革的重要途径之一。完整的作业设计过程一般包括确定目标、确立主题、编制题目、规划结果、预设过程、布置作业、教师试做、进行辅导、评价反馈、分析总结等环节。

(一)语文学科作业设计与实施的依据

语文学科作业设计与实施的依据是《课程标准》和语文教科书。教师设计实施语文作业必须注意以下几点:

1. 深入学习《课程标准》,准确理解语文课程的性质及其基本理念,明确语文学科素养与课程目标,以及《课程标准》关于学业质量5个级别水平的具体要求。

2. 明确语文课程的结构、语文教材编写的基本框架和编写的意图,熟悉语文学科知识和能力培养要求的结构体系,把握课程教学内容的精髓和实现教学目标的具体方法要求。

3. 关注学情,认真研究所教班级,了解学生语文能力的实际水平、兴趣爱好、学习特点和语文素养发展的真实需求。倡导教师针对学生个体差异和多元智能特点,分层设计作业,满足不同层次、不同类型学生的需求。

4. 作业设计要注重科学性,符合学科的基本要求,表现形式合理,语言表述规范。要注重学科的基础性、综合性和应用性,引导学生借助作业整合所学知识并在实践应用中发展语文能力。

5. 作业设计要力争具有创新性,能够促进学生高阶思维和综合能力的发展。倡导设计具有趣味性和挑战性的作业,以激发学生学习的主动性和深入探究学习的积极性。

(二)语文学科作业的类型

从作业功能的角度看,作业除了巩固训练、促进学习目标达成外,还具有引导预习、促进理解、诊断学情、引导合作、整理知识、养成习惯等作用。教师在不同的学习环节,应设计不同功能的作业来支持学生有效学习。根据作业学习时段、作业形式和作业功能的不同,作业可以分为以下类型。

1. 作业按照不同学习时段,可分为预学作业、随堂作业、同步作业、周末作业、单元作业和假期作业等。

2. 作业按照不同形式可分为口头作业、书面作业、实践性作业。一是口头作业,如朗读、背诵、复述、答问、课外阅读等,属于扩展性和记忆性作业;二是书面作业,如周记、作文、小练笔、书面练习、模拟题检测等,属于巩固性和消化性作业;三是实践性作业,如采风、游学、讨论、演讲、辩论、板报设计、新闻采访、社会调查、活动策划等,属于操作性和创造性作业。

3. 作业按照不同功能可分为预习性作业、巩固性作业、综合性作业。一是预习性作业,如课前初读课文、自学生字词、了解作者及其写作背景、提出自己的疑难问题等,布置这类作业,意在引导学生为学习新课做好准备;二是巩固性作业,如朗读、背诵、默写、书面检测练习等,这类作业意在消化巩固课上所学知识,并转化为能力和素养;三是综合性作业,如上述实践性作业,能促使学生在各种语文实践活动中运用所学知识,历练其运用语文的能力,发展语文素养。

(三)语文学科作业的布置

布置作业是教育教学的一个重要环节,也是教师教育教学能力水平的一个重要表征。合理地布置高质量的作业,能够有效地提高教学效率。教师布置作业应该注意以下问题:

1. 目标明确。教师要依据课程标准和教学内容设计高质量的作业,围绕训练目标确定作业内容和形式。语文作业要有助于学生消化巩固所学知识,加深对所学知识的理解,并形成关键能力和核心素养。

2. 要求具体。一定要让学生明确完成作业的目的、作业具体要求和作业完成时间。对学生完成作业过程中可能遇到的困难,要预先予以必要的点拨和提示,以降低学生在作业过程中的盲目性和低效性。

3. 分量适中。教师要科学预测一般学生完成作业所需时间,合理布置作业,切实保障学生的身心健康。要主动与其他学科课任教师协调,以确保每天的作业量均衡合理,不至于过多或过少。要严格控制作业数量,切实减轻学生过重的课业负担,严禁布置超量的惩罚性作业。

4. 难易适度。作业的难易度一般以全班大多数同学经过努力能够完成为宜。对学习有困难的学生,可适当地给予必要的帮助或降低要求;对学有余力的学生,可适当安排一些补充性或提高性的作业;还可以尝试让优秀学生自主创编作业,以促进学生的深刻理解与迁移运用。

5. 形式多样。教师布置作业要采用灵活多变的形式,口头作业、书面作业、实践性作业相互交替,预习性作业、巩固性作业和拓展性作业穿插安排,以避免学生对单一性作业产生厌倦感,达到调动学生完成作业积极性的目的。教师还应做好周期性、阶段性和长期性的作业规划,既要有短期性的日作业、周作业、旬作业,又要有阶段性的月作业、季作业和长期性的学期作业、学年作业。

(四)语文学科作业的批改

批改作业是教育教学工作的重要组成部分,是教师检查教学效果、指导学生学习的重要手段。教师通过批改作业,可以及时了解学生对所学知识掌握的程度,以及运用知识解决问题的能力水平。教师批改作业的态度也是其自身素养和师德师风的具体表现,认真、严谨的作风是对学生最为直接、最为有效的教育。要有效地批改作业,教师应注意以下问题:

1. 及时批改,全面了解。教师要及时批改作业,在批改作业过程中全面准确地了解班级学生整体和个体的学习情况。

2. 批改结合,教育激励。教师在批改作业过程中,既要注重批,又要认真改,让批与改有机地结合起来。要规范地使用批改符号,书写整洁美观,评语要推心置腹、简明扼要、准确中肯,具有一定的教育意义和激励作用。

3. 方法多样,方式灵活。批改作业的方式通常有全批全改、轮流批改、重点批改、当面批改、学生互改、师生同批、学生自批自改等。教师要根据班级实际情况和学生学习需要,灵活地运用其中收效良好的方法。倡导教师积极创新作业批改的方式方法,提高作业批改的有效性。

4. 做好记录,重视分析。教师在批改作业过程中要做好批改记录,记录学生作业错误类型、正误比例等问题,对各类问题进行归因分析,并在作业讲评中及时解决,同时也为以后的备课、复习、编制试题、研究学生和科研活动总结积累素材。

(五)语文学科作业的评价反馈

作业评价是对学生作业完成情况、学科知识掌握程度和学业水平的衡量和判断。作业评价反馈应及时、科学、方式多元。及时科学的评价反馈有利于激发学生的学习热情和信心,帮助学生解决学习中存在的问题。适时反馈作业评价,提高作业的有效性,教师应注意以下问题:

1. 及时反馈,订正到位。及时反馈作业情况,有利于发现并解决学生课业学习过程中存在的问题。作业批改不仅仅是简单地核对答案与作业订正,完整的评价反馈还要关注学生理解障碍的突破、知识系统的整理、补偿学习的跟进。要切实做好作业的过程性管理,做到全程跟踪,有效监管。作业订正要规范管理,有的还要再批改再订正,对问题学生的问题作业必须真正落实教育教学的针对性。

2. 诊断分析,改进教学。教师要重视作业诊断分析、反馈讲评环节,充分发挥作业的教学诊断与补偿功能。既要落实作业的批改到位,还要认真分析学生作业错误的原因,并及时改进教学。

3. 方式灵活,重视讲评。作业反馈的方式应灵活多样,注重实效。应遵循批与改结合、讲与评同步的原则,普遍性的问题需要集体评讲,疑难问题可以小组讨论,个性化的问题宜个别交流。

4. 反思作业,自我教育。教师要引导学生通过错题订正、错因分析、思路阐释、经验总结和整体反思对自己作业的结果进行审视和分析,在作业整理过程中探索适合自己的学习策略,养成好的学习习惯,促进学习方式的优化,提高学习效能,增强学习的责任心、主动性、批判性、探究性和创造性,实现学习者的自我改进、自我教育和自我发展。

5. 成果展示,激励推进。倡导教师积极打造多样化的平台,让学生的优秀作业能够得到充分的展示,以发挥其良好的激励作用和示范效果。对于有研究价值的作业成果,还可以引导学生继续研究探索,促成专题式学习、项目化学习等研究性学习活动深入开展。

执笔人:俞璐　冯厚生　胡成方　陈爱鹏　俞仁凤　辛卫华　孙孝龙

普通高中数学学科教学指导意见

为贯彻落实《国务院办公厅关于新时代推进普通高中育人方式改革的指导意见》（国办发〔2019〕29号）、《安徽省深化基础教育改革全面提高育人质量行动计划》（皖发〔2020〕6号）、《安徽省新时代推进普通高中育人方式改革实施方案》（皖教工委〔2020〕31号）等有关文件精神，以《普通高中数学课程标准（2017年版2020年修订）》（以下简称《课程标准》）、《安徽省普通高中新课程新教材实施方案》（皖教基〔2020〕9号）为依据，结合我省普通高中数学教学实际，对我省普通高中数学教学提出如下指导意见：

一　指导思想

坚持以习近平新时代中国特色社会主义思想为指导，深入贯彻党的十九大和全国教育大会精神，全面贯彻党的教育方针，落实立德树人根本任务，培育和践行社会主义核心价值观。以深化普通高中数学课程和教学改革为导向，以提高学生终身发展所需的数学学科核心素养为目标，遵循教育教学规律和学生发展规律，全面落实《课程标准》的理念和要求，加强对普通高中数学课程实施的指导与管理，规范教育教学行为，改进教与学的方式，全面提高教育教学质量，实现高中数学课程目标，培养德智体美劳全面发展的社会主义建设者和接班人。

二　教学安排

（一）必修课程的安排

必修课程包括五个主题，分别是预备知识、函数、几何与代数、概率与统计、数学建模活动与数学探究活动，共8学分144课时，并将数学文化融入课程内容。表1给出了课时分配建议,可以根据实际情况作适当调整。

表 1　必修课程课时分配建议表

主题	单元	建议课时
主题一 预备知识	集合	18
	常用逻辑用语	
	相等关系与不等关系	
	从函数观点看一元二次方程和一元二次不等式	
主题二 函数	函数概念与性质	52
	幂函数、指数函数、对数函数	
	三角函数	
	函数应用	
主题三 几何与代数	平面向量及其应用	42
	复数	
	立体几何初步	
主题四 概率与统计	概率	20
	统计	
主题五 数学建模活动 与数学探究活动	数学建模活动与数学探究活动	6
机动		6

(二)选择性必修课程的安排

选择性必修课程包括四个主题,分别是函数、几何与代数、概率与统计、数学建模活动与数学探究活动,共 6 学分 108 课时。数学文化融入课程内容。表 2 给出了课时分配建议,可以根据实际情况作适当调整。

表 2　选择性必修课程课时分配建议表

主题	单元	建议课时
主题一 函数	数列	30
	一元函数导数及其应用	
主题二 几何与代数	空间向量与立体几何	44
	平面解析几何	

续表

主题	单元	建议课时
主题三 概率与统计	计数原理	26
	概率	
	统计	
主题四 数学建模活动与数学探究活动	数学建模活动 与数学探究活动	4
	机动	4

(三)选修课程的安排

选修课程是由学校根据自身情况选择设置的课程,供学生依据个人志趣自主选择,分为A,B,C,D,E五类。

三 教学要求

(一)总体教学要求

通过高中数学课程的学习,学生能获得进一步学习以及未来发展所必需的数学基础知识、基本技能、基本思想、基本活动经验(简称"四基");提高从数学角度发现和提出问题的能力、分析和解决问题的能力(简称"四能")。

在学习数学和应用数学的过程中,学生能发展数学抽象、逻辑推理、数学建模、直观想象、数学运算、数据分析等数学学科核心素养。

通过高中数学课程的学习,学生能提高学习数学的兴趣,增强学好数学的自信心,养成良好的数学学习习惯,发展自主学习的能力;树立敢于质疑、善于思考、严谨求实的科学精神;不断提高实践能力,提升创新意识;认识数学的科学价值、应用价值、文化价值和审美价值。

(二)必修课程教学要求

1.预备知识

(1)能够在现实情境或数学情境中,概括出数学对象的一般特征,并用集合语言予以表达。初步学会用三种语言(自然语言、图形语言、符号语言)表达数学研究对象,并能在三者之间进行转换。掌握集合的基本关系与基本运算。

(2)能够借助常用逻辑用语进行数学表达、论证和交流,体会常用逻辑用语在数学中的作用。

(3)能够从函数的角度认识方程和不等式,感悟数学知识之间的关联,认识函数的重要性。掌握等式与不等式的性质。

(4)重点提升数学抽象、逻辑推理和数学运算等素养。

2.函数

(1)能够从两个变量之间的依赖关系、实数集合之间的对应关系、函数图像的几何直观等多个角度,理解函数的意义与数学表达;理解函数符号表达与抽象定义之间的关联,知道函数抽象概念的意义。

(2)能够理解函数的单调性、最大(小)值,了解函数的奇偶性、周期性;掌握一些基本函数类(一元一次函数、反比例函数、一元二次函数、幂函数、指数函数、对数函数、三角函数等)的背景、概念和性质。

(3)能够对简单的实际问题,选择适当的函数构建数学模型,并解决问题;能够从函数观点认识方程,并运用函数的性质求方程的近似解;能够从函数观点认识不等式,并运用函数的性质解不等式。

(4)重点提升数学抽象、数学建模、数学运算、直观想象和逻辑推理素养。

3.几何与代数

(1)能够从多种角度理解向量概念和运算法则,掌握向量基本定理;能够运用向量运算解决简单的几何和物理问题,知道数学运算与逻辑推理的关系。

(2)能够理解复数的概念,掌握复数代数表示式的四则运算。

(3)能够通过直观图理解空间图形,掌握基本空间图形及其简单组合体的概念和基本特征,解决简单的实际问题。能够运用图形的概念描述图形的基本关系和基本结果。能够证明简单的几何命题(平行、垂直的性质定理),并会进行简单应用。

(4)重点提升直观想象、逻辑推理、数学运算和数学抽象素养。

4.概率与统计

(1)能够掌握古典概型的基本特征,根据实际问题构建概率模型,解决简单的实际问题。能够借助古典概型初步认识有限样本空间、随机事件,以及随机事件的概率。

(2)能够根据实际问题的需求,选择恰当的抽样方法获取样本数据,并从中提取需要的数字特征推断总体。能够正确运用数据分析的方法解决简单的实际问题。

(3)能够区别统计思维与确定性思维的差异、归纳推断与演绎证明的差异。能够结合具体问题,理解统计推断结果的或然性,正确运用统计结果解释实际问题。

(4)重点提升数据分析、数学建模、逻辑推理和数学运算素养。

5.数学建模活动与数学探究活动

(1)经历数学建模活动与数学探究活动的全过程,整理资料,撰写研究报告或小论文,并进行报告、交流。对于研究报告或小论文的评价,教师应组织评价小组,可以邀请校外专家、社会人士、家长等参与评价,也可以组织学生互评。教师要引导学生遵循学术规范,坚守诚信底线。研究报告或小论文及其评价应存入学生个人学习档案,为大学招生提供参考和依据。学生可以采取独立完成或者小组合作的方式,完成课题研究。

(2)重点提升数学建模、数学抽象、数据分析、数学运算、逻辑推理和直观想象素养。

(三)选择性必修课程教学要求

1. 函数

(1)能够结合具体实例,理解通项公式对于数列的重要性,知道通项公式是这类函数的解析表达式;通过等差数列和等比数列的研究,感悟数列是可以用来刻画现实世界中一类具有递推规律事物的数学模型,掌握通项公式与前 n 项和公式的关系;能够运用数列解决简单的实际问题。

(2)能够通过具体情境,直观理解导数概念,感悟极限思想,知道极限思想是人类深刻认识和表达现实世界必备的思维品质。理解导数是一种借助极限的运算,掌握导数的基本运算规则,能求简单函数和简单复合函数的导数。能够运用导数研究简单函数的性质和变化规律,能够利用导数解决简单的实际问题。知道微积分的创立过程,以及微积分对数学发展的作用。

(3)重点提升数学抽象、数学运算、直观想象、数学建模和逻辑推理素养。

2. 几何与代数

(1)能够理解空间向量的概念、运算、背景和作用;能够依托空间向量建立空间图形及图形关系的想象力;能够掌握空间向量基本定理,体会其作用,并能简单应用;能够运用空间向量解决某一些简单的实际问题,体会用向量解决某一类问题的思路。

(2)能够掌握平面解析几何解决问题的基本过程:根据具体问题情境的特点,建立平面直角坐标系;根据几何问题和图形的特点,用代数语言把几何问题转化成为代数问题;根据对几何问题(图形)的分析,探索解决问题的思路;运用代数方法得到结论;给出代数结论合理的几何解释,最后解决几何问题。

(3)能够根据不同的情境,建立平面直线和圆的方程,建立椭圆、抛物线、双曲线的标准方程,能够运用代数的方法研究上述曲线之间的基本关系,能够运用平面解析几何的思想解决一些简单的实际问题。

(4)重点提升直观想象、数学运算、数学建模、逻辑推理和数学抽象素养。

3. 概率与统计

(1)能够结合具体实例,识别和理解分类加法计数原理和分步乘法计数原理及其作用,并能够运用这些原理解决简单的实际问题。

(2)能够结合具体实例,理解排列、组合、二项式定理与两个计数原理的关系,能够运用两个计数原理推导排列、组合、二项式定理的相关公式,并能够运用它们解决简单的实际问题,特别是概率中的某些问题。

(3)能够结合具体实例,理解随机事件的独立性和条件概率的关系,理解离散型随机变量在描述随机现象中的作用,掌握两个基本概率模型及其应用范围,了解正态分布的作用,进一步深入理解随机思想在解决实际问题中的作用。

(4)能够解决成对数据统计相关性的简单实际问题。能够结合具体实例,掌握运用一元线性回归分析的方法。掌握运用2×2列联表的方法,解决独立性检验的简单实际问题。

(5)重点提升数据分析、数学建模、逻辑推理、数学运算和数学抽象素养。

4. 数学建模活动与数学探究活动

数学建模活动与数学探究活动以课题研究的形式开展。在选择性必修课程中,要求学生完成一个课题研究,可以是有关数学建模的课题研究,也可以是有关数学探究的课题研究。课题可以是学生在学习必修课程时已完成课题的延续,或者是新的课题。

(四)选修课程教学要求

1. A类课程

A类课程包括微积分、空间向量与代数、概率与统计三个专题。

(1)微积分。在数列极限的基础上建立函数极限和连续的概念;在具体的情境中用极限刻画导数,给出借助导数研究函数性质的一般方法;通过极限建立微分和积分的概念,阐述微分和积分的关系(微积分基本定理)及其应用。本专题内容包括:数列极限、函数极限、连续函数、导数与微分、定积分。

(2)空间向量与代数。在必修课程和选择性必修课程的基础上,通过系统学习三维空间的向量代数,表述各种运算的几何背景,实现几何与代数的融合。引入矩阵与行列式的概念,利用矩阵理论解三元一次方程组;利用向量代数,讨论三维空间中点、直线、平面的位置关系与度量;利用直观想象建立平面和空间的等距变换理论。本专题内容包括:空间向量代数、三阶矩阵与行列式、三元一次方程组、空间中的平面与直线、等距变换。

(3)概率与统计。通过具体实例,进一步学习连续型随机变量及其概率分布,二维随机向量及其联合分布,并运用这些数学模型,解决一些简单的实际问题。结合一些具体任务,学习参数估计、假设检验,并运用这些方法解决一些简单的实际问题;在一元线性回归分析的基础上,结合具体实例,进一步学习二元线性回归分析的方法,解决一些简单的实际问题。本专题内容包括:连续型随机变量及其分布、二维随机变量及其联合分布、参数估计、假设检验、二元线性回归模型。

2. B类课程

B类课程包括微积分、空间向量与代数、应用统计、模型四个专题。

(1)微积分。在数列极限的基础上建立函数极限的概念;在具体的情境中用极限刻画导数,给出借助导数研究函数性质的一般方法;通过极限建立微分和积分的概念,阐述微分和积分的关系(微积分基本定理)及其应用。在学习一元函数的基础上,了解二元函数及其偏导数的概念。本专题内容包括:极限、导数与微分、定积分、二元函数。

(2)空间向量与代数。在必修课程和选择性必修课程的基础上,比较系统地学习三维空间的整体结构——向量代数,感悟几何与代数的融合。引入矩阵与行列式的概念,并讨论三元一次方程组解的结构。本专题内容包括:空间向量代数、三阶矩阵与行列式、三元一次方程组。

(3)应用统计。进一步学习连续型随机变量及其概率分布,二维随机向量及其联合分布,并运用这些数学模型,解决一些简单的实际问题。学习参数估计、假设检验和不依赖于分布的统计检验,并运用这些方法解决一些简单的实际问题;学习数据分析的两种特殊方法——聚类分析和正交设计。本专题内容包括:连续型随机变量及其分布、二维随机变量及其联合分布、参数估计、假设检验、二元线性回归模型、聚类分析、正交设计。

(4)模型。在必修课程和选择性必修课程的基础上,通过大量的实际问题,建立一些基本数学模型。本专题内容包括:线性模型、二次曲线模型、指数函数模型、三角函数模型、参变数模型。

3. C类课程

C类课程包括逻辑推理初步、数学模型、社会调查与数据分析三个专题。

(1)逻辑推理初步。能进一步认识逻辑推理的本质,体会其在数学推理、论证中的作用;能运用相关逻辑知识正确表述自己的思想、解释社会生活中的现象,提高逻辑思维能力,发展逻辑推理素养。本专题内容包括:数学定义、命题和推理,数学推理的前提,数学推理的类型,数学证明的主要方法,公理化思想。

(2)数学模型。通过具体实例,建立一些基于数学表达的经济模型和社会模型。要让学生知道这些模型形成的背景、数学表达的道理、模型参数的意义、模型适用的范围,提升数学建模、数学抽象、数学运算和直观想象素养;知道其中的有些模型(以及模型的衍生)获得诺贝尔经济学奖的理由,理解数学的应用,提高学习数学的兴趣,提升实践能力和创新能力。本专题内容包括:经济数学模型、社会数学模型。

(3)社会调查与数据分析。引导学生体验社会调查的全过程,并结合具体社会调查案例,分析在社会调查实施过程中可能遇到的问题,以及解决这些问题的对策。本专题内容包括:社会调查概论、社会调查方案设计、抽样设计、社会调查数据分析、社会调查数据报告、社会调查案例选讲。

4. D类课程

D类课程包括美与数学、音乐中的数学、美术中的数学、体育运动中的数学四个专题。

(1)美与数学。通过本专题的学习,学生对美的感受能够从感性走向理性,提升有志于从事艺术、体育事业学生的审美情趣和审美能力,在形象思维的基础上增强理性思维能力。本专题内容包括:美与数学的简洁、美与数学的对称、美与数学的周期、美与数学的和谐。

(2)音乐中的数学。通过本专题的学习,学生能够更加理性地理解音乐,鉴赏音乐的美,提升有志于从事音乐事业学生的数学修养,增强理性思维能力。本专题内容包括:声波与正弦函数、律制、音阶与数列、乐曲的节拍与分数、乐器中的数学、乐曲中的数学等。

(3)美术中的数学。通过本专题的学习,帮助学生了解美术中的平移、对称、黄金分割、透视几何等数学概念,了解计算机美术的基本概念和方法,了解艺术家在创作过程中所蕴含的数学思想,体会数学在美术中的作用,更加理性地鉴赏美术作品,提升直观想象和数学抽象素养。本专题内容包括:绘画与数学、其他美术作品中的数学、美术与计算机、美术家的数学思想。

(4)体育运动中的数学。通过本专题的学习,学生能运用数学知识探索提高运动效率的途径,能运用数学方法合理安排赛事,提升有志于从事体育事业学生的数学修养,增强理性思维能力。本专题内容包括:运动场上的数学原理、运动成绩的数据分析、运动赛事中的运筹帷幄、体育用具及设施中的数学知识。

5. E类课程

E类课程是学校根据自身的需求开发或选用的课程,包括拓宽视野、日常生活、地方特色的数学课程,还包括大学数学的先修课程等。学校应根据自身特点和实际需要,科学合理地确定教学要求。

四 教学建议

(一)总体教学建议

全面落实立德树人要求,深入挖掘数学学科的育人价值,树立以发展学生数学学科核心素养为导向的教学意识,将数学学科核心素养的培养贯穿于教学活动的全过程。在教学实践中,要不断探索和创新教学方式,不仅重视如何教,更要重视如何学,引导学生会学数学,养成良好的学习习惯;要努力激发学生数学学习的兴趣,促使更多的学生热爱数学。

1. 教学目标的制定要突出数学学科核心素养

数学学科核心素养是数学课程目标的集中体现,是在数学学习的过程中逐步形成的。教师在制定教学目标时要充分关注数学学科核心素养的达成;要深入理解数学学科核心素养的内涵、价值、表现、水平及其相互联系;要结合特定教学任务,思考相应数学学科核心素养在教学中的孕育点、生长点;要注意数学学科核心素养与具体教学内容的关联;要关注数学学科核心素养目标在教学中的可实现性,研究其融入教学内容和教学过程的具体方式及载体,并在此基础上确定教学目标。

2. 情境创设和问题设计要有利于发展数学学科核心素养

基于数学学科核心素养的教学活动应该把握数学的本质,创设合适的教学情境、提出合适的数学问题,引发学生思考与交流,形成和发展数学学科核心素养。在教学活动中,应结合教学任务及其蕴含的数学学科核心素养设计合适的情境和问题,引导学生用数学的眼光观察现象、发现问题,使用恰当的数学语言描述问题,用数学的思想、方法解决问题。在问题解决的过程中,理解数学内容的本质,促进学生数学学科核心素养的形成和发展。

3. 整体把握教学内容,促进数学学科核心素养连续性和阶段性发展

数学学科核心素养的发展具有连续性和阶段性。教师要以数学学科核心素养为导向,抓住函数、几何与代数、概率与统计、数学建模活动与数学探究活动等内容主线,明晰数学学科核心素养在内容体系形成中表现出的连续性和阶段性,引导学生从整体上把握课程,实现学生数学学科核心素养的形成和发展。

4. 既要重视教,更要重视学,督促学生学会学习

教师要把教学活动的重心放在督促学生学会学习上,积极探索有利于督促学生学习的多样化教学方式,不仅限于讲授与练习,也包括引导学生阅读自学、独立思考、动手实践、自主探索、合作交流等。

5. 重视信息技术运用,实现信息技术与数学课程的深度融合

在数学教学中,信息技术是学生学习和教师教学的重要辅助手段,为师生交流、生生交流、人机交流搭建了平台,为学习和教学提供了丰富的资源。教师应注重信息技术与数学课程的深度融合,实现传统教学手段难以达到的效果。

(二)课程教学建议

1. 必修课程教学建议

(1)预备知识

初中阶段数学知识相对具体,高中阶段数学知识相对抽象。教师应针对这一特征帮助学生完成从初中到高中数学学习的过渡,包括知识与技能、方法与习惯、能力与态度等方面。

在集合、常用逻辑用语的教学中,教师应创设合适的教学情境,以义务教育阶段学过的数学内容为载体,引导学生用集合语言和常用逻辑用语梳理、表达学过的相应数学内容。应引导学生理解属于关系是集合的基本关系,了解元素 A 与由元素 A 组成的集合 $\{A\}$ 的差异,即 $A\in\{A\}$,A 与 $\{A\}$ 不相同。在梳理过程中,可以根据学生的实际情况布置不同的任务,采用自主学习与合作学习相结合的方式组织教学活动。

在相等关系与不等关系的教学中,应引导学生通过类比学过的等式与不等式的性质,进一步探索等式与不等式的共性与差异。

在从函数观点看一元二次方程和一元二次不等式的教学中,可以先以讨论具体的一元二次函数变化情况为情境,引导学生发现一元二次函数与一元二次方程的关系,引出一元二次不等式的概念;然后进一步引导学生探索一般的一元二次函数与一元二次方程、一元二次不等式的关系,归纳总结出用一元二次函数解一元二次不等式的程序。

在教学中,要根据内容的定位和教育价值,关注数学学科核心素养的培养。要让学生逐渐养成借助直观理解概念进行逻辑推理的思维习惯,以及独立思考、合作交流的学习习惯,引导学生感悟高中阶段数学课程的特征,适应高中阶段的数学学习。

（2）函数

教师应把本主题的内容视为一个整体，引导学生从变量之间的依赖关系、实数集合之间的对应关系、函数图像的几何直观等角度整体认识函数概念；通过梳理函数的单调性、周期性、奇偶性（对称性）、最大（小）值等，认识函数的整体性质；经历运用函数解决实际问题的全过程。

函数概念的引入，可以用学生熟悉的例子为背景进行抽象。例如，可以从学生已知的、基于变量关系的函数定义入手，引导学生通过生活或数学中的问题，构建函数的一般概念，体会用对应关系定义函数的必要性，感悟数学抽象的层次。

函数单调性的教学，要引导学生正确使用符号语言清晰地刻画函数的性质。在函数定义域、值域以及函数性质的教学过程中，应避免编制偏题、怪题，避免烦琐的技巧训练。

指数函数的教学，应关注指数函数的运算法则和变化规律，引导学生经历从整数指数幂到有理数指数幂、再到实数指数幂的拓展过程，掌握指数函数的运算法则和变化规律。

对数函数的教学，应通过比较同底数的指数函数和对数函数，认识它们互为反函数。

三角函数的教学，应发挥单位圆的作用，引导学生结合实际情境，借助单位圆的直观，探索三角函数的有关性质。在三角恒等变换的教学中，可以采用不同的方式得到三角恒等变换基本公式；也可以在向量的学习中，引导学生利用向量的数量积推导出两角差的余弦公式。

函数应用的教学，要引导学生理解如何用函数描述客观世界事物的变化规律，体会幂函数、指数函数、对数函数、三角函数等函数与现实世界的密切联系。

鼓励学生运用信息技术学习、探索和解决问题。例如，利用计算器、计算机画出幂函数、指数函数、对数函数、三角函数等的图像，探索、比较它们的变化规律，研究函数的性质，求方程的近似解等。

可以组织学生收集、阅读函数的形成与发展的历史资料，结合内容撰写报告，论述函数发展的过程、重要结果、主要人物、关键事件及其对人类文明的贡献。

（3）几何与代数

在平面向量及其应用的教学中，应从力、速度、位移等实际情境入手，从物理、几何、代数三个角度理解向量的概念与运算法则，引导学生运用类比的方法探索实数运算与向量运算的共性与差异。可以通过力的分解引出向量基本定理，建立基的概念和向量的坐标表示。可以引导学生运用向量解决一些物理和几何问题。对于向量的非正交分解只要求学生一般了解，不必展开。

在复数的教学中，应注重对复数的表示及几何意义的理解，避免烦琐的计算与技巧训练。对于学有余力的学生，可以安排一些引申内容，如复数的三角表示等。可以适当融入数学文化，让学生体会数系扩充过程中理性思维的作用。

立体几何初步的教学重点是帮助学生逐步形成空间观念，应遵循从整体到局部、从具体到抽象的原则,提供丰富的实物模型或利用计算机软件呈现空间几何体,帮助学生认识空间几何体的结构特征,进一步掌握在平面上表示空间图形的方法和技能。通过对图形的观察和操作,引导学生发现和提出描述基本图形平行、垂直关系的命题,逐步学会用准确的数学语言表达这些命题,直观解释命题的含义和表述证明的思路,并证明其中一些命题;对相应的判定定理只要求直观感知、操作确认,在选择性必修课程中将用向量方法对这些定理加以论证。

可以使用信息技术展示空间图形,为理解和掌握图形的几何性质(包括证明)提供直观认识。教师可以指导和帮助学生选择一些立体几何问题作为数学探究活动的课题。

可以组织学生收集、阅读几何学发展的历史资料,结合内容撰写报告,论述几何学发展过程中的重要结果、主要人物、关键事件及其对人类文明的贡献。

(4)概率与统计

在概率的教学中,应引导学生通过日常生活中的实例了解随机事件与概率的意义。在随机事件和样本空间的教学中,应引导学生通过古典概型,认识样本空间,理解随机事件发生的含义;理解古典概型的特征:试验结果的有限性和每一个试验结果出现的等可能性,知道只有在这种特征下,才能定义出古典概型中随机事件发生的概率。教学中要适当介绍基本计数方法(如树状图、列表等),计算古典概型中随机事件发生的概率。

在统计的教学中,应引导学生根据实际问题的需求,选择不同的抽样方法获取数据,理解数据蕴含的信息;根据数据分析的需求,选择适当的统计图表描述和表达数据,并从样本数据中提取需要的数字特征,估计总体的统计规律,解决相应的实际问题。对统计中的基本概念(如总体、样本、样本量等),应结合具体问题进行描述性说明,在此基础上适当引入严格的定义,并利用数字特征(平均值、方差等)和数据直观图表(直方图、散点图等)进行数据分析。

统计的教学活动应通过典型案例进行。教学中应通过对一些典型案例的处理,使学生经历较为系统的数据处理全过程,在此过程中学习数据分析的方法,理解数据分析的思路,运用所学知识和方法解决实际问题。

可以鼓励学生尽可能运用计算器、计算机进行模拟活动,处理数据,更好地体会概率的意义和统计思想。例如,利用计算器产生随机数来模拟掷硬币试验等,利用计算机来计算样本量较大的数据的样本均值、样本方差等。

(5)数学建模活动与数学探究活动

课题可以由教师给定,也可以由学生与教师协商确定。课题研究的过程包括选题、开题、做题、结题四个环节。学生需要撰写开题报告,教师要组织开展开题交流活动,开题报告应包括选题意义、文献综述、解决问题思路、研究计划、预期结果等。做题是解决问题的过程,包括描述问题、数学表达、建立模型、求解模型、得到结论、反思完善等环节。结题包括撰写研究报告和报告研究结果,由教师组织学生开展结题答辩。根据选题的内容,报告可以采用专题作业、测量报告、算法程序、制作的实物、研究报告或小论文等多种形式。在数学建模活动与数学探究活动中,鼓励学生使用信息技术。

2.选择性必修课程教学建议

(1)函数

在数列的教学中,应引导学生通过具体实例(如购房贷款、放射性物质的衰变、人口增长等),理解等差数列、等比数列的概念、性质和应用;引导学生掌握数列中各个量之间的基本关系。

应特别强调数列作为一类特殊的函数在解决实际问题中的作用,突出等差数列、等比数列的本质,引导学生通过类比的方法探索等差数列与一元一次函数、等比数列与指数函数的联系,加深对数列及函数概念的理解。

在教学中可以组织学生收集、阅读数列方面的研究成果,特别是我国古代的优秀研究成果,如"杨辉三角"、《四元玉鉴》等,撰写小论文,论述数列发展的过程、重要结果、主要人物、关键事件及其对人类文明的贡献,感悟我国古代数学的辉煌成就。

在一元函数导数及其应用的教学中,应通过丰富的实际背景和具体实例引入导数的概念,例如斜率、增长率、膨胀率、效率、密度、速度、加速度等;应引导学生经历由平均变化率过渡到瞬时变化率的过程,了解导数是如何刻画瞬时变化率的,感悟极限的思想;应引导学生通过具体实例感受导数在研究函数和解决实际问题中的作用,体会导数的意义。学生对导数概念的理解不可能一步到位,导数概念的学习应该贯穿一元函数导数及其应用学习的始终。一般地,在高中阶段研究与导数有关的问题中,涉及的函数都是可导函数。

在教学中可以组织学生收集、阅读与微积分创立与发展相关的历史资料,撰写小论文,论述微积分创立与发展的过程、重要结果、主要人物、关键事件及其对人类文明的贡献。

(2)几何与代数

本主题的研究对象是几何图形,所用的研究方法主要是代数方法。

在空间向量与立体几何的教学中,应重视以下两方面:第一,引导学生运用类比的方法,经历向量及其运算由平面向空间的推广过程,探索空间向量与平面向量的共性和差异,引发学生思考维数增加所带来的影响;第二,鼓励学生灵活选择运用向量方法与综合几何方法,从不同角度解决立体几何问题(如距离问题),通过对比体会向量方法的优势。在上述过程中,引导学生理解向量基本定理的本质,感悟"基"的思想,并运用它解决立体几何中的问题。

在平面解析几何的教学中,应引导学生经历以下过程:首先,通过实例了解几何图形的背景,例如,通过行星运行轨道、抛物运动轨迹等,使学生了解圆锥曲线的背景与应用;其次,结合情境清晰地描述图形的几何特征与问题,例如,两点决定一条直线,椭圆是到两个定点的距离之和为定长的动点的轨迹等;再结合具体问题合理地建立坐标系,用代数语言描述这些特征与问题;最后,借助几何图形的特点,形成解决问题的思路,通过直观想象和代数运算得到结果,并给出几何解释,解决问题。

应充分发挥信息技术的作用,通过计算机软件向学生演示方程中参数的变化对方程所表示的曲线的影响,使学生进一步理解曲线与方程的关系。

在教学中,可以组织学生收集、阅读平面解析几何的形成与发展的历史资料,撰写小论文,论述平面解析几何发展的过程、重要结果、主要人物、关键事件及其对人类文明的贡献。

(3)概率与统计

教师应通过典型案例开展教学活动,案例的情境应是丰富的、有趣的、学生熟悉的。在案例教学中要重视过程,层次清楚,从具体到抽象,从实际到理论。

在计数原理的教学中,应结合具体情境,引导学生理解许多计数问题可以归结为分类和分步两类问题,引导学生根据计数原理分析问题、解决问题。

在概率的教学中,应引导学生通过具体实例,理解可以用随机变量更好地刻画随机现象,感悟随机变量与随机事件的关系;理解随机事件独立性与条件概率之间的关系;通过二项分布、超几何分布、正态分布的学习,理解随机变量及其分布。在教学过程中,应在引导学生利用所学知识解决一些实际问题的基础上,适当进行严格、准确的描述。

在统计的教学中,应通过具体案例,引导学生理解两个随机变量的相关性可以通过成对样本数据进行分析;理解利用一元线性回归模型可以研究变量之间的随机关系,并进行预测;理解利用 2×2 列联表可以检验两个随机变量的独立性。在教学过程中,应通过具体案例引导学生参与数据分析的全过程,并鼓励学生使用相应的统计软件。

(4)数学建模活动与数学探究活动

选题可以在教师的指导下,自主选题,也可以在必修课程中的数学建模活动或数学探究活动的研究基础上继续进行深入探究。类似必修课程的要求,课题研究应经历选题、开题、做题、结题四个环节。如果选题不变,需要在研究报告中说明与必修课程中研究的差异、深入研究的新思路、新方法以及得到的新结果。根据选题的内容,报告可以采用专题作业、测量报告、算法程序、制作实物或研究论文等多种形式。

3. 选修课程教学建议

选修课程的教学,教师应根据各专题的内容特点,把握问题的本质,关注对数学内容的直观理解。既要重视课程内容的实际背景,又要重视课程内容的实际应用;既要充分考虑高中学生的接受能力,更要注重学生数学学科核心素养的提升;既要提高学生学习数学的兴趣,又要提升学生的实践能力和创新能力。

五 评价与考试建议

(一)评价建议

教学评价是数学教学活动的重要组成部分。评价应以课程目标、课程内容和学业质量标准为基本依据,日常教学活动评价,要以教学目标的达成为依据。评价要关注学生数学知识技能的掌握、数学基本思想和基本活动经验的形成,还要关注学生的学习态度、方法和习惯,更要关注学生数学学科核心素养水平的达成。教师要基于对学生的评价,反思教学过程,总结经验,发现问题,提出改进思路。因此,数学教学活动的评价目标,既包括对学生学习的评价,也包括对教师教学的评价。

1. 评价目的

评价的目的是考查学生学习的成效,进而也考查教师教学的成效。通过考查,诊断学生学习过程中的优势与不足,进而诊断教师教学过程中的优势与不足;通过诊断,改进学生的学习行为,进而改进教师的教学行为,促进学生数学学科核心素养的达成。

2. 评价原则

为了实现上述评价目的,教师应坚持以学生发展为本,以积极的态度促进学生不断发展,日常评价应遵循以下原则:

(1) 重视学生数学学科核心素养的达成

教学评价要以数学学科核心素养的达成作为评价的基本要素。

基于数学学科核心素养的教学要创设合适的教学情境、提出合适的数学问题。在设计教学评价工具时,应着重对设计的教学情境、提出的问题进行评价。评价内容包括:情境设计是否体现数学学科核心素养,数学问题的产生是否自然,解决问题的方法是否为通性通法,情境与问题是否有助于学生数学学科核心素养的达成。

(2) 重视评价的整体性与阶段性

基于学业质量标准和内容要求制定必修、选择性必修和选修课程的评价目标,关注评价的整体性。

数学学科核心素养的达成是循序渐进的,基于内容主线对数学的理解与把握也是日积月累的。因此,应当把教学评价的总目标合理地分解到日常教学评价的各个阶段,关注评价的阶段性。既要关注数学知识技能的达成,更要关注相关的数学学科核心素养的提升;还应依据必修、选择性必修和选修课程内容的主线和主题,整体把握学业质量与数学学科核心素养水平。

对于基于数学学科核心素养的教学评价,建立一个科学的评价体系是必要的,学校可以组织教师与有关人员,进行专门的研讨,积累经验,特别是积累通过阶段性评价不断改进教学活动的经验,最终建立适合本学校的科学评价体系。

(3) 重视过程评价

日常评价不仅要关注学生当前的数学学科核心素养水平,更要关注学生成长和发展的过程;不仅要关注学生的学习结果,更要关注学生在学习过程中的发展和变化。教师要注意记录、保留和分析学生在不同时期的学习表现和学业成就,跟踪学生的学习进程,通过过程评价使学生感受成长的快乐,激发其对数学学习的积极性。

在日常评价中,应采用形成性评价的方式。在本质上,形成性评价是与教学过程融为一体的。在教学过程中,教师既要获取学生的整体学习情况,也要关注个别学生的学习进展,在评价反思的同时调整教学活动,提高教学质量。基于数学学科核心素养的教学,在形成性评价的过程中,不仅要关注学生对知识技能掌握的程度,还要更多地关注学生的思维过程,判断学生是否会用数学的眼光观察世界,是否会用数学的思维思考世界,是否会用数学的语言表达世界。

(4)关注学生的学习态度

良好的学习态度是学生形成和发展数学学科核心素养的必要条件,也是最终形成科学精神的必要条件。在日常评价中应把学生的学习态度作为教学评价的重要目标。

在对学生学习态度的评价中,应关注主动学习、认真思考、善于交流、集中精力、坚毅执着、严谨求实等。与其他目标不同,学习态度是随时表现出来的、与心理因素有关的,又是日积月累的、可以变化的。在日常教学活动中,教师要关注每一个学生的学习态度,对于特殊的学生给予重点关注。可以记录学生学习态度的变化与成长过程,从中分析问题,寻求解决问题的办法。

3.评价方式

教学评价的主体应多元化,评价形式应多样化。评价主体的多元化是指除了教师是评价者之外,同学、家长甚至学生本人都可以作为评价者,这是为了从不同角度获取学生发展过程中的信息,特别是在日常生活中与关键能力、思维品质和学习态度有关的信息,并最终给出公正客观的评价。合理利用这样的评价,可以有针对性地、有效地指导学生进一步发展。在多元评价的过程中,要重视教师与学生之间、教师与家长之间、学生与学生之间的沟通交流,努力营造良好的学习氛围。

评价形式的多样化是指除了传统的书面测验外,还可以采用课堂观察、口头测验、开放式活动中的表现、课内外作业等评价形式。这是因为一个人形成的思维品质和关键能力通常会表现在许多方面,因此需要通过多种形式的评价才能全面反映学生数学学科核心素养的达成状况。

4.评价结果的呈现与利用

评价结果的呈现和利用应有利于增强学生学习数学的自信心,提高学生学习数学的兴趣,使学生养成良好的学习习惯,促进学生的全面发展。应更多地关注学生的进步,关注学生已经掌握了什么,得到了哪些提高,具备了什么能力,还有什么潜能,在哪些方面还存在不足等。

要尽量避免终结性评价的"标签效应"——简单地依据评价结果对学生进行区分。评价的结果应该反映学生的个性特征和学习中的优势与不足,为改进教学的行为和方式、改进学习的行为和方法提供参考。

(二)学业水平考试建议

普通高中学业水平考试主要检验学生达到国家规定学习要求的程度,考试成绩是普通高中学生毕业以及同等学力认定的主要依据。

1. 总体要求

(1)学业水平考试要有利于落实立德树人根本任务。学业水平考试要坚持正确政治方向,坚持以习近平新时代中国特色社会主义思想为指导,深入贯彻党的十八大、十九大和十九届二中、三中、四中全会精神,落实全国教育大会精神,全面贯彻党的教育方针,落实立德树人根本任务,培养德智体美劳全面发展的社会主义建设者和接班人。坚决扭转片面应试教育倾向,引导高中学校转变育人方式,发展素质教育。注重加强对学生理想信念、爱国主义、品德修养、知识见识、奋斗精神、综合素质等方面的考查,积极培育和践行社会主义核心价值观,弘扬中华优秀传统文化,促进学生全面发展。

(2)学业水平考试要有利于发挥良好的教学导向作用。通过学业水平考试引导教师把"四基""四能"和数学学科核心素养的培养作为教学的立足点,引导教师积极探索基于情境、问题导向的互动式、启发式、探究式、体验式等课堂教学;引导教师努力追求以"揭示背景、本质,重视过程、思想,建立结构、联系,注重迁移、创新"为主要特征的高水平的数学教学。

(3)学业水平考试要有利于促进学生学习方式的改变。学业水平考试要有利于引导学生养成良好的数学学习习惯,逐步掌握学习规律和方法,提高学习兴趣,提升学习能力,最终实现知识、能力和情感态度的综合发展。引导学生运用阅读自学、独立思考、动手实践、自主探索、合作交流等多种方式开展学习。鼓励学生理性思考、敢于质疑,培养他们勇于实践、执着坚韧、追求创新的科学精神和科学态度。引导学生加强自我反思,客观正确地评价自己,不断总结和积累学习经验。

(4)学业水平考试要有利于促进教学评价方式的转变。学业水平考试要有利于引导教师把学生健康成长成才作为出发点和落脚点,逐步改变单纯以考试成绩评价学生的倾向,全面、准确客观评价学生,促进他们健康发展。要引导各级各部门高度重视学业水平考试成绩的分析工作,创造性地发挥学业水平考试对评价学校教育教学质量的重要作用,促进学校教育教学质量的持续提升。

2. 命题原则

学业水平考试命题应依据《课程标准》中课程内容和学业质量标准的相关规定,注重对学生数学学科核心素养的考查,处理好数学学科核心素养与知识技能的关系,要充分考虑对教学的积极引导作用。在传统评分的基础上,可以根据解题情况对学生的数学学科核心素养水平的达成进行评价。

考查内容应围绕数学内容主线,聚焦学生对重要数学概念、定理、方法、思想的理解和应用,强调基础性、综合性;注重数学本质、通性通法,淡化解题技巧;融入数学文化。

命题时,应有一定数量的应用问题,还应包括开放性问题和探究性问题,重点考查学生的思维过程、实践能力和创新意识,问题情境的设计应自然、合理。要关注试卷的整体性。处理好考试时间和题量的关系,合理设置题量,给学生充足的思考时间,合理分配选择题、填空题的题量;适度增加试题的思维量;关注内容与难度的分布、数学学科核心素养的比重与水平的分布;努力提高试卷的信度、效度和公平性。

附件1

普通高中数学学科备课规范要求

　　备课是教师学习和研究《课程标准》、教学内容，分析学情，制定教学计划，确定教学目标，进行教学设计等一系列教研活动的总称，一般分为独立备课和集体备课两种形式。备课是教师日常工作的核心内容，是进行教学设计和实施课堂教学的基础和关键。提高备课质量对于改进和创新教学方式，激发学生学习兴趣，发展学生学科核心素养具有十分积极的作用。为了进一步指导我省高中数学教师备课，提高高中数学教育教学质量，现提出如下意见：

一　基本原则

（一）坚持面向全体学生

　　高中数学教学应以学生发展为本，引导学生感悟数学的科学价值、应用价值、文化价值和审美价值，培育科学精神和创新意识，发展数学学科核心素养。备课时，应坚持面向全体，因材施教，充分考虑学生的整体水平和个体差异，认真分析学生知识储备、学习经验、心理特征、认知水平和能力水平等，结合相应的教学内容，合理地进行教学设计，落实"四基"，培养"四能"，渗透数学思想方法和数学文化，促进学生数学学科核心素养的发展，使每个学生都能达到相应水平的要求，不同的学生可以在数学上得到不同的发展。

（二）科学进行教学设计

　　教学设计是教师依据《课程标准》，结合学生未来发展的需要，将书本知识转化为教学实施的过程。教学设计应注重以落实"四基"为主线，以培养学生核心素养为目标。倡导单元/主题式教学，注意学期、单元、课时备课等不同范围内容的统整性，关注学生个体、集体学习目标的一致性。根据教学内容和学生实际选择合适的教学方法，根据数学知识的发生、发展过程和学生数学学习规律精心安排教学过程。

（三）落实学科核心素养

　　把发展学生数学学科核心素养作为高中数学教育的主要目标。树立课程整体观念，突出主线主题，重视知识之间的内在联系，把握数学内容的本质。深刻认识核心素养与知识技能之间的关系，重视数学内容与生活的联系，挖掘数学内容的育人价值。注重问题和情境的创设，重视数学文化的渗透。树立以发展学生学科核心素养为导向的教学评价意识，借助问题解决和实践探索培育学科核心素养。注重信息技术与数学教学的深度融合，充分、合理利用学习资源开展学习。

(四)重视知识有效运用

将所学的数学知识和技能用于解决现实生活中的具体问题,体现数学知识源于生活,又应用于生活。做到学以致用,学有所用。按照《课程标准》要求开展数学建模活动和数学探究活动,提高实践和探究能力。同时,将数学史和数学文化融入数学教学,培养学生的民族自豪感和自信心。做好数学应用意识的渗透,有意识地抓住"渗透点"。

(五)激发学生主观能动性

鼓励学生通过观察、模仿、体验感知数学,教师应注重"教学互动"的内容、形式并留有充足的互动时间。注重创设问题情境,鼓励学生发现问题,培养学生提出问题的能力,增强学生问题意识。引导学生开展讨论,经历并探索知识的形成,努力做到经验之间的彼此渗透,思考相互转化。引导学生对分析过程进行概括、反思、提升,逐步完成课堂教学从传递知识到发展素养的转型。

二 基本方法

(一)教学目标的确定

教学目标是教学活动的出发点和落脚点,是对学习者通过学习以后能做什么的一种明确、具体的表述。应厘清课程目标、单元目标、课时目标之间的区别和联系。应针对数学课程内容,在关注主题、单元及课时教学目标的基础上,对主题/单元下每个具体内容的结果性目标和过程性目标进行具体分析。制定教学目标时,要尽可能考虑行为主体、行为动词、行为条件、行为表现程度因素等。教学目标应与教学内容紧密结合,指向明确,可测量、可评价。

(二)教学内容的选择

从整体上把握课程内容,注重整体设计、统筹推进、有序实施。教学内容可按照函数、几何与代数、概率与统计、数学建模活动与数学探究活动四条主线有特色地展开,也可以从知识、思想方法、素养等角度进行展开。在选定教学内容时,通常需要教师重新构建,并进行一定的加工,将其潜在的背景本质、结构联系、思想方法、思维过程和策略性知识等转化为学生易于接受的形式。

(三)教学重难点的把握

教学重点是学生必须掌握的基础知识与基本技能中的基本概念、基本规律及由内容所反映的思想方法,也可以称之为学科教学的核心知识。教学难点指的是教材中内容比较抽象、结构比较复杂、本质属性比较隐蔽,需要运用新的观点和方法或学生缺乏必要认识的内容。教师应从《课程标准》的要求、教材本身的特点、学生的认知基础和思维水平等多个角度进行综合考虑和分析,并在此基础上确定教学重难点。

(四)教学活动的设计

设计教学活动前,教师应充分了解学情,关注学生的先前经验和学习习惯,预设他们思考问题会有哪些不同的途径、方式以及可能会出现的结果,并分析产生的原因,考虑为学生可能会遇到的困难提供什么样的帮助等。

设计教学活动时,教师应立足于让学生经历概念的形成过程,经历定理、公式、法则等规律的发现过程,经历例题、习题解答思路的探索过程。教师应给予学生足够的思考空间和时间,教会学生思考,引导学生反思,优化学生思维品质。

设计教学活动时,应根据具体教学内容设计合适的问题。设计的问题应与数学思维相关,紧扣教学重难点;设计的问题应在学生的思维最近发展区内,符合学生的认知水平和个性特点且具有层次性。这样的问题才能有效激发学生持续、积极和高水平的数学思维活动。

(五)信息技术与课程的融合

推进信息技术在教学过程中的应用,促进信息技术与数学课程、线上与线下教学的深度融合,逐步实现教学内容的呈现方式、学生的学习方式、教师的教学方式和师生互动方式的变革。教师在数学课堂教学活动以及数学教学研究中可以利用不同类型的数学教育软件和多媒体等信息技术,突破教学难点,提高思维过程的可视化程度,帮助学生深度理解所学知识,提高课堂效率,提升教学质量。

(六)教学用具和资料的准备

教师展示各种直观教具、实物或者进行示范实验,促进学生的理解,发展学生的思维能力,提高学生的应用意识和创新意识。可根据确定的教学目标组织学生观察自然现象、调查社会现象或者进行数学建模,使学生通过这些活动获得知识、巩固知识、应用知识;也可以适度采用信息技术、人工智能等手段进行辅助,让学生通过模拟练习,达到掌握基本原理或熟悉实际操作的教学目的。选用的教具和资料要符合教学目标要求,符合高中学生的年龄特征和认知水平。

三 基本步骤

(一)备标准

要加强对《课程标准》的学习和研究,领会课程性质和基本理念,正确理解课程目标和学科核心素养。深入理解《课程标准》对教学和评价的新要求,思考和研究在高中数学教育中落实数学学科核心素养的方法、策略和路径。整体把握教学内容,正确理解《课程标准》对于教学内容的具体要求,深入分析教学内容在高中数学中的地位和作用。深入研究教学内容对于发展数学学科核心素养的作用和意义,思考数学学科核心素养在相关知识中的孕育点和生长点,探索在该内容的教学中落实核心素养的方式和方法,进一步激发学生学习数学的自信心与兴趣,改进教师教学方式。

(二)备教材

教材是备课过程中的重要资源,有效教学离不开备教材的环节。要深入细致地对教学内容在教材中的地位、作用和呈现方式进行全面分析,结合学情分析教学的重点、难点,制定具有可操作性的教学目标,厘清数学知识和其他学科、社会实际的联系,探索让学生达成学习目标的方法途径。要理解教材,能够根据学生的实际情况灵活处理并富有创造性地运用教材,要根据教学内容、思想方法以及知识的逻辑关系对教材进行整合、改造,充分发挥教材在教学过程中的育人功能。

(三)备学生

教学活动服务于学生,目的是促进学生全面发展。学情分析是教学设计的基础,是落实课堂教学的先决条件。学情分析要做好三个方面:一是要关注学生在数学学习中的先前经验,分析学生的心理特征和已经具备的认知基础;二是要分析达成教学目标所需要具备的认知基础;三是要确定"已有的基础"和"需要的基础"之间的差异,分析哪些差距可以由学生通过努力自己消除,哪些差距需要在教师帮助下消除。只有充分考虑学情,才能够设计出好的教学活动,更好地引导学生深入课堂,积极思考,主动探究,从而达成教学目标。

(四)备教学

制定详实、具体的教学目标。研究教学策略,选择教法,引导学法。积极创新教学手段,探索基于问题情境与问题导向的互动式、启发式、探究式、体验式等课堂教学,使学生高效地学习,并利用掌握的知识、方法解决实际问题,体验成功的快乐。正确组织课堂教学内容,重视核心内容及其反映的数学思想方法的教学,注重建立新知识与已有相关知识之间的联系。根据不同知识类型合理安排教学步骤,引导学生主动理解与探索知识。提前预判"预设"与"生成",加强课堂练习的针对性和有效性,根据学习内容合理确定评价手段,激励学生的学习热情。

(五)写教案

1. 根据单元教学目标,按照教学进度和教学现状,结合学生学习实际,制定课时教学目标,精选教学素材,设计教学环节和流程,开始撰写教案。

2. 教案应包括"教材内容分析""学生学情分析""教学目标及解析""教学重难点""教法、学法分析""教学用具""教学过程""板书设计""教学反思"等栏目。

3. 要明确具体教学内容以及相应的教学环节和步骤。创设问题情境,精心安排教学活动,并指出设计意图。准确把握学情,做好预设和课堂生成的处理预案,尤其要提前考虑"预设"和"生成"矛盾的解决。

4. 写教案时,要对教学内容的先后与详略、力度的轻重、何时要讲解以及何时要点拨等问题作出恰如其分的安排。要写明突破重难点的方法和措施、信息技术的使用以及教学过程中的关键提问等。可尝试创新教案的呈现方式。

附件 2
普通高中数学学科作业规范

作业是与课堂学习同等重要的学习活动,它是学生在学习过程中为了达成学习目标而必须完成的学习任务,是课堂学习的补充和延伸,是教师了解学生学习情况、科学评价学生、反思和改进教学的重要依据,也是巩固知识、提升能力、发展素养的重要载体。提高作业质量对于落实"四基""四能"、加强师生之间交流对话、改进教学方式和学习方式、发展数学学科核心素养、提升教育教学质量具有十分重要的意义。为了进一步指导我省高中数学教师提高作业质量,减轻学生学业负担,促进高中数学教育减负增效,现提出如下意见:

一 科学设计作业

作业是为了巩固和加深学生对于知识的理解,提高基本技能,提升学生能力,促进学生发展。科学设计作业,提高作业质量是实现作业功能、达成作业目标的基本前提。

(一)要注重作业的适切性

按照《课程标准》对有关课程内容的具体要求和学生的认知规律,结合学生已有知识和具备的能力,精心设计作业。明确作业的功能和目标,根据教学内容合理选择、设计不同功能的作业。作业内容应充分、合理、系统地反映教学内容,从而减少盲目性、机械性的训练,提高作业的针对性和有效性。如在新课结束后可设计一些同步巩固训练,促进学生理解和掌握新知识;可在章节末尾设置梳理反思型作业,引导学生订正错题、分析错因、总结经验,并在此基础上深入理解知识的本质和内在联系,构建知识网络。也可以根据学习目标设计开放的探究型作业,引导学生操作、猜想、分析、推理、归纳,形成主动探索的学习习惯。作业内容应注意前后知识的关联性,能够整合前后学习的知识和方法,应体现不同年级的特点,区分不同学习阶段的要求。如高一、高二年级应与所学知识同步,以基础性、巩固性作业为主,强调基础;高三年级应以综合性知识的考查为主,加强知识之间的联系,着力培养学生分析问题、解决问题的能力。

(二)要注重作业的科学性

作业设计应做到内容正确、要求明确、答案合理。作业设计应立足于教学目标,符合"教学——作业——评价"的一致性要求,重视通性通法,注重数学思想方法的渗透,体现知识和能力的螺旋上升。作业内容应具有代表性,应注重精选题目,着力提高质量、控制数量,提高作业练习的效果和效率。作业内容应符合学生的认知特点、身心发展特点和思维能力,注重贴合学生的最近思维发展区,由易到难,由浅入深,渐进有序地展开。应注意作业的整体结构,系统考虑不同单元的时间、难度、类型等因素,要做到有梯度、有层次、有发展,避免盲目无序的堆砌。

(三)要注重作业的选择性

由于学生基础、能力的差异,每个学生的学习情况不一样,完成作业的时间和正确率也不尽相同,因此,作业设计应充分考虑学生的个体差异,因材施教,不能"一刀切"式地统一要求。应合理确定不同层次、不同难度的作业,注重多样性和选择性,让不同学生都有选择的机会,力争让每个学生都能够得到发展,不同的学生有不同的发展。

(四)要注重作业的趣味性

一是丰富作业类型,提高作业的趣味性。可以根据不同的教学目标,设计不同的作业,如基础性作业、巩固性作业、总结性作业、专题型作业、合作探究型作业、阅读型作业、纠错反思型作业等。有的作业可以在课内限时完成,比较难的题目可以适当提示、引导,并要求课外完成。二是丰富作业内容,提高作业的趣味性。可将实际生活、数学史、趣味数学故事等与数学作业有机结合,设计符合时代特点、符合中学生生活背景和兴趣的作业,充分激发学生学习数学的热情,拓展学生的知识面和思维广度、层次。三是注重分工合作,提高作业的趣味性。根据实际情况,设计以合作为基础的作业,引导学生明确任务分工,加强沟通协调、交流合作,培养团队合作意识和与人交流的习惯,提高解决问题的能力。

二 合理布置作业

合理布置作业体现了教师对内容、教学、学生的理解程度,也是教师教学艺术的展现。合理布置作业对于实现教学目标,提高学生学习积极性,提升教学效率具有基础性作用。应统筹思考作业功能、作业目标、作业数量、作业难度和作业时间的关系,科学合理地布置作业,提高作业效率。

(一)注重作业布置的灵活性

鼓励丰富作业形式,使用书面作业、口头作业、制作作业和表演作业等多形式作业。可以根据教学需要,布置探究型、阅读型、实践操作型、调研数据分析型作业,也可以布置小论文、学习反思等形式的作业。充分考虑和尊重学生差异,因材施教,根据学生实际灵活布置作业,使不同层次的学生都能够得到发展。鼓励开展数学建模活动和数学探究活动,引导学生将数学原理应用于实际生活,自主探究、合作交流,发展应用意识和创新意识。

(二)注重作业结构的合理性

作业布置要从发展学科核心素养的角度进行考虑,从整体上把握作业结构,不能简单地将各类题型和知识点练习进行简单汇总,应依据学习内容、目标和学情,合理确定作业结构与各类题型的数量和比例,并注意作业难度上的螺旋上升。注重发挥各类型题目、题型的作用,合理搭配,既要注重检测学生对基本知识、基本技能的掌握情况,又要能够使学生通过练习提升能力,更要引导学生应用数学知识进行探究、迁移和创新,发展数学学科核心素养。

(三)注重作业总量的适度性

要根据学习内容,合理确定数学学科作业的总量,确保达成作业目标,不能简单以题目数量来衡量作业量。统筹考虑各学科作业情况,加强与其他学科教师的沟通协调,合理确定各学科作业总量。提高作业练习的质量,减少不必要的重复作业,控制学生完成作业的时间,防止学生负担过重。

(四)注重作业难度的适宜性

兼顾不同层次的学生需求,符合学生的认知规律,由易到难,由基础到综合,设计分层作业,合理安排不同难度的作业的题量比例。作业的布置不能过易或过难,要以中等生的完成情况为标准,可以布置若干"必做题"和"选做题",为学生展示自我提供平台,为学生发展数学兴趣提供选择。

三 有效批改作业

有效批改作业是实现作业目标和功能的关键。通过对作业的批改,教师可及时获取学生的学习情况,了解学生在知识掌握、能力水平以及学习品质等方面存在的问题,为精准教学、加强对学生的指导提供依据;通过对作业的批改,教师可以反思教学中的不足,为改进教学方式提供依据;通过对作业的批改,教师可以收集和整理过程性评价材料,有利于对学生更加全面客观评价。要注意批改作业的及时性、精细度与形式的多样化,发挥正面的激励作用,促进师生间的对话交流。

(一)批改作业要认真及时

批改作业要坚持及时高效、认真精细的原则,要记录好学生作业中的问题和不足,对于普遍存在的问题要在课堂上进行讲解和强调,对于个别存在的问题要进行有针对性的指导。应进一步加强对作业的分析和总结,及时发现学生在学习中存在的问题和不足,以此反思和审视教学,根据实际情况及时调整教学策略和方法,从而提高教学的时效性和针对性,提高学习效率。

(二)批改的形式要多样化

根据学生的学习情况以及不同形式的作业完成情况,可采用多种形式的批改方式,并及时记录学生完成作业的态度、质量以及在作业中出现的典型错误或普遍性问题。基础性、巩固性作业可使用全批全改;对作业完成情况较差的同学可个别面批,帮助其分析存在的问题、提出改进的建议以及做出鼓励以树立学生学习的信心;探究型作业可以采用学生自批或互批、教师总结的形式,让学生自己找出错误或指出别人的错误。

(三)发挥评语的激励作用

在批改作业时,除了对学生答题正确与否进行评判外,还应该客观反映学生的个性特征和学习中的优势与不足,并适当采用简短、鼓励性的批语加以激励和引导,不能只看正误、只批日期甚至不了了之。应该采取多元的评价方式,例如:作业是否整洁,态度是否认真,是否有独特解法,是否有明显的进步等。在形式上,不能只画"√"号和"×"号,不能简单地用不同等级来评价学生的作业,应分项评价,建议多使用简洁、具有启发性和激励性的评语为学生指出问题、分析错因,以此激发学生完成作业的热情,优化学生解题的思路,开拓学生的思维。

(四)构建师生交流的平台

作业的批改应该成为师生沟通思想、交流感情、探讨生活、教学相长的工具。应着力营造师生交流、讨论的良好氛围,帮助学生克服对作业的厌恶情绪。学生的作业反映了他们的学习情况,应以作业为载体及时反馈学生的学习效果,加强与学生的沟通交流,帮助学生改进学习中的不足,让他们感受到老师的关爱和关注。学生的作业反映了教师的教学情况,应以作业为载体,经常性地反思教学中的不足,及时调整教学策略,提高教学的针对性。

四 适时反馈作业

作业反馈是解决作业批改中发现的问题的主要手段,是实现作业功能和作业目标的核心环节。作业反馈的效果直接决定作业目标是否能够达成。作业反馈要有明确的目标,内容也应建立在对作业批改的完成情况的分析基础之上。要聚焦重点问题或错误,区分共性问题和个性问题,根据学生实际,进行有针对性的辅导。

(一)作业反馈要注重时效

一是分析问题要及时。作业反馈不能凭借个人经验,要在对学生作业进行充分分析的基础上进行。因此,完成作业批改后,教师应及时收集整理学生作业中的典型错误或案例,分析和总结存在的问题,区分个性问题和共性问题,找出形成问题的原因,并针对问题制定有针对性的反馈方案。二是作业讲解要及时。根据制定的反馈方案，趁热打铁，及时为学生解惑。这样既可以使学习成果及时得到巩固和强化，也可以及时帮助学生纠正错误，改进不足，提高学习效率。

(二)作业反馈要注重实效

作业反馈不仅仅是简单地对作业中的错误进行订正，更应该引导学生反思与总结出现错误的原因。教师可以通过讲评的形式向学生反馈某次作业的批改情况。在讲评前，教师应做到有的放矢，对于学生已掌握的可以少讲甚至不讲，对于学生的易错点要多讲甚至多练，对于问题严重的要重点讲评并分析错因，对于共性问题可以集中讲评，对于个性问题可以个别辅导。应注重一题多解，鼓励学生交流分享不同思路和解法，对学生的新颖或独特解法给予充分肯定和鼓励。应加强书面表达的规范性要求，并培养学生清晰地表达思维、自觉检查纠错、及时订正总结等习惯。应注重帮助学生总结和反思，发现自身不足，改进学习方式和策略，不断提高学习能力。

(三)作业反馈要引导学生积极参与

学生的积极、深度参与是提高教学效果的基本前提，因此，作业反馈也必须引导学生积极参与。要尽量避免教师的"一言堂"，多鼓励学生积极参与作业讲评，分享自己的思路和方法并培养表达能力。

作业反馈可以通过学生讲评的形式进行，也可以通过学生讨论的形式进行，要充分展现学生的思维，促进学生间的相互学习、交流，促进学生巩固和加深对于知识的理解，激发学习兴趣，提升学习效果。应及时对作业中好的方法和思维亮点等提出肯定和表扬，并适当地进行展示，使学生感受到成功的喜悦，从而激发学生的学习热情。

(四)作业反馈要发挥积极的评价作用

反馈过程中，应发挥评价的积极作用，全面客观地评价学生。既要关注学生学习结果的表现，也要关注在学习过程中出现的情感态度上的变化；既要关注全体学生的学习情况，也要特别关注个别学生的学习情况。对于学生的积极表现要给予肯定和表扬，对于表现不好的学生要及时指出和提醒，从而让他们感受到教师的关心和重视，提高学习积极性。

五　作业实施中的基本理念

(一)坚持立德树人

通过作业的实施过程，在进一步巩固基础知识、提升技能的基础上，使学生得到全面发展。强调数学与生活的实际联系，增强作业的实践性和探究性，提升思维品质，培育应用意识和创新意识,培养科学精神和科学态度。要渗透优秀传统文化和社会主义先进文化,培育和践行社会主义核心价值观,引导学生形成正确的价值观念。

(二)发展学科素养

作业是发展数学核心素养的重要环节。作业的设计要以发展学生核心素养为导向,关注探究过程和思维过程,引导学生把握数学内容的本质,建立知识之间的逻辑关系。要注意作业内容的整体性和关联性,注重通性通法,渗透数学思想方法,提高学生分析和解决问题的能力。要紧密联系生活实际,创设问题情境,鼓励学生运用数学知识解决实际问题,引导他们用数学的眼光观察世界,用数学的思维思考世界,用数学的语言表达世界。

(三)提升学习能力

通过作业的实施过程,要引导学生根据作业内容,灵活采取自主思考、动手实践、合作交流等多种研究方式,反复经历观察、分析、综合、迁移和创新等过程,引领学习方式的转变,促进深度学习。通过作业的实施过程,要引导学生养成良好的学习习惯,经常性地反思和检视自身在学习中出现的问题,从而进一步认识自我,明确学习目标,积累学习经验,形成学习风格,提高学习能力。

(四)提高学习兴趣

根据学生实际,科学合理设计作业,注重作业的基础性和选择性,让每一个学生通过作业都能得到发展,收获成长。提高作业质量,科学合理布置作业,注重作业的开放性和趣味性,避免机械、枯燥、重复的练习,提高作业的效率。发挥作业的诊断和评价功能,注重正面引导,客观积极评价学生,激发学生学习数学的兴趣,提高学习数学的积极性和主动性。

执笔人:李院德　董建功　陈耀忠　张颖　黄海波　刘娟　陈恩兵

普通高中英语学科教学指导意见

为贯彻落实《国务院办公厅关于新时代推进普通高中育人方式改革的指导意见》(国办发〔2019〕29号)、《安徽省深化基础教育改革全面提高育人质量行动计划》(皖发〔2020〕6号)、《安徽省新时代推进普通高中育人方式改革实施方案》(皖教工委〔2020〕31号)等有关文件精神,以《普通高中英语课程标准(2017年版2020年修订)》(以下简称《课程标准》)、《安徽省普通高中新课程新教材实施方案》(皖教基〔2020〕9号)为依据,结合我省普通高中英语教学实际,对我省普通高中英语教学提出如下指导意见:

一 指导思想

坚持以习近平新时代中国特色社会主义思想为指导,深入贯彻党的十九大和全国教育大会精神,全面贯彻党的教育方针,落实立德树人根本任务,培育和践行社会主义核心价值观。以深化普通高中英语课程和教学改革为导向,以提高学生终身发展所需的英语学科核心素养为目标,遵循教育教学规律和学生发展规律,全面落实《课程标准》的理念和要求,加强普通高中英语课程实施的指导与管理,规范教育教学行为,改进教与学的方式,全面提高教育教学质量,实现高中英语课程目标,培养德智体美劳全面发展的社会主义建设者和接班人。

二 教学安排

(一)必修课程的安排

普通高中英语必修课程为全体学生必须修习的课程,与义务教育阶段的英语课程形成关联,旨在构建英语学科核心素养的共同基础,使所有学生都能达到英语学业质量水平一的要求,满足高中毕业的基本要求。高中学业水平考试以必修课程的内容和学业质量水平一为命题主要依据。

根据《课程标准》,每 18 课时为 1 学分,普通高中英语必修课程(6 学分)总计 108 课时,见表1。通常情况下,可以在一个半学期(3/4 学年)的时间内,即可以在高一下学期的期中前完成;也可以根据学校的教学实际,在两个学期(1 学年)的时间内,即高一下学期的期末前完成。

表 1　必修课程结构

类　别	要　求	模　块	学　分	课　时
必修课程	毕业要求	英语 1(必修一)	2 学分	36 课时
		英语 2(必修二)	2 学分	36 课时
		英语 3(必修三)	2 学分	36 课时

(二)选择性必修课程的安排

选择性必修课程与必修课程形成递进关系,供有学习兴趣和升学考试需求的学生选修,与大学学业形成关联;学生在完成选择性必修课程的 8 学分后,即达到英语学业质量水平二的要求后,方可参加高考。高考以必修课程和选择性必修课程的内容以及学业质量水平二为命题主要依据。普通高中英语选择性必修课程(8 学分)总计 144 课时,见表2。通常情况下,可以在两个学期(1 学年)的时间内完成,即可以在高二下学期的期中前完成;也可以根据学校的教学实际,在高二下学期的期末前完成。

表 2　选择性必修课程结构

类　别	要　求	模　块	学　分	课　时
选择性必修课程	高考要求	英语 4(选择性必修一)	2 学分	36 课时
		英语 5(选择性必修二)	2 学分	36 课时
		英语 6(选择性必修三)	2 学分	36 课时
		英语 7(选择性必修四)	2 学分	36 课时

(三)选修课程的安排

选修课程为学生自主选择修习的课程,既包括国家在必修、选择性必修课程基础上设置的提高类课程,也包括学生在三年期间可以任意选修的基础类、实用类、拓展类和第二外国语类等校本课程。

提高类课程与选择性必修课程形成递进关系,与大学英语语言专业或对英语有特殊要求的专业形成关联,由学校自主决定开设,为学有余力或报考外语类院校,以及具有特殊发展需求的学生开设,学生在完成选择性必修课程后方可选修。学生完成提高类课程的 6 个学分且学业水平合格,可以达到学业质量水平三的要求。普通高中英语提高类课程(6学分)总计108课时,见表3。通常情况下,可以在一个半学期(3/4学年)的时间内完成。

表3 选修课程之提高类课程结构

类 别	要 求	模 块	学 分	课 时
选修课程	提高要求	英语8(选修一)	2学分	36课时
		英语9(选修二)	2学分	36课时
		英语10(选修三)	2学分	36课时

同时,学生可以从高一开始,在三年期间选择修习选修课程中的基础类、实用类、拓展类和第二外国语类课程,满足自己多元化发展的需求。此类课程由国家设置,也可由学校立足自身特点,自主开发。学校可以根据自身条件,从高一年级起陆续或平行开设此类课程,原则上对高中各年级学生开放,允许学生跨年级选修。具体课程的开设内容、课时、时间安排主要由学校条件及师资配备决定。

三类课程分层与分类相结合,体现英语课程的系统性、完整性和多元性。学校应根据学生的不同能力水平和学习需要灵活设置、安排英语课程,实施必修课程(包括选择性必修)分层走班、选修课程分类走班的教学模式,使学生在具备共同基础的前提下,自主选修适合自己水平、兴趣和未来发展需要的课程,实践因材施教的教学理念,实现轻负增效的目标。

三 教学要求

(一)基本理念

普通高中英语教学实施应践行《课程标准》的基本理念,在义务教育的基础上帮助学生进一步学习和运用英语基础知识和基本技能,提升跨文化交流能力,为他们学习其他学科知识、汲取世界文化精华、传播中华文化创造良好的条件,也为他们在未来继续学习英语或选择就业提供更多的机会。

1. 发展英语学科核心素养,落实立德树人根本任务

普通高中英语教学应充分发挥课程的育人功能,应有利于培养学生学习和运用英语的能力;有利于提高学生的思辨能力;有利于学生在学习、理解和鉴赏中外文化的过程中,培育中国情怀、增进国际理解,逐步形成跨文化沟通能力,树立正确的世界观、人生观和价值观。

2. 构建高中英语共同基础,满足学生个性发展需求

普通高中英语教学应兼顾共同基础和个性差异,一方面面向全体学生,帮助学生搭建英语学科核心素养的共同基础,为其升学、就业和终身学习构筑发展平台;另一方面应根据学生的心理特征、认知水平、学习特点以及发展需要,丰富教学内容,拓展课程资源,满足学生的个性化发展需求。

3. 实践英语学习活动观,着力提高学生学用能力

普通高中英语教学应全面落实《课程标准》倡导的指向学科核心素养的英语学习活动观。教师应聚焦主题、立足语篇,设计具有综合性、关联性和实践性的语言学习活动,帮助学生通过获取与梳理、概括与整合、实践与内化、分析与评价、迁移与创新等学习交流活动,解读、阐释和评判语篇意义,有效表达个人观点、情感和态度,感知和理解文化异同,发展多元思维和批判性思维,不断提高英语学习与运用能力。

4. 完善英语课程评价体系,促进核心素养有效形成

普通高中英语教学应促进学生学科核心素养的形成与发展,构建以学生为主体,促进学生全面、健康而有个性发展的课程评价体系,采用形成性评价与终结性评价相结合的评价方式,重视评价学生在英语学习过程中所表现出的情感、态度和价值观等要素,围绕课程目标做到教、学、评有机统一。

5. 重视现代信息技术应用,丰富英语课程学习资源

普通高中英语教学应根据课程目标与要求,有效发挥现代教育技术对教与学的支持与服务功能,选择恰当的数字技术和多媒体手段,改进课堂教学效果,实现深度学习;丰富课程学习资源,拓展学习渠道;搭建自主学习平台,促进个性化学习;优化英语学习方式,提高学习效率。

(二)教学要求

全面实施《课程标准》提出的六要素整合的语言教学。由主题语境、语篇类型、语言知识、文化知识、语言技能和学习策略构成的课程内容六要素是一个有机关联、完整统一的整体:学生围绕某一具体的主题语境,基于不同类型的语篇,在解决问题的过程中,运用语言技能获取、梳理、整合语言知识和文化知识,深化对语言的理解,重视对语篇的赏析,比较和探究文化内涵,汲取文化精华;同时,尝试运用各种学习策略,提高理解和表达的效果。

六要素中的主题语境包括人与自我、人与社会和人与自然,涵盖整个高中阶段所涉及的主题内容,不分课程类别描述内容要求,但其广度和深度在课程实施过程中呈现递进状态,体现三类课程不同的语言要求、内容广度和内涵深度;其余五要素在不同类型课程中要求不同。教师应认真研读《课程标准》中三类课程各要素具体的内容要求,牢记于心,在备课实施时外化为具体的教学行为。

1. 必修课程

教师要特别注重把握好必修课程的基础性,从学生现有的语言水平和基本需求出发,制订合理可行的教学计划,力求使课程内容与义务教育有机衔接。同时,教师在教学中还要注意改进教学方式和方法,重视对学生学习策略的指导,帮助他们养成良好的学习习惯和一定的自主学习能力,把提高学生的学习兴趣和学习效率放在重要位置。此外,教师还要特别关注那些在义务教育学段英语学习基础薄弱的学生,应根据学生的实际水平扎实做好初高中

衔接工作，要把立足点放在帮助学生认读和理解基本单词、句子和课文上，多让学生朗读文章中的重点短语、句子和段落，尽量使用所学的短语和句子练习说和写，保证学生顺利完成该学段的学习任务。

2. 选择性必修课程

教师要采用丰富多样的教学方式和手段，进一步突出以主题为引领、以语篇为依托、以活动为途径的整合性教学，把语言知识、语言技能、文化知识、学习策略的教学融入对主题意义、文本结构和语言特点的探究过程中。同时，教师还要设法将学生的课内学习与课外学习有机结合，与学生共同开发更丰富和更有价值的学习资源，鼓励学生开展自主学习和合作探究性学习。此外，因学生学习选择性必修课程之后将要参加高考，教师要辩证地思考和处理教学与考试的关系，认真学习《课程标准》对于学业质量和高考命题的建议，全面落实针对选择性必修课程的各项具体要求，积极适应改革。

3. 选修课程

教师应针对学生的整体动机水平和学习能力水平，引导学生更注重挖掘语篇的意义内涵，探究其背后的文化价值观，分析语篇结构的特征和行文格式对意义表达的作用，发现语言结构在组织语篇中的价值，更深刻地体会语言的魅力和欣赏文化与语言的美妙，发展鉴赏和批判性思维的能力。此外，除了常规的教学活动外，教师要更多地调动学生的学习潜能，组织更加开放的、具有挑战性的项目式学习、研究性学习、创造性学习、演讲与辩论等活动，激发学生主动参与，引入和利用多种课程资源，鼓励学生分享感受、经历、看法和个人创作，为学生展现自我、挑战自我、突破自我、相互学习创造最佳的学习环境，也为学生在丰富多彩的学习活动中发展学科核心素养提供平台。

四　教学建议

教师应积极探索有效的教与学的方式，努力实践指向学科核心素养发展的英语学习活动观，实施深度教学。设计活动时要整合课程内容六要素，体现情境性、结构性和层次性，使思维活动贯穿学习活动全过程；要以问题为导向，师生共同对语篇主题意义、语篇发展脉络、语篇语言特点进行探究，构建既以学生为中心（learner-centered），又以学习为中心（learning-centered）的课堂。

（一）关注主题意义，制定指向核心素养的单元整体教学目标

主题是培育与发展英语学科核心素养的主要依托，是引领教学目标制订与学习活动开展的关键。单元是承载主题意义的基本单位，单元教学目标是总体目标的有机组成部分。

教师应认真研读《课程标准》，充分了解不同类型课程的内容要求及其之间的关联；聚焦核心素养，认真分析学生发展现状，了解与《课程标准》要求间的差距；认真分析教材各单元教学内容及其之间的关联，理解编者意图；围绕单元主题，认真梳理、概括与之相关的语言知

识、文化知识、语言技能和学习策略；认真分析学生有关主题的图式结构，明确学习需求，确定单元目标；针对具体教学内容，分解单元目标到每个课时，转化为可以检测的学生具体学习行为表现，同时确保目标可达成、可操作；围绕目标设计有情境、有层次、有实效的语言学习活动，并在教学活动中逐步拓展主题意义。

每个课时目标的设定都要为达成单元整体目标服务，有机整合课程内容六要素，既要防止要素间相互割裂，又要根据教学实际需要有所侧重。教学目标要体现对全体学生的基本要求，同时兼顾学生的个体差异，既确保共同进步，又满足个性发展。

(二)提升研读能力，实践基于主题意义探究的语篇深度学习

语篇是英语教学的基础资源。语篇赋予语言学习以主题、情境和内容，并以其特有的内在逻辑结构、文体特征和语言形式组织和呈现信息，服务于主题意义的表达。研读语篇就是对语篇的主题、内容、文体结构、语言特点、作者观点等做深入的解读。研读语篇的过程既是教师对语篇主题、内容、结构、语言、观点进行课前分析，确定教学目标、设计学习活动的过程，也是教师在课中指导学生参与学习活动，探索主题意义的过程。

进行语篇分析时，教师应首先尝试回答三个基本问题：第一，语篇的主题和内容是什么，即 What 的问题；第二，语篇的深层含义是什么，也就是作者或说话人的意图、情感态度或价值的取向是什么，即 Why 的问题；第三，语篇具有什么样的文体特征、内容结构和语言特点，也就是作者为了恰当表达主题意义选择了什么样的文体形式、语篇结构和修辞手法，即 How 的问题。

对主题意义的探究是学生学习语言最核心的内容。在多层次、多角度分析语篇所传递的意义后，教师应创设与主题意义密切相关的语境，在特定主题与学生的生活之间建立密切的关联，调动学生已有的基于该主题的生活经验，通过一系列相关联的、综合的语言学习和思维活动，开展对语言、意义和文化内涵的探究，帮助学生建构和完善新的知识结构，深化对该主题的理解和认知，把语言学习与意义探究融为一体，实现深度学习。

(三)优化教学行为，开展促进核心素养发展的语言学习活动

全面落实《课程标准》提出的指向学科核心素养的英语学习活动观，明确活动是英语学习的基本形式，是学生学习和尝试运用语言理解与表达意义、培养文化意识、发展多元思维、形成学习能力的主要途径。教师应从英语学习活动观的视角重新审视课堂教学设计的合理性和有效性，以主题意义为引领，以语篇为依托，整合语言知识、文化知识、语言技能和学习策略等课程内容，创设具有综合性、关联性和实践性的英语语言活动，引导学生采用自主、合作的学习方式，参与主题意义的探究活动，并从中学习语言知识，发展语言技能，汲取文化营养，促进多元思维，塑造良好品格，优化学习策略，提高学习效率，确保语言能力、文化意识、思维品质和学习能力的同步提升。

英语学习活动是英语课堂教学的基本组织形式，是落实课程目标的主要途径，是基于听、说、读、看、写等语言技能，理解语篇（understand the text）并对语篇作出回应（respond to the text）的活动。

教学活动设计没有固定模式或顺序，教师应基于对语篇的解读和对学情的把握，灵活而有针对性地设计教学活动，活动包含学习理解、应用实践、迁移创新三种类型，见表4。

表4 英语学习活动类型

类型	层次	内容	目标	流程
学习理解	基于语篇	感知与注意 获取与梳理 概括与整合	建构新知	围绕主题创设语境，激活学生已有的知识和经验，铺垫必要的语言和文化背景知识，引出要解决的问题。以解决问题为目的，鼓励学生从语篇中获得新知，通过梳理、概括、整合信息，建立信息间的关联，形成新的知识结构（以思维导图呈现的信息结构图或结构化知识图），感知并理解语言所表达的意义和语篇所承载的文化价值取向
应用实践	深入语篇	描述与阐释 分析与判断 内化与运用	知识转化为能力	在学习理解类活动的基础上，引导学生围绕主题和所形成的新的知识结构开展描述、阐释、分析、判断等交流活动，逐步实现对语言和文化知识的内化，巩固新的知识结构，促进语言运用自动化，助力学生将知识转化为能力
迁移创新	超越语篇	推理与论证 批判与评价 想象与创造	能力转化为素养	引导学生针对语篇背后的价值取向或作者态度进行推理与论证，赏析语篇的文体特征与修辞手法，探讨其与主题的关联，评价作者的观点等，加深对主题意义的理解，进而使学生在新的语境中，基于新的知识结构，通过自主、合作、探究的学习方式，综合运用语言技能，进行多元思维，创造性地解决陌生情境中的问题，理性表达观点、情感和态度，体现正确的价值观，实现深度学习，促进能力向素养的转化

英语学习活动的设计应以促进学生英语学科核心素养的发展为目标，引导学生基于口头和书面等多模态形式语篇所提供的主题情境，通过融语言、文化、思维为一体、层层递进的学习活动和多种互动交流方式，积极进行主题意义探究。

首先，教师应采取师生对话、小组讨论、视频听说、看图猜测等方式激活相关图式，充分准备学习活动：开展主题热身，引导学生进入情境；开展语言热身，帮助学生扫清学习障碍；开展情感热身，激发学生的参与动机。其次，教师应通过目标呈现、矛盾构建、问题设置等方式启动学习任务，确保学生了解学习活动的目标、内容、方式及要求，便于学生围绕目标选择自主学习策略，规划合作学习参与角色及探究学习基本途径。随后，教师应少说话、多观察，走下讲台、深入学生，巡视活动进展，特别要关注学生的面部表情，倾听学生的话语表达，检查成果，根据观察结果适时给予必要指导，帮助学生突破障碍；及时调整活动难度及节奏，确保活动顺利进行；采取多种评价方式，运用开放性问题引发多元互动，不断促进学生积极参与学习活动。

在引导学生开展各种语言学习活动的过程中，教师应以组织者、指导者、帮助者、评估者等不同的角色身份，给予学生必要的指导、帮助和鼓励，维护学生的学习主体地位，保证活动的有效性。

(四)重视学会学习，创设利于培养学生学习能力的教学环境

高中阶段是学生学习能力发展的重要时期，教师应把培养学生的学习能力作为教学的重要目标，帮助学生在英语学习的过程中，学会如何自我选择、评判和监控，逐步培养学生自主、合作和探究式学习的能力。

一要创设支持和鼓励的学习环境。合作学习时，通过合理分工，构建相互支持、相互促进的学习共同体，帮助学生在独立思考的基础上，积极进行意义协商；在探究学习时，注意所选内容是否与学生的兴趣和语言知识基础相符，关注学生的探究过程及学生的结构性知识是否形成或得到发展，努力营造全体学生积极、主动参与的氛围。

二要帮助学生建构有效的学习策略。教师在教学中应有意识地引导学生学习并使用策略，帮助学生形成适合自己的学习方法，特别要指导学生学会规划学习、适时调控并反思学习效果，在学习过程中有效调节自己的情感，有效利用多种课程资源开展学习，还要帮助学生在语言实践活动中有效运用各种学习策略，提高分析语言和文本结构的能力、理解与沟通的能力、创建文本的能力。

三要引导学生进行自我评价与反思。将评价贯穿教学全过程，用评价改进教与学行为。教师要善于启发并与学生共同总结和提炼有效的评价标准，指导学生学会运用这些标准和原则进行自我评价与反思；完成学习活动后，可组织学生对策略的使用情况和作用进行讨论，分享经验，反思运用策略的效果。

(五)正确处理关系，推动实施教、学、评一体化的语言教学

完整的教学活动包括教、学、评三个方面。在实际教学中，教师首先要正确处理教与学的关系，牢记学生是学习的主体，从"教的专家"转型为"学生学习行为的设计者"：设定基于学生学习需求的学习目标，围绕目标，聚焦"如何学会"开展语言学习活动，同时思考如何做好课堂形成性评价、设计好检测目标达成效果的课堂评估活动，推动教、学、评一体化实施，实现以评促学，以评促教。

在评价活动中，师生应同为实施评价的主体，教师的提问和反馈也是重要的评价手段。教师可以根据评价活动的目的和学生的特点，选择即时反馈或延时反馈。反馈要关注师生、生生有意义的互动，促进学生高层次思维和文化意识的发展。阶段性教学结束时，教师可以通过多种形式开展终结性评价，检验学生的学习效果和自己的教学效果，为下一阶段调整教学提供依据和方向。

五 评价与考试建议

(一)评价建议

全面落实《课程标准》提出的基于英语学科核心素养的教学评价。评价应以核心素养的内涵与水平划分为依据,涵盖教学内容的各个方面,体现学业质量标准的指标要求,全面反映学生英语学科核心素养发展的状况和达到的水平,充分发挥评价的激励作用和促学功能,对英语教学形成积极正面的反拨作用,促进英语课程的不断发展和完善。

1. 围绕核心素养,关注学生成长进步

突出核心素养在学业评价中的主导地位,着重评价学生的发展与成长。评价目标必须与课程内容要求和学业质量标准保持高度一致,重点关注学生在语言能力、文化意识、思维品质、学习能力等维度的整体表现与协同发展;评价内容包括学生在日常课堂学习过程中的实时表现,学习活动各要素的达成程度和效果,语言综合运用中所体现的学科核心素养水平等目标范畴;评价实施通过各类学习活动加以体现,可以是微观的,也可以是宏观的;可以是单一的,也可以是综合的;可以是即时性的,也可以是延时性的;评价指标可以根据不同的核心素养并结合活动要素加以设定,常用描述性语言呈现。

2. 基于学业质量,设计不同问题情境

普通高中英语学业质量的每一级水平主要表现为学生在不同复杂程度的情境中,运用知识、技能以及各种重要概念、方法和观念解决问题的关键特征。教师实施评价时要设计体现不同学业水平的问题情境,设置有利于考查核心素养的评价任务,例如在学习了主题为"Body Language"的单元后,要求学生为本校语言文化节提供一份关于不同国家的肢体语言的报告,并作口头演示。真实的问题情境及任务有助于学生运用所学充分展现其综合运用知识技能解决问题的能力及在解决问题过程中呈现情感、价值观念取向。

3. 突出学生主体,促进学生全面发展

学生是学习的主体,也是评价的主体,是评价过程的主要参与者。学生应在教师的指导下,学习使用适当的评价方法和可行的评价工具,开展自评和互评,积极参与评价,发现和分析学习中的具体问题,促进自我监督式的学习,并在相互评价中不断反思,取长补短,总结经验,调控学习,把教学评价变成主体参与、自我反思、相互激励、共同发展的过程和手段。无论是针对课内教学活动、课下家庭作业还是课外实践项目的评价,教师均应注重不同评价活动之间的整合性和关联性,突出评价任务和内容的实践性和发展性,重视学生的全员参与和共同进步。

4. 聚焦课堂活动,帮助学生改进学习

关注课堂教学过程,在教学活动实施中突出形成性评价。教师要根据评价目标设计语言活动方案,在活动实施的过程中,采用提问、讨论、完成任务等方式使学生的思维外化,并在这一过程中观察学生综合运用语言的行为表现和学科核心素养的养成程度,如语言表达的准确性和流利性、知识的广度、思维的深度、所用策略的适宜性和有效性,以及克服学习困难、调控学习情绪、提高协作能力等的成效。最后,教师要综合考量学生的各种表现,得出评价活动的最终结果,把握学生在相关目标内容方面的达成程度以及学生后续发展应注意的关键问题,以便帮助学生改进学习。

5. 注重多元评价,采取多样评价手段

基于核心素养的教学评价应采取以形成性评价为主、终结性评价为辅的模式,教师还应正确处理日常评价与阶段性评价的关系,选择恰当的纸笔测试方法,注重评价手段的多样化。教师在设计和实施评价的过程中,应根据各阶段的教学特点与评价目的,充分考虑学生的年龄、心理特征及认知水平,把评价活动融入课堂教学活动的各个环节;选用合理的评价方式,把平时测验、成长记录袋、问卷调查、访谈等形式密切结合起来,实现形成性评价与终结性评价相结合;尽量多采用开放式问题,鼓励学生通过思考生成答案,而不是在多个选项中选出正确答案。学生可以在教师的指导下,选择合适的评价方式对自己和他人的学习表现进行评价,使评价活动成为学习过程的有机组成部分,既促进学习,又利于反思。

6. 发挥反拨作用,实现以评促教促学

教师要关注各种评价活动和结果对学生学习和自己教学的反拨作用,建立教、学、评相统一的有机评价体系,实现评价服务教学、反馈教学、促进教学。评价要有利于教师获取英语教学的反馈信息,并对自己的教学行为进行反思和调整,从而促进教师不断提高专业水平;要有利于学校和教育行政部门及时了解课程的实施情况,因需改进教学管理,促进英语课程的不断发展和完善;评价还应有利于家长和社会了解学生的学习情况、课程教学目标和教育发展方向,共同推进课程实施。

教师要客观分析和认真研究评价结果,反思教学中存在的问题及产生问题的原因,及时调整教学计划和教学方法,并根据评价活动的类型、目的、目标及标准,分别向学生或家长及时反馈评价结果,尽可能全面、客观、准确地阐释评价结果的内涵和指向,明确评价结果的适用范围,引导学生和家长用发展的眼光看待评价结果,加深对评价结果的正面理解。平时的教学要避免为考而教、不考不教、以考代教的倾向,尤其要避免采用题海战术干扰正常教学的做法。

(二)学业水平考试建议

1. 考试的性质与目的

普通高中英语学业水平考试是根据《课程标准》,以必修课程内容和学业质量水平一为考查依据,由省级教育行政部门组织实施的学业考试,目的是衡量普通高中学生达到国家规定的英语学习要求的程度,结果是判断学生是否达到毕业标准的主要依据。

2. 命题建议

(1)基于《课程标准》要求命题

命题要全面落实《教育部关于普通高中学业水平考试的实施意见》精神,体现《课程标准》所确立的课程目标和教育教学理念,要有利于促进和引导高中英语教学全面落实课程内容和学业质量标准;有利于引导学生优化英语学习方式,拓展英语学习渠道,提高英语学习效率;有利于英语教师大胆探索英语教育教学改革;有利于普通高中学校综合评价学生的英语学习水平和表现。

(2) 全面考查学科核心素养

试题要着重考查学生在具体社会情境中运用英语理解和表达意义的能力,特别是听、说、读、看、写的能力。同时,要通过语言材料的选择、考查重点的设置、考试项目和考试形式的设计等,直接或间接地考查学生的文化意识、思维品质和学习能力。为此,考试内容的覆盖范围要全面,题型要丰富多样,要创造条件组织英语口语考试。

(3) 立足语言实际使用情况

命题要充分考虑英语语言在现实生活中的使用情况。语言材料的题材和体裁要丰富多样,尽量使用真实、地道、典型的当代英语素材,可根据需要进行适当的删减和改写;设计试题时,要尽可能提供语义相对完整的语境,要尽可能使考试题型接近或类似现实生活中语言使用的实际情况,即试题要求学生做的事情(答题)应接近或类似现实中人们使用语言来完成的事情。例如,阅读理解和听力理解部分的试题可以要求学生在听或读的过程中记录信息、补全图表中的信息,或根据材料的内容判断语篇的受众;口语考试和写作试题可以要求学生描述真实现象和经历,表达自己的观点和态度。

(4) 考虑学生认知发展水平

命题要充分考虑学生的生活经验和认知发展水平。试题所选择的语言素材和所创设的语言运用情境要充分考虑高中学生的生活经验及所处社会环境,避免因学生生活经历的明显差异而影响试题的公正性和合理性;试题内容和载体的选择以及题型的设计要与学生的认知水平相适应,问题的设计应尽量使学生能够结合亲身经历或体验来答题。

(5) 确保试题的信度和效度

试题难度应以学业质量水平一的基本要求为参照,不宜过高,不宜过于强调试题的区分度。命题要遵循教育测量的基本原理,保证试题的信度和效度,以使考题设计有利于实现考查的目的,使考试结果尽可能准确地反映学生的实际水平。试题设计要充分吸收国内外有关评价理论和试题设计的研究和实践的最新成果,结合普通高中英语课程的特点和要求,积极探索能够体现高中英语课程评价理念的考试题型,充分发挥不同类型试题的功能,合理配置题型结构,使试卷能够科学、准确、全面、公平地考查学生的英语学业水平。考试题型既要相对稳定,又要有适当的灵活性和可选择性。试题表述形式要规范,指令要清楚、简洁,答题方式要明确;试卷结构要合理、简约,主观性试题与客观性试题的比例要适当。

(6) 科学合理制定评分标准

语言运用能力涉及多项语言知识和语言技能的灵活运用,知识与技能的表现形式也是多种多样的。因此,要根据各种题型的考查目的和考查重点,科学、合理地制定评分标准。比如,听力部分主要考查学生的听力理解能力,那么评分标准就应该以学生是否能听懂为依据。因此,在听力理解部分,如果学生需要以书写的形式来呈现答案,那么评分标准要灵活处理书写的准确性问题。写作部分主要考查学生以书面形式表达意义、传递信息、再现生活经验的能力,因此评分标准应该侧重评价这些方面的能力。

附件 1

高中英语学科备课规范要求

为贯彻《国务院办公厅关于新时代推进普通高中育人方式改革的指导意见》（国办发〔2019〕29号）的要求，全面落实《安徽省新时代推进普通高中育人方式改革实施方案》（皖教工委[2020]31号），提升教师新课程实施能力，进一步深化课堂教学改革，提高课堂教学效率，培养学生学习能力，根据我省高中英语教学实际，特制定本规范要求。

课堂教学是课程改革的核心部分，新课程的实施对教师的教学能力提出了新要求。备好课一方面是有效实施新课程的一个必不可少的环节；另一方面也是提高教师课堂教学能力，促进教师专业发展的有效途径。教师在备课过程中通过备课标、备目标及备过程，积极探索有效的教与学方式，研究如何在教学中让学生将语言知识转化为语言运用能力，帮助学生正确理解和表达意义、意图、情感和态度，努力实践指向学科核心素养发展的英语学习活动观，实施深度教学，落实培养学生英语学科核心素养的目标。

一 基本理念与原则

（一）面向全体学生，落实立德树人育人目标

强化面向全体学生的教育观，充分发挥高中英语学科的育人功能，关注不同生活经历、不同知识基础和不同学习风格学生的个性差异。备课时，教师要充分体现以学生为主体的思想，在教学目标、教学内容、教学过程、教学评价和教学资源的利用与开发等方面都应考虑全体学生的发展需求，通过设置梯级教学目标，整合不同教学内容，开展分层教学活动，实施同伴互助的小组合作学习，尽可能给每一位学生提供同等的学习机会，使每一位学生通过高中英语课程的学习都能获得发展。

（二）把握课程要求，践行学科核心素养理念

实施基于《课程标准》的教学，教师备课时要认真分析教材教学内容，梳理并概括与单元主题相关的语言知识、文化知识、语言技能和学习策略，根据学生的实际水平和学习需求，制订教学目标、确定学习重难点、整合教材教学内容、选择适当的教学方法及合适的教学资源，通过一系列语言学习活动，培养和发展学生在学习普通高中英语课程后应具备的语言能力、文化意识、思维品质和学习能力等学科核心素养。

（三）科学设计活动，提高英语语言学习实效

倡导主题语境、语篇类型、语言知识、文化知识、语言技能和学习策略六要素整合的英语学习活动观。教师备课时应基于语篇呈现的语言知识和文化知识，设计学习理解、应用实

践、迁移创新等一系列体现综合性、关联性和实践性等特点的环节，展现不同语言技能，并渗透各种学习策略训练的英语学习活动，引导学生积极进行主题意义探索，确保在教学中落实高中英语课程的基本理念，在活动中提高英语语言学习实效。

二　基本方法与步骤

学校应坚持和完善集体备课制度，创新备课形式，提高备课质量，切实加强课程实施日常监督，规范常规教学行为。以学科备课组为单位，切实完成以下备课活动。

（一）细致研读，理清课标要求（备课标）

《课程标准》是普通高中英语教学的依据。备课前，教师应细致研读内容，深刻理解理念，准确把握要求，特别是课程六要素的内容要求及具体教学提示，将其内化于心，在实施教学时具体细化到每个教学单元和课时，将其外化于行，真正做到一切教学与评价行为均围绕《课程标准》。例如，必修课程在理解性技能上要求学生应"把握语篇的结构以及语言特征"，那么教师在进行阅读教学的设计时，应将其具体到不同类型的语篇，引导学生观察和分析具体语篇的结构和语言特征，帮助他们在进行主题意义探索的过程中关注语篇的各个组成部分以及语篇如何表达意义。

（二）全面分析，明确教学目标（备目标）

1. 分析教材，制定教学目标（备教材）

教学目标是课堂教学过程中学生一切学习活动的出发点和落脚点，合理、明确、可行的教学目标是建构有效课堂的先决条件。备课时，教师应认真分析单元教学内容，关注主题意义，依据学情制定指向学科核心素养发展的单元整体目标，并将其分解到每一学时。教学目标应可达成、可操作、可检测，一般包含四要素，即行为主体（学生）、行为动词（可观察、可测量的具体学习行为）、行为条件（完成学习行为的情境、辅助工具，获得的信息提示及时间限制等）、行为标准（学生学习行为最低表现水平），可概括为"谁来学，学什么，在什么条件下学，学到什么程度"。此外，教学目标虽应指向学科核心素养，但不必面面俱到，不同课型应有所侧重，不同教学目标间应层层递进、相互关联。教学目标还应体现对全体学生的基本要求，同时兼顾学生的个体差异，既确保共同进步，又满足个性发展。

2. 分析学生，明确重点难点（备学生）

不同班级学生的整体情况存在差异，每个学生的语言基础、学习能力、成长经历、兴趣爱好也各不相同。备课时，教师要尊重学生间的差异性，对照《课程标准》中学科核心素养发展要求，进行细致的学情分析，了解班级学生的语言能力、文化知识、思维品质、学习能力整体发展水平及发展需求，明确单元教学的重点，确定帮助学生实现变化和发展所需要的保障条件和措施；聚焦具体语篇，分析学生已有的有关主题图式结构和目标图式结构的距离，确定课时教学的难点,梳理并概括语篇中的语言知识、文化知识、语言技能和学习策略,通过创设情境、搭建桥梁、组织活动,引导学生掌握重点,不断突破难点,完成对语篇主题的语境探索的同时,学习语言和文化知识,发展语言技能,运用学习策略,构建新的认知图式结构。

(三)科学设计,实施有效教学(备过程)

1. 整合教学内容(备内容)

教材是普适性的,教师应结合具体的学情对教材进行二次开发和建设,使其适合特定学习群体,即"用教材教"。备课时,教师应围绕教学目标,依据学情分析,采取"重组教学内容、删减教学内容、易化教学内容、拓展教学内容"等方式有的放矢地整合教材,使其在难度、结构、内容上均适合本班学情。同时,教师在备课时要特别注意对课程六要素的有机整合,使所有语言活动在一定的主题语境下进行,引导学生围绕具体主题语境,基于不同类型语篇,在分析问题和解决问题的过程中,促进自身语言学习、语言技能发展、文化内涵理解、多元思维提升、价值取向判断和学习策略运用。最后,备课时教师还要思考如何引导学生进行结构化学习,在主题意义探索的过程中整合细节信息、零碎知识,构建相关的信息结构图或结构化知识图及如何使用思维导图构建单元主题词汇语义网等。

2. 确定学习方法(备方法)

《课程标准》要求教师在教学过程中为学生发展学习能力创造条件,培养学生自主学习、合作学习和探究学习的能力。教师在备课时要精心准备课前自主学习任务、课中合作学习及探究活动、课后适当适量的拓展性作业。学生的英语水平高低决定着学生能否有信心进行自主学习,能否有效合作、探究学习。因此,教师在备课时,应充分分析学情,科学合理地选择学生学习活动的组织形式。如果学生的英语水平与教学内容差距太大,除整合易化内容外,教师还要加强基础知识教学,帮助学生会读句子,读懂句子,提高单词、短语及句子的听读能力。如果学生语言交流能力欠佳,应先开展两人一组的问答、对话练习,或在小组合作进行意义建构时提供一定数量的语言、信息支架,引导学生使用这些句子充实自己的语言,确保学生能够使用英语交流协商。

3. 设计教学活动(备活动)

《课程标准》明确提出指向学科核心素养发展的英语学习活动观。备课时,教师应从英语学习活动观的视角考虑教学设计的合理性和有效性,通过设计学习理解、应用实践、迁移创新等相互关联并层层递进的语言、思维、文化相融合的活动,引导学生加深对主题意义的理解;帮助学生在活动中习得语言知识,运用语言技能,阐释文化内涵,比较文化异同,评析语篇意义,形成正确的价值观念和积极的情感态度,进而尝试在新的语境中运用所学的语言和文化知识,分析问题、解决问题,创造性地表达个人观点、情感和态度。

在进行英语学习活动的设计时,首先,教师要尽量创设真实情境,注意与学生已有的知识和经验建立紧密联系,力求直接、简洁、有效;同时,教师要考虑地点、场合、交际对象、人物关系和交际目的等，提示学生有意识地根据语境选择恰当的语言形式，确保交际得体有效；其次，教师要善于利用思维导图或信息结构图等多种工具和手段引导学生通过自主与合作相结合的方式，完成对信息的获取与梳理、概括与整合、内化与运用，教会学生在零散的信息和新旧知识之间建立关联，归纳和提炼基于主题的新知识结构；再者，教师要善于提出从理解到应用、从分析到评价等有层次的问题，引导学生的思维由低阶向高阶稳步发展；同时，教师要启发学生积极参与针对语篇内容和形式的讨论和反思，鼓励学生围绕有争议的话题有理有据地表达个人的情感与观点；最后，教师要根据所学主题内容、学习目标和学生经验等，选择和组织不同层次的英语学习活动。

备课时，教师应时刻牢记贯彻"教、学、评"一致的教学原则，在设计主题意义探究活动的同时设计评价活动，将课堂评价活动贯穿教学的全过程；要重视作业设计，提高作业布置的质量，确保作业与课堂教学能够协同促进学生全面发展。

4.选择教学资源（备资源）

教材是最主要的课程资源，但教师"用教材"不等于"唯教材"。因校情、班情、学情的差异，教师在用好教材的同时，备课时还要注意挖掘其他课程资源，拓展教学内容，作为教材的适当补充，让学有余力的同学"吃得饱、吃得好"。《课程标准》明确提出"利用网络资源等扩充学习内容和信息渠道"。互联网通过超链接技术按照主题将大量与之相关的信息连接起来，形成巨大的教学资源库。教师备课时应充分利用网络信息技术选择相关资源，例如，在实施"earthquake"（2019年人教版新教材必修一）主题意义探索活动的准备阶段，可以使用"地震起因""地震救护""地震损失""地震伤亡""历史上大地震"等不同关键词查找信息及相关多模态语篇，从而丰富语篇资源，引导学生深度探索"地震"话题。此外，教师在备课时还要考虑多媒体课件、学案等教学资源的准备。

三　教案撰写与案例

（一）撰写要求

教案是教师课堂教学的预设方案。撰写教案前，教师要努力做到"四知"：知课标、知教材、知学生、知教法；撰写过程中要努力做到"四寻"和"四化"：寻找新旧知识的结合点、寻找教学启动的切入点、寻找意义探索的关键点、寻找思维品质的提升点，以及知识信息结构化、"教——学——评"一体化、学习活动情境化、知识学习问题化。

课前，教师应在准确分析教材与学情的基础上明确教学目标，确定教学重难点，选择突破重难点的教学方法，设计教学过程中的主题意义探究活动及评价活动，实现教、学、评的统一；教师要关注板书设计，确保留在黑板上的内容是结构化的课时重点；教师应充分表达各个教与学活动的意图，提升设计的科学性、目标性和合理性。

课后，教师还应以自己的课堂教学实践为思考对象，对教学理念、教学目标、教学过程进行分析、评判，从中吸取经验，调整今后的教学行为，提升教学水平。

(二)教学案例

阅读语篇教学设计 Race to the Pole

(北师大版普通高中教科书　英语必修第二册　Unit 5　Lesson 3)

主题语境:人与自然——安全常识与自我保护

语篇类型:记叙文——历史故事

语篇研读

内容:该文介绍了由英国探险家斯考特所率领的团队与来自挪威的探险家阿蒙森团队争夺"第一个到达南极的人"的称号的故事。这个故事源于真实的历史事件。阿蒙森成为到达南极第一人并带领队员安全返回,斯考特输了比赛并且在返回的途中全队覆没,无一生还。该文本区别于其他类似"比赛"文本的地方在于它不是对获胜者的赞美和歌颂,而是把大部分笔墨用于对失败者的描写,其用意显而易见,即作者希望引发读者对于斯考特团队失败原因的思考,总结出我们未来从事某种活动尤其是具有危险性活动时应遵守的准则:准备充足、安全至上。虽然在文末出现了对斯考特正面的评价,但从其用词可以看出该评价并非作者的观点,这一评价也给我们提供了发展批判性思维的触发点——基于斯考特在探险中的多重身份来定义其功过是非。

表 1

Roles	What did he do?	Winner or Loser?
Explorer	Reach the Pole	?
Team leader	Fail to protect his team members	?
Scientist	Find the rocks	?
Husband and father	Abandon his family	?

结构:该文本分为"去南极"和"从南极归来"两个部分。两部分互为依托又相互独立,视学情可分1课时或2课时。第一部分的阅读价值在于把握记叙文语篇的特定结构,并以此为抓手对比分析斯考特失败的原因——准备不足;第二部分以斯考特返回途中的日记为线索,其阅读价值在于在字里行间体会主人公在不同事件下心情的变化,并找出恰当的词语来描述。

表 2

	Summary	Feeling
Diary 1	Reality	Disappointed
Diary 2	Situation	Hopeless
Diary 3	Judgment	Helpless
Diary 4	Reflection	Sad/Calm

学情分析

"观点"是人们基于一定的角度和立场所给出的带有极强"目的性"的评价。高一学生处于人生观、世界观形成阶段,对于新事物充满好奇却缺乏审慎的态度和质疑的精神,他们易受外界不良信息的影响,甚至成为其被动的支持者和传播者。批判性思维的养成将会成为他们未来分辨真伪、独立思考的"利器"。

高一的学生正处于"青春期",具有明显的"独立"倾向,冲动且无畏、叛逆且盲从,敢于冒险却缺乏自我保护意识。此外,学生虽然对南极探险有一定了解,但因其所具有的与之有关的知识结构不全面、不系统,所以对两支队伍的探险经历比较陌生。

教学目标

通过本节课的学习,学生能够:

1. 以记叙文的文体结构特征为线索获取并梳理文中关于两队竞争的事实性信息;
2. 概括、比较两队在探险准备中的差别,并分析斯考特团队失败的原因;
3. 基于合作、互助的方式赏析斯考特的日记,理解其心情的变化并给予恰当描述;
4. 以事实为依据,从多种角度对斯考特这一人物进行评价。

教学重点

通过对比,分析斯考特团队失败的原因及其必然性。

教学难点

批判性地评价斯考特,实现文本的教育意义:条件不成熟时不能勉强为之;生命是我们实现个人理想的保证。

教学资源

教材、多媒体课件。

教学过程

Step 1　Pre-reading

步骤	教学活动	意图	核心素养提升点
Activate and Share	T invites Ss to recall the writing style of a story using High-5 Fingers.	借助五根手指,引出记叙文的语篇特征(五要素:时间、地点、人物、事件、结局),然后以此阅读主线,理清事实并为分析原因做准备	把握语篇特定结构。
	Ss are shown the map of the world—seven continents with different colors (The Antarctic is colored red.) Qs: Which color will you choose if you are asked to change the color of the Antarctic? Why?	以"地点"作为切入点,创设情境,激活学生的相关背景知识(南极的地理特殊性:冰雪覆盖、极端低温)并作为分析斯考特失败原因的铺垫	

Step 2 While-reading
Ⅰ. First part of the story（To the Pole）

步骤	教学活动	意图	核心素养提升点
Read and Explore	Ss are encouraged to guess the main idea by focusing on the title, especially the word "race" in it. Qs: 1. What does the word "race" mean in the title, competition or people with a certain skin color? 2. Who were the people that competed in the race? Ss read the first paragraph to find out another two elements of the story: characters and events.	形成阅读期待，获取文本另外两个重要的组成部分：人物和事件	学习策略：根据标题、关键词预测篇章主要内容
Read and Explore	Ss read the first part of the passage to find out all the dates and the events related to each date. Ss work in groups to design the timeline. Qs: 1. Who lost the race? 2. What do you want to know about Scott's failure?	以"时间"为线索，梳理事件过程的相关信息，通过"看"时间表找出事件结果，激发学生对于斯考特"失败原因"的思考	语言技能：获取、梳理信息并使其结构化
Read and Explore	Ss are asked to read Para. 3 carefully, focusing on the tools the two teams used to travel. After reading, they are encouraged to describe 5 pictures on the screen using words and phrases in this paragraph. Qs: Which picture is about Scott's team and which picture is about Amundsen's team? Ss classify and compare the pictures to summarize the reasons for Scott's failure. Summarize the reasons: His failure was decided before the race walk work + on the ice and snow in such a low temperature Instruction: Checking Questions are used to ensure that Ss get to know what they are expected to do.	通过"看"图片，强化对词汇的理解，尤其是短语"break down"在语境中的使用。对比两队在交通工具方面的差异，得出斯考特团队失败的偶然性：马行走困难；雪橇出现故障。结合阅读前针对"地点"的讨论，分析其失败的必然性——前期准备工作未考虑到南极地理情况的特殊性	语言知识：关注词汇的学习。 语言能力：针对学生的整体动机水平和学习能力水平，引导学生注重挖掘语篇的内涵

II. Second part of the story (Back from the Pole) Jigsaw reading

步骤	教学活动	意图	核心素养提升点
A Center	The reading material is divided into 4 parts based on the excerpts from Scott's diary excerpts (words in italics). 1. Ss in the same group read different diaries and work together to answer the given questions. 2. Ss who do the same reading task sit together to have a better understanding of the passage through sharing and negotiating. 3. Ss return to their original group and each one shares what they have read and understood with others, working together to finish the reading activities of all the diary excerpts. T monitors their activities, acting as a facilitator.	通过个人学习和小组合作学习,学生感知英文书信的语言之美;提炼有关主人公心情变化的词语并辅以事实论证(见语篇研读中的表2)	学习能力:自主学习,合作学习。 文化意识:深刻体会语言的魅力;欣赏文化和语言的美妙

Step 3 Post-reading

步骤	教学活动	意图	核心素养提升点
Think and Share	Ss are encouraged to locate the judgment about Scott and the reason for that judgment in the last paragraph. T shares his or her own judgment and reason. Ss give their judgments about Scott using the supporting evidence from the passage.	获取输出的结构(评价+例证)。 运用结构(见语篇研读中的表1),引导学生意识到基于不同角度,人们会对同一人或事作出不同的判断	思维品质:发展鉴赏和批判性思维能力

续表

步骤	教学活动	意图	核心素养提升点
	Ss view a video about Xia Boyu who successfully reached the summit of Mount Everest after five attempts. Ss are asked to discuss the reasons for Xia Boyu's success and lessons learned from Scott's failure.	德育渗透,帮助学生意识到"适时放弃"的价值;懂得生命对于实现个人愿望和理想的意义	思维品质:探究语篇背后的文化价值意义
Homework	Ss are expected to find some evidence to prove why Amundsen's team spent much longer time reaching the pole.	利用课中生成的时间表(阿蒙森团队用时97天,斯考特团队77天)与文本描述(阿蒙森团队进展顺利,斯考特团队障碍重重)的矛盾之处激发学生的探索欲望	思维品质:批判性思维的运用

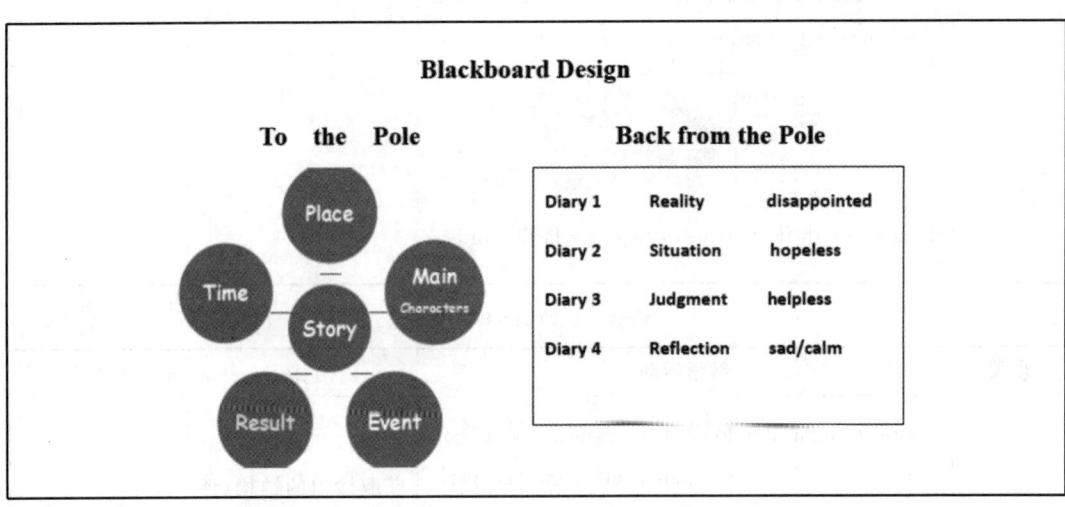

附件 2

高中英语学科作业规范要求

为贯彻《国务院办公厅关于新时代推进普通高中育人方式改革的指导意见》(国办发〔2019〕29 号)要求,全面落实《安徽省新时代推进普通高中育人方式改革实施方案》(皖教工委〔2020〕31 号),帮助教师提高作业设计质量,提升作业促学反馈功效,根据我省高中英语教学实际,特制定本规范要求。

作业是课堂教学的有效延伸和补充,与课堂教学协同促进学生全面发展。教师通过对作业的科学设计、合理布置、有效批改、适时反馈,实施对学生英语日常学习的过程性评价,及时了解学生学业表现,发现学生知识缺陷及能力短板,掌握学生学习的薄弱环节,通过调整课堂教学设计、优化课堂教学行为、实施针对性的教学干预,促进学生有效学习,提高学业成绩。

一 科学设计作业,提升设计质量

高中学生在完成英语学科作业的过程中,逐渐加深对语言知识的理解,运用各种语言技能解决问题,不断提升综合语言运用能力;与此同时,汲取文化精华,尝试运用各种学习策略,提升学习效率,发展英语学科核心素养。教师应深刻理解作业的功用,树立正确的作业观,遵循科学的设计理念,不断提升作业设计水平,提高作业的有效性。

(一)坚持立德树人

充分发挥高中英语学科作业的育人功能,选择有育人价值的语篇素材,精心设计语言输出任务,引导学生运用语言知识和技能讲好中国故事,传递积极的人生态度、正确的价值观念,注重在发展学生英语语言运用能力的过程中,帮助他们学习、理解和鉴赏中外优秀文化,培育中国情怀,坚定文化自信,拓展国际视野,增进国际理解,逐步提升跨文化沟通能力、思辨能力、学习能力和创新能力,形成正确的世界观、人生观和价值观。

(二)紧扣课程标准

准确把握《课程标准》,围绕学科核心素养的培养进行作业设计。教师应按照基础性、关联性、综合性、多样性、实践性的原则,紧扣教材内容,充分考虑高中生的学段特点和年龄特征,在面向全体的前提下,关注个体差异,通过科学的作业设计,引导学生学习语言知识,发展语言技能,汲取文化营养,促进多元思维,塑造良好品格,运用学习策略,提高学习效率,确保语言能力、文化品格、思维品质和学习能力的同步提升。

(三)体现单元意识

单元为高中英语教学的基本单位,亦是作业设计的基本单位。教师应充分了解各单元主题、课程内容,依据单元教学目标,把单元作为整体考虑,并根据课堂学生学习反馈,在整合、重组的基础上有层次地进行作业设计,避免碎片化的呈现及反复操练性的作业在不同课时的简单机械重复,应增强不同课时作业内容之间的衔接性、递进性,帮助学生将零散的认知整合为结构化的体系,促进思维发展的逻辑性和系统性,实现深度学习。

(四)促进学业发展

《课程标准》以学科核心素养表现水平为维度,制定了学业质量标准,以质和量的变化评定学生学业成就表现。新课标背景下的高中英语作业设计应以学业质量标准为依据,立足学生现有知识水平,通过基于单元整体目标的一系列预习、巩固、应用等纸笔、非纸笔语言活动,不断促进学生学业质量提升。例如,水平一要求"能以书面形式简要描述自己或他人的经历,表达观点并举例说明",水平二要求"能在书面表达中有条理地描述自己或他人的经历,阐述观点,表达情感态度"。可见,学生的书面表达能力从高一到高二在表达的范围、质量上都有跃升,教师应以此为纲,设计作业时循序渐进地提高要求。

(五)落实反馈信息

作业是一种评价手段,具有较好的诊断功能,可以提供教师课堂教学及学生学习效果的反馈信息,帮助教师、学生反思和调整各自的教与学行为。因此,作业设计除考虑要求学生做什么、怎样做等问题外,还应关注如何充分利用作业反馈信息,优化教与学。教师要重视作业结果分析,研究学生犯错误的原因,采取多种切实有效的措施,将普遍性错误转化为教学资源,及时进行补偿性教学;根据错误类型提供个性化学习指导,提供必要的改进策略、学习资源。学生除传统的订正错误、建立错题本外,还要有意识地针对作业反馈信息,通过教师指导、同伴互助等方式,清除知识、能力障碍。

二 合理布置作业,切实轻负增效

高中作业任务涉及各学科,学校应立足实际,均衡单科作业量,限定作业总量,用"量"的优化轻负增效;避免简单重复、无趣无用、难度较大等与学生学习目标、内容、能力不匹配、违反教学规律和学生身心发展规律的作业,用"质"的提升轻负增效。充分考虑语言学习规律,在精心设计传统基础性作业的同时,适当增加实践性、探究性、合作性、综合性的语言应用任务,发展学生的跨文化交流能力;在强化共同基础的前提下,根据《课程标准》要求及学生学习差异,分层布置满足不同学业程度学生需求的作业,切实做到面向全体学生。

(一)布置基础性作业，夯实语言知识

围绕单元、课时目标，聚焦教材内容，提炼核心词汇、语法、语篇、文化等语言知识，按照《课程标准》的具体要求，采取填空、造句、改错、改写、绘制思维导图等形式的纸笔训练，帮助学生积累、使用词汇，理解、运用语法，关注语篇结构、语言特点，了解中外多元文化，坚定文化自信。在练习的设计上注意语言使用层次，强化对基于语篇的词汇、语法的理解与运用，注意理解与表达的有机结合。

(二)布置功能性作业，提升语言能力

围绕单元、课时目标，聚焦教材内容，结合课堂实践活动和《课程标准》关于语言技能的具体要求，循序渐进地开展泛听、泛读、改写、仿写、读后续写、模仿、朗读、复述、会话、配音以及写日记、概要和应用文等训练活动，确保在必修阶段学生课外视听活动每周不少于30分钟，课外阅读量平均每周不少于1500词，累计不少于4.5万词；在选择性必修阶段学生课外视听活动每周不少于40分钟，课外阅读量平均每周不少于2500词，累计10万词。

(三)布置拓展性作业，发展学用能力

教师应有意识将课堂上指向学科核心素养发展的语言学习活动以拓展性作业的形式有效延伸到课下，围绕"应用实践、迁移创新"，联系生活实际创设语言情境，指导学生在课堂学习活动的基础上，进一步阐释、批判语篇意义，表达个人观点、意图、情感，分析中外文化异同，发展多元思维和批判思维，不断提高语用能力。例如，教师可利用主题，要求学生为外国旅行者设计一条体现中国文化和地理概况的旅行路线；要求学生在国际减灾日向联合国环境规划署提交保护自然环境倡议书；要求学生向外国笔友介绍中国传统节日、物质或非物质文化遗产等；要求学生合作编写介绍中国历代杰出文学家、艺术家、科学家等的英文宣传画册，用以赠送来校访问的外国专家和学生。

(四)布置探究性作业，促进深度学习

语言探究的过程包括对语言本身的探究和用语言解决实际生活问题的过程，是获得结构化知识，发展分析、解决问题能力的重要途径。教师应以课外探究作业的形式，引导学生采取同伴互助等方式，借助工具书、互联网等手段，或聚焦单元核心词汇、语法、语篇、语用等知识，或针对学习生活的某一问题，尝试收集信息、分析问题、提出方案等。例如，教师可根据主题，引导学生使用思维导图构建词汇语义网；引导学生探究常用英语成语和俗语的文化内涵，感悟语言和文化的密切关系；引导学生对比英、美等国家在行为举止和待人接物等方面与中国的异同；引导学生探讨中外传统节日对文化认同、文化传承的意义与价值等。

(五)布置合作性作业,学会沟通交流

学生一般可独立完成基础性、功能性作业,但大多数拓展性及探究性作业需要以同伴互助或小组合作的形式完成。教师应按照"同组异质、异组同质、优势互补"的原则分组,指导学生在合作完成作业任务中不断增强个体责任感,学会相互交流、相互学习、相互促进;教师还可利用学生在合作完成作业时的互动交流,布置口语交际作业。例如,根据教材主题设置讨论话题,利用班级英语角组织英语沙龙活动。以 2019 年人教版高中新课标教材必修一为例,学生可以就"teenage life""travelling around""sports and fitness""natural disasters""languages around the world"展开讨论,学生个体在各组长的带领下,联系各自生活经历发表见解,经过意义协商,形成小组集体意见。

(六)布置展示性作业,强化成果分享

跳出单纯赋分的对错式作业评价,将作业结果可视化,将传统的教师一人评价转变为同伴多人互评,充分发挥语言交流功能,激发学生见贤思齐、良性竞争的意识,实现优势互补、共同发展。一是利用学习园地、网络学习空间等平台展示优秀基础性作业,交流书面写作及各种拓展、探究、合作性作业;二是利用课前三分钟或独立时间由小组共同或选派代表在全班口头汇报作业成果;三是拓宽作业结果呈现手段,要求学生合作完成某主题的手抄报、ppt 课件等,或将小组成员的书面表达结集成册;四是将教材阅读语篇改编为课本剧,分角色表演或就单元主题发表个性化演讲等。

(七)布置分层性作业,满足个性需求

作业布置应充分考虑并尊重学生个体在心理特征、认知水平、学习能力等方面的差异,将基础性、功能性作业进行难度分层,与拓展性、探究性作业一起构筑"作业超市",鼓励学生根据自身学情选择合适的作业类型及作业量,确保不同程度的学生"吃得到""吃得饱""吃得好"。教师在难度分层时,不能单纯地用"背诵含有核心词汇的句子"与"使用核心词汇造句"分层,还要用不同数量的"语言、信息支架"帮助不同程度的学生使用所学语言、所得信息进行个性化表达。

三 有效批改作业,提升促学效果

作业批改是教学效果反馈的重要手段。通过批改作业,教师可了解学生对所学知识的理解掌握程度,及时调整教学内容、进度;学生可从教师评语中得到鼓励、受到启发、获得方法。高中英语作业批改应充分发挥其形成性评价功能,成为师生互动、反馈的有效途径,成为促进学习、改善教学的重要手段。

（一）发挥学生主体作用

学生是学习主体，也是评价主体。高中英语学科作业批改应在强化教师主导的基础上，积极探索学生参与的路径，通过师生面批及有效的自批、互批，充分发挥学生的主体作用，提高作业批改实效。例如，书面表达批改可实施基于统一评价指标的师生共同参与的多轮批改策略，即师生共同制定评价指标——学生依据指标自评修改——同桌或组内同伴交换互评修改——选取典型表达进行全班共评修改——学生对照共评结果再次自评修改——教师批改评价后再次修改定稿——作品展示。师生共同制定评价指标可以帮助学生深入理解评价标准，写起来有的放矢；多次批改亦是学生不断优化语言表达效果，提升语言表达能力的过程；最后可视化的展示可实现成果共享，学生在欣赏他人作品的同时可进行对比，再次优化自己的表达，真正做到以改促学。

（二）提高批改评价实效

教师应改变单纯使用对错号呈现批改结果的做法，探索根据作业类型创新批改纠错符号，体现人文关怀。例如，用特定符号替代"×"标注出错误所在，或用"？"提示学生查找错误，等学生改正后再打"√"；用简笔画式的表情符号增加师生情感互动等。同时，教师应在判断正误的同时使用作业评语帮助学生反思学习：一是使用激励性评语肯定学生的努力成果，帮助学生树立信心，让作业批改结果成为学习的"强心剂"；二是使用引导性评语帮助学生反思错误原因，改进学习方法，提升学习效率，让作业批改结果成为学习的"催化剂"；三是使用提醒性评语帮助学生关注各种典型错误、知识缺陷、能力短板，并给出具体建议，让作业批改结果成为学习的"除垢剂"。教师应积极探索作业评语的教学交往价值，少一点"评价式"指令，多一点"对话式"沟通，让作业批改成为师生教学交往的一种重要方式。

四 适时反馈作业，促进优化改进

作业批改结果的应用与反馈要坚持即时反馈与系统改进并举。作业批改的正误评判及评语评价要及时反馈到每位学生。此外，教师批改作业后应对作业的批改结果进行细致分析，明确学生产生错误的原因，根据错误类型进行作业结果的适时系统反馈：一是共性问题集中集体反馈。在作业批改过程中，教师要善于发现学生共性、典型的错误，搜集典型例证，集中讲解反馈。二是个性问题分散单独反馈。教师要善于发现不同学生作业中的个性化错误，与学生积极沟通交流，给予单独指导和反馈，帮助其分析错误原因，提出建设性意见。有条件的学校可以凭借智慧教育平台，积极探索基于精准数据分析的作业反馈，通过多次作业信息，分析在学生中出现的、具有一定共性或个性特征的知识缺陷及能力短板，进行精准教学补偿。

五　强化作业管理，保障规范有效

学校要建立学生作业管理长效机制，积极探索分层设计的校本作业，加强对作业数量、质量、批改、讲评的常态监管；应将作业管理纳入教育教学常规管理，引导教师树立正确的作业观，做到备课必备作业，提高作业设计质量，优化作业批改过程，加强作业常规管理，提高作业的针对性、选择性与多样性，切实做到规范有效。

(一)加强学校作业内涵管理

学校、教研组及备课组应根据国家整体要求，充分考虑本校高中英语学科实际情况，以制度、规定、计划等形式，明确各职能部门对高中英语学科作业设计、批改、分析、讲评与辅导等方面的具体要求和有效操作路径，建立完善作业校级管理体系，鼓励学校合理利用网络、软件、系统、平台等信息技术提升作业管理成效，切实做到促进规范与提高质量并重。

(二)探索校本作业体系建设

严格控制教辅资料进书包，教师印发试卷类作业必须经过优化组合且经备课组审批，杜绝以资料代替作业设计；倡导学校、教研组及备课组选编、改编、创编高中英语学科作业，汇编教师优秀的个性化作业设计，基于实践应用，逐步调整完善，形成校本高中英语学科作业体系。积极探索应用信息技术优化校本作业设计、批改、反馈路径，不断提升作业实施实效。

(三)加强学校作业过程指导

学校、教研组及备课组应统筹考虑高中英语学科作业的均衡性，加强与其他学科的沟通交流，确保作业总量的合理性。通过座谈、问卷、作业结果分析等方法，定期了解学校高中各年级英语学科作业的相关情况，及时发现、解决问题，不断提高作业质量。加强对作业的研究，集体备课时要有研讨作业设计的环节，使其符合课程标准要求，适应本校学生特征，密切联系课堂教学；校本教研时要就批改方式、评语内容、讲评途径等进行专门研讨，交流提高作业应用效果的有效途径，研讨后续作业改进的主要方向，并基于证据优化完善作业。

执笔人：包文敏　赵杰　侯姝琛　秦红红　李伦军　刘英祺　谢庆祥

普通高中思想政治学科教学指导意见

为贯彻落实《国务院办公厅关于新时代推进普通高中育人方式改革的指导意见》(国办发〔2019〕29号)、《安徽省深化基础教育改革全面提高育人质量行动计划》(皖发〔2020〕6号)、《安徽省新时代推进普通高中育人方式改革实施方案》(皖教工委〔2020〕31号)等有关文件精神,以《普通高中思想政治课程标准(2017年版2020年修订)》(以下简称《课程标准》)、《安徽省普通高中新课程新教材实施方案》(皖教基〔2020〕9号)和统编高中思想政治教科书为依据,结合我省普通高中思想政治教学实际,对我省普通高中思想政治教学提出如下指导意见:

一 指导思想

坚持以马克思列宁主义、毛泽东思想、邓小平理论、"三个代表"重要思想、科学发展观、习近平新时代中国特色社会主义思想为指导,深入贯彻党的十九大和全国教育大会精神,全面贯彻党的教育方针,落实立德树人根本任务,培育和践行社会主义核心价值观。以深化普通高中思想政治课程和教学改革为导向,以提高学生终身发展所需的思想政治学科核心素养为目标,遵循教育教学规律和学生发展规律,全面落实《课程标准》和统编版高中思想政治教科书的理念和要求,加强普通高中思想政治课程实施的指导与管理,规范教育教学行为,改进教与学的方式,全面提高教育教学质量,实现高中思想政治课程目标,培养德智体美劳全面发展的社会主义建设者和接班人。

二 教学安排

高中思想政治课程分为必修课程、选择性必修课程和选修课程。必修课程根据学生全面发展需要设置,全修全考;选择性必修课程根据学生个性发展和升学考试需要设置,选修选考;选修课程由学校根据实际情况统筹规划开设,学生自主选择修习,为学生就业和高校招生录取提供参考。

课程学分由必修课程学分、选择性必修课程学分组成。每 18 课时的学习内容设置 1 学分,教学时间安排一般为 18 课时的倍数。

课程学分结构表:

必 修	选择性必修	选 修
中国特色社会主义(1学分)	当代国际政治与经济(2学分)	财经与生活
经济与社会(1学分)	法律与生活(2学分)	法官与律师
政治与法治(2学分)	逻辑与思维(2学分)	历史上的哲学家
哲学与文化(2学分)		

(一)必修课程的安排

必修课程设置四个模块,共 6 学分,是培育全体学生学科核心素养的基本载体,是全体学生必须完成的学业。必修课程各模块应按顺序依次开设,其中模块 1 和模块 2 为一学期,模块 3 和模块 4 各为一学期。

(二)选择性必修课程的安排

选择性必修课程设置三个模块,共 6 学分。必修课程与选择性必修课程作为国家课程总计 12 学分。选择性必修课程模块可灵活安排。

(三)选修课程的安排

选修课程设置三个模块,是对相关必修课程和选择性必修课程的进一步拓展。选修课程是学生自主选择修习的课程,可根据学生个性化发展的需求和当地经济、科技、文化发展的特点开设,纳入校本课程管理,如何选课取决于学生的志趣。

三 教学要求

(一)总体教学要求

思想政治理论课是落实立德树人根本任务的关键课程。高中思想政治课以培育社会主义核心价值观为根本目的,是帮助学生确立正确的政治方向、提高思想政治学科核心素养、增强社会理解和参与能力的综合性活动型学科课程。

1.落实立德树人根本任务

全面贯彻党的教育方针,落实立德树人根本任务,落实全国教育大会精神,努力培养担当民族复兴大任的时代新人,培养德智体美劳全面发展的社会主义事业建设者和接班人。

2.以培育核心素养为目标

深入研读学科核心素养的基本内涵和水平划分,明确学科核心素养的要求。以学科核心素养作为教学的目标任务,将学科核心素养的培育贯彻到从设定教学目标到推进教学流程再到实现教学反思的每一个方面,将知识、能力、情感态度价值观的三维目标,转化为以核心素养要素培育为核心的目标设计,并在教学实施中贯彻始终。

3.打造活动型学科课程

教学时,一要着眼于课程实施的方式,明确这不是学科课程和活动课程两类课程的拼凑,而是这两类课程的融合。既具有"活动课程尊重学生主体地位"的特点,又具有"学科课程尊重学科素养"的特点;二要着眼于课程类型的划分,活动型课程仍然归属于学科课程。所谓"活动型",是学科课程依赖活动实施的新类型。"活动型课程"强调的是活动与课程内容的关联性,通过一系列活动及其结构化设计,力求"课程内容活动化"和"活动设计内容化"。"课程内容活动化"也就是使课程活起来,让学生自己真正学起来、探究起来、思考起来。"活动设计内容化"也就是所有活动要有知识性内容加以支撑,要有文化传统和价值观的引导加以支撑,要有社会责任感和情感加以支撑。

4.发挥评价对教学的引领作用

评价应指向核心素养、改善学习方式和注重证据支撑。要特别重视活动型学科课程的评价、辨析式教学的评价、基于案例的综合性教学的评价以及社会实践活动的评价。

5.深入研究学业质量内涵和水平

基于学业质量水平,深刻理解学业质量的相关设计对教学实践的意义、作用和对学业水平考试产生的影响,以及如何更好地在落实学科核心素养的过程中正确发挥考试的评价作用。

6.认真领会各模块的"教学提示"和"学业要求"

教学提示是不可或缺的环节,它以议题为纽带,使内容要求的知识性提示与相关活动建议的提示有机结合起来;学业要求是连接内容标准与学科核心素养的桥梁,它帮助教师立足于内容(知识与技能),将素养这一抽象概念具体化。各模块的学业要求是学生基于模块基本内容应达到的学科核心素养目标。学科核心素养要素与各个模块不是一一对应的关系,尤其不能以为四个必修模块分别对应着发展某个学科核心素养要素,学科核心素养是所有课程模块共同培育的结果。

(二)必修课程教学要求

1.中国特色社会主义

着眼于人类社会的发展历程,立足于中国特色社会主义的伟大实践,明确中国特色社会主义是科学社会主义理论逻辑与中国社会发展历史逻辑的辩证统一,中国特色社会主义已进入新时代,帮助学生树立为共产主义远大理想和中国特色社会主义共同理想而奋斗的信念。学生能够结合社会实践活动,了解人类社会发展的一般过程和基本规律;确信社会主义终将代替资本主义是不可抗拒的历史趋势,懂得中国特色社会主义是科学社会主义的成功实践,是中国近代历史发展的必然选择;理解坚持和发展中国特色社会主义,是实现中华民族伟大复兴的中国梦的必由之路;展现中国特色社会主义道路自信、理论自信、制度自信、文化自信;坚定中国特色社会主义共同理想,树立共产主义远大理想。

2. 经济与社会

依据习近平新时代中国特色社会主义经济思想的基本原理,讲述我国社会主义基本经济制度,解析社会主义市场经济的基本特征,阐释指导我国经济社会发展的新理念,帮助学生理解全面深化改革的意义,提升在新时代参与社会主义现代化建设的能力。学生能够结合社会实践活动,观察和分析经济社会现象;了解社会主义基本经济制度的优越性;理解社会主义市场经济和深化经济体制改革的意义;明确加快建设现代化经济体系的必要性;树立以人民为中心的发展思想;尝试对促进社会公正、实现共同富裕、营造良好社会风尚、完善社会保障的政策提出建议。

3. 政治与法治

以党的领导、人民当家做主、依法治国的有机统一为主线,讲述党的领导是人民当家做主和依法治国的根本保证,人民当家做主是社会主义民主政治的本质特征,依法治国是党领导人民治理国家的基本方式,以此奠定学生政治立场与法治思维的基础。学生能够结合社会实践活动,了解中国共产党的性质、宗旨和指导思想,明确党的执政地位是历史和人民的选择;阐释中国特色社会主义政治制度的基本内容、鲜明特点和主要优势;了解全面推进依法治国的总目标,知道科学立法、严格执法、公正司法、全民守法的基本要求;懂得走中国特色社会主义政治发展道路必须坚持三者的有机统一,理解推进国家治理体系和治理能力现代化的重要性;具备有序参与国家政治生活和社会公共生活的能力。

4. 哲学与文化

阐明马克思主义哲学是科学的世界观和方法论,讲述辩证唯物主义和历史唯物主义基本观点,坚持实践的观点、历史的观点、辩证的观点、发展的观点,在实践中认识真理、检验真理、发展真理;讲述在社会生活及个人成长中价值判断、行为选择和文化自信的意义;培育学生的学科核心素养,奠定世界观、人生观、价值观基础。学生能够结合社会实践活动,了解马克思主义哲学的基本原理;运用辩证唯物主义和历史唯物主义观点认识自然界、人类社会、人类思维,确信实践是检验真理的唯一标准;实事求是、与时俱进地观察和分析经济、政治、文化、社会、生态等现象,在生活中做出科学的价值判断和行为选择;继承中华优秀传统文化和革命文化,发展社会主义先进文化,尊重世界文化多样性,增强中国特色社会主义文化的自觉和自信;基本形成正确的世界观、人生观、价值观。

(三)选择性必修课程教学要求

1. 当代国际政治与经济

围绕当今世界多极化与经济全球化趋势,解析不同的国家性质和国家形式,说明国际关系的主要影响因素和世界经济发展的基本特点,介绍国际组织的主要类型及其作用,引导学生在拓展国际视野的过程中,坚持总体国家安全观,坚定不移地走中国特色社会主义道路,积极贡献中国智慧和力量,推动构建人类命运共同体。学生能够在全球视野中坚定"四个自信";理解全球越来越成为相互依存的命运共同体;解析当今世界多极化和经济全球化进程,理解国际组织的作用;明确决定国际关系的主要因素;具有融入国际社会的积极意愿和开放态度,自觉维护国家主权、安全、发展利益。

2. 法律与生活

聚焦公民依法维护合法权益的法律行为,介绍公民一般的民事权利和义务,了解婚姻家庭中的法律关系和法律责任、劳动关系的法律保障、社会纠纷的解决机制和法律程序,为学生提供日常生活中的法律常识,增强法治意识。学生能够结合生活实际,更加全面地认识公民的民事权利与义务;更为具体地理解婚姻家庭中的法律责任,以及与创业和就业相关的法律制度;更为理性地看待生活中的矛盾和纠纷,懂得调解、仲裁、诉讼等不同的纠纷解决机制;进一步提高主动学法的意愿、自觉用法的能力。

3. 逻辑与思维

通过科学思维的训练,引导学生掌握科学思维的基本要求,把握逻辑思维和辩证思维的方法,提高创新思维能力,学会运用科学思维探索世界、认识世界。学生能够经历探究过程,明确科学思维的重要意义;学会遵循逻辑思维的规律;把握辩证思维的方法;提高创新思维的能力;提升自己的思维品质;正确运用科学思维方法观察和理解社会;处理学习和生活中遇到的问题。

(四)选修课程教学要求

选修课程是学生自主选择修习的课程,在课程标准中的呈现方式不同于必修课程、选择性必修课程,这部分仅呈现内容要求,可以根据学生兴趣、选修情况和教学进度等情况,由学校和教师自主安排教学。

四 教学建议

(一)总体建议

讲好思想政治课的关键在于教师。思想政治课教师应发挥积极性、主动性、创造性,按照政治要强、情怀要深、思维要新、视野要广、自律要严、人格要正的要求,不断提高自己的专业素养,坚持政治性和学理性相统一、价值性和知识性相统一、建设性和批判性相统一、理论性和实践性相统一、统一性和多样性相统一、主导性和主体性相统一、灌输性和启发性相统

一、显性教育和隐性教育相统一的原则,增强思想政治课的思想性、理论性、针对性和亲和力。

以《课程标准》为依据,以发展学生思想政治学科核心素养为目标,力求将学业质量标准转化为具体的教学要求。

1.在教学设计上:围绕议题,设计活动型学科课程的教学

活动型学科课程的教学设计是思想政治课程实施的关键环节。

(1)基于《课程标准》和学情确定教学目标。教学目标具有导学、导教和导评三种功能。

(2)选择与组织好教学内容。处理教材,变教材内容为教学内容;创编学材,变教学内容为学习内容;内容活动化,变学习内容为活动内容。

(3)处理好议题选择与活动型学科课程的关系。一是选择议题。作为活动型学科课程,应采取"活动型"教学方式,就是引导学生围绕争议性问题(简称"议题")开展学习活动,解决问题或生成新的问题,培养学生的学科核心素养。议题即"辨析性""两难性"问题,它是为发展学生学科核心素养而服务的。议题,既包含学科课程的具体内容,又展示价值判断的基本观点;既具有开放性、引领性,也能够体现教学重点、针对学习难点。比如,关于"法治,如何让生活更美好"的议题,在如何实现"让人们生活更美好"的具体途径上,学生可以有不同的意见,甚至争论。既可以充分利用《课程标准》中的议题,也可以自主开发议题。议题应让学生有话可说,围绕"议题"展开的活动设计可贯穿于教学全程,从而使"活动"成为承载知识内容的基本方式。二是开展好"活动型"教学。教师可按照不同议题将学生分成若干小组,每人都应有明确的分工。在"争议性"情境中,教师需要正确引导学生讨论。要把握好过程与结果的关系,有的讨论重结果,有的讨论重过程,只是其侧重点不同而已;要掌控好导向性与开放性的关系。不管是取向趋同还是取向求异,都需要沿着正确的价值取向展开;要处理好意义性与技能性之间的关系。注重讨论,重在议题的意义,而不是辩驳的技巧。要遵循意义优先、兼顾形式的原则,有效开展"活动型"教学。

2.在学习过程上:强化辨析,选择积极价值引领的学习路径

教师可通过范例分析,让学生表达观点,在价值冲突中深化理解,在比较、鉴别中提高认识,在探究活动中拓宽视野,引领学生认同、坚信社会主义核心价值观;应立足于当今信息化环境下学习的新特点,直面在社会思想文化的影响与渗透下,学生接收信息的渠道明显增多的新态势与学生思想活动的独立性、选择性、多变性、差异性和高中阶段成长的新特点,引导他们步入开放的、辨析式的学习路径,理性面对不同观点。

3.在教学形式上:优化案例,采用情境创设的综合性教学形式

实施本课程,宜采取"综合性"教学,既要强调学科内容的跨学科性,又要强调问题指向的复杂性,还要强调学习方式的多样化。

(1)整合相关内容,培养综合能力。整合经济、政治、文化、哲学等学科基本概念、原理、方法等知识,围绕有关主题进行多角度、多层面的分析和判断,并提出解决问题的办法。引

导学生构建知识网络、理论联系实际、综合运用学过的理论知识进行多角度、多层面的分析和判断，提高学生的综合运用能力。

(2)以案例为载体，开展综合性学习。综合性学习是在教师的引导下，学生依据学习目标，综合运用自主、合作、探究等方式，评价学习结果的一种能动的、创造性的学习方式。教师可以通过文字、图表等书面或口头方式，使学生明确学习目标与任务，并使学生了解所学内容在整个知识体系中的地位，及其体系中与其他知识之间的联系。同时，使学生从相关的学习中提取信息、获得其中所包含的意义。以案例为载体进行综合性教学，既要着眼于同一课程模块的内容，综合不同学科核心素养，又要着眼于同一学科核心素养，综合不同课程模块的内容。案例要能显现生活中真实的情境，能充当组织教学内容、贯穿逻辑线索的必要环节，要具有丰富的、现实的、可扩展的解释空间。

4.在实践活动上：走出教室，迈入社会实践活动的大课堂

学科内容的教学与社会实践活动相结合，是活动型学科课程的显著特点。开展社会实践活动，要从学生的成长需要出发，注重通过乡土资源的开发与利用，丰富教学内容，加深学生对社会的认识与理解。要开展"实践性"教学，把马克思主义理论重要"议题"创造性地转化为"贴近时代、贴近生活、贴近学生"的社会实践活动，以培养学生公共参与等学科核心素养。

(二)模块教学建议及示例

1.必修课程

(1)模块1：中国特色社会主义

本模块以"怎样揭示人类社会发展的奥秘""怎样看待资本主义社会的兴衰""科学社会主义为什么科学""不同国家、地区的历史各具特色是否有悖社会发展的一般过程""社会主义为什么是近代中国历史发展的必然""中国为什么能""为什么要一脉相承、与时俱进"等为议题，探究科学社会主义基本原理和中国特色社会主义事业发展理论。

在本模块的教学中，可结合载人航天、探月工程、北京奥运会、抗震救灾、防疫抗疫等事例，可采用绘制展板、列举事实、图说、讨论、分析、讲述和评述等多种方式进行教学。

(2)模块2：经济与社会

本模块以"为什么要坚持'两个毫不动摇'""为什么'两只手'优于'一只手'""怎样保持经济平稳运行""为什么发展必须以人民为中心""如何建设现代化经济体系""如何从收入分配中品味获得感"等为议题，探究中国特色社会主义经济建设中的基本原理、指导我国经济社会建设发展的新理念和社会建设中有关收入分配、共同富裕的基本原理。

在本模块的教学中，可调研某项公共工程，可通过查阅资料和专家讲座了解相关情况，可结合企业经营活动或调研某市场，可就某个发展理念制作数字化宣传资料，可进行专题调研，可查阅资料或请教专家，可搜集实体经济和虚拟经济的相关资料，可调研不同企业的分

配方式,可走访当地统计部门、财政部门、社会保障部门和居民了解情况等。

(3)模块3:政治与法治

本模块以"为什么中国共产党执政是历史和人民的选择""怎样高扬永不褪色的旗帜""如何理解依法执政""怎样看人大代表的作用""协商民主有什么优势""我国各族人民怎样和睦相处""我们怎样当家做主""公民参与立法有什么意义、有哪些途径""如何增强政府的公信力和执行力""为什么说司法公正是社会公正的最后防线""法治如何让生活更美好"等为议题,探究"坚持党的领导、人民当家做主、依法治国有机统一是社会主义政治发展的必然要求"。

在本模块的教学中,可开展红色旅游,可通过访谈,可查阅搜集相关党史、雷锋等新时代楷模和有关反腐倡廉的文献材料,可挖掘本地资源,可走访当地的政府机关企事业单位的党组织、本地人大代表和政协委员,可模拟人大代表和政协委员撰写议案、提案,可举办"假如我是人大代表""法治在身边""假如我是执法者""我为政府决策提建议"等主题活动,可参加有关方面组织的对话协商活动、价格听证会,旁听地方立法听证会,参与社区规则的制定,可参观民族区域自治地方的建设成就展板或制作相关展板,通过多种渠道搜集人民依法直接参加民主政治的积极表现,可参观行政服务机构,可模拟政府执法活动,可参观调解中心、仲裁委员会、人民法院或人民检察院,可开展普法志愿服务活动等。

(4)模块4:哲学与文化

本模块以"哲学有什么用""人的正确思想是从哪里来的""为什么要具体问题具体分析""为什么要一切以时间、地点和条件为转移""人们为什么有不同的价值观""面对价值冲突如何选择""劳动对实现人生价值有何意义""怎样才能内化于心、外化于行""传统文化是包袱还是财富""文化的力量有多大""文化创新靠什么"等为议题开展教学。

在本模块的教学中,可寻找在生活学习中蕴含哲理的故事和具体事例,可创设辨析式情境,可结合走进新时代的中国所发生的历史性变革,可搜集用批判性思维获得创新成果的实例,可讨论媒体中关于事实和观点陈述的内容,可调查不同人群对某项改革措施的不同看法,可结合不同历史时期的著名人物的言论。可针对公共政策的制定或公共问题的不同解决方案进行讨论,可调查我国在劳动教育中存在的问题和搜集生活中人们劳动的事例,可组织社会主义核心价值观的专题解读,可开展以"寻找共同的文化记忆"为主题的访谈,可组织"制作家乡的文化名片"的主题活动,可评析流行文化与经典文化的价值,可评估现代传媒对文化传播的影响,可组织系列活动,来比较、评议各种文化创新的表现等。

2.选择性必修课程

(1)模块1:当代国际政治与经济

在本模块的教学中,可搜集近年来与中国主办或参与的大型国际会议的重要意义等有关材料,可搜集与联合国议事和决策的规则及其执行机制有关的材料,可搜集与区域性国际组织有关的资料,可搜集与中国倡导成立的区域性国际组织或机制有关的资料,可举办模拟国际论坛、国际对话和辩论会等活动。

（2）模块2：法律与生活

在本模块的教学中，可探究小区业主对小区住宅、道路、绿地等的权属关系；可列举团结互助邻里关系的事例；可组织或者模拟商业行为；可模拟公司运营活动；可组织模拟求职、招聘、应聘等活动；可搜集校园安全的纠纷，分析学校、家长、教师、学生承担责任的不同情形；可模拟解决各类争议的活动场景或模拟法庭等。

（3）模块3：逻辑与思维

在本模块的教学中，可列举生活中正、反两方面的事例，通过故事讲述、主题演讲等形式，分享经验；可分析日常生活中常见的各类逻辑和推理错误；可结合学习、生活实际，体会辩证思维；可开展调研活动，培养学生运用辩证思维的方法制定解决方案的能力；可搜集科技发明背后的故事，举办创意大赛等。

3. 教学示例

议题：寻找最美城市旅游广告语——感悟辩证的思维方式

优秀的城市旅游广告语是城市独特的自然景观与人文资源的集中凝练，然而我国部分城市旅游广告语的设计却千城一面，有人认为这是求实的表现，有人却认为这是缺乏创新的表现，未能很好地体现出城市独特的人文品位。"以寻找最美城市旅游广告语——感悟辩证的思维方式"为议题，可组织学生搜集与本地旅游宣传有关的各种资源，并分析、比较其他城市的旅游广告语，在此基础上感悟城市旅游广告语设计的内在规律性，并进而体会辩证的思维方式。为促进活动有序开展，可组织学生讨论以下问题：

- 你所在的城市的旅游资源有哪些？有何独特性？
- 本地的城市旅游广告语是否体现了这种独特性？
- 城市旅游广告语的设计是该"求新"还是该"求实"？
- 优秀的城市旅游广告语对旅游业的发展有何影响？

围绕这个议题的探究，可从"描述世界是普遍联系、永恒运动的""领会全面地、发展地看问题的意义""学会运用矛盾分析法观察和处理问题"等方面进行拓展。例如，通过对所在城市旅游资源的分析，可引导学生挖掘本地旅游资源的独特价值，并以此为依据设计、评析广告语，体会城市旅游广告语与旅游资源、旅游业发展之间的内在联系，培养学生具体问题具体分析的能力，树立创新意识。通过对"求新"还是"求实"的辨析，引导学生在开放性、探究性的问题中，体会辩证思维的过程，提升辩证分析问题的能力。

作为活动型课程的教学设计，此议题也可用于学科活动的开展。比如，以"寻找最美城市旅游广告语"为主题开展社会实践活动。一是通过走访、考察本地旅游资源，感悟本地独特的自然风貌、人文历史，树立热爱家乡、热爱祖国的情感；二是通过收集、整理、分析城市旅游广告语，感悟辩证的思维方式在生活中的运用；三是通过优秀旅游广告语的设计、评比活动，培养学生的创新意识。通过系列活动的开展，为学科内容的教学提供了载体，使学科内容活动化、生活化、情境化，充分体现了活动型学科课程的教学特点和优点。

根据学生在活动中的表现制作评价表，既评价学习情况，又引导活动过程。

维 度	等 级
活动目标明确、恰当	
积极参与资料搜集、整理、分析	
注重小组合作与交流，能够有理有据的论证观点	
能够设计寓意深刻、语言优美的旅游宣传广告语	

五　评价与考试建议

(一)评价建议

1.评价的原则

(1)指向核心素养，教学与评价一致。着眼于学科核心素养的培育，深入研究学业质量的内涵、水平与核心素养和教学内容的关系，增强测试的可操作性，强化测试内容与高中思想政治课程的关联性，保证教学与评价的一致性，全面反映学生学科核心素养的发展状况。

(2)改善学习方式，评价主体多元化。评价要结合学生生活和心理特点，满足学生的个性化需求；要联系社会生活实际，采用多样化的评价方式，为他们提供表现自己才能的机会；要关注学生社会参与能力与沟通、合作、表达能力的发展；要关注学生搜集与筛选多种社会信息能力、辨识社会现象能力、自主持续学习能力和自我反思能力等。还要综合考虑各评价主体的多元化，以教师评价和学生评价为主，家长和社会评价为辅。

(3)注重证据支撑，关注学习过程和结果。评价除了需采用传统的笔试等之外，还要通过大量的写实性记录，充分反映学生的学习活动与实践经验形成的真实性数据与证据。要注重学生学习和社会实践活动的行为表现，采用多种评价方式，将过程评价和终结性评价相结合，综合评价学生的理论思维能力、政治认同度、价值判断力、法治素养和社会参与能力等。

2.评价的具体建议

(1)活动型学科课程的评价。一般采用"求同"取向与"求异"取向相结合的验证思路。这是一种有统一标准、无标准答案的评价形式。评价过程的"求同"，即评价必须有"统一要求"，这就要求评价能够为提升学生的学科核心素养服务。"求异"的过程就是引导学生展开想象力，充分展示思维独特性的过程。这是衡量学生学科核心素养是否得到提升的重要标志。活动型学科课程的评价应以基本观点的确立为"统一要求"，在此前提下，采用多种活动方式，鼓励学生运用相关学科知识和技能，基于不同经验、不同视角、不同素材、不同见解，提出不同的问题解决方案，既评价学习情况，也评价教学设计的"初心"。

(2)指向议题的辨析式教学评价。切实把握过程与结论的关系。辨析的过程就是学生围绕议题，正确应用政治学、哲学、经济学、法学等多学科知识，结合已有经验，对问题展开讨论、辩论的过程。因此，评价时既要看学生是否能积极参与教学过程，是否能充分展示自身的价值判断,不简单追求单一的答案,又要看通过辨析得出的结论是否符合要求,是否符合正确的价值导向。

正确处理导向性与问题开放性的关系。教学的最终目的是指向学生学科核心素养的发展,对各种问题需要根据《课程标准》的要求进行合理的引导,有的导向趋同,有的导向求异。开放的教学要做到政治立场坚定。从这个意义上看,没有导向性,就没有开放性。当然,真理越辩越明,只有增强教学的开放性,才能使学生拓宽视野,在纷繁的社会现象面前,提高学生分析解决社会实践问题和选择判断的能力。

厘定思想内涵与辨析形式的关系。教师在引导学生围绕辨析性问题展开学习的过程中,可以采取多种方式,但所有的辨析形式,都要指向问题解决,指向学生正确价值观、必备品格和关键能力的培养。

(3)基于案例而开展的综合性教学评价。实施综合性教学评价,重点是考查学生整合知识、理论联系实际、分析和解决问题的能力。进行综合性评价的过程,也是反思和评价情境创设和案例选取是否得当、是否高效的过程,可据此进一步优化情境、案例,不断提高教学效率和效果。

在评价教师选用案例的恰当性时,关键是看其能否把握精、实、新、活等案例选用的基本原则。教师教学时,可以使用课程标准或教材中提供的案例,也可以根据当地的课程资源,选择贴近学生实际的教学案例。

(4)社会实践活动的评价。以议题为纽带,以活动任务为依托。评价首先需要看这种社会实践活动是否紧扣有关"议题",其次看组织的活动形式是否能够突出对议题的理解和深化。教师不仅要评价学科内容的学习效果,更要评价学生在参加社会实践活动中所表现出来的情感、态度、能力和行为。

注重职业体验,关注未来发展。教师可以从学生未来发展的角度,判断计划开展的社会实践活动是否能够促进学生确定合理的生涯规划,形成对特定职业的体验,如参加农业活动、体验工厂劳动、参加公益活动服务等。

强化自我反思,培育核心素养。以学生的自我记录、自我小结、自我反思为主,关键要看学生的核心素养是否能够得到提升,学习内容是否明确,活动设计是否合理,活动组织是否恰当,活动资源是否能够得到充分利用,学生的主体性、创造性是否得到充分发挥,学生的交往能力是否得到增强,学生是否有获得感、成就感等。

(二)学业水平考试建议

1. 把握学业水平考试的目标和要旨

(1)学科任务导向型评价体系的目标和要旨。学业水平考试坚持以学生的思想政治核心素养发展水平为考查对象,考查学生能否综合运用相关学科内容,参与社会实际生活,在真实情境中提出问题、分析问题和解决问题;重点关注能否体现与坚持正确的思想政治方向和世界观、人生观、价值观,能否展现适应当代社会发展和终身发展所需要的、必备的思想政治素养。

(2)学科任务型评价体系的构成要素及其在学科素养测试中的作用。根据完成任务的表现评价学科核心素养发展水平,注重情境对展示学科核心素养发展水平的价值,注重学科内容的整合性对评价学科核心素养的意义。准确把握思想政治学科核心素养与任务、情境、学科内容之间的关系,是依据学业质量标准测试学科核心素养发展水平的前提。其中,执行任务是将内在的学科核心素养外显为可观测行为表现的媒介,情境是运用学科内容、执行任务、展现学科核心素养发展水平的平台,学科内容是印证与考查学科核心素养发展水平的依托。

2.制定学科任务导向型的学业水平考试命题框架

(1)命题框架的四个维度。学科任务导向型命题框架是把学科任务导向型评价体系转化为可操作化的命题框架,是区别于传统双向细目表的新型命题框架。思想政治学业水平考试命题框架,以学科任务导向为标志,由关键行为表现、学科任务、评价情境、学科内容等四个基本维度构成,目的在于有效测试思想政治核心素养的真实发展水平。

学科核心素养要素是评价的起点和归宿,学科内容是验证学科核心素养水平的工具,评价情境是展现核心素养水平的舞台,学科任务是将内在的核心素养水平外显为可观测行为表现特征的桥梁。

(2)命题框架的原则性要求。构建推断学科核心素养发展水平的关键行为表现指标体系。为保证素养水平测试的准确与便捷,应根据敏感性强、随机性小两个要求,兼顾纸笔测试,筛选与每个学科核心素养要素有关、可纸笔测试的关键行为表现,构成指标体系,以此作为推断学科核心素养发展水平的基础。

界定学科任务的类别及影响任务难度的因素。行为表现是在任务完成过程中展现出来的。为了在测试中获得与预期相符合的关键行为表现,应该基于思想政治学科性质和育人价值,界定基本的学科任务类别,如描述与分类、解释与论证、预测与选择、辨析与评价等,并逐一分析影响其任务难度的基本因素,作为设计不同类型试题的参考:

①描述与分类:要求被评价者能够按照某个维度对真实社会生活情境中事物或问题的性质、特征、表现进行描述、比较和分类。它回答"是什么"的问题。

②解释与论证:要求被评价者能够对真实社会生活情境中的事物或问题,运用学科技能与方法分析原因,探究不同变量之间的关系;运用理论和实证材料对探究结论进行合乎逻辑与科学要求的论证和检验。它回答"为什么"的问题。

③预测与选择:要求被评价者能够结合具体的社会生活情境,运用科学的方法和原理对行为、问题的结果或影响进行分析与预测;根据约束条件和决策目标设计出合理可行的方案;比较不同方案的优劣利弊并进行合理选择。它回答"怎样做"的问题。

④辨析与评价:要求被评价者能够结合具体的社会生活情境,根据某个维度对事物的作用、价值与功能进行分析和评价,辨识事物之间的关系;合理运用相关理论和方法,对不同观

点与立场、不同利益诉求进行辨析、辩护与辩驳。它告诉我们"应该怎样做"。

学科任务类别可通过基础性、综合性、应用性、创新性的题型设计,考查思想政治学科的必备知识、关键能力,引领学科素养和核心价值。

确定复杂程度不同的典型情境。学科核心素养需要应对的是带有典型性、普遍性的问题和挑战。根据思想政治课程的目标和内容,筛选典型情境用于命题,需要综合考虑各种因素。在确定情境的复杂程度时,可以从以下角度考虑:情境涉及的行为主体越多,主体之间的相互作用越强烈;决策要实现的目标越多,影响决策及其结果的因素越多,情境的不确定性越大,观点立场或价值观、利益越多样且相互冲突越大,情境所蕴含的价值、功能、作用越丰富多样,通常情境越复杂。

明确要考查的学科内容及其结构。学科核心素养并不见之于孤立的、碎片式的学科知识和技能的习得,而是见之于能否综合地、系统地运用学科知识和技能应对来自真实生活的问题。命题要有效地引发学生在测试中预期的行为表现,就必须根据学科内容之间的内在关联,按照《课程标准》与学业质量标准,梳理相关学科的基本概念、基本原理、基本方法,明确它们之间的内在结构,据此确定学科内容的考查范围和形式。

3. 测试学科核心素养发展水平的命题要求

(1) 恰当选择学科任务,任务指向要明确。测试中要求学生完成的具体任务的含义和指向应该确定明晰,不能引起歧义,以提高推断的准确性。

(2) 创设评价情境,情境设置要结构化。应该对源于真实生活的情境进行有针对性的建构,保留关键性的事实与特征,剔除无关紧要的细枝末节,创设信息支持充分的评价情境。

(3) 确保试题的科学性、公平性和难度适宜。命题既要符合课程标准的要求,符合思想政治课程考试的命题框架,也要符合教育测量科学性、公平性和难度适宜的一般要求。

4. 制定基于学科任务完成质量的考试评价标准

根据题型的不同,学业水平考试既有答案唯一的试题,又有答案开放的试题;既有只需呈现最终答案的试题,又有需要解释答案理由与展现解题过程的试题。

根据学科核心素养评价的特点,学业水平考试应该有相当数量的开放性试题。制定这种试题的评价标准,要兼顾共同性与差异性。共同性体现为有共同的基本立场、观点和价值观,有共同的评价尺度。在共同评价尺度的框架中体现差异性,例如,采用不同视角,运用不同素材,采取不同思路,表达不同见解,提出不同的问题解决方案等。透过这种有差异的解题过程与思维过程,划分评价等级,判断学生在特定情境中学科任务完成的不同质量,推断其学科核心素养发展水平。

针对不同类型的学科任务制定考试评价标准,要根据划分思想政治核心素养水平的基本原则,明确评价不同学科任务完成质量的具体指标体系,以提高评价的科学性、公正性与可操作性。

附件 1

高中思想政治学科备课规范要求

一　基本原则

(一)坚持正确的思想政治方向

用习近平新时代中国特色社会主义思想铸魂育人,坚持理论与实践相结合的原则,进行马克思主义基本理论教育,引领学生通过观察、辨析、反思和实践,真学真懂真信真用马克思主义,在人生成长的道路上把握正确的思想政治方向。

(二)面向全体学生

1. 立足学生实际。充分考虑不同学校、不同班级、不同层次学生的差异,遵循学生成长规律,把科学的质量观落实到备课全过程,既要打牢学生成长的共同基础,又要满足学生不同的学习需要。

2. 以学生发展为中心。充分考虑学生自主学习的程度、合作的效度和探究的深度,教师传授的知识、授课的方法、培养的能力以及价值导向,都要为全体学生的终身发展服务。

(三)科学进行教学设计

1. 遵循教育规律和人才培养规律进行教学设计。教学设计要充分考虑不同区域、学校办学条件和教育教学实际,着眼于学生思想活动的独立性、选择性、多变性、差异性和高中阶段成长的新特点,注重教学设计的分层性、适切性及课时教学容量。

2. 依据课程标准进行教学设计。教学设计要反映活动型学科课程实施的思路,合理确定开展活动的议题。通过一系列活动及其结构化设计,实现教学设计"课程内容活动化""活动设计内容化",引导学生步入开放的、辨析式的学习路径,理性面对不同观点。

3. 立足于当今信息化环境下学习的新特点进行教学设计。根据"互联网+"背景下教与学方式的转变以及信息技术与教育教学深度融合的实际,推进备课方式方法与时俱进,使教学设计符合信息化时代的要求。

4. 以单元为单位进行教学设计。基于学科核心素养单元教学的开展,教学设计单位要从"一个一个的知识点"转变为"在什么情境下运用什么知识解决什么问题或完成什么任务",以单元为单位设计教学,使教学内容结构化和情境化,提高课堂教学效率。

(四)落实学科核心素养

通过开展常识性学习,以提升学生政治素养,引导学生坚定地拥护党的领导,热爱社会主义祖国,形成做社会主义建设者和接班人的政治认同。

坚持素养导向,教学目标设置要充分考虑学科核心素养在教学内容中的渗透与落实,坚持用支撑学科核心素养的基本观点统整、统筹学科知识,处理好思想性与知识性的关系。

要注重教学内容选择、活动设计与学科核心素养养成这三者之间的有机联系。

(五)重视知识的有效运用

要在增长知识、见识上下功夫。教育引导学生珍惜学习时光,心无旁骛,求知问学,增长见识,丰富学识,沿着求真理、悟道理、明事理的方向前进。

坚持价值性和知识性相统一,寓价值观引导于知识传授之中。要引导学生把所学知识转化成爱国情、强国志、报国行,自觉融入坚持和发展中国特色社会主义事业、建设社会主义现代化强国、实现中华民族伟大复兴的奋斗之中。

坚持理论与实践相结合的原则,强调学以致用。要把生动活泼的现实材料引入教学内容,以加深学生对有关理论知识的认识,提高学生的理解能力;同时,要引导学生综合应用所学知识进行多角度、多层面的分析判断,提出解决问题的办法,提高学生综合运用知识解决实际问题的能力。

(六)激发学生的能动性

坚持主导性和主体性相统一,充分考虑学生的认知规律和接受特点,积极发挥学生主体性作用。

以基本观点为统一标准,在此前提下,要设计多种有效活动方式,使学生在基于不同经验、运用不同视角、利用不同素材的基础上,能够运用相关知识和技能表达不同见解并提出针对不同问题的解决方案。

积极探索基于情境、问题导向的互动式、启发式、探究式、体验式等课堂教学模式,推进信息技术与课堂教学深度融合。

注重提高课堂教学的亲和力和感染力,推进多样化、互动化、生动化、协同化教学,让学生爱学乐学。

二 基本方法

(一)教学目标的确定

1.基于课程标准。要宏观把握《课程标准》精神,深入剖析课程目标,结合核心素养水平划分和学业质量水平对《课程标准》进行分解、细化,使之具有操作性。

2.基于学情。要认真分析高中生的生理和心理特点,摸清学生已有的知识和能力,了解学生的兴趣与需求,在学情分析的基础上确定学习起点。对不同层次的学生应有不同层次的教学目标,教学时应从较低层次目标逐步过渡到较高层次目标。

3. 结合具体教学内容。要根据具体教学内容设定教学目标,应体现知识、能力和情感态度价值观要求,融入学科核心素养;准确表述预期的学生行为,明确找准行为动词是制定教学目标的关键;目标要具体明确可测,不能过于宽泛。

(二)教学内容的选择

灵活处理教材,变教材内容为教学内容。依据确定的教学目标,以相关主题和任务为主线增删教材、整合教材、激活教材,使教材成为实现具体教学目标而有计划安排的教学素材和信息。

结合思想政治学科特征,通过鲜活的案例,创设与生活关联的、具备任务导向性的真实情境,阐述新时代中国特色社会主义经济、政治、文化、社会和生态文明等内容。落实习近平新时代中国特色社会主义思想,有机融入社会主义核心价值观、中华优秀传统文化、革命文化和社会主义先进文化等教育内容。

(三)教学重难点的把握

以课程标准为依据确定教学重难点。实行集体备课制度,在交流研讨中准确把握教学重点和难点。

选取鲜活案例,创设教学情境,化未知为可知,化抽象为具体,化繁难为平易,化枯燥为生动。

保证教学时间,采取循序渐进的原则,根据学生的实际情况,合理调整教学进度。

发挥现代信息技术和智慧课堂教学的作用。借助丰富的可视化及互动性平台,如微课,有效解决教学中的重难点问题。

(四)教学活动的设计

高中思想政治课作为活动型学科课程,应采取"活动型"教学方式。要引导学生围绕议题开展学习活动,以解决问题,或生成新的问题,从而培养学生的学科核心素养。

1. 统筹好活动内容。主题、议题、话题、问题、活动是内容上相互交融、逻辑上相互依存的有机整体。要以主题为中心,以议题为统领,以话题为载体,以问题为牵引,以活动为平台,统筹兼顾,有机建构教学活动。

2. 选择好议题。议题要为发展学生学科核心素养服务。所选议题要符合重要性、探究性、开放性和生活化的标准,还要依据《课程标准》,紧扣社会热点和学生实际。

3. 选择好情境。坚持四个标准:典型——好中选优,把握主旨,突出思考的主旨;贴切——逻辑呼应,事理对应,小中见大;精当——文字改写,有效整合,原始材料需要重新加工、整合;鲜活——时效突出,源自生活,使课堂越鲜活越好。

4. 活动形式多样化。课堂活动可采用学生自主思考、同伴互助学习、小组合作交流等形式,如课堂辩论、模拟会议等;课外活动可采用收集素材、社会调查、借景上课(如带学生去博物馆上课等)、访谈、研学等形式,可以与学校社团活动以及其他德育活动结合起来。

(五)教学用具和课程资源的准备

利用现代信息技术,拓展教育资源和教育空间。充分发挥好各级资源平台的功能,积极参与资源建设,利用网络开展备课;要关注新时代信息化环境下的教学改革,掌握最新的信息化应用技术;课程资源可以由学校教师独立开发,也可与其他老师或学校、科研院所、企事业单位等联合开发,鼓励共建共享。

融通运用古今中外各种资源。特别是要运用好马克思主义、中华优秀传统文化和国内外哲学社会科学理论发展的新成果,要按照立足中国、借鉴国外,挖掘历史、把握当代,关怀人类、面向未来的思路开拓课程资源。

充分利用爱国主义和军事国防等各类实践教育基地,以及高等学校、科研机构、现代企业、美丽乡村等方面资源,发挥其重要育人作用。

三 基本步骤

(一)备课标

认真研读《课程标准》,领会课程性质、基本理念、设计思路,从整体上把握课程的设计意图;仔细研读与教学内容相应的"内容要求""教学提示""学业质量水平""学科核心素养水平",合理确定单元教学目标和课时教学目标,把《课程标准》的要求具体细化到每节课之中。制定课时目标的合理路径是从"内容要求"切入,结合"学业要求""学业质量水平",在"课程目标""核心素养水平"的观照下进行。

(二)备教材

1. 掌握处理教材的基本要求。制定教学计划:教师要先通读教材,把握课程框架结构,对学期课程进行整体规划,简要写出学期教学计划,并制定好单元教学计划。确定教学内容:教师必须熟练掌握教材全部内容和组织结构,掌握基本理论、基本知识、基本技能,把握思想性、科学性、系统性。把握教材重难点:找准重点,才能使课堂教学详略得当,突出重点;找到难点,才能扫清学生思维道路上的障碍,找到学生易于接受的教学方法。优化教学环节:要实现课前复习、导入新课、新课探究、课堂巩固、课堂小结、布置作业等环节的优化设计,设计结构化的、适用的板书。

2. 创造性地使用、整合、拓展教材。教材内容并不等于教学内容。教师可以充分利用网络资源备课,整合、拓展教材,如"学习强国网"、"新华网"、《新闻联播》、"安徽基础教育资源应用平台"等。

3. 体现思想性和时代性,注重育人功能。教师应根据时代发展要求,活化教材中所蕴含的德育精神,运用教材中丰富的思想教育内容,激发学生的道德需要,焕发学生道德生命的活力,帮助高中生树立正确的世界观、人生观、价值观,以健康的人生态度融入将来的社会生活。

(三)备学生

教学必须关注学生个性化、多样化的学习和发展需求。了解学生的思想、情感以及对学科的兴趣及能力、了解学生实际水平以及具体需求,因材、因人、因时、因地备课,既要面向全体学生又要分层次提出要求,努力使教学契合学生实际,加强教学的针对性和实效性。

(四)备教法

教师要运用多种方式方法,引导学生自主学习、合作学习和探究学习,强调学生的活动体验是思想政治学科核心素养发展的重要途径。教师的教学必须反映先进的教育思想和理念,关注信息化环境下的教学方式的变革,提高教学效率和效果。在学法上,不仅让学生"学",而且要让学生"爱学""会学"。教师备课不仅要备教法,更要备学法。

(五)写教案

社会主义制度在中国的确立
一　教学目标
1.通过学习"中国共产党在过渡时期的总路线和总任务,社会主义改造胜利的历史意义""中国共产党在艰辛探索适合中国国情的社会主义建设道路上取得的辉煌成就"等知识,理解新中国确立社会主义制度的历史必然性,理解只有社会主义才能救中国,增强对我国社会主义社会制度的认同。 2.用辩证的思维看待中国在社会主义改造和建设初期探索道路的成就和曲折,明确社会主义革命和社会主义建设的道路不是一帆风顺的,树立科学精神,正确评价中国共产党在艰辛探索中的前进
二　教学重点、难点
1.重点:新民主主义向社会主义过渡的历史必然性;我国确立社会主义基本制度的历史意义;三大改造完成后的社会主要矛盾及历史任务;只有社会主义才能救中国。 2.难点:新民主主义向社会主义过渡的历史必然性;只有社会主义才能救中国;对中国共产党在艰辛探索中前进的评价
三　教学方式
以议题为引领,开展活动性教学,引导学生自主学习、合作探究
四　教学过程
环节一:导入新课 师:播放视频"毛主席天安门城楼宣布中华人民共和国成立"。讨论:新民主主义革命胜利后,中国该何去何从

续表

观点一:新中国成立之初,中国的经济文化发展水平同资本主义发达国家相比存在很大差距,应该等到资本主义充分发展以后,再进行社会主义改造。 观点二:中国新民主主义革命的胜利,已经创造了向社会主义过渡的经济政治条件。 生:积极发表自己的看法。 环节二:自主学习 师:1.鼓励学生利用课余时间通过查阅资料或访谈,了解过渡时期总路线的制定以及我国在新中国成立初期取得巨大成就的实例。 2.学生自学教材内容,思考教材所述问题。 生:查阅资料、访谈,在课前独立或分组合作完成;自学教材相关内容,初步感悟只有社会主义才能救中国。 环节三:自主探究 议题一:在中国,为什么新民主主义革命胜利后选择了社会主义? 师:小组根据课外查阅的资料及教材知识,对在课前讨论的两个话题分别选派代表进行阐述:1.新民主主义向社会主义过渡的必然性。2.在过渡时期总路线的指引下,中国共产党创造性地开辟了一条适合中国特点的社会主义改造道路,完成了中华民族有史以来最深刻最伟大的社会变革,说明了什么? 生:分组合作探究,形成共识,课堂展示。 议题二:新中国成立初期取得的巨大成就及其原因。 师:小组把课前搜集的新中国成立初期取得的巨大成就制作成课件或视频在课堂播放并解说。 生:播放视频并解说。 师:分组探究新中国成立初期取得巨大成就的原因及上述史实表明了什么? 生:合作探究并相互点评,认识中国共产党过渡时期总路线的正确性,进一步明确坚持中国共产党领导的正确,在中国建立社会主义制度的正确。 议题三:中国共产党是如何在艰辛探索中前进的? 师:结合教材,说说中国共产党在艰辛探索中前进所表现出的大智慧。 生:结合教材及查阅、访谈的资料,畅所欲言。 师:多媒体展示典型图片,以"你能否接受我国社会主义建设中出现的失误"为辩题,让学生分组进行辩论,引导学生正确评价中国共产党在艰辛探索中的前进。 生:辩论双方积极参与,其他同学为评委,对双方观点进行评价。 环节四:小结 师:在党的领导下,经过全国人民的艰苦奋斗,我国建立起了独立的比较完整的工业体系和国民经济体系,国家面貌发生了翻天覆地的变化。社会主义建设的实践证明,只有社会主义才能救中国。 生:概括本框内容,形成整体认知。

附件2

高中思想政治学科作业规范要求

一 科学设计作业

(一)以育人为本

作业应具有独特的育人价值,应重视培养和提高学生思想政治素养,贴近社会生活和学生实际,落实知、情、意、行统一的综合评价。比如,请结合中国特色社会主义制度和国家治理体系形成的历程和成就,探讨中国之治可为全球治理提供哪些思路和路径?这份作业,学生通过探究,能激发民族自豪感,增强中国特色社会主义道路自信、理论自信、制度自信、文化自信。

(二)目标要明确

作业要有明确的目标维度,且与教学目标相一致。要在研读《课程标准》、分析教材内容、把握学生情况的基础上进行系统设计,做到作业内容与数量充分、均衡、合理地反映和实现教学目标。比如"经济制度与经济体制"作业目标设计如下:

作业序号	作业内容表述	学习水平
1	了解各种所有制经济的地位与作用	A 识记
2	阐释公有制经济与非公有制经济相互促进,共同发展	B 理解
3	明确坚持毫不动摇巩固和发展公有制经济,毫不动摇鼓励、支持、引导非公有制经济发展	B 理解
4	评析市场机制的优点与局限性	B 理解
5	解析现实生活中宏观调控的目标与手段	C 应用
6	辨析现实经济运行中政府与市场的关系	D 综合

(三)设计要科学

作业内容准确无误,语言表述简洁、精练、易于理解,指向明确,确保无歧义;对于答案唯一的题目,提供的答案要准确;对于开放性的题目,应提供清晰、明确的评价标准。

(四)类型要多样

不仅要设计旨在巩固知识与技能的基础性作业,更要设计注重能力发展和素养提升的能力性作业。基础性作业和能力性作业都要注重问题情境的创设,尤其要注意联系学生生活,通过解决真实情境中的问题,让学生经历"发现问题——设计问题解决方案——解决问题"的过程。

不仅要设计课时作业或课堂作业,也要设计单元作业。单元作业强调单元知识的综合运用,意在锻炼学生综合运用单元知识、全面分析和解决问题的能力,课堂作业或课时作业可成为学生完成单元作业的"支架"或补充。单元作业的展示与评价既要多元化,也要注重过程性,需要教师在辅导过程中及时调整。比如,《思想政治 必修二 经济与社会》的第二单元"经济发展和社会进步",结合生涯规划教育,设计如下单元作业:①未来最热门的职业是什么?说明选择这一职业的理由。说明理由应当包括这一职业所属的行业、目前的发展状况(用数据说明)和发展前景分析、对劳动者素质提出的要求、哪些同学有胜任这一职业的潜力等等。②我理想中的职业是什么?为此,我应该从哪些方面开始进行努力?这份单元作业需要学生掌握教材内容,学会观察社会,深刻了解自我才能完成,同时,具有较好的综合性、实践性、体验性。

不仅要设计书面作业,还要设计体验式和实践性作业,而且应该都具有一定的开放性和不同的评价方式,不能机械地以正确与否的标准来衡量结果,更多的是关注学生参与各项体验、实践活动的态度,关注学生通过体验和实践获得了什么。

不仅要设计独立性作业,也要设计合作性作业。合作性作业在完成方式上强调小组合作,通过小组的分工、合作、交流和探讨,共同完成作业任务。

有条件的学校,在布置纸质作业的同时,可以利用交互式学习设备,适当增加在学校信息化平台布置作业的数量。

(五)难易要适度

难易适度首先是针对全体学生而言的,要兼顾不同层次的学生,让每一个学生都有难易适度的题目可做;其次是针对作业题量的分布而言的,在一份作业中,不同难度的作业题量设置要合理,能够体现能力要求的递进性,既要避免出现明显超标的题目,又要避免过多低层次的重复训练。比如,以下三个问题设计:①了解十月革命的经过;②分析二战后社会主义在世界范围内获得大发展的情况及原因;③探讨科学社会主义从理论到现实必须具备的条件。这三个问题层层推进,难度逐渐加大,兼顾了不同层次学生的学习实际,让不同层次的学生对其中某个问题都能作出合适的回答,且通过完成作业获得一定的成就感,增强学习的兴趣和信心。

(六)体现选择性

不同学生在兴趣特征、认知风格、学习能力等方面存在差异,教师要设计不同难度、不同风格的题目供学生选择,对同一道试题也可设计递进性的要求供学生选择,以保证每个学生都能获得成功的体验。教师要鼓励学生回答对于自己而言具有挑战性的、能够提升思维能力的试题,培养学生的进取意识,促使学生不断进步。比如,请在"创新、协调、绿色、开放、共享"五个新发展理念中选择一个你熟悉的角度在本地进行调研,剖析存在的问题及其原因,并就问题的解决向政府提出对策建议。作品形式可以是建议、调研报告、模拟提案或议案等。这份作业意在引导学生探究内涵丰富的新发展理念,涉及的社会问题多而复杂。作业设计给了学生选择权,让学生从自己的知识和兴趣出发,选择适合的角度甚至适合的作业形式。

二 合理布置作业

(一)严格控制作业总量

作业应以课堂练习为主、课后作业为辅。教师要根据学生课堂练习的结果及时调整教学策略,提高教学的针对性、实效性。课后作业应结合学生课堂作业的反馈情况进行设计和布置,与课堂作业构成有序的序列、形成层次的推进。应基于周课时的数量与分布情况进行总量控制,要留给学生较为宽裕的完成作业的时间,要督促学生高质量地完成作业,提醒学生不以简单地做完作业为目的,而以实现作业的目标为目的。

(二)科学合理地布置作业

教师要在基于课标要求的基础上总体控制作业的难度,不能基于学科本位,以提高作业难度来强制学生在时间、精力上加大对本学科的投入。不搞题海战术,不布置重复性、机械性的作业,不以教辅资料替代书面作业,不布置增加数量或提高难度的惩罚性作业。在学生完成作业的问题上,教师可以与家长进行交流配合。

(三)允许学生有选择地完成作业

学生可以根据自己的实际情况选择适合自己的作业,过难或过易的作业可以不做;此外,学生还可根据自己的薄弱点或兴趣点选择一些拓展性作业。

三 有效批改作业

(一)以教师批改为主

教师在批改作业的过程中,要注意记录学生普遍存在的典型问题,关注学生之间的差距、学业变化和学习态度等。可根据作业的难度和学生学习情况,采取精批和略批相结合,做到较为全面地把握学生的学习情况,及时调控和改进自己的教学行为。对已经批改的学生作业可以视情况进行二次布置,以督促学生深刻反思完成作业的过程和结果,并有效调动学生及时订正作业的积极性,培养学生自我监测作业过程、自觉优化作业思路等良好习惯,提高订正作业的实效性。

(二)学生自批与互批为辅

对于课堂作业,教师统一讲解之后,可让学生自行批改、自行订正,也可采取提问抢答等方式获取答案,让学生自批并订正。对于较为简单的课后作业,可以采取学生自批或互批的方式,相互交流批改结果,探讨错误的原因。要严格控制学生自批、互批的次数,并且在学生自批、互批时,给予及时、有效的指导。

(三)加强师生互动

批语或评语要有针对性,做到既可以指出学生作业中存在的问题,也可以起到对学生进行鼓励或鞭策的作用。提倡面批或批改后面谈,以给予学生直接而有针对性的指导。在面批时,言语和态度要做到耐心细致,要营造轻松的沟通氛围,以利于师生沟通和交流。

有条件的学校,可以利用智能化教学设备批改客观题,提高批改效率,也可以利用交互式学习设备批阅作业,及时向学生反馈作业批改的结果。

四 适时反馈作业

(一)基于数据及时反馈

积极探索运用信息技术等手段,将学生的作业批改结果归类形成详细的数据,并对数据进行科学分析。如分析作业目标的达成情况、不同试题的准确率或得分率、不同学生的结果差异等,以寻求针对不同试题或不同学生作业的讲评策略。根据分析结果,对作业讲评和辅导方法进行优化处理,及时反馈,以弥补不足,改进课堂教学。

(二)集中讲评和个别辅导相结合进行反馈

对于学生作业中反映出来的普遍性错误,可以采取集中讲评的方式。在集中讲评时,要注意共性错误背后的知识缺失,把讲评过程作为知识回顾、梳理、提升的过程,作为学生学习方法改进的过程,实现对课堂教学中的重点再巩固、难点再突破;要注意共性错误背后的能力不足,帮助学生提高分析问题、解决问题的能力,提炼规范准确的答题路径。

对于作业中反映出来的少数或个性问题,可以采取单独辅导方式。应根据学生的具体情况,选择适当的辅导方法,以提高辅导的有效性。

(三)利用学生自主合作进行反馈

可以在学生自愿的基础上建立作业互助小组。批改结束后,确立小组主讲人,主讲人通过讲解问题,深化对问题的理解。如果小组成员作业完成情况差别不大,也可以采取小组合作共同探讨的方式进行反馈。

(四)发挥好诊断与改进功能

充分发挥作业对教学的诊断与改进功能。通过作业,进一步了解学情和预习情况,以便更好地突出重点、突破难点;检测学生知识掌握情况,及时发现问题,便于调整教学内容、优化教学方式、改进教学方法、完善教学评价,进而转变作业观念、提升作业设计水平。

五 作业实施中应把握的关键要素

(一)坚持立德树人

发挥作业的育人价值,在作业实施过程中要努力促进立德树人根本任务的落实,要在素材的选择、情境的创设、任务的设计、答案的设置中坚持正确的思想政治方向,帮助学生了解、理解、拥护党和国家的方针政策,形成正确的价值观;要理论联系实际,帮助学生关注社会,引导学生积极参与社会生活,明辨是非,增强学生的道德修养和思想政治素养,培养学生的社会责任感。

(二)基于《课程标准》

要以《课程标准》为依据,反映高中阶段学生的特点,体现学科的本质和特点。要充分反映活动型学科课程实施的特点,设置开放的问题情境,提供多种探究性的任务设计,引导学生积极参与社会实践活动,发展学生的智力因素与非智力因素,培养学生的创造性思维能力和品质,提高实践能力。通过作业将学生在课堂学习时对议题的思考、探究、讨论引向深入,激发学生的学习兴趣,促进学生学习方式的转变。

(三)体现因材施教

在设计作业时要做到心中有学生,把每一个学生都看作是具有个性、志向、智慧的人,尊重学生的个体差异,根据学生不同的特点提出不同的要求。要允许学生对于作业有自己的不同理解和表达。要遵循学生的认知规律,坚持循序渐进的原则,精心设计作业的层次。根据不同层次学生的特点设计不同层次的作业,允分保证在实施《课程标准》的实践中让全体学生都参与作业活动,满足不同学生对作业的不同要求,充分实现不同学生在学习中得到不同发展的目标,让每一个学生都体验到学习成功的快乐。

(四)提高设计能力

作业设计的思想性、科学性既决定着作业设计的质量,又影响着思想政治课教学目标的实现;既影响着教师的专业发展,又影响着学生素质的提高。因此作业设计在整个思想政治课教学过程中占有重要地位。思想政治课教师应加强学习,不断提高作业设计能力,充分保证作业的思想性、科学性、艺术性。

(五)创新作业管理

学校要加强作业管理,开展作业设计的研究。依据国家有关文件精神,结合本校实际情况,制定作业管理的有关制度,对作业设计、批改、分析、讲评、辅导等提出具体要求,明确有效的操作路径;探索信息技术在作业设计、批改、分析、管理中的合理利用,推进作业设计、实施与管理的信息化。

教研组要根据学校的统一要求,在学校的指导下加强作业的过程性管理与指导,定期了解、检查作业质量、作业结果等相关情况,及时发现并解决问题,不断提高作业实施的效果;探索校本作业体系建设,充分发挥思想政治课教师的积极性和创造性,建立适合本校学生实际的作业题库,完善校本作业体系。

执笔人:丁学武　张作真　伍玉魁　王为民　朱小闯　侯新旺　曹勤

普通高中历史学科教学指导意见

为贯彻落实《国务院办公厅关于新时代推进普通高中育人方式改革的指导意见》（国办发〔2019〕29号）、《安徽省深化基础教育改革全面提高育人质量行动计划》（皖发〔2020〕6号）、《安徽省新时代推进普通高中育人方式改革实施方案》（皖教工委〔2020〕31号）等有关文件精神，以《普通高中历史课程标准（2017年版2020年修订）》（以下简称《课程标准》）、《安徽省普通高中新课程新教材实施方案》（皖教基〔2020〕9号）和统编高中历史教科书为依据，结合我省普通高中历史教学实际，对我省普通高中历史教学提出如下指导意见：

一 指导思想

坚持以习近平新时代中国特色社会主义思想为指导，深入贯彻党的十九大和全国教育大会精神，全面贯彻党的教育方针，落实立德树人根本任务，培育和践行社会主义核心价值观。以深化普通高中历史课程和教学改革为导向，以提高学生终身发展所需的历史学科核心素养为目标，遵循教育教学规律和学生发展规律，全面落实《课程标准》和统编高中历史教科书的理念和要求，加强普通高中历史课程实施的指导与管理，规范教育教学行为，改进教与学的方式，全面提高教育教学质量，实现高中历史课程目标，培养德智体美劳全面发展的社会主义建设者和接班人。

二 教学安排

普通高中历史课程由必修、选择性必修、选修三类课程构成。

必修课程为《中外历史纲要》，是普通高中学生发展的共同基础。课程内容分为中国古代史、中国近现代史和世界史三个部分，每周安排2课时，总计72课时，共4学分。

选择性必修课程包含《国家制度与社会治理》《经济与社会生活》《文化交流与传播》三个模块，每个模块2学分，合计6学分；每个模块安排36课时，总计108课时。

选修课程是在必修与选择性必修课程基础上设置的拓展、提高、整合性课程，学校根据情况,选用《史学入门》《史料研读》两个模块,并可以在原有基础上进行改编、新编,也可自主开发其他校本课程,合理设置学时和学分。

三类课程的教学安排如下:

课程类型	修习范围	授课时间	模块名称	课时	学分数
必修课程	全体高中学生	第一学年或按实际需要统筹安排	《中外历史纲要》（上、下册）	72	4
选择性必修课程	学生根据个人兴趣、升学需求选择	第二学年、第三学年	《国家制度与社会治理》《经济与社会生活》《文化交流与传播》	108	6
选修课程	学生个人自主选择	第二学年、第三学年	《史学入门》《史料研读》等	自主确定	每个模块2学分

三　教学要求

(一)总体教学要求

1. 明晰课程性质

普通高中历史课程是在义务教育历史课程的基础上,进一步运用历史唯物主义观点,以社会形态从低级到高级发展为主线,展现历史演进的基本过程以及人类在历史上创造的文明成果,揭示人类历史发展的基本规律和大趋势,促进学生全面发展的一门基础课程。学生通过对高中历史课程的学习,进一步拓宽历史视野,发展历史思维,提高历史学科核心素养,能够从历史发展的角度理解并认同社会主义核心价值观和中华优秀传统文化,认识并弘扬以爱国主义为核心的民族精神和以改革创新为核心的时代精神,具有广阔的国际视野,树立正确的世界观、人生观、价值观和历史观,为未来的学习、工作与生活打下基础。

2. 把握课程理念

(1)以立德树人为历史课程的根本任务。历史课程最基本和最重要的教育理念,是全面贯彻党的教育方针,切实落实立德树人的根本任务,坚持育人为本、德育为先,使历史教育成为形成和发展社会主义核心价值观的重要途径。发挥历史课程立德树人的教育功能,使学生能够从历史的角度关心国家的命运,关注世界的发展,成为德智体美劳全面发展的社会主义建设者和接班人。

(2)坚持正确的思想导向和价值判断。要以唯物史观为指导,对人类历史发展进行科学的阐释,将正确的思想导向和价值判断融入对历史的叙述和评判中;要引领学生通过历史学习,认清历史发展规律,对历史与现实有全面、正确的认识,形成实事求是的科学态度以及正确的世界观、人生观、价值观和历史观;要增强学生的历史使命感,不断增强学生对伟大祖国的认同,对中华民族的认同,对中华文化的认同,对中国共产党的认同,对中国特色社会主义道路的认同;增强学生的世界意识,拓宽国际视野。

(3)以培养和提高学生的历史学科核心素养为目标。要将培养和提高学生的历史学科核心素养作为目标,使学生通过对历史课程的学习逐步形成具有历史学科特征的正确价值观念、必备品格与关键能力。进一步改进教学方式、学习方式和评价机制,将教、学、评有机结合,促进学生的自主学习、合作学习和探究学习,提高实践能力,培养创新精神。

3.落实课程目标

普通高中历史课程的目标是坚持落实立德树人的根本任务。学生通过对历史课程的学习,掌握必备的历史知识,形成历史学科核心素养,进而实现全面发展、个性发展和持续发展的目标。通过历史课程的学习,学生能够:

(1)了解唯物史观的基本观点和研究方法,包括人类社会形态从低级到高级的发展、生产力和生产关系之间的辩证关系、经济基础和上层建筑之间的相互作用、人民群众在社会发展中的重要作用等,理解唯物史观是科学的历史观;能够正确认识人类历史发展的总趋势;能够将唯物史观运用于历史的学习与探究中,并将唯物史观作为认识和解决现实问题的指导思想。

(2)知道特定的史事是与特定的时间和空间相联系的;知道划分历史时间与空间的多种方式,并能够运用这些方式叙述过去;能够按照时间顺序和空间要素,建构历史事件、历史人物、历史现象之间的相互关联;能够在不同的时空框架下对史事做出合理解释;在认识现实社会时,能够将认识的对象置于具体的时空条件下进行考察。

(3)知道史料是通向历史认识的桥梁,了解史料的多种类型,掌握搜集史料的途径与方法;能够通过对史料的辨析和对史料作者意图的认知,判断史料的真伪和价值,并在此过程中增强实证意识;能够从史料中提取有效信息,作为历史叙述的可靠证据,并据此提出自己的历史认识;能够以实证精神解决历史与现实问题。

(4)区分历史叙述中的史实与解释,知道对同一历史事物会有不同解释,并能对各种历史解释加以辨析和价值判断;能够客观论述历史事件、历史人物和历史现象,有理有据地表达自己的看法;能够认识历史解释的重要性,学会从历史表象中发现问题,对历史事物之间的因果关系做出解释;能够客观评判现实社会生活中的问题。

(5)在树立正确历史观基础上,从历史的角度认识中国的国情,形成对祖国的认同感和正确的国家观;能够认识中华民族多元一体的历史发展趋势,形成对中华民族的认同感和正确的民族观,具有民族自信心和自豪感;了解并认同中华优秀传统文化、革命文化、社会主义先进文化,认识中华文明的历史价值和现实意义;了解世界历史发展的多样性,理解和尊重世界各国、各民族的文化传统,具有广阔的国际视野,树立正确的文化观;认同社会主义核心价值观,认同走中国特色社会主义道路是历史的必然,树立中国特色社会主义道路自信、理论自信、制度自信和文化自信;能够确立积极进取的人生态度,塑造健全的人格,树立正确的世界观、人生观和价值观。

(二)必修课程教学要求

《中外历史纲要》以通史的叙事框架,展示中国历史和世界历史发展的基本过程。本课程共有 24 个专题,是高中历史学习的基本内容。

马克思主义根据人类社会生产力与生产关系基本矛盾的不同性质,把人类历史发展分为原始社会、奴隶社会、封建社会、资本主义社会和共产主义社会五种社会形态。它们构成了一个从低级到高级的发展序列。不是所有民族、国家的历史都完整地经历了这五个阶段,但是这个发展总趋势具有普遍性、规律性的意义。

本课程以马克思主义为指导,通过对中外重大历史事件、历史人物和历史现象的叙述,展现人类发展进程中丰富的历史文化遗产,以及人类社会从古至今、从分散到整体与社会形态从低级到高级的发展历程。

通过本模块的教学,让学生能够了解中国和世界上重要的历史事件、历史人物、历史现象等发生或存在的时间和地点、原因和结果(唯物史观、时空观念、历史解释);能够知道历史遗迹、考古发现、从古代到现代的各种文献均是了解历史发展的重要证据,并能够开始使用资料作为证据来检验自己对历史问题的解答(唯物史观、史料实证、历史解释);能够初步对中国历史和世界历史的发展建立多方面联系,以此解释历史,并能够对同类的历史事件进行比较、概括和综合(唯物史观、历史解释);能够掌握随着生产方式的变革所引起的世界历史从古至今、从分散到整体、从低级到高级的发展总趋势(唯物史观);能够初步具备用历史眼光分析现实问题的能力(历史解释);感悟人类文明的多元性、共容性和不平衡性,具有民族自信心(家国情怀);能够以开放的心态,认识到世界各地区、各民族共同推动了人类文明的进步,初步具有世界意识(唯物史观、时空观念、家国情怀)。

(三)选择性必修课程教学要求

1. 模块 1:国家制度与社会治理

本课程通过国家制度和社会治理的相关内容,揭示人类政治生活的发展。本课程由 6 个专题组成,是在必修课程基础上的递进与拓展。

人类社会进入文明时代的一个重要标志是国家的产生,国家统治依赖一系列制度建设,包括建立组织和制定规则。以权力分配、机构设置和运行为主的政治体制,规定了国家制度的基本框架。人事管理、法律、外交、财政都是国家制度中不可或缺的重要组成部分,社会治理则是国家关注的重点。自古及今,东西方各国的制度建设和社会治理经历了漫长而曲折的发展历程,积累了丰富的经验和深刻的教训,不能脱离特定社会政治条件和历史文化传统来抽象评判。

通过本模块的教学,让学生能够基本认识中国古代国家制度和社会治理措施的主要发展线索,同时能够简单了解欧美国家在制度建设和社会治理方面的重要成就及其历史渊源,并且初步掌握当代中国国家制度和社会治理措施的由来和概况(唯物史观、时空观念、史料实证);能够认识到制度会随着社会变迁而变化,任何一种制度都不是十全十美的;不同国家和地区的制度,应当在坚持自身优秀传统的基础上,从社会实际状况出发,互相取长补短,并臻于完善(唯物史观、历史解释、家国情怀)。

2. 模块2:经济与社会生活

本课程从经济与社会生活的角度,揭示人类社会的发展,有助于学生充分认识生产方式的变革对人类社会发展所具有的革命性意义。本课程由6个专题组成,是在必修课程基础上的递进与拓展。

在人类社会发展进程中,劳作与经济活动是人们赖以生存和发展的基础。了解自古以来中外不同人群的生产活动、经济活动和日常生活方式的变迁,将有利于学生认识经济与社会、经济与生活的互动关系,深化对人类社会发展历程的认识。

通过本模块的教学,让学生能够了解与人类生活息息相关的食物生产、劳作方式、居住环境、交通运输等的变迁历程,以及人类为改善生活而进行的经济活动、科技发明、医疗防疫等方面的努力(唯物史观、时空观念、史料实证);能够进一步理解经济活动与社会、科技与生活等之间的关系,深化人与自然、人与社会等和谐发展的认识,牢固树立社会主义生态文明观,自觉养成热爱自然、热爱劳动、热爱生活、热爱祖国和珍爱生命的优良品质,为推动人与自然和谐发展、建设美丽中国而努力(唯物史观、历史解释、家国情怀)。

3. 模块3:文化交流与传播

本课程从人类历史上文化交流与传播的不同方式切入,展现不同文明、不同人群之间的联系与互动,理解文化交流与传播在文明进步中的重要作用。本课程由7个专题组成,是在必修课程基础上的递进与拓展。

自从人类产生,便有了文化。不同地域上生存的人类相互有了接触,便有了文化的交流与传播。人们通过欣赏、学习、吸纳不同的文化,使自己的文化更加丰富和成熟。本课程着重通过文化交流与传播的主要方式、途径和载体,展现中外历史上重要文化产品和文化成就交流传播的过程,以及对不同文化发展变化所产生的重要影响。

通过本模块的教学,让学生能够了解人类文化交流与传播的基本方式、途径、方法和手段(唯物史观、时空观念、史料实证);让学生扩大国际视野,增强国际理解,拥有博大胸怀,树立爱国主义和关怀人类共同命运的观念;能够认识到世界各国、各地区、各民族都为创造人类文明做出了贡献,不同文化之间要相互尊重、平等相待,加强交流互鉴,促进共同发展(唯物史观、历史解释、家国情怀)。

(四)选修课程教学要求

各校依据自身实际情况开设,并明确教学要求。

四 教学建议

(一)总体建议

历史教学是培养和发展学生历史学科核心素养的基本途径。要实现基于历史学科核心素养的教学,教师须确立新的认知观、教学观和评价观,从知识本位转变为素养本位,努力将学生对知识的学习过程转化为发展核心素养的过程。为此,在教学实践中,教师要将教学目标、教学内容、教学过程及教学评价等聚焦于培养和发展学生的历史学科核心素养。

1. 全面理解历史学科核心素养,科学制定教学目标

历史教师要准确把握历史学科的性质及其功能,深刻领会历史课程的本质和教育价值,全面认识历史学习对学生全面发展、个性发展和持续发展的重要意义。在教学实践中,教师要完整把握历史学科核心素养的内涵及其具体表现,要认识到历史学科核心素养的五个方面是一个相互联系的整体。在教学过程中,教师既要注重对某一方面学科核心素养的培养,也要注重对学科核心素养的综合培养。

教师应从发展学生历史学科核心素养的角度制定教学目标,将核心素养的培养作为教学的出发点和落脚点。教师要认真研读《课程标准》,把握高中历史课程的目标,要认识到学生历史学科核心素养的发展是一个持续提升的过程。教师在教学过程中,不仅要从整体上设计模块的教学目标,而且要依据《课程标准》具体设计学习主题的教学目标和课时的教学目标,使教学的全过程能够紧密围绕学科核心素养的培养,并达到学业质量的要求。例如,针对史料实证这一素养,教师在制定必修课程的教学目标时,要注重培养学生依据史料讲述历史的实证意识,使学生能够认识史料的不同类型及其价值,能够从多种渠道获取史料,从中提取有效信息,并尝试运用史料作为证据来论证自己的观点;在制定选择性必修课程的教学目标时,要注重培养学生整理、辨析、理解史料的能力,能够利用不同类型史料进行互证,对相关历史问题做出更全面的解释。

在设计教学目标时,教师应尤其注意以下三点:一是要以问题解决的水平程度作为教学目标的核心内容,避免将核心素养的五个方面机械地分离;二是所制定的教学目标要结合教学内容和学生的实际水平,使教学目标具有可操作性,通过教学能够达成;三是教学目标要有可检测性,能够衡量出学生通过学习所表现出来的进步程度。

2. 深入分析课程结构,合理整合教学内容

教师要依据《课程标准》,完整、准确地把握历史课程内容及教学要求。在进行教学设计时,需要整体梳理教学内容,把握每个学习专题所涉及的范围、重要史事和核心问题,并在分析课程结构的基础上,对教学内容进行更为有效的整合。

(1)把握学习专题中的关键问题。教师要结合教科书对学习专题的内容进行梳理,明确该专题所涉及的范围及重要史实;在此基础上,概括和确定该专题中的关键问题,并将这些关键问题的解决与历史学科核心素养的发展建立起联系,围绕关键问题对教学内容进行整合。

(2)确定教学内容中的重点。在分析和整合教学内容的基础上,教师需要将教学的重点提炼出来。尤其是高中历史课程的内容涉及面广,包含的史实多,所以更需要突出核心要点,通过重点内容的突破,带动整体内容的教学。

(3)设计新的综合性的学习主题。对历史教学内容的整合,还可以根据学生的学习情况,运用主题教学、问题教学、深度教学、结构—联系教学等教学模式,对教科书的顺序、结构进行适当的调整,将教学内容进行有跨度、有深度的重新整合,也可以对必修、选择性必修、选修课程的不同模块进行整合,设计出更具有探究意义的综合性学习主题。这种对教学内容的整合,主要有两种方式:一是加强对历史横向联系的整合,即将同一历史时期的中外史事整合在一起,使学生以更为宽阔的历史视野进行认识。二是凸显对历史纵向联系的整合,即对历史发展中有前后关联的内容加以梳理,将分散在各专题中的相关内容整合在一起,形成新的学习主题,或设计出更有意义的教学活动。

3.树立指向学生历史学科核心素养的教学理念,有效设计教学过程

基于培养学生学科核心素养的教学设计,不仅要考虑到教学内容的逻辑、教学过程的环节以及学生的认知特点等,更重要的是在教学理念上要以学生的学习与发展为教学的本位、重点,以调动和发挥学生历史学习的积极性、主动性和创造性为核心,以学生的学习活动为实质性线路,以学生的自主探究活动为中心展开。教学模式与教学方法的选择与应用、教科书的整合与教学资源的利用等都要围绕着学生的自主活动来组织,真正实现以学生学习活动作为整个教学活动中心的"学习中心课堂"。

教师在设计教学过程时,需要重点考虑以下几个方面:

(1)创设历史情境。历史是过去发生的事情,学生要了解和认识历史,需要了解、感受、体会历史的真实境况和当时人们所面临的实际问题,进而才能去理解历史和解释历史。因此,在教学过程的设计中,教师要设法引领学生在历史情境中展开学习活动,对历史进行探究。

(2)以问题为引领。学生历史学科核心素养的发展,绝不是取决于对现成的历史结论的记忆,而是要在解决学习问题的过程中理解历史,在说明自己对学习问题的看法中解释历史。教师要认识到,任何一种教学方法的实施,都在一定程度上与问题的提出和解决有十分密切的联系。因此,教师在分析教学内容的基础上,要以问题引领作为展开教学的切入点,结合教学内容的逻辑层次,设置需要在教学过程中解决的问题。

(3)开展基于史料研习的教学活动。教师在进行教学设计时,要考虑如何构建基于史料研习的教学方式。基于史料研习的教学不仅要求教师在教学中要运用史料阐释历史,更重要的是要设计以史料研习为基础的学生探究活动,通过活动引导学生学会搜集、整理、辨析、运用历史材料来解释历史。这就需要教师考虑到以下四点:一是明确运用史料的目的;二是选择典型的、有价值的、有说服力的史料;三是将史料的展示与问题的解决相结合;四是如何根据史料的运用组织学生的学习活动。在研习史料的过程中,学生可通过时空的定位发展

时空观念，通过史料的解读提升史料实证的能力，通过解决问题促进对历史的理解，提高对历史解释的能力。

(4)充分运用现代信息技术，提高教学手段的多样化和信息化水平。高中历史教学要尽可能利用互联网的资源共享和交互功能，引导学生体验基于互联网的开放式学习，改变传统教学中过度依赖教师、过度依赖教科书、过度注重知识记诵的学习方式。教师要不断探寻现代信息技术下的历史教学方式，诸如运用现代信息技术模拟历史情境，使学生进行体验学习；利用网络资源进行项目学习，使学生进行自主探究和解决问题；运用"大数据""云计算""互联网+"等方式开展多样化的模拟学习、专题研讨等。同时，历史教师还可以运用现代信息技术进行教学评价，包括教师对学生的评价、学生之间的互评和学生自评，从而使评价更具有即时性、互动性、针对性和指导性。在运用现代信息技术进行历史教学的过程中，教师也要注意解决好可能出现的问题。例如，对海量信息的甄别与选择、对虚假信息的判断与辨明、对虚拟情境与真实情境的确认与说明、对学生深度阅读与理性思考的引导等。总之，教师要扬长避短，充分发挥现代信息技术的优势和长处，使历史教学充满新的活力。

(二)模块教学建议及示例

1.《中外历史纲要》模块

(1)在本模块的教学过程中，教师要注重梳理中外历史发展的基本线索和主要阶段，引导学生运用历史唯物主义的基本立场、观点、方法；在历史时空框架下把握重要的历史事件、历史人物和历史现象，以及人类文明的重要成果，理解历史进程中的变化与延续、继承与发展、原因与结果，建构历史发展的前后联系，认识历史发展的总体趋势。

(2)教师在进行本模块的教学设计时，要仔细分析每个学习专题的重点内容、核心概念和关键问题，选择和确定教学重点和难点，采取多种手段突出重点、突破难点，使学生通过对重点内容、核心概念、关键问题的理解，带动对整个学习专题的探讨和认识。

(3)在教学过程中，教师要注意通过历史情境的设计，让学生体验当时人们所处的历史背景，感受当时所面临的社会问题。在此基础上，引领学生在对历史问题的探究过程中，认识史事的性质、特点、作用及影响等。

(4)建议通过对课程内容的整合，引导学生深度学习，促进学生带着问题意识和证据意识在新情境下对历史进行探索，拓展其历史认识的广度和深度。

为便于围绕历史学科核心素养开展教学，设计如下教学活动示例：

活动主题：世界视野下的中国航海活动与海上贸易(专题1.6)
活动目标： 1.深入认识16世纪中国航海活动的主要内容及其世界背景。 2.利用现代信息技术，搜集并综合利用各类文献、水下考古等历史资料，了解这一时期中国和欧洲国家航海活动的性质和作用。

续表

3.重新认识这一时期发生的历史事件,深刻理解中外海上贸易给当时中国社会带来的巨大变化,以及对世界的影响
活动过程: 1.从明代小说(如《喻世明言》《警世通言》《醒世恒言》)中寻找白银在中国普遍流通的内容,再现使用白银进行买卖的情境;通过中外文献、考古资料等,了解白银大量来自美洲并被用以购买中国的瓷器、丝绸、茶叶等商品的史实,以及白银普遍流通给中国带来的变化。 2.运用中外历史地图,知道欧洲商船从美洲到达东南亚和中国,以及中国商船到达东南亚和日本的航行路线;结合其他文献和考古资料,知道中国商船的规模及主要货物。 3.对教师提供的相关史料进行分析,在此基础上,可以选择教师讲授、学生主题报告会、图片展览等不同形式,对这一时期的倭寇现象、东南沿海地区的社会变化或张居正改革等问题进行研讨
活动说明: 本活动的设计旨在通过了解16世纪中国与世界的海上贸易活动,拓宽学生的世界视野,加强时空观念,深化对历史的理解,体现了新视野带来的对史料的新发现和对传统历史问题的新解释

2.《国家制度与社会治理》模块

(1)本模块的教学内容主要涉及历史上的国家制度,教师在教学时,要注意引导学生探明某一制度产生时的历史背景,以及与该制度有关的历史渊源;在了解该制度基本内容的基础上,重点分析这一制度的特点及作用,并认识该制度对当时及以后的影响。

(2)教师要以唯物史观为指导,从历史发展的角度引导学生认识历史上的国家制度和社会治理的措施。一是要从历史的角度考虑具体的国情和当时的社会状况,明了某一制度创立所要解决的社会问题;二是要对某一制度的创新之处和存在的缺陷进行辩证的分析;三是要注意某一制度在后续的发展过程中是否能够不断完善或是出现问题并不断积累、激化等情况;四是对国家制度进行横向比较时,要避免简单的类比和抽象的优劣评判,通过比较,使学生更清楚地认识不同国家各自所具备的特点以及相互之间的异同。如,通过了解商鞅、王安石、康有为等人的变法主张,对商鞅变法、王安石变法、戊戌变法等进行比较分析。

(3)在本模块各学习专题的教学中,教师可通过"情境—问题"的设置,引导学生从多个层面进行探讨,如国家层面、社会层面、民众层面等,以深入认识某一制度的作用及影响;或从中央与地方、法律、经济、民族、教育、外交等多个角度进行综合考察。

(4)在本模块的教学过程中,教师要从培养和发展学生历史学科核心素养的角度出发,注重引导学生在时空框架下认识历史;通过对相关材料的研判,使学生形成对所学内容的理解,正确解释历史上政治文明的演进;通过与思想政治课程相关内容的整合,增强学生对当今中国制度建设与发展的自信心和责任感。

为便于围绕历史学科核心素养开展教学,设计如下教学活动示例:

活动主题：探讨中国古代历史上中央与地方的关系（专题1.1）
活动目标： 1.通过探究中国古代历史上中央与地方关系的发展演变，分析并理解这一关系的特征。 2.运用所学的历史知识，以典型的史事作为例证，说明中央王朝对地方治理的历史经验和教训，学会从历史中汲取智慧。 3.通过了解历史上中央对地方的行政管理，加深对中国国情的认识
活动过程： 1.将学生分为若干小组，确定各组的研究主题（如按历史时期分组，分别探讨各时期中央与地方之间各方面的情况；或按地方行政层级、财政税收、军队编制与部署等专题分组），分别梳理中国古代历史上中央与地方的关系。 2.各组制订具体研究计划，明确分工；分别搜集和研读有关材料，如阅读与研究主题有关的论著，利用现有的学术研究成果等。 3.各组对所搜集的材料进行整理，通过组内的讨论交流，在形成共识的基础上，撰写本组的研究报告。 4.组织全班报告会，各组代表介绍本组的研究成果，并解答其他同学的质疑。 5.各组在报告会的基础上，对本组的研究报告作进一步的修改和补充，使之更为完善。 6.将各组的研究报告汇总，编成文集，作为本模块学习的阶段性成果
活动说明： 本活动以小组合作的方式进行专题探究，对中国古代历史上中央与地方关系的演变进行梳理，从而加深对这一问题的认识，总结历史的经验和教训。通过这一活动，学生可以进一步认识中央与地方的关系是国家政治制度和行政管理中的一个重要问题，与历代的政治、经济、文化等方面的演变有着密切关联。学生在活动过程中，通过分工与合作，以及对研究成果的不断完善，提高理解历史、解释历史及合作、交流的能力

3.《经济与社会生活》模块

（1）教师在进行教学设计时，要明确本模块的教学任务是从历史发展的多个角度对人类经济发展与社会生活进行考察，以一个特殊的领域作为考察的视角，引领学生深入了解经济与社会生活不断发展变化的历史轨迹。

（2）教师在进行本模块的教学时，要注意引导学生认识经济与社会生活的发展是一个逐步发展、不断进步的过程。这一发展过程具有多样性和复杂性，充满着延续与变迁、偶然与必然、局部与整体的互动，让学生尝试从宏观和微观的不同角度认识历史问题。

（3）本模块的教学内容，与地理条件、人们的社会活动与实际生活等因素有着密切联系，与学生的现实感受及生活经验紧密相连，具有鲜明的时代感与现实性。因此，在本模块的教学过程中，教师应该鼓励学生充分利用已有的知识与生活经验，开展自主探究与合作学习，形成对历史的理解与解释。

（4）本模块的教学内容，突出体现了人类历史的多元特点与全球化趋势。一方面，各地区物质文明的发展并不是同步的和统一的，在不同国家和地区，由于地理条件、历史因素、社会环境等方面的差异,经济活动和社会生活各具特色;另一方面,随着经济全球化趋势的发展,也对世界各地的社会生活产生巨大影响。

(5)本模块的教学内容体现出多学科综合性的特点,涉及历史学与地理学、经济学、社会学、建筑学、医学等诸多学科的知识。在本模块的教学过程中,教师可与其他学科的教师开展合作,了解不同学科的重要历史人物和成就,如李时珍、詹天佑、李四光等科学家,指导学生综合运用已学的各科知识认识历史。

为便于围绕历史学科核心素养开展教学,设计如下教学活动示例:

活动主题:考察中国历史上的外来农作物(专题2.1)

活动目标:
1. 考察中国历史上的外来农作物的来源,了解它们是在何时、通过何种渠道传入中国的,以及这些物种引入中国后的情况。
2. 以考察的外来农作物为例,认识外来物种的传入对中国的影响(如粮食生产、饮食习惯、生态环境等方面),进而探讨物种交流对人类社会生活的影响

活动过程:
1. 教师可先概括介绍人类历史上物种交流不断扩大的情况。
2. 学生根据自己的兴趣,选择某种外来农作物(如胡萝卜、马铃薯、甘薯、玉米、西红柿、西瓜、南瓜、辣椒等)作为研究对象,进行材料搜集和整理,考察其来源及引入中国的情况。
3. 在文献研究的基础上,梳理外来农作物传入中国后对粮食生产、民众生活、生态环境等方面的影响,并在此基础上探讨物种交流与社会生活的关系。
4. 运用现代信息技术,在班上展示自己的研究成果,并进行交流;将学生的成果汇集整理,出一期专题板报

活动说明:
本活动的设计旨在通过对某一外来农作物传入中国情况的探讨,培养学生自主选择研究对象并进行史料实证的能力。传入中国的外来农作物很多,学生选择何种农作物作为研究对象,既要根据自己的兴趣,更要根据所掌握的史料情况而定。对于一些外来农作物传入的时间以及对传入地的影响,学界有不同的认识。学生应对自己所搜集的资料进行辨析,并能运用史料作为证据来论证自己的观点

4.《文化交流与传播》模块

(1)教师在进行本模块的教学时,要引导学生认识人们正是通过多种渠道并从多个方面,使不同文化在交流中相互吸纳,使优秀的人类文明成果在传播中得以发展和扩大影响。

(2)在本模块的教学中,教师要注意引导学生从世界文化交流与发展的角度,认识中华优秀传统文化的价值及历史特点,如本土性、多样性、包容性、凝聚性、连续性等,使学生树立文化自信。

(3)在教学过程中,教师要注意引导学生在具体的历史情境下探讨文化交流与传播的方式,在问题的引领下促进学生对优秀文化的特色及影响等问题进行分析。

(4)教师要充分调动学生的学习积极性,促使学生主动学习和积极探究,通过多样的教

学活动,激发学生结合已学的历史知识,在新情境下运用多种类型的材料,对历史上的文化交流与传承进行探究,形成对人类文化发展的正确认识。

为便于围绕历史学科核心素养开展教学,设计如下教学活动示例:

活动主题:严复、商务印书馆与中国近代文化的变革(专题3.6)
活动目标: 通过了解严复和商务印书馆对西学的译介,认识近代以来留学生以及出版机构在传播西方近代文化、启迪民智上的重要作用
活动过程: 1.学生分组搜集资料,了解严复的生平与思想,特别是他对西方社会科学思想的译介;了解商务印书馆的创设及其对包括严复译著在内的多种翻译作品的出版,以及这些作品出版后在社会上引起的巨大反响。 2.在分组讨论的基础上,各组推选代表,围绕下列问题进行报告:(1)严复为什么从一个学习海军的留学生变为一个积极译介近代西方学术的思想家?(2)《天演论》等译著中的进化论思想对中国人的精神世界产生了哪些影响?(3)商务印书馆这类出版机构在传播近代文化、启迪民智方面扮演了怎样的角色? 3.在教师的引导下,学生将上述报告进行整合,深入认识甲午中日战争后知识界的思想变化,以墙报、网络等形式进行展示。教师可通过学生的参与过程、表现和对问题的理解进行综合评价
活动说明: 本活动的设计旨在通过一个人物和一个机构,体会"开眼看世界"对于中国近代社会变革和转型的重要性。学生主题报告的问题要以人的经历为中心,即那个时候的中国优秀知识分子是怎么想、怎么做的。本活动把学习海军的留学生严复和张元济创办的商务印书馆联系起来,旨在认识个人和机构在中国近代社会变革过程中所起到的不同作用,重点在于加深对历史人物的动机、行为及有关机构所起历史作用的理解

五 评价与考试建议

(一)学习评价建议

学生的学习评价是历史教学评价的重要组成部分,具有反馈、调控教学并促进学生全面发展的重要功能。学习评价应遵循既注重结果,也注重过程的基本原则,灵活运用各种科学有效的评价手段,对学生做出定量和定性相结合的评价。在学习评价实施过程中,应调动学校、教师、学生、家长以及社会各界的积极性,共同参与对有效学习评价方法的探索。

1. 以发展学生历史学科核心素养为纲

高中历史学习的评价应以课程目标为依据,以学生历史学科核心素养的整体发展为着眼点,将评价贯穿于历史学习的整个过程。评价主要针对学生将所学历史知识与技能运用于解决具体问题时体现出的学科核心素养水平。要运用恰当有效的评价方法,系统搜集和科学分析处理学生的有关信息,综合发挥检测、诊断、激励、引导、调解、反馈等多方面的功能,准确判断学生学科核心素养的达成度。在评价过程中,随时发现学习目标、学习内容、学习方法以及创设问题情境、解决问题等方面出现的偏差和问题,并及时加以调整,保障以发展学生学科核心素养为纲的历史课程得以有效实施。

2. 注重开展符合学业质量要求的评价

评价目标的确定必须以课程内容、历史学科核心素养水平为依据,符合学业质量要求。对学段、模块或主题、单元和课的评价目标进行整体规划和设计,注重对学生历史学科核心素养的发展状况进行综合评价。根据学生实际,结合具体内容,制定等级化、个性化的评价目标。注重评价目标与教学目标的一致性,尽可能使教学和评价围绕学生学习这一中心展开,使教、学、评相互促进,共同服务于学生核心素养的发展。

例如,对《中外历史纲要》中"改变世界面貌的工业革命"这一学习内容的评价,教师可以要求学生运用文献、实物、口述、图片、音像、数字等多种史料,从工业革命前后生产力的发展情况、工业革命后列强在世界范围内的扩张、世界市场的形成、资本主义的发展、工人运动的高涨以及民族解放运动的兴起等方面进行论述。教师可从学生的论述中,就学生运用史料作为证据论证自己的观点、理解生产力的发展是历史发展的决定性因素、从大历史的视野认识工业革命是人类社会从农业文明演进到工业文明的转折点并考察工业革命的世界性影响等方面,进行综合评价。

3. 多维度进行评价

注重课堂学习评价与实践活动评价的有机结合。在评价过程中,既要关注学生在课堂学习活动中的表现,也要关注学生在复杂情境下开展相关实践活动的能力。

注重形成性评价与终结性评价的有机结合。学生历史学科核心素养的达成是一个动态过程。在评价中,既要关注学生在学习过程中的表现,也要关注学生在完成阶段学习后所能达到的历史学科核心素养水平。

注重量化评价与质性评价的有机结合。在评价过程中,既要发挥量化评价易操作、客观性强的优势,更要运用质性评价,对学生历史学科核心素养的发展程度,特别是价值观的形成做出判断。

注重评价主体的多元化和评价方式的多样化。教师、学生、家长等都应成为评价主体。综合运用课堂提问、纸笔测试、实践活动、自我反思、同伴互评、教师评语、家长评价等方式,多方面呈现学生的历史学科核心素养发展水平。

4. 注重评价反馈

评价反馈是评价的重要组成部分。要系统地搜集学生日常的、阶段性的学习成果并进行判断分析;要结合历史学科核心素养的表现水平、学业质量标准和学生个人能力等因素,寻找学生表现和目标要求之间的差距;要针对学生具体情况调整、修改教学策略,提出有针对性的学习建议;要及时、准确地通过合适的渠道向学生反馈某些结果信息,主动告知或引导学生自己寻求改善学习的方式方法;要建立师生对话交流的沟通途径,共同解读和分析评价结果信息,发挥评价反馈的最大效用;要尊重学生的心理感受。

(二)学业水平考试建议

普通高中的学业水平考试,是根据《课程标准》和相关教育考试规定,主要衡量学生达到课程标准规定的学习要求的程度,考试成绩是学生毕业和升学的重要依据。

启动高考综合改革后,历史学科的学业水平考试分为两类:一类是合格性考试,全体学生均须参加,以必修课程为考试内容,达到"学业质量水平二"即为合格,是学生学分认定和毕业的重要依据;另一类是等级性考试,由学生根据报考高校要求和自身特长自主选择,以必修和选择性必修课程为考试内容,以"学业质量水平四"为命题的基本参照,成绩计入高校招生录取总成绩。

学业水平考试命题应遵循以下主要原则:

1.以历史学科《课程标准》为依据。学业水平考试命题的评价目标应与《课程标准》中提出的课程目标相一致,考查的内容及评定标准均应与《课程标准》中的内容要求和学业质量要求相对应。

2.以考查学科核心素养的具备程度为目的。学业水平考试的试题命制要注意以下几个方面:一是选取对评价历史学科核心素养具有重要意义的内容,编制以全面检核学科核心素养水平为目的的命题框架蓝图;二是不但要注重对某一核心素养的评价,更要注重对核心素养的综合评价;三是测试梯度能反映学习情况的不同层次;四是要考虑试卷结构中内容分布、学科核心素养水平、分值配置之间的关系;五是试题在立意、设问、答案和评分标准等方面做到科学、合理、可操作;六是题型设置和题型比例要满足考查核心素养的要求。

3.以新情境下的问题解决为重心。学生能否应对和解决陌生的、复杂的、开放性的真实问题情境,是检验其核心素养水平高低的重要方面。在历史学科核心素养的测试中,"新情境"可以有多种类型,包括:"学习情境",指在历史学习中遇到的问题,如史料、图表、历史叙述、史论等问题;"生活情境",指在个人生活、家庭生活、社区生活中遇到的与历史有关的问题,如在倾听长辈的回忆、观看影视剧、游览名胜古迹时遇到的问题;"社会情境",指对社会问题的历史考察,如某种社会风俗的来源、某一国际争端中的历史背景问题;"学术情境",指历史学术研究中的问题,如历史学家对某一历史问题有多种看法等。多维度地创设试题情境,考查学生在新情境下如何解决问题,有利于检测和评价学生的历史学科核心素养水平。

附件1

高中历史学科备课规范要求

一 基本原则

(一)坚持立德树人

历史课程最基本和最重要的教育理念,是全面贯彻党的教育方针,切实落实立德树人的根本任务,坚持育人为本,德育为先,使历史教育成为形成和发展社会主义核心价值观念的重要途径。因此,要求历史教师在备课时,要以唯物史观为指导,对人类历史发展进行科学的阐释,将正确的思想导向和价值判断融入对历史的叙述和评判中;要发挥历史课程立德树人的教育功能,使学生能够从历史的角度关心国家的命运,关注世界的发展,成为德智体美劳全面发展的社会主义建设者和接班人。

(二)指向核心素养

历史学科核心素养是历史学科育人价值的集中体现,是学生通过历史课程的学习而逐步形成的具有历史学科特征的正确价值观念、必备品格和关键能力。历史学科核心素养具体表现在唯物史观、时空观念、史料实证、历史解释和家国情怀五个方面。历史教学是培养和发展学生历史学科核心素养的基本途径。实现基于历史学科核心素养的教学,需要历史教师在备课时,准确把握历史学科的性质及其功能,深刻领会历史课程的本质和教育价值,全面认识历史学习对学生能否获得全面发展、个性发展和持续发展的重要意义。在教学实践中,教师要完整把握历史学科核心素养的内涵及其具体表现,要认识到历史学科核心素养的五个方面是一个相互联系的整体。

(三)科学性原则

历史学科知识是历史学科核心素养形成的主要载体。历史教师备课时要超越简单的具体历史知识,去理解和把握历史知识背后的逻辑根据、思想方法与价值意义。历史教学最终是着眼于激发、促进、辅助学生的历史学习。因此,教师在进行教学设计时应遵循科学性原则。科学的备课,要能够准确地确定教学目标,正确地选定教学重点和难点,合理选择和运用多种教学资源,对教学内容和教学过程进行合理的设计,选择恰当的教学策略、教学方法和手段,调动学生积极参与教学过程,引导学生学会学习、学会思考,以实现教学效果最优化。同时,还要注重培养学生的历史思维能力、创新意识和实践能力。

(四)基础性原则

普通高中历史课程是在义务教育历史课程的基础上,进一步运用历史唯物主义观点,以社会形态从低级到高级发展为主线,展现历史演进的基本过程以及人类在历史上创造的文明成果,揭示人类历史发展的基本规律和大趋势,促进学生全面发展的一门基础课程。因此,教师在备课时,必须明确让学生成为历史学习的主体,以问题为引领,培养学生的创新思维和实践能力,促进学生人文素养发展,关注学生的学习需求和学习体验。在课堂教学实践中,教师要尊重和信任每一个学生,相信每一个学生都具备发展、成功的潜能,要给每一个学生提供同等的学习历史的机会,使所有的学生通过历史课程的学习,都能在原有水平上得到提高,获得发展;要善于因材施教,以便适应不同智力水平、性格、兴趣、思维方式学生的需要;要科学构建公正、公开、公平、合理的学业评价机制,以评促学,将历史学科核心素养的培育落到实处。

二　基本要求

(一)备课标,明确教学目标

《课程标准》是国家设置学校课程的基本的纲领性文件,是国家对基础教育课程的基本规范和质量要求,是教材、教学和评价的出发点和归宿。历史学科《课程标准》的课程目标,主要从核心素养的五个方面来阐述历史课程的总体目标。内容标准则是结合课程目标,结合具体的课程内容,用尽可能清晰的行为动词来阐述。教学目标是指教师预期学生能够达到的历史学习结果,对教学活动起着导向、激励、调节、检测和评价的作用。备课时首先要研读《课程标准》,明确教学目标;要推敲《课程标准》中有关板块以及主题内容方面的要求,在深刻理解《课程标准》的基础上,对历史学习要点进行解构,并在具体的教学情境中,结合教材的内容,形成课堂教学目标。

(二)备教材,吃透教学内容

历史教师备课要在把握《课程标准》的前提下,精心钻研教材,尽可能地通览所涉及的教学材料,包括教科书、教学参考书、配套地图册等,以教学内容为中心加以综合地分析,理清教科书各章节内容的内在联系。一是要研究课文内容在整个课题中的地位,以及在整册教科书以至整个历史教学体系中的位置。二是要研究课文内容要点之间的内在逻辑关系,理清脉络,弄清教材思路;深入分析教材内容的多重价值,挖掘历史内容的认知价值和情感价值,揭示教科书内容所蕴含的思想、观点和方法,设计丰富多彩的学习情境和探究活动。三是要重视使用教材提供的历史材料。教师要在深入理解和全面把握教材编写体系的基础上,根据所教学生的实际情况,合理调整教学内容,形成自己的教学思路,真正做到"用教材教"而不是"教教材"。

(三)备学生,找准切入点

备学生,其实就是学情分析。学情分析主要是对影响学生有效学习的因素进行分析,为教学设计提供行动的基础和策略指南。历史教师备课,要聚焦于在本课学习中可能遇到的问题的深入分析与预测。要结合具体历史教学内容进行深入分析与探究,尽可能预测学生可能出现的学习问题,比如:相对本节课而言,学生已学过哪些相关内容;可能还需要补充哪些方面的"额外"内容;可能还会出现哪些方面的问题;等等。借助学情分析,教师可从某些侧面寻求教学实施的有效依据,解除学生的认知困惑,定位学生的"最近发展区",以制定较为理想、明确的教学设计方案。教师备课要重视对与本课学习内容相"对接"的知识内容的分析,针对所分析的历史学习内容的特点,采取相应的教学策略、教学手段和方式等。同时,遵循相关认知学习规律,寻求与历史学习内容相衔接的外在学习条件的支持。

(四)备教法,促进素养落地

教学方法是为了完成一定教学目标,师生双方在教学活动中采用的手段或策略。历史教学方法的选择受各种课堂教学因素的制约,历史教师备课时可以根据教学目标、教学内容、学生实际水平等具体情况进行合理的选择。高中历史新课程重视培养学生的创新精神和实践能力,鼓励学生积极主动地参与历史教学,培养学生的自主学习能力。因此,教学方法的选择要有利于促进学生历史学习积极性、主动性的调动和主体地位的落实,有利于学生良好学习习惯的形成和学习能力的培养,有利于学生特长的充分发挥,有利于历史学科核心素养的培育,有利于学生的全面发展。

三 基本步骤

(一)制定教学目标

教学目标作为教学活动中学习者预期的学习结果,对教学活动起着导向、激励、调节、检测和评价的作用。一要依据《课程标准》设计具体的课堂教学目标,体现历史学科核心素养的要求,并符合历史教育教学的逻辑。二要依据学情设计教学目标,避免主观臆测、笼统泛化,对学情了解得越详细,分析得越透彻,教学效果就越好。教师应当从教学目标的设计开始就确立学生的行为主体地位,在表述目标时要正确定位目标对象,目标表述的行为主体应是学生;教学目标表述应是可测量的、具体而明确的,对学生的学习预期目标加以明确的限定。要让学生清楚地知道在历史学习过程中应该做什么和怎么做,以及做到什么程度。这将有助于激发学生的学习兴趣,调动学生的学习积极性,有利于促进学生学习方式的变革。

(二)明确教学重难点

教学重点和难点是整个教学的核心,是完成教学任务的关键。在历史教学中做到重点突出,难点明确,有利于学生高效完成历史学习任务。教师在确定教学重难点时,一要依据《课程标准》、统编版高中历史教科书,把握历史学科主干知识;二要了解学生原有的知识和技能状况,并在此基础上,对学生在接受新知识时可能遇到的困难及产生的问题做出预判;

三要依据知识内容,即教材中的主要内容,在知识结构中起纽带作用的知识,包括基本概念、基本理论、基本技能等进行分析,再结合《课程标准》、学生情况等确定教学重点和难点。

(三)选择教学方法

历史教学方法主要包括讲授法、图示法、讨论法、辩论法、史料研习法、情境教学法等。选择教学方法时要考虑到:是否符合历史学科特征;是否有利于本课教学目标的达成;是否有助于学生的学习;是否适合历史教师本人的教学风格;是否适合本课教学内容特点,等等。历史教学所涉及的范围广,内容丰富,要将教学方法的运用与教学内容的特点结合起来,如历史的背景可以采用概述的方法,而重要的制度、政策、措施等内容,可以采用讲解或分析的方法。历史教学通常会综合地运用多种教学方法,方法的选择是各种具体情境共同作用的结果。教师需要对各种教学方法进行整合,并与学生的学法结合起来,将多种教学方法结合使用,效果会更好。

(四)整合教学内容

普通高中历史课程内容丰富,包罗万象,历史教学课时少、任务重,不能按部就班地采用落实知识点的方式来组织教学,必须探索新的教学方式,实现深度学习,达成学科核心素养目标。历史教师备课时,一要对"核心素养——教学内容——教学过程落实"进行整体思考,即如何把核心素养与教科书的内容和教学的具体过程结合起来,达到涵养学生历史学科核心素养的目的。二要对教材内容,从"单元——课——目"进行整合思考,整合相关课的内容,开展单元主题教学;或整合相关目的内容,开展课的主题教学。同时,要了解教科书所反映的史学前沿和新的研究成果,拓展自己的知识,理解教科书的编写意图,真正达到整合主题教学的目标。三要在如何"用教材教"而不止是在"教教材"上下功夫,对此进行具体细致的教学思考。

(五)设计教学流程

教学流程包括教学逻辑、教学活动顺序、教学基本环节、教学内容进程等。教学过程要展示出一节课的整个流程,设定好整堂课中的各个教学环节。设计教学流程的关键是要把握好教学逻辑,而教学逻辑的核心则是历史教学内容。历史教学内容的逻辑关系,一是历史的逻辑,即历史发展的进程、阶段、背景、原因、经过、结果等;二是教材的逻辑,即统编版普通高中历史教科书叙述的结构、层次、段落、要点等。认真分析教材的逻辑,有助于教师把握教学内容的层次和重点;三是认识的逻辑,即教师在把握历史的逻辑和分析教材的逻辑后,将教学内容整理成适应学生认识历史的逻辑。教学内容的逻辑越严谨、合理,就越有利于学生对历史的理解和认识。此外,历史教学流程还需要兼顾其他环节的构成,如导课环节、过渡环节、总结环节、教学表达、课堂提问、学习活动、多媒体演示、作业布置等。

(六)组织教学活动

围绕历史学科核心素养开展教学，要让学生有效参与教学活动。历史教学活动的设计，直接影响历史教学情境的创设，也影响着历史教学效果，更影响到学生历史学科核心素养的培养与形成。历史教学活动的设计与实施要有趣味性，力求开放性，强调实践性。一是要依据教学目标、教学内容来设计；二是要以解决学生实际学习问题为目标；三是要形式多样，以方便操作、易于参与为原则；四是要充分运用各种资源和手段，保证效果等。

(七)筛选教学资源

历史教学资源通常包括优秀的教案或教学设计资源、多媒体课件资源、与课程内容相关的音视频资源、图片表格数据资源、学术书籍资源、论文与报告资源等。备课时，应广泛搜集相关资源与素材，在研读课标和教材的基础上，围绕本课的重难点进行梳理阅读，摘录其中的关键论述和相关材料，充分吸收、合理运用。同时，学习与借鉴优秀教学设计中的教学立意和教法学法，整合与编辑音视频、图表等素材用于丰富教学内容。各类历史课程资源网站，与历史教学相关的专业期刊(《历史教学》《历史教学问题》《中学历史教学参考》《中学历史教学》)等都能提供丰富的历史教学资源。

(八)重视板书设计

板书设计是备课中不应忽视的一个环节。板书设计具有提纲挈领、强调重点、启发思维、突破难点、激发兴趣等作用。在历史教学实践中，很多教师过分依赖多媒体课件，忽视对板书的设计，或板书设计随意，缺乏条理。要精心设计板书，做到条理清晰，布局合理；突出重难点，形象地揭示内容之间的各种联系；书写工整，文字规范。

(九)编制思维导图和作业

历史思维导图的设计首先要把握教学的内容结构，然后根据教学内容的结构进行"谋篇布局"，提取"骨架"，最后再进行润色提高。思维导图的设计，一要有目的性和针对性，为实现教学目标服务；二要有创新性和启发性，促进学生历史思维能力的发展；三要有直观性和艺术性，要一目了然，有利于学生理解抽象含蓄的历史知识；要美观，激发学生的历史学习兴趣。课后作业是课堂教学的延续，是学生巩固和内化所学知识的重要途径。课后作业要科学设计，合理布置，有效批改，及时反馈。

(十)撰写教学设计

教学设计体现的是教师在教学中的具体操作过程。编写教案是教学设计的书面化过程，是所有课前准备的最后落实，是备课的最终成果。书面教学设计的主要内容有：课题名称、教学目标、教学重难点、教学方式和方法、教学资源、教学过程、板书设计、教学反思等，此外也可包含教材分析、学情分析、时间分配等。其中最主要的是教学过程,因为教学过程要展示出一节课的整个流程,设定好一节课的各个教学环节,如复习旧课、导入新课、新知识的教学步骤、总结巩固、作业练习等;还要体现出具体的教学内容,以及材料运用、问题设计、活动组织等。撰写教学设计时,教学过程从导入到结束,都要有具体的描述。另外,过渡语的设计也要有体现,课堂教学活动的环节,要一步步列出来。只有认真写好了每一节课的教学设计,进行历史课堂教学时才能真正做到心中有数,这也是历史课堂教学顺利进行的根本保证。

附件 2

高中历史学科作业规范要求

历史作业是指历史教师依据课程目标和教学目标布置并由学生利用非教学时间完成的学习任务。高中历史作业是历史课程的重要组成部分，对培养高中学生历史学习兴趣、减轻课业负担和提升学业成绩具有重要作用，是培育学生历史学科核心素养的重要途径之一。历史作业设计与实施能力是高中历史教师必备的专业素养。历史教师应关注历史作业的目标与功能、形式与内容、评价与反馈，在实践中不断探索历史作业"增效减负"的方法和途径，进一步促进历史学科教学质量的提升。

一 科学设计作业

(一) 基于《课程标准》系统设计

《课程标准》是普通高中历史教科书编写、教学、评价、学业水平考试和高考命题的依据，也是历史教师进行作业设计的基本依据。高中历史教师在进行作业设计时，应认真研读《课程标准》，深刻领会课程性质、课程理念、设计思路，准确把握《课程标准》，深入分析课程内容，结合统编版高中历史教科书内容和学情确定教学目标，围绕实现课程目标和教学目标的目的来明确作业设计目标，达到作业目标与课程目标、教学目标的一致；将历史作业设计与备课、课堂教学、评价等教学环节进行统筹谋划，发挥作业、教学、评价等教学环节之间的协同作用；将历史作业的设计、布置、批改、反馈等环节进行系统设计，增强作业设计与实施之间的有序性和有机性；将历史课时、单元、学期、学年乃至学段作业进行系统规划和递进设计，增强作业间的关联性和递进性。

(二) 基于学科特点精细设计

基于高中历史学科的特点和要求，设计具有思想性、基础性、人文性、综合性的历史作业，着力帮助学生掌握和巩固基础知识、基本方法和基本技能，激发学生的历史学习兴趣，引导学生学会学习、学会思考，注重培养和提高学生的历史学科核心素养。在充分研读《课程标准》、仔细分析统编版高中历史教科书内容、准确预估学情的基础上，围绕教学的重点、难点和疑点，确定作业目标、内容、类型、数量、难度和梯度等作业结构，广泛收集、科学甄别、合理筛选史料、素材，通过选编、改编、创编形成初步作业设计；教师要对初步的作业设计进行试做、论证，检查作业是否有知识性、科学性、思想性的错误，评估作业难度，估算学生完成作业所需时间，做到内容科学、情境合理、表述准确、要求明确、难度合适、题量适宜、时间恰当；作业布置前，还要根据课堂教学中反馈的信息对作业再进行适时、合理的调整。

(三)基于实际学情精准设计

高中历史作业的设计,要从学生选科的实际出发,结合普通高中学生的身心特点、认知水平,依据历史学科学业质量内涵及其水平等级的划分,立足学生的"最近发展区",设计具有情境性、主题性、实践性、探究性、挑战性、开放性的,书面和非书面形式有机结合的历史作业,注重培养学生的历史思维能力、创新意识和实践探索能力,促进历史学科核心素养落地。既要基于普通高中学生群体的特点,设计基础性、共性化作业,又要兼顾学生个体差异,设计分层、弹性、差异化作业,满足不同层次、不同特长学生的需求,增强作业的针对性和有效性。

二 合理布置作业

(一)度量要适当

合理控制历史作业的难度和频次,严格控制学生的作业数量,预估学生完成作业的时间,以班级为单位统筹安排各学科基础性作业和弹性作业总量。历史作业的布置力求少而精,做到既能有效减轻学生过重的课业负担,又能促进学生的历史学习;不得布置重复性、机械性和惩罚性作业;不得给家长布置作业或由家长代为批改作业。

(二)形式应多样

不同类型的历史作业能培养学生不同的历史思维能力与学科核心素养。历史教师要基于普通高中学生的特点,布置能够激发学生历史学习兴趣、形式多样的不同类型作业。减少布置书面习题类作业,提倡布置历史调查、历史小论文、历史辩论、历史材料札记等实践活动类作业;适当减少布置学生个体独立完成的作业,提倡布置基于分工、合作完成的研究性作业;在布置巩固型、弥补型作业的同时,也要适当布置提升型、拓展型作业。要优化各种类型作业的搭配,培养学生的综合实践能力,促进学生全面发展和个性发展。

(三)分层有梯度

学生群体之间的历史学习存在一定的差异性,因此,提倡分层布置作业,让学生自主选择。要根据学生的能力水平、兴趣特长布置不同水平层次、不同要求、不同形式的作业。布置作业时要有适当的梯度和区分度,目的是帮助不同学习水平层次的学生,在有效完成作业的情况下都能获得发展。学习能力强的学生在巩固历史基础知识的同时提升历史思维能力;中等水平的学生在掌握历史基础知识的同时进一步提高历史认知水平;学习基础相对薄弱的学生能够达到《课程标准》设定的基本要求和历史学业的合格水平。

(四)布置需统筹

高中历史教师布置作业时,应主动与班主任和其他学科教师协调配合,防止各学科作业集中布置,做到学生每天作业总量相对均衡合理;布置作业时要明确学生完成和上交作业的时间和方式；要给学生预留足够完成作业的时间。对课后作业、单元作业、学期的寒暑假作业要做好系统谋划，力求心中有数，循序渐进地布置落实。

三　有效批改作业

批改作业是对学生学习态度、方法、过程和结果进行诊断的过程，是教师了解和准确掌握学情的重要途径，是作业反馈和讲评的基础，也是调整和改进教学的重要依据。因此，在合理布置作业的基础上，历史教师更应重视作业的批改。历史作业原则上应按照"回收——批改——订正——再批改"的程序进行，做到全程跟踪，有效管理。

（一）及时回收作业

按时回收作业是有效批改作业的前提，也是促使学生养成按时完成作业习惯的基础。历史教师在布置作业时，应明确学生完成作业的方式和上交作业的时间，严格按约定的时间及时回收作业，对未按时上交作业的学生应查明原因并督促其认真完成。

（二）书面作业的批改

历史书面作业的批改应做到及时、认真、规范，要逐一批改每个学生的作业，对学生作业应评判出分数或等级，落款应签署批阅时间；重点关注作业中学生的思维误区和闪光点，用有针对性、启发性、激励性的语言对其做出评价，不使用贬低性批语；批改作业过程中要记录、整理学生在作业中存在的共性和个性问题，并分析问题产生的原因，为作业反馈和教学矫正奠定基础。

（三）实践类作业的批改

历史调查、历史小论文、历史辩论、历史材料札记等实践类作业，其评价虽然具有一定的开放性，但也要认真批改，给出等级或具体意见，对于优秀作品给予集中展示的机会，杜绝只收不批、仅批"阅""已阅"等现象。教师在布置这类作业前应对学生进行相关说明，在评价过程中，既要注重历史学科的特点，强调史实的准确性，做到多角度分析并联系现实，也要关注表现性特征，让学生可以自主表达对历史的理解和思考，在动态中引导学生体验历史，努力培养学生的合作精神、探究意识和研究性学习能力。

（四）运用多种方式批改

根据实际情况，可采用人工、智能或人工与智能相结合的手段进行历史作业批改。倡导运用智慧学校建设的信息化平台进行作业布置和批改，历史书面作业中的客观题宜采用智能手段批改，以提高批改效率并实现精准分析，主观题可采用人工或人工与智能相结合的方式批改。鼓励批改主体实现多元化，在教师为主导的前提下，也可让学生参与作业批改；推动批改方式实现多样化，可采用教师面批、小组轮批、同桌互批、自批自评等多种批改方式。

四 高效反馈作业

作业反馈是作业实施的重要环节，具有交流、评价、点拨、改进教学等作用。历史作业反馈能有效针对学生历史学习所反映的不足和问题，通过订正、讲评等方式帮助学生纠正错误、解决历史学习中存在的问题，因而，历史教师要在批改作业的基础上高效反馈作业。

(一)做好反馈准备

历史教师在批改作业的基础上，运用信息化手段，采用调查问卷、列表统计、个案分析等方式，将作业批改中发现的问题进行归类整理，分析作业目标的达成情况，关注不同层次学生作业的结果差异，借此探寻学生在教学内容理解、思维过程、方法应用和态度习惯等方面产生问题的原因，找准作业反馈的有效点，选择恰当的反馈方式和针对性强的跟进作业，为作业反馈做好准备。

(二)及时反馈结果

作业具有时效性，是教师对学生的历史学习进行实时诊断和评估的工具。及时反馈作业批改结果有助于激发学生的学习热情和学习欲望，帮助学生及时发现和改进存在的问题，有效提高反馈的效率和效果。

(三)灵活多样反馈

根据学生作业中存在的问题和作业类型进行有针对性的反馈和讲评。书面习题类作业中出现的突出共性问题，应采用集中讲评的方式，引导学生梳理知识、提炼思路、总结方法，解决问题；对于学生存在的个性化问题，应采取有针对性的个别辅导方式或直接在作业中批注进行处理。反馈方式既可采用线下方式进行讲评反馈，实现师生面对面的直接交流，也可采用网络直播讲评、制作作业讲评视频、微课在线发布等方式进行反馈；对于综合实践类作业，如历史调查、历史小论文、历史课本剧等，可以通过展评优秀作业等方式，发挥示范引领作用。

(四)注重全面反馈

历史作业的反馈不仅仅是告知学生正确答案，还要注重对作业态度、作业质量的评价，更要对作业中反映的典型错误、思维障碍、学习方法进行分析指导。历史作业反馈不仅是教师向学生的单向反馈，也要听取学生对作业质量的自我评价，甚至听取学生家长乃至年级组同伴对历史作业设计与实施质量的评价。通过多向反馈促进作业质量提升。针对作业反馈结果,师生要共同寻求改进历史学习的方式方法,及时调整教学内容,优化教学方式,改进日常教学评价,充分发挥作业对教学的诊断改进功能,实现教学相长。

五 作业实施中应把握的关键要素

(一)坚持育人为本

高中历史作业的设计与实施,要以育人为本,坚持正确的思想导向和价值判断,遵从历史学科的人文性特点,渗透学科育人价值,将历史作业作为一种学习方式,作为课堂教学的延伸与拓展,作为落实立德树人根本任务的重要途径;要以培育学生历史学科核心素养为目标,充分发挥历史作业在巩固必备知识、发展关键能力、养成良好学习习惯、形成正确价值观等方面的重要作用;要合理控制历史作业的难度、题量与时间,切实减轻学生过重的课业负担,保证学生身心健康发展,提升历史学习的效率和效果,为学生的全面发展和终身发展奠定坚实基础。

(二)优化专业指导

各级教研部门要将作业设计与实施能力建设纳入教学研究和继续教育培训的范畴,要求历史教师准确把握高中历史学科《课程标准》中的学业质量内涵及水平要求。指导历史教师掌握不同类型作业设计与实施的方法,利用双向细目表、作业设计流程表等专业工具,以单元作业设计为抓手,持续开展相关研究,科学设计作业,提升作业设计及命题能力。指导历史教师充分利用现代信息技术收集作业素材,科学设计、即时布置、及时回收作业并进行有效地批改、准确地统计分析,建立基于大数据分析的学生作业数据档案,总结作业设计与实施经验,推进优质作业资源的开发、遴选与使用。

(三)促进能力建设

教师的作业设计与实施理念先进与否、能力高低决定着作业质量的高低。历史教师要转变传统的作业设计与实施观念,走出应试型的作业设计与实施的误区,潜心研究历史学科作业设计与实施的特点、路径,创新作业设计与实施的方式方法,提升自身作业设计与实施的能力。各级教研部门要通过教研、培训、业务评比,切实提高教师的作业设计与实施能力。引导历史教师树立以生为本的作业观,以培养学生历史学科核心素养为指向,以单元为历史作业的设计布置单位,增加有益于学生深度学习、发散思维和综合能力培养的作业,杜绝无效、低效的作业;引导历史教师将作业的设计与实施从以经验为主导走向专业化,不断提高历史教师作业设计、布置、批改、分析、反馈辅导的有效性。

(四)开展校本研究

将历史作业的设计与实施作为校本教研的重要内容,以历史教研组和备课组为单位,围绕作业设计与实施中的重难点,以创新作业研究方式为主题等开展研修活动,不断提高教师作业设计与实施的能力。围绕历史作业质量的提升,组织校内外的教研活动,交流作业批改、讲评、辅导等方面的经验;汇聚集体智慧,研讨历史作业设计与实施过程中存在的问题、产生原因及对策,探寻促进学生历史学科核心素养落地的有效路径,推动历史教育教学质量的提升。

(五)加强作业管理

教育主管部门和学校要把教师的作业设计与实施能力、情况等因素纳入相关考核评价体系。学校依据有关规定,就作业的设计、批改反馈等环节制定具体的规章制度,对教师的作业设计与实施过程进行监督管理,建立学校、社会、教师、家长、学生多方参与的、定性与定量相结合的作业评价体系。历史教研组要组织全组教师建设校本作业库、编写分层作业,积极探索多样化的历史作业设计与实施路径,从注重作业量的考核转向注重作业质的考核,减少用教辅资料代替历史作业的现象,发挥好优秀教师在作业实施环节中的示范作用。各级教研部门应开展具有针对性的历史作业设计与实施竞赛、优秀案例评选与展示等活动,以激发历史教师的积极性、主动性。

(六)增进家校互动

学生作业是教师布置的、学生利用课后时间在学校或家庭中完成的学习任务。学生的作业态度培养、良好作业习惯的养成、高效和优质的作业质量达成必须在家庭、学校的共同努力下才能实现。因此,为保证历史作业的有效落实,历史教师应通过有效途径加强家校沟通,引导家长合理安排孩子课余生活和作业时间,避免家长盲目布置家庭作业,从而造成不必要的校外学习负担。通过家校互动,共同促进作业质量的提升。

执笔人:徐贵亮　李庆春　李广元　肖琼　叶盛　盛刚　刘春利

普通高中地理学科教学指导意见

为贯彻落实《国务院办公厅关于新时代推进普通高中育人方式改革的指导意见》（国办发〔2019〕29号）、《安徽省深化基础教育改革全面提高育人质量行动计划》（皖发〔2020〕6号）、《安徽省新时代推进普通高中育人方式改革实施方案》（皖教工委〔2020〕31号）等有关文件精神，以《普通高中地理课程标准（2017年版2020年修订）》（以下简称《课程标准》）、《安徽省普通高中新课程新教材实施方案（皖教基〔2020〕9号）》为依据，结合我省普通高中地理教学实际，对我省普通高中地理教学提出如下指导意见：

一　指导思想

坚持以习近平新时代中国特色社会主义思想为指导，深入贯彻党的十九大和全国教育大会精神，全面贯彻党的教育方针，落实立德树人根本任务，培育和践行社会主义核心价值观。以深化普通高中地理课程和教学改革为导向，加强普通高中地理课程实施的指导与管理，遵循教育教学规律和学生发展规律，全面落实《课程标准》的理念和要求，规范教育教学行为，改进教与学的方式，全面提高教育教学质量，达成普通高中地理课程目标，培养德智体美劳全面发展的社会主义建设者和接班人。

二　教学安排

（一）必修课程的安排

必修课程根据学生全面发展需要设置，为全体普通高中学生必学内容。

地理必修课程包括地理1和地理2两个模块。每个模块2学分，36课时，共计4学分，72课时。

1. 地理 1 模块的安排

该模块内容要求共 12 条,一般安排 36 课时。

教材将"自然环境与人类活动"融入各个"自然地理要素"中,这部分的课时可根据教材具体安排分配到相应的"自然地理要素"或"自然灾害"教学中。考虑到高中起始学期学生基础较为薄弱,"地球科学基础""大气""水"等教学进度不宜过快,课时可适当放宽。

该模块中的"地球演化""海水性质""植被""土壤"等为新增内容,教学课时要予以保证,当相应学期地理总课时能够超过 36 课时,可在这些部分增加课时,但不宜过于拓宽加深,如"地球演化过程"达到"简要"描述的要求即可。

若教材结合有关要素安排了"问题研究"或"单元活动"等内容,则应调整相应课时以保证这部分内容的教学。

鉴于地理 1 内容多、难度大、对后续内容学习支撑性强的特点,鼓励学校在调查学生学习需求的基础上统筹考虑整个高中学段的地理课程安排,在倾向选考地理的班级可考虑高一上学期每周安排 3 课时的地理课。

2. 地理 2 模块的安排

该模块内容要求共 11 条,一般安排 36 课时。

教材将"地域文化""城乡景观"融入"城市与乡村"等部分,相应部分可增加课时,也可将课时调整到"产业"等篇幅较多的内容。

该模块中的"乡村""服务业""国家重大发展战略""海洋"等为新增内容,教学课时要予以保证。当相应学期地理总课时能够超过 36 课时,可在这些部分增加课时,但不宜过于拓宽加深,如"国家重大内容"不宜涉及过多内容,而是重在以某项战略为例,初步学会分析运用专题地图分析"国家重大战略"地理背景的基本方法。

若教材结合有关主题安排了"问题研究"或"单元活动"等内容,则应调整相应课时以保证这部分内容的教学。

(二)选择性必修课程的安排

选择性必修课程根据学生个性发展和升学考试需要进行设置,包括 3 个模块,即"自然地理基础""区域发展""资源、环境与国家安全"。选择性必修课程的 3 个模块每个模块 2 学分,36 课时;共计 6 学分,108 课时。

1. 自然地理基础的安排

该模块内容要求共 9 条,一般安排 36 课时。

其中"自然地理环境对人类活动的影响"纳入相关内容标准中,课时不单列。

若教材结合有关要素安排了"问题研究"或"单元活动"等内容,则应调整相应课时以保证这部分内容的教学。

2. 区域发展

该模块内容要求共9条，一般安排36课时。

教材将"地理环境整体性""区域关联""因地制宜"等内容单列安排，可相应调整"区域及其类型"等部分的课时。

若教材结合有关主题安排了"问题研究"或"单元活动"等内容，则应调整相应课时以保证这部分内容的教学。

3. 资源、环境与国家安全

该模块内容要求共8条，一般安排36课时。

这部分内容相对抽象、宏观且时代性强，具体安排时要结合相关实践活动课程，设置一定课时用来组织学生开展社会调查和专题探究。若教材结合有关主题安排了"问题研究"或"单元活动"等内容，则应调整相应课时以保证这部分内容的教学。

上述各模块课时安排均包含了复习课时。

三 教学要求

（一）总体教学要求

普通高中地理教学要落实《课程标准》中的包含的基本理念，改进教育教学方式，充分发挥地理课程的育人价值。

在目标上，要落实立德树人根本任务，着重培养现代公民必备的地理核心素养，提升地理学科方面的必备品格和关键能力。引导学生关注地方、国家和全球的可持续发展问题，具备家国情怀和世界眼光，树立科学的人地协调观。

在内容上，要构建以地理核心概念为主干的教学内容体系。针对地理核心素养培养的要求，开发利于地理核心素养形成的课程资源，力求做到科学性、实践性、时代性的统一，满足多样、多层次教学活动的需求；要构建科学合理、功能互补的教学内容体系，坚持基础性、多样性、选择性并重，满足不同学生自身发展的需要，为其未来的学习、生活、工作储备坚实的必备知识。

在方式上，要基于学生立场，创新培育地理核心素养的教学方式。根据学生地理核心素养培育和形成过程的要求与特点，科学设计地理教学过程，充分利用地理信息技术，创设直观、实时、生动的地理教学情境，引导学生在自然、社会、生活等真实情境中开展丰富多样的地理实践活动，通过自主、合作、探究等方式学会认知、学会思考、学会行动。

（二）必修课程教学要求

1. 地理1教学要求

本模块的内容，依据新课标地理1的内容要求，主要包括三个方面："地球科学基础""自然地理实践""自然环境与人类活动的关系"。

本模块旨在帮助学生了解基本的地球科学知识，理解一些自然地理现象的过程与原理，增强对生活中的自然地理现象进行观察、识别、描述、解释、欣赏的意识与能力，树立尊重自然、顺应自然、保护自然的观念。

学习本模块之后，学生应能够运用地理信息技术和其他地理工具，观察、识别、描述与地貌、大气、水循环、海水、土壤、植被等有关的现象；具备一定的运用实验、考察、调查等方式进行科学探究的意识和能力（地理实践力）。能够运用地球科学的基础知识，说明一些自然现象之间的关系和变化过程与一些自然灾害的成因及对应的安全防范措施（综合思维）。能够在一定程度上合理描述和解释特定区域的自然现象，并说明对人类的影响（区域认知、人地协调观）。

2. 地理2教学要求

本模块的内容，依据新课标地理2的内容要求，主要包括四个方面："人口""城镇和乡村""产业区位选择""环境与发展"。

本模块旨在帮助学生了解基本社会经济活动的空间特点，树立绿色发展、共同发展、人地协调发展的观念。

学习本模块之后，学生能够运用地理信息技术和其他地理工具，收集和呈现人口、城镇、产业活动等人文地理数据及图表（地理实践力）。能够描述人文地理事物的空间现象及其变化，解释不同地方的人们对产业活动进行区位选择的依据（综合思维、区域认知）。能够形成判断人类活动与资源环境问题关系的初步意识（人地协调观）。

（三）选择性必修课程教学要求

1. 自然地理学基础教学要求

本模块的内容，依据新课标选择性必修课程"自然地理基础"的内容要求，主要包括三个方面："地球运动""自然地理环境中的物质运动与能量交换过程""自然地理环境的整体性和差异性"。

本模块旨在帮助学生了解人类生存的自然地理环境特征，理解自然地理环境及其演变过程对人类活动的影响，提升学生认识自然地理环境的意识和能力，树立人与自然是生命共同体的观念。

学习本模块之后，学生能够运用地理信息技术和其他地理工具，结合地球运动、自然地理环境要素的物质运动和能量交换，以及自然地理发展的基本过程，分析现实世界的一些自然现象、过程及其对人类活动的影响（综合思维，地理实践力）。能够运用地球运动、自然地理环境的整体性等知识，说明自然地理环境与人类活动之间的关系，以及尊重自然规律的重要性（人地协调观）。能够运用自然地理环境的整体性和地域分异规律，解释区域环境的整体性和差异性，并具备空间思维能力与因地制宜等基本地理思想方法（区域认知）。

2. 区域发展教学要求

本模块的内容，依据新课标选择性必修课程"区域发展"的内容要求，主要包括三个方面内容："区域的概念和类型""区域发展""区域协调"。

本模块旨在帮助学生了解区域特征及发展路径，理解区域创新发展和转型发展的重要意义，树立因地制宜、人地和谐的区域协调发展观。

学习本模块之后，学生能够运用地理信息技术和其他地理工具，观察比较不同区域的特征，掌握归纳区域特征的方法；运用公众可获取的基本信息，对自己所在区域的特征做出解释（区域认知、地理实践力）。能够从要素综合、时空综合等角度，说明区域发展特定阶段的城市、产业特点，以及出现资源环境问题的主要原因，并从人地协调的角度提出对策（综合思维、人地协调观）。

3. 资源、环境与国家安全教学要求

本模块主要包括三方面内容："自然资源开发利用""环境保护""资源""环境对国家安全的重要意义"。

本模块旨在帮助学生了解资源、环境与国家安全的关系，增强保护资源与环境、维护国家安全的意识。

学习本模块之后，学生能够运用地理信息技术和其他地理工具，或实地调查身边的资源、环境状况，分析问题及成因，有理有据地提出可行性对策（地理实践力）。能够综合分析各种区域性或全球性资源和环境问题对国家安全的影响，了解国家资源利用现状及政策和法规对维护国家安全的意义（综合思维、区域认知）。能够树立和谐的人地关系是维护国家安全的重要保障的意识（人地协调观）。

四 教学建议

（一）总体教学建议

地理学是研究地理环境以及人类活动与地理环境之间关系的学科，具有综合性和区域性等特点，兼有自然科学和人文社会科学的性质。有鉴于此，教师不仅要准确表达与传递学科知识，还要立足地理学科基本思想方法，凝练、整合相关内容，厘清知识链条，构建知识体系。在具体内容教学中，要着眼高中阶段总体知识体系，把握《课程标准》的内在关系，构建课标群。切忌分章列节、照本宣科地将教材知识碎片化、孤立化、表面化。

1. 树立基于核心素养培养的整体教学观念

地理核心素养的培育要求教师了解课程的设计思路，明确知识、能力、品格的内在关系，注意教学各方面的一致性，树立基于核心素养培养的整体教学观念。

在新课教学中，要关注本节与本单元教学内容之间的关系，以及在本单元和本模块中的地位，乃至与其他单元、模块之间的联系，并基于这种关联以单元为单位整体设计教学，引导学生构建相对完整的知识体系。

对于新课与单元内容的整合，教师要针对关键问题、围绕核心概念，把握知识的内在联系。要充分利用教材资源与其他教学资源，紧扣与教学内容联系紧密的关键点，运用一定的教学方法或策略将其在课堂中反映出来。如在新课导入时，若将某些能反映本单元内容的真实情境加以综合处理、运用，这样既可以激发学生学习的兴趣，便于新课教学的开展，又可以强化新旧知识之间的联系，便于构建知识链条。

对于跨单元、跨模块的知识内容，教师要在把握其关联课标内容的同时，搜集相关资料，对教学资源进行优化整合。由于跨单元、跨模块的课程往往覆盖到的课标要求较多，这就要求教师在备课过程中，将存在联系的教学内容进行有目的地筛选与优化，形成课标群，形成系统的教学目标。教学过程中，教师可通过有效的情境导入、问题设置、活动开展、结果评价等多个环节来引导学生将所学知识串联起来，构建知识网络。

2. 切实以学生的基础和需求为出发点展开教学

根据《课程标准》确定教学内容后，要以学生的认知基础和发展需求为出发点设计教学过程，丰富教学活动，积极创造条件开展地理实践教学。

（1）突出学生主体地位

教师需要改变传统的教学方法与观念，切实尊重学生的主体地位，转变教学方式，引导学生"真探究"。首先，要构建平等的师生关系，营造开放的教学氛围。其次，问题设置要符合"最近发展区"原则。最后，活动的设置要符合学生实际实践水平，贴近或融入学生的现实生活。只有具有代入感的设计，才能激发起学生探究的欲望。

（2）转变教学评价方式

地理核心素养的落实，需要教师反思日常教学评价的方式方法，建议在继承传统教学优点的基础上，尝试开展学生思维结构评价、表现性评价，改变传统教学评价中"重结果、轻过程"的倾向。在教学设计时，教师要突出学生在教学中的主体地位，可灵活运用活动探究、问题引领等多种方式，提高学生的课堂参与度；在教学过程中，教师要在把握教学预设的同时，重视课堂生成的内容，使得课堂更具有开放性，增进教学智慧；在教学评价中，教师要转变只重视教学结果的观念，要重视对学生学习过程中情感与体验的关注，重视对学生探索、创新能力的培养。

（3）关注学生发展差异

新课程强调选择性，学生的发展需求不同，教学培养目标与教材使用也有着一定程度的差异。必修模块面向全体普通高中学生，主要目标是让学生掌握终身发展必备的地理基础知识和基本技能，满足全体学生基本的地理学习需求。选择性必修模块主要面向在高考中选择地理学科的学生，主要目标是让学生在掌握地理基础知识与基本技能的基础上，具备进一步分析与解释地理现象和解决实际地理问题的能力。

就主观选择而言，不同群体的学生发展需求存在不同；就客观条件来说，不同类型、层次的中学学生之间实际水平存在分层差异。这些变化必然要求普通高中地理实施分层教学。

教师应在确保符合《课程标准》的前提下,处理好必修与选修模块之间的关系,力求将不同模块之间的知识与内容进行细化、加工与整理,落实到具体的地理事物、现象以及区域发展之中。要根据学生层次因材施教,对于学习水平较高的学生群体,教师可在完成学业的基础上按照发展需求适当延伸,以培养学生的学习兴趣与学习能力;对于学科基础薄弱的学生群体,教师应将重点放在必备知识上,将《课程标准》中的内容要求分解、细化,确保每节课的教学目标落实落细。

3. 突出高中地理的学科价值

地理学科具有独特的研究对象、内容、方法与思维方式,能够帮助人们用独特的地理视角去理解这个世界。高中地理教学要突出学科价值,满足学生探索自然奥秘、认识社会生活环境、掌握现代地理科学技术方法等不同方面的学习需要。

首先,要突出时空综合。时空综合是地理学科特有的综合思维方式,地球表层系统的复杂性决定了我们不能静态地看问题,也不能从单一视角看问题,而是要从时间和空间序列来综合认识地理环境的发展变化。我们现在所能观察的地球表层系统只是地理环境发展变化过程中的一个阶段或"瞬间",而且这个"快照"还存在着一个观察角度的问题。只有从时间序列去看问题,才能理解当下地理环境的状况;只有从空间序列去看问题,才能理解身处的地理环境的状况。

从时空综合的角度来认识地理事物的发展,还存在尺度的选择问题。时空综合既包括时间尺度的选择,也包括空间尺度的选择。尺度不同对地理环境的理解也就不同,对于学生的启发自然不同。时空综合的灵活切换是学生提升区域认知能力、发展综合性思维的重要手段。

其次,要突出人地协调。人地协调观必须通过真切的地理情境加以培育。好的地理情境,不仅要求体现出地理学科的思想价值,还要做到以下几点:①情境要源于或略高于学生的生活体验与信息积累。学生能够抓得住要点,才能引起思想共鸣。②情境具有代入感。具备代入感的地理教学情境,能让学生在课堂中对自己的"角色"进行认领,跟随情境不断深入,设身处地进行思考与判断。③思想主线要鲜明扼要。高中学生群体,认知水平虽有提高,但仍然具有一定的局限性,因此,思想突出的地理情境可减轻学生的理解负担,更有利于地理核心思想价值观的落实。

最后,要注重地理实践。地理实验、实践活动是学生感悟、体验现实世界中地理要素之间相互关系、人类与地理环境之间关系的重要途径。《课程标准》指出:"学生能够运用所学知识和地理工具,在室内、野外和社会真实环境下,通过考察、实验调查等方式获取地理信息,探索和尝试解决实际问题,具备活动策划、实施等能力。"由此可见,培养地理实践力的途径很多,教师可以充分利用、调动身边的资源组织教学,更多地取材于生活实际,并以问题为引导,力求学生始终带着问题去探究,通过实验、实践过程的层层递进,学生在解决一系列问题的基础上实现思维进阶和素养提升。

(二)必修课程教学建议

1. 地理1教学建议

(1)要讲清自然环境要素及其与人类活动的关系。教学中要特别注意自然地理原理的"落地分析"。引导学生从区域的视角,运用综合的观点,在考察和实验等地理实践活动中认识自然地理现象,理解自然地理过程和原理,进而理解自然环境是人类生存、发展的基础,辩证看待自然环境对人类活动的各种影响。

(2)积极开展地理实践活动。指导学生运用体验、观察、观测、实验、制作、野外考察等方式开展地理实践活动,不断提高学生的地理实践力。例如:在"地球的圈层结构""常见自然灾害"等内容的教学中,可以组织学生参观地质博物馆等,开展针对某种自然灾害的避灾应急演练活动,提高学生的自救能力,增强对生命的热爱之情;在"地貌"这一知识点的教学中,可以指导学生观察或制作地貌模型,带领学生实地考察家乡的地貌,识别常见地貌并描述其景观的主要特点。

(3)充分运用直观教具和信息技术辅助教学。利用地图、景观图像、地理视频、地理模型、网络资源、计算机软件、虚拟现实技术、增强现实技术等,帮助学生在无法实地接触的条件下去认识真实的地理事物,促进地理学习的拓展和深入。例如:在"运用资料,描述地球所处的宇宙环境"这一知识点的教学中,可以利用相关的视频资料或模型,引导学生通过观看视频或观察模型形成对地球所处宇宙环境的直观认识;在"水循环"的教学中,可以利用计算机模拟软件进行水循环过程的学习。

(4)充分结合身边的地理,指导学生开展自主学习和探究活动,如用大气受热过程和大气垂直分层的知识,解释现实生活中的雨雪霜露、飞机飞行高度等事物和现象。

2. 地理2教学建议

(1)要以基本社会经济活动的空间特点为线索组织教学内容。教学中引导学生分析给定区域的人文地理事象特点及其影响因素,提升区域认知水平和综合思维能力。指导学生设计和实施社会调查,在地理实践中理解社会经济活动的时空变化过程,正确认识人地关系,树立人地协调发展的观念。

(2)要不断优化案例学习的方法。通过分析体现人类活动与自然环境关系的典型实例,帮助学生理解党和国家提出的新的发展理念,引导学生联系社会发展和生活经验,运用比较和归纳的方法,概括相关原理和规律,掌握分析人文地理问题的思路和方法,实现知识迁移和能力提升。

(3)要注重社会调查等实践,联系社会生活实际,探究、解决现实问题。教师要充分利用学生原有的认知经验创设问题情境,引发认知冲突,形成探究性问题,使学生在探究过程中不断提高问题意识和质疑能力,并尝试提出分析、解决问题的方案。

(4)要强化人文地理信息的搜集与运用。教师要充分利用正规渠道搜集相关主题信息,为学生自主探究和合作交流提供必要的、充分的信息和资料,帮助学生在分析社会经济活动特点的形成原因和提出合理措施的过程中,提升综合思维能力,领悟人地协调的重要性。

(三)选择性必修课程教学建议

1. 自然地理学基础教学建议

首先,要以自然地理环境系统及其要素发展、演变过程对人类活动的影响为线索组织教学。引导学生关注自然地理环境各要素的特征、演变过程及自然地理环境整体性、差异性。注重从现实生活中的地理事物和现象出发,发现问题、解决问题,初步形成系统、全面、动态地分析地理问题的意识和能力。在具体教学过程中,要引导学生通过认识岩石圈物质循环过程、内力和外力对地表形态变化的影响、气压带和风带对气候形成的作用、各类陆地水体之间的相互关系、自然环境的整体性和地域分异规律等,发展综合思维、区域认知等学科核心素养。要通过学习人类活动与地表形态的关系、洋流对地理环境和人类活动的影响,落实地理综合思维、人地协调观的培育。

其次,采用"任务驱动教学法"。在任务驱动的教学中,应注意以下两方面:一是基于学生的生活体验,设计特定的学习情境,指导学生观察有关地理现象,在此基础上,发现问题,并结合具体教学内容进行任务设计;二是教学活动所设置的具体任务序列应符合学生的认知规律,体现由掌握基本知识到实现迁移应用的过程。

最后,注重运用现代地理信息技术、模拟实验、实地考察等方法,提高学生解释地理现象和认识自然环境的能力,培养学生的地理实践力。

2. 区域发展教学建议

首先,要以认识区域地理条件、区域特征和发展方向为线索组织教学内容。通过典型的或身边的案例,让学生了解区域及其发展的多样性,理解人地协调是区域可持续发展的必然选择。给学生提供不同类型的区域发展条件、问题和若干途径的素材,引导学生分类思考区域发展问题。给学生提供基本的区域数据及来源,让学生了解这些数据对分析社会经济和人地协调问题的支撑作用。利用调查资料,引导学生确立从区域部分与整体,以及从区域动态变化的角度分析和研究区域的思维方式。在引导学生学习认识区域地理条件、区域特点和发展方向的教学中,注重学生综合思维、区域认知、人地协调观等学科核心素养的培养。

其次,采用分析、比较、归纳、综合等区域地理的学习方法。在区域地理教学中,结合教材提供的图表、数据及文字资料,指导学生运用分析、比较、归纳、综合等区域地理的学习方法,探究区域地理条件、区域特点和发展方向,分析不同区域在自然地理环境和人文地理环境方面的异同等。

最后,可采用"案例式教学法"。选取的案例要具有典型性,需要包括典型的地理事象、典型的地理问题解决方法,体现特定的地理原理,便于学生理解地理原理,归纳方法,并迁移应用。案例的呈现方式力求多样。倡导图表、数据、文字、音视频等相结合的形式,形成生动的问题情境,激发学生探究的兴趣。在解决问题的过程中,注重获取图文信息的过程与方法,强调条理、规范的文字和语言表述。注意探究活动的设计,体现案例教学的本质,即"利用案例创设情境→设置问题→小组探究活动→课堂展示成果、交流→归纳总结一般规律和方法→迁移应用"。

3.资源、环境与国家安全教学建议

首先,以资源、环境与人类活动的关系为线索组织教学内容。积极吸收当代环境教育的成果、知识和方法,不断更新教学内容,体现环境教育的时代性和前瞻性。帮助学生了解环境问题、环境保护措施,提升认识环境问题的能力,引导学生懂得全民共治、源头防治的重要性。尤其在观念上,将资源开发利用、环境保护上升到维护国家资源、生态安全的层面来认识,提高学生保护资源与环境、维护国家安全的意识。在教学活动中,通过对环境与环境问题、资源问题与资源的利用保护、生态环境问题与生态环境保护、环境污染与防治、环境管理等内容的学习,对学生进行综合思维、区域认知、人地协调观和地理实践力等学科核心素养的培养。

其次,可采用"问题式教学"。"问题式教学"以问题为中心、以学生为主体,用学科思维整合学习内容,分析各种环境和资源问题发生的原因、危害和解决的办法。教学活动要充分利用相关资料和实例,注重图表的使用,培养学生收集和运用地理信息、分析并解决地理实际问题的能力。

最后,鼓励、引导学生关注当地的资源、环境问题,积极参加户外考察、实验、社会调查等地理实践活动,促使学生在真实情景中观察、理解和感悟资源、环境与人类活动的关系,发展学生的地理实践力,促进学校教育与社会生活相结合。

五 评价与考试建议

建立基于地理学科核心素养发展的学习评价体系。准确把握地理学科核心素养的水平划分,以学业质量标准为依据,形成过程性评价与终结性评价相结合的学习评价体系。科学测评学生的地理认知水平、地理实践能力、价值判断能力,全面反映学生地理学科核心素养的发展状况。

地理教学活动要引导学生在地理学习中学会认知、学会思考、学会行动。评价活动尝试更多地运用学生思维结构评价、表现性评价等。

(一)日常教学评价建议

1.思维结构评价

地理核心素养的培养需要重视学生在地理学习过程中的思维发展。学生的思维表现可以从不同角度评价,其中之一就是对思维结构的评价。思维结构式评价关注学生在地理学习中表现出来的思维结构的个体差异,有助于教师把握不同学生的学习状态,使后续的教学设计能够更有针对性地促进学生地理核心素养的形成。思维结构式评价也可避免开放式测试题单纯以"知识点"为评判标准的不足,从而关注学生的思维结构。

对思维结构的评价可以参考基于"可观察的学习成果结构"分类理论。该理论将学生学习结果表现出来的思维状况分为无结构(思维混乱)、单点结构(只能涉及单一的要点或要素)、多点结构(可涉及多个要点或要素,但无法建立相互之间的关系)、关联结构(能够涉及多个要点或要素,而且能够建立合理的联系)和拓展抽象结构(能够更进一步抽象认识或超越问题本身实现意义拓展、升华)。

思维结构评价操作的关键点有:一、为学生提供开放式的问题,使学生回答问题的思维过程可见,形成学习结果;二、使用结构化的评价方案,通过对学习结果的分层来判断学生思维发展状态;三、教师可在后续的教学中针对存在的问题给予有针对性的、个性化的指导。

思维结构评价的具体操作建议有:一、要明确经过一段教学后,希望学生形成什么样的思维结构;二、根据教学进度合理安排前测和后测的时间和次数,不额外增加学生考试负担;三、设计能够反映学生思维结构的题目,且题目应具有开放性;四、确定各种结构表现的指标;五、在获得每个学生的思维结构现状后,教师可设计有针对性的教学方法,帮助学生不断完善思维结构。

对于学生思维结构的评价,教师可以根据教学的实际情况进一步探索和调整,甚至发展出本地化的思维结构划分指标和操作方法。思维结构评价方法对改善日常教学也有积极意义,将教学的重点从只关注孤立"知识点"或单一的"正确"结论,拓展到关注学生对地理问题的完整认识过程。这就需要教师在日常教学中给学生更多表达看法的机会,促使学生地理思维过程和真实状态外显。

2. 表现性评价

学生地理核心素养发展状况是通过学习过程中的一系列行为体现的。新课标在教学与评价中建议"关注表现性评价"。表现性评价是指对学生在真实情景中完成某项任务或任务群时对所表现出的语言、文字、创造和实践能力的评定,也指对学生在具体的学习过程中,所表现出的对学习态度、努力程度以及问题解决能力等方面的评定。表现性评价比较适合评定学生应用知识、整合学科内容,以及决策、交流、合作等能力,是一种适合评价学生核心素养发展的方法。

表现性评价通常包括:一、对开放式问题的笔试评价;二、对成果的实际操作过程及展示的评价;三、对日常谈话和观察开展的评价;四、对高层次学力状况的"思考能力、判断能力、表现能力"的评价;五、对日常环境中不同行为习惯的表现评价。

要准确评价学生在整个学习过程中的表现,教师应该了解"表现性学习任务"所应具备的必要条件和制作程序。必要条件是指学习任务必须具备"真实、适度复杂、表现可观察"等条件。制作程序包括:学习任务的"目的"是什么;学习任务面向什么样的学生群体;学生在学习任务中扮演的"角色"是什么;设定什么样的"情境";形成怎样的"表现"和"成果";评价的"内容"和"标准"怎样设定;等等。

"分组活动"在"表现性学习任务"实施过程中是一个不可或缺的环节,它不仅可以反映学生的学习态度、协作的意识、交流的成效,还可以反映出学生在探究路径中的学习困难和问题。因此将学生在活动中的表现真实地记录下来,是评价学生表现的重要证据。

在开展表现性评价的过程中还应建立学生成长档案袋,详细记录学生能力培养和素养养成的路径轨迹,记录的资料要全面、完整和真实。在建立档案袋的过程中要充分发挥好学生的作用,让学生参与设计、制定评价量规和档案袋的内容及形式,让表现性评价成为一种能真实反映学生是否具备"在实践中解决问题、合作交流和批判性思考等多种复杂能力"方面的最佳评价。

(二)考试建议

普通高中地理考试目标定位在"地理学科核心素养"达成状况的测试与考查上。理解和把握地理学科核心素养与学业质量标准,制定明确的评价目标,是有效测试学生地理学科核心素养预期表现的关键。考试依据《课程标准》中的学业质量标准,具体细化为测试目标。试题根据所要考查的核心素养表现,选择测试内容,确定具体考查任务。试题参考答案和评分标准具体描述学生在特定情境中应达到的状态、水平表现,并将其叙写为评价目标。

构建能够科学测评地理核心素养发展水平的测评框架,核心是确定测评地理学科核心素养及其表现水平。除地理核心素养这一关键维度外,还应从测试内容、具体任务、试题情境三个方面考虑测试的具体设计。

面向全体考生的地理考试,内容以必修课程地理 1 和地理 2 为主,要求以地理学业质量水平二为主。

附件 1

高中地理学科备课规范要求

一 基本原则

(一)面向全体学生

基于地理学科核心素养的教学要求面向全体学生,关注每个学生的发展。教师在备课时,既不能浅尝辄止,流于形式,也不能贪多求深、一步到顶,而是要考虑到不同层次学生的发展,了解不同学习风格的学生的需求,设计多种活动方式,力求让不同层次、不同类型的学生各得其所,引导学生实现个性化的发展。

(二)严格依据课标

《课程标准》是统领教材、教学、考试的纲领性文件。要彻底改变以往基于考纲、教材的备课模式,做好基于地理学科核心素养、反映课改理念的教学设计。其实施要点包括:明确地理学科核心素养的要素及内涵,准确把握地理学科本质和地理学科特性;解读《课程标准》的目标陈述结构,分析《课程标准》的基本要求,落实地理学科核心素养的目标和途径;分析教材,提取教材所隐含的知识结构、认知内容的基本方法与过程;根据教学内容和对象特点,确立教学或学习目标的重点和难点;收集与教学内容相关的课程资源;确立教学的策略和方法,根据内容特点设计学生学习的基本过程与方法;设计学生学习效果的评价;及时总结与反思教学过程。

(三)明确学科素养

首先,要明确地理学科核心素养的结构。人地协调观和区域认知更多地体现的是地理学的本体,综合思维更多地体现的是地理学认识论和方法论,地理实践力更多地体现的是地理学价值应用。其次,要明确地理学科核心素养的内涵。以人地协调观为例,教师应明确其本质是价值观,是宏观指导,必须借助于地理事例才能在课堂教学中有效落实。最后,要明确地理学科核心素养的表现,为课堂教学实践提供参照系,特别要根据地理学科核心素养的不同层次水平(学业质量标准)将其有效转化为教学目标,并设计相关的教学活动,为有效落实地理学科核心素养提供保障。

(四)重视内隐学习

狭义上的地理学科知识包括地理学科事实、学科术语、学科符号、学科概念、学科原理、学科规律等"可视的内容"(学科的表层结构);广义上的地理学科知识还包括地理学科方法、学科思想、学科观念、学科精神等"隐性的内容"(学科的深层结构),即学科本质,它不仅是学科知识的重要组成部分,而且是学科核心素养最重要的源泉和基础。在教学设计中,第一,要超越简单的具体知识,去理解和把握具体知识背后的地理价值、思想和方法;第二,要超越表层的符号形式,去理解和把握符号形式背后的地理事象、过程和逻辑;第三,要超越单一知识点本身,去理解和把握地理概念、规律、原理之间的线索和结构;第四,要将地理学科知识重新融入真实复杂的地理情境中,引导学生在具体可感的情境中实现默会和顿悟。

二　基本方法

(一)教学目标的确定

从课程目标体系理解教学要求,高中课程的目标体系为"教育目的——学科目标——教学目标"。教育目的是落实立德树人的根本任务,践行社会主义核心价值观的培养。地理学科目标,即培养地理学科核心素养——学生通过学习地理课程而逐步形成的必备知识、关键能力、必备品格。教学目标是指在教学活动中学生针对具体内容的学习结果。显然,并不是每一节课都要落实地理学科四个核心素养的培养。

1. 确定教学目标的程序

第一步:研读地理学科核心素养、《课程标准》和教科书的内容;第二步:分析学生发展的状况;第三步:明确地理学科核心素养、《课程标准》和教材文本的要求与学生现有发展水平的差距;第四步:根据目标要求与现有水平的差距,分别确立学年、学期、单元、课时的教学目标,并在课时教学目标与单元、学期、学年教学目标对接的基础上,使课时教学目标体现出内容明确、螺旋上升的态势。

2. 确定教学目标的要点

基于《课程标准》确定教学目标时,首先要理解课程理念、课程目标和相关要求,但不能将课标的内容要求等同于教学目标,以免出现教学目标笼统、模糊、随意性大、难以操作的问题。其次要对《课程标准》要求进行分解和细化。分解《课程标准》就是将抽象的内容标准通过分解,具体化为学年、学期、单元或课时的教学目标,教学目标必须明确为何学、学什么、怎么学、学到什么程度,以学生为主体,用可观察、可测量、可操作的行为动词,准确描述教学目标,旨在为学生指明课堂学习方向,管理学习过程,提高学习效率。其次要以学业质量标准为抓手。最后要基于学情,综合分析学情是教学目标设计的出发点。分析学习者的特征时,既要考虑学习者之间的稳定的、相似的共性特征,又要分析学习者之间变化的、差异性的个性特征。也就是当一位教师承担不同水平班级的教学任务时,应根据学生的已有知识与学习能力,适当调整各班的教学目标。

需要注意的是,四个核心素养相互渗透、相互影响,在表述教学目标时,不能将学科核心素养割裂开来,而应体现其整体性。

(二)教学内容的选择

教学内容主要指地理学科核心素养形成的主要载体——地理学科知识,具体地理知识依托于相应主题的文本和图表,一般对应为教科书的相关章节。

1.把握教材特点

教学内容的选择,离不开特定的教材。只有正确而深入地把握教材特点,特别是教材的编写思路、栏目功能和呈现方式,才能正确而有效地发掘教学内容。因此教师在备课时,要依据地理学科核心素养形成的要求和教学目标,在深刻把握教科书重点内容的基础上,综合利用各类课程资源,做到因材施教。

2.联系生产生活

地理学科的自身性质与特点决定着教学必须关注"身边的地理"。因此,教师在确定教学内容时,还要引导学生关注生产和生活,并将教材中的内容与社会生产、学生生活联系起来,引导学生调动基本地理实践活动体验,从而理论联系实践,学以致用。

3.优化呈现形式

课程资源的呈现形式对于教学有着显著影响。因此,教师在教学内容的选择上,要适当关注课程资源的呈现形式,借助于对呈现形式的分析和理解,培养学生的创造性思维。在地理教学设计中要充分利用现代地理信息技术,呈现能让学生产生"身临其境"体验的地理事物和现象,帮助学生不断积累地理隐性知识,促进学生形成地理学科核心素养。

(三)教学重难点的把握

教师在确定教学重难点时,要在地理学科核心素养的导向下,从对学生地理学科核心素养的形成角度出发,梳理在地理学科居于核心地位的概念、原理、规律、方法,筛选对学生发展或后继学习具有重要价值的知识、技能、态度,明确对学生的接受能力或学习能力构成挑战的问题等。

1.立足《课程标准》,把握教材

依据《课程标准》分析地理教材,把握地理学科核心主干知识,从而确定教学重点。要吃透《课程标准》,要仔细阅读教材和教参,全面理解教材内容,把握教材所含知识点及其生成的逻辑规律,只有明确了这节课的完整知识体系和教学目标,并将《课程标准》、地理教材结合起来,才能科学地确定教学重点和难点。

2.立足学情,把握教学思路

要结合学生的实际情况及其在教与学的难点表现确定重难点。要了解学生原有的知识和技能状况,了解学生的兴趣、需要和思想状况,了解其学习方法和习惯。备课时,要根据教材和学生的情况,对可能出现的教学难点做出判断,并采取有效措施。要认真分析知识生成的思维链条,分析达到学习目标所必需的知识储备和能力基础,然后思考学生的现状和这些要求的差距,从而确定教学难点,在必要的情况下还要调整教学难点。

3. 立足学科价值，确定要点

要从地理学科教育价值的角度出发，确定教学的重难点。依据知识内容对学生的发展定位的影响确定重难点。知识内容就是教材中最主要的内容，在知识结构中起纽带作用的知识包括基本概念、基本理论、基本技能等，要对这些知识内容进行分析，再结合《课程标准》、学生情况确定教学重难点。

此外，教学重难点不能只指出相关的知识点，还要指出推理、理解、分析、应用等行为动词。教学要及时反思教学重难点的落实情况和合理性，提高教学重难点设定的合理性和准确性。

(四) 设计教学活动

地理教学活动是地理学科核心素养形成的主要途径。在教学活动中，学的活动是根本。因此教学活动设计必须围绕学来展开。

首先要强调实践性。重视学生直接经验的获得，设计的重点就是如何想方设法调动学生的身心，引导学生主动参与，在观察中学习，在探究中学习，在交流中学习，在各种亲自操作和实践活动中学习。

其次要强调思维性。地理教学活动的核心就是培养地理学科思维，即培养学生地理学科特有的理解问题和分析问题的思维方式。地理教学活动的过程就是思考的过程，是一个发现问题、分析问题和解决问题的过程。在这一过程中，学生产生疑问，遇到困难，进而面对问题和困难，不断思考解决的方法，进而将自己的聪明才智、独特个性和创造成果的过程展示出来，形成地理学科核心素养。所以，地理教学活动的过程就应该是学生地理思维的发展过程。活动的设计要体现地理学科的性质和特点，要尽可能地让学生的思维动起来，促进学生探索和思考。

最后要突出自主性。要充分发挥学生的主动性，让其在地理教学活动中主动活动，而不是因教师的要求而活动。教师在地理教学活动的设计上要注意活动的完整性和整体性，要让学生经历从地理感性认识到理性认识、从地理现象到本质、从猜测到验证的过程，经历从片面到全面、由浅入深、从易到难的过程。在此过程中，教师要尊重学生的个体独立性，要尽可能地让一切学习均基于学生自身的独立活动，而不能包办代替。地理教学活动，无论是活动的过程，还是活动的设计、组织以及活动的总结、评价，均要让学生成为主角、主体。

(五) 教学用具和资料的准备

1. 地理教学用具的准备

地理教学用具是在教学过程中为学生提供地理知识和学习情境的器材，是校内地理课程资源的主要组成部分。地理学科内容广泛，需要借助各种教具使学生形成地理表象。各种教具有不同的作用，教师要密切结合地理课堂教学，积极利用各种教学用具，变抽象为具体,变遥远的感知为亲眼所见,化难为易,改变课堂教学模式,从而达到事半功倍的教学效果。

一方面,要发挥传统教学用具的优势。教师可以利用板图、板画等形式帮助学生理解高中地理中诸多过程性的知识,从而有效突破重难点。教师一边画图一边讲解,就可以根据学生的反应,及时掌握学生的学习情况。教师可以利用地理模型、地理标本和地理实验器材开展相关的实践教学。要以地理学科核心素养的培养为宗旨,与地理理论知识的学习和应用相结合,引导学生用地理视角去观察、行动和思考,并在对真实世界的感受和体验中进一步提升理性认识。

另一方面,要深化信息技术应用。教师应结合教学活动,依据教学内容,设计基于交互式客户端的交互式学习,构建利用信息技术支持解决真实地理问题的实践教学,如利用地理信息系统(GIS)帮助学生探索真实世界。在解决问题的过程中落实地理课标对地理信息技术应用的要求,如基于平板电脑的在线学习。例如:学习"地球运动"专题时,可以利用"地球仪3D""全球地理3D-VR""太阳测量师""城市时钟"等手机软件来设计学习探究活动,直观感知地球运动的相关现象;学习"大气"专题时,可以利用在线气象网站或相关气象类手机软件上的显示天气云图和风场的动能,引导学生感知和理解真实的大气状况;学习"城市"专题时,可以利用相关辅助软件展示城市的内部空间结构演变等。

2.教学资料的准备

为了深刻地领会地理学科核心素养、《课程标准》提出的教学要求,教师必须深入地钻研教材,做到用教材教。但要做到科学地进行教学设计,还必须广泛收集、运用教学资料。第一,地理教材从编写到出版需要一定的时间,在这段时间里科技在发展,社会在变化,教材的滞后性不可避免;第二,地理科学是一门综合性学科,与其他学科相关,地理教材边缘性很强,内容十分广博;第三,要让学生主动参与到教学过程中,教师就必须结合教材内容收集材料,创设情境,为学生提供丰富而典型的事实材料,使其足以"说理""析事";第四,地理教学要求联系学校所在地的气候、资源、交通、旅游、农业土地利用、工业发展、城市规划、环境保护和环境污染及其治理等方面的实际,这就必须收集当地材料。因此,要求教师在平时重视做好地理教学所需各方面资料的收集和整理工作。

地理教学资料内容丰富,来源广泛,但不能盲目收集。收集地理教学资料一定要与教材内容紧密结合,对教材中的某一知识点能起到补充、加深、说明、理解的作用。而且,材料要有代表性、典型性,真实可靠。

三 基本步骤

调查显示,我省地理教师备课时在研读课标及课标的细化落实、分析学情、教材解读、真实情境的创设、学生活动及评价的设计和编制学案等方面存在明显的不足,建议教师备课时采用以下的基本步骤,改善现状。

(一)备课标

在地理学科核心素养的导向下,教师备课前首先要钻研《课程标准》。一方面要吃透课标中对相关知识、能力、品格的具体规定,另一方面要把握学生"学到什么程度"的质量标准。

在对地理学科核心素养和质量标准有了深刻把握后,教师要结合地理学科的内容和特点,将具体知识、能力、情境方面的目标整合到核心素养的框架中。地理学科教学目标可以表述为:通过掌握基础知识,形成基本技能,体悟知识产生的过程;通过掌握学科思维方法,形成良好的情感态度和正确的价值观。所有目标均要结合具体教学内容,地理学科核心素养方面得到发展,达到地理学科必备的核心素养水平。

(二)备教材

地理教科书是地理课程的核心教学材料,是地理教师授课最重要的具体内容依据。因此,教师备课的第一步,就是对教材进行分析和理解,把握教材的编写特点及架构,寻找《课程标准》和学科核心素养在教材中的落脚点,从而找到三者之间的连接之处。

1. 整体解读

要通读全套地理教材(包括必修、选择性必修和选修),对知识进行全面系统地梳理,并通过"瞻前顾后",从中找出地理知识的结构和脉络。教师在解读地理教材时,不仅要关注教材知识层面的内在联系,还要仔细揣摩能力层面的进阶序列、深刻把握品格层面发展进程,从而从关注和提升学生核心素养的角度进行地理教学的设计,开展深度学习。教师要参考多个版本的教材,通过比较发现教材的优点和不足,实现取长补短。

2. 单元梳理

在细致、深入解读地理教材的基础上,教师要注意以单元为单位,从不同的角度对地理教材进行科学梳理,提炼出各单元的核心概念。同时,围绕核心概念,从纵向线、横向线两个方面入手,了解针对教材要采取的主要教学策略、《课程标准》的要求,达到教材梳理的三重境界。

(1)提炼单元核心概念。教师要研读单元中的地理子概念,根据概念间的从属关系分析每节、每框题在单元中的地位、功能,把每个单元中的概念串联起来形成概念体系,找出单元核心概念。

(2)完成纵向线设计。教师要将单元教学内容进行统理,完成其纵向线设计。教师要研究单元模块在本册教材甚至整个学段教材系统中的地位、功能,把同主题的相关单元模块纵向联系起来,前后呼应,形成主题知识建构的纵向脉络。

(3)完成横向线设计。教师还要通过同类知识的内在联系,使知识系列化。教师可以通过横向线设计,找到知识的内在联系,通过利用纽带作用,由一节课到一系列课,形成知识网络。

3.逐课精研

在全册解读、单元梳理完成后，教师就要落实到每一节课的内容上，细细精研。一方面从地理的视角发掘内容的思想价值和实践意义，找到教学的切入点；另一方面，从教育心理的视角分析内容的难易度，确定教学的重点和难点，设计系列问题。

（三）备学生

首先，深入了解学生，准确定位"最近发展区"。教师在备课时应从学生的角度出发，了解学生原有的地理知识状态水平和地理学习能力，为学生确定适合的地理学习起点。从学生的起点、知识和能力素养入手，分析学生是否具备进行新的地理学习所必须掌握的知识与技能，是否具有学习的自我管理组织能力和心理承受能力，了解学生对所学内容的认识水平和态度。教师要了解学生的兴趣和愿望，将教学定位在"最近发展区"，同时将地理教材与学生的生活经验和情感体验结合起来，使地理教学充满生活气息和生命活力。备课时，还要为"学困生"提供特殊服务，了解他们学习障碍产生的内因和外因。每个学生的内心世界与其生活和学习的物质环境、人文环境等外部世界是密不可分的。备课时，多倾听学生的真实想法，结合学生的生活实际经验和已有的认知结构，多设计"小步勤挪"的教学环节，从而让"学困生"敢于走上讲台，感受课堂学习动态，提升地理素养。

其次，教师要设计多种地理教学活动，培养和升华学生的核心素养。利用多种多样的活动，让学生在广泛而深刻的亲身实践过程中，锻炼能力、体验生活、领悟人生道理。这不仅有利于让学生的身份实现从习得者到实践者的顺利转变，也有利于学生形成正确的世界观、人生观和价值观，增强学生的社会担当意识，深化国家认同和国际理解，让学生的地理素养在课堂上得到培养和升华。

（四）备教法

教师要立足于地理学科核心素养目标，结合教学内容，科学选用教学方法，创新运用教学方法，让课堂教学内容与地理学科核心素养结合起来，从而达到育人的目的。在具体教学中要特别重视以下教学方法：

1.问题式教学

地理学科核心素养的形成需要一个过程。学生面对真实、不确定的地理问题情境，综合运用所学地理基础知识和基本技能，以"人地协调观"为导向，以"综合思维、区域认知"为解决问题的思维方式，运用地理研究工具，在发现、分析、解决实际问题的过程中发展思维能力和培养行动能力，这是传统的"讲授法"难以实现的。因此，教师要采用《课程标准》建议的问题式教学方法。要联系社会生活实际，创设真实的教学情境，设计一系列的"问题链"。学生在"问题链"的引导下，运用地理知识与技能、地理思想方法，发现地理问题，通过合作探究，在师生、生生对话中提出解决问题的方法，从而内化为地理学科核心素养。

2.情境化教学

学习具有情境性。知识的学习只有融入情境立中,才能被学生同化。教师要基于学生已有经验,借助于生活化情境的创设,设置贯穿地理教学全过程的情境,要避免将情境仅作为"导入"的做法。要引导学生在充分理解情境的前提下展开学习,激发学生的积极情感,最大限度地让学生自我表现,让学生在情境中生成和解决问题,经历地理思维的发展,构建知识结构,习得与内化地理学科核心素养。

(五)写学历案

学历案是在班级教学情境下,基于学生立场,围绕某一个具体的学习主题(或单元),从期望"学会什么"出发,设计并展示"学生何以学会"的过程,以便学生自主建构或合作建构经验或知识的专业方案。学历案包括六要素:学习主题(含课时)、学习目标、评价任务、学习过程(含学法建议和课中学习等)、作业与检测和学后反思。写学历案要做到三点:一是"学、教、评"一致、评价提前;二是教学目标具体、可操作、易评价;三是学生在做中学,深度学习机会多,学习效率高。

附件 2
高中地理学科作业规范要求

为了更好地落实立德树人根本任务,减轻学生课业负担,完成普通高中地理学习的目标和任务,达成新课标规定的地理学科核心素养水平,结合安徽省教学实际情况,提出高中地理学科作业规范要求。

一 科学设计作业

(一)坚持素养导向

发挥地理作业在巩固知识与技能、发展学习能力、提升品德修养、养成良好习惯等方面的育人功能,优化作业设计与实施,实现提质增效,促进学生全面发展。地理作业设计要秉承人与自然和谐共生、因地制宜科学发展、人类命运共同体等观念,通过具体情境载体加以落实。例如:在设计某一区域发展的作业时可采用"情境+主题"的方式,以人地关系为主线,以可持续发展为目标,以谋求人地协调为最终指向,设计具有逻辑关系的"问题链"。

(二)严格依据课标

地理作业的设计要严格依据《课程标准》,切实发挥学业质量标准的量规作用。在作业中,学生"做什么""怎么做""做到什么程度"都必须在新课标中找到依据。例如:在"地球的演化"中,落实《课程标准》的关键是要让学生建立"相应地质年代地球表面的自然图景和不同地质年代之间的关系"。为此,可针对这一重难点设计相关作业和试题,而不是单纯的记忆所有地质年代的时间。

(三)体现单元意识

以单元为基本单位,整体设计单元作业目标,精心选择作业内容,统筹安排作业时间、难度、类型,综合考虑作业批改、分析、讲评与辅导,增强作业的整体性、结构性、关联性、递进性。例如:与必修地理1第一单元相对应的《课程标准》有3条,分别是"运用资料,描述地球所处的宇宙环境,说明太阳对地球的影响""运用示意图,说明地球的圈层结构""运用地质年代表等资料,简要描述地球的演化过程"。3条要求从外到内,从静到动,构成了对地球自然状态的整体认识。为此在该单元作业设计时,要由浅入深、由易到难,充分、均衡、合理地落实这3条课标要求。

(四)创新作业形式

教师在设计地理作业时,应改变作业统一化和单一化的模式,设计和布置不同层次学生的分档作业;建立"作业库",提供层次丰富、形式多样的作业,以便于学生可以自主选择部分作业的形式和难度,让不同发展水平的学生都能体验到成功的乐趣。只有这样,才能有效提高作业的质量和学习的效率。要充分发挥现代信息技术在地理作业设计、批改、分析、管理等方面的作用,实现作业形式与内容的创新。对于一些信息技术硬件条件较好的学校,教师可以根据教学需要和学生的学情,利用网络平台发布不同类型的作业,如课时作业、单元练习及阶段检测等,还可以通过网络平台及时批改、反馈作业情况。

地理学科具有区域性、综合性、实践性等特点,要结合学科特点,创新作业形式,除了设计、布置一些书面作业外,还可以安排一些地理模拟实验、野外考察、社会调查类的地理实践活动,促使学生在活动中加深对所学的基础知识与基本技能的理解和运用,初步了解地理科学研究的思想与方法,发展地理思维能力、探究能力和创新能力以及与他人合作的能力,培养尊重自然、关心社会、关爱他人的良好品质。

二　合理布置作业

教师应根据教学内容、课时安排和学生的学习实际状况合理布置一定数量的课外书面作业。建议高一学年书面作业每周布置一次,每次完成时长不超过1小时。高二、高三可考虑每课时布置一次,每次完成时长不超过半小时。

地理学科是一门实践性很强的学科,野外考察、社会调查、模拟实验是提升学生地理实践力的主要方式,因此在作业设计及布置时要充分考虑开展地理实践活动所需的时间。建议可根据教学进度及内容安排,播放与教学相关的地理类纪录片,以增强学生学习的兴趣;必修课程中,教学地理1时可以组织开展野外考察、模拟实验2至3次,教学地理2时可以安排社会调查2至3次。

三　加强作业批改

作业的批改既是对学生学习的指导,又是收集教学效果、反馈信息的重要手段。教师对批改的作业应做出评价,或计分评,或划等级,或写评语,或兼而有之。对于书面作业,建议多数全批全改,少数由学生互批互改或自批自改。对于学生自批、互批的作业,教师仍要检查把关。对于学生作业中的关键性错误要予以修正或以红线标记,并要求学生及时订正,必要时需加以说明、指导;对于学生的重点错误力求面批;对于大面积出错的问题,要集中分析讲解,直至弄懂为止;对于作业的订正,要明确、规范地向学生说明,并时时督促学生自觉、及时地订正,教师应对学生的订正做到及时批改。

积极探索运用信息技术等多种手段,对学情进行更加精准的分析,如对学生作业结果进行归类整理,分析单元作业目标的达成情况,关注不同学生的结果差异。借助于个案分析、个别访谈和家校互动等方式,深入了解学生的内容理解、方法应用和态度习惯等情况,探寻问题产生的原因。对于研究性学习、探究性学习类的地理作业，单纯批改可能效果一般，可以采用报告会、研讨会、优秀作品评选、集中展示、小组交流及黑板报等形式进行现场批改。

四　有效反馈作业

作业反馈的及时性十分重要，只有及时反馈才能取得更好的效果，如果间隔太久再进行反馈，由于遗忘过多，学生难以回顾思考过程以及完成作业的方式和方法。所以，课外作业一般要求下次上课前进行反馈。对于自主完成的书面作业可以全班集中反馈，对于合作完成的综合类作业可以在小组内集中反馈或小组内逐人反馈。优秀的作业可以集中展示、交换展示和自我展示。教师应从多元智能的角度，从多个角度、多个侧面、多个层次对学生作业进行反馈评价，避免单一评价、片面评价。有条件的学校可以充分利用现代信息技术手段，提高反馈的时效性、准确性、互动性，还可以针对学生作业中出现的问题，进行及时矫正，并推送相关知识链接，通过变式训练，达到举一反三的效果。如教师可采用"微课"的形式，利用平板电脑向学生推送相关的作业反馈。教师要通过整理学生日常作业的结果，整体把握学生学习过程中存在的问题，及时调整教学内容，优化教学方式，改进日常教学评价，充分发挥作业对教学的诊断改进功能。

五　优化作业管理

（一）目标管理

高中地理作业是高中地理课程的重要组成部分，是实现高中学段课程目标的重要环节，是课堂教学的延伸与拓展。教师应依据《课程标准》，遵循学生的学习心理规律，从学生已有的地理知识基础和生活经验出发，在明确知识技能目标的同时，将过程与方法目标、情感态度与价值观目标有机整合，充分发挥作业的整体育人功能，设计具有基础性、综合性、应用性、创新性等特点的作业，以提升教学质量和教学效益。

（二）质量管理

地理作业要有利于学生了解地理知识的发生过程，要让学生学会运用地理知识去观察和解释地理现象和地理问题；作业要体现地理学科的思想方法，彰显区域认知、综合思维、地理实践力、人地协调观等地理学科核心素养；作业要符合学生的年龄特征，要通过生活化的情境创设，通过形式多样的作业，激发学生的课业兴趣。作业内容要联系社会生活实际，设计系列"问题链"，引导学生运用地理知识与技能、地理思想方法，发现地理问题、解决地理问题，进而内化为地理学科核心素养。

地理作业的素材要贴近生活、贴近时代。生活中的地理现象普遍存在，需要教师以地理视角加以观察并设计作业。时事热点中的地理问题也是作业设计的重要素材，地理教师要树立问题导向意识,要通过热点对照《课程标准》和教材内容整合素材编制作业,以问题的形式对知识点进行考查、对能力目标进行考核。地理教师要掌握相关的作业设计技术,地理作业一般都与图表有关系,如果图片不清或无法处理清晰,这样的地理作业是无效的。因此,地理教师必须要初步掌握一些绘制图表的技术,绘制清晰明了的作业地图和图表。

(三)组织管理

地理教研组要将作业设计与实施作为校本教研的重要内容,与课堂教学进行一体化思考。以备课组为单位,围绕作业中的重难点,借助于观课研讨、项目研究等方式开展研修活动,提高教师作业设计与实施的能力,提升教学水平。通过同伴互助和专业引领,在对话与协作中不断进行自我反思,逐步养成在作业设计质量、学生作业结果统计、作业讲评与辅导等方面进行反思的习惯与能力。

学校应依据国家整体要求,充分考虑本校实际情况,以制度、规定、计划等形式,明确学校对地理作业设计、批改、分析、讲评与辅导的具体要求和有效操作路径。倡导学校选编、改编、创编各类地理作业,基于实践应用,逐步调整完善,形成校本地理作业体系。探索应用信息技术进行校本地理作业设计、实施、完善的路径。学校应借助于问卷、访谈、文本分析等方法,定期了解学校地理作业质量、完成时间、作业结果等相关情况,及时发现并解决问题,不断提高学校地理作业应用效果。

地理作业的设计、批改、分析、讲评和辅导可以按一定的权重,直接计入教师的绩效考核指标体系。对于优秀的地理作业设计,可以进行表彰,还可以通过展览等方式加以推广。

执笔人:吴儒敏　杨国兵　翟军　裘伟东　吴岱峰　方小培　罗在兵

普通高中物理学科教学指导意见

为贯彻落实《国务院办公厅关于新时代推进普通高中育人方式改革的指导意见》(国办发〔2019〕29号)、《安徽省深化基础教育改革全面提高育人质量行动计划》(皖发〔2020〕6号)、《安徽省新时代推进普通高中育人方式改革实施方案》(皖教工委〔2020〕31号)等有关文件精神,以《普通高中物理课程标准(2017年版2020年修订)》(以下简称《课程标准》)、《安徽省普通高中新课程新教材实施方案》(皖教基〔2020〕9号)为依据,结合我省普通高中物理教学实际,对我省普通高中物理教学提出如下指导意见:

一　指导思想

坚持以习近平新时代中国特色社会主义思想为指导,深入贯彻党的十九大和全国教育大会精神,全面贯彻党的教育方针,落实立德树人根本任务,培育和践行社会主义核心价值观。以深化普通高中物理课程和教学改革为导向,以提高学生终身发展所需的物理学科核心素养为目标,遵循教育教学规律和学生发展规律,全面落实《课程标准》的理念和要求,加强普通高中物理课程实施的指导与管理,规范教育教学行为,改进教与学的方式,全面提高教育教学质量,实现高中物理课程目标,培养德智体美劳全面发展的社会主义建设者和接班人。

二　教学安排

(一)必修课程的教学安排

新课程方案安排物理学科三个必修模块课程,计6学分。

必修1由"机械运动与物理模型""相互作用与运动定律"两个主题组成。人民教育出版社出版的相应的新课标教科书的内容安排如下：

第一章　运动的描述

第二章　匀变速直线运动的研究

第三章　相互作用——力

第四章　运动和力的关系

另有课题研究和学生实验两部分。完成必修 1 需要 36 课时（包括习题课、考试安排等）。

必修 2 由"机械能及其守恒定律""曲线运动与万有引力定律""牛顿力学的局限性与相对论初步"三个主题组成。人民教育出版社出版的相应的新课标教科书的内容安排如下：

第五章　抛体运动

第六章　圆周运动

第七章　万有引力与宇宙航行

第八章　机械能守恒定律

另有课题研究部分。完成必修 2 需要 36 课时（包括习题课、考试安排等）。

必修 3 由"静电场""电路及其应用""电磁场与电磁波初步""能源与可持续发展"四个主题组成。人民教育出版社出版的相应的新课标教科书的内容安排如下：

第九章　静电场及其应用

第十章　静电场中的能量

第十一章　电路及其应用

第十二章　电能　能量守恒定律

第十三章　电磁感应与电磁波初步

另有课题研究部分。完成必修 3 需要 36 课时（包括习题课、考试安排等）。

综上，如果教学安排每周 2 课时，高一两个学期只能完成必修 1 和必修 2 两个模块，必修 3 模块需要安排在高二第一学期进行；如果每周安排 3 课时，高一两个学期即可完成 3 个必修模块的教学。

建议物理必修模块的教学工作安排在高一学年和高二上学期两个阶段进行，这样可以降低高一年级学生的学习负担，方便和有利于学业水平合格性考试工作的实施。

（二）选择性必修课程的教学安排

新课程方案规定，选择性必修课程是学生根据个人需求与升学要求选择学习的课程，由选择性必修 1、选择性必修 2 和选择性必修 3 三个模块构成。安排三个选择性必修模块，可供所有学生选择性学习。其中作为升学要求学习物理学科的学生必须全修，获取 6 学分；其他学生可以选学其中的一个或多个模块课程，并获得相应学分。

选择性必修 1 由"动量与动量守恒定律""机械振动与机械波""光及其应用"三个主题组

成。人民教育出版社出版的相应的新课标教科书的内容安排如下：

第一章　动量守恒定律
第二章　机械振动
第三章　机械波
第四章　光

另有课题研究部分。完成选择性必修 1 需要 36 个课时（包括习题课、考试安排等）。

选择性必修 2 由"磁场""电磁感应及其应用""电磁振荡与电磁波""传感器"四个主题组成。人民教育出版社出版的相应的新课标教科书的内容安排如下：

第一章　安培力和洛伦兹力
第二章　电磁感应
第三章　交变电流
第四章　电磁振荡和电磁波
第五章　传感器

另有课题研究部分。完成选择性必修 2 需要 36 个课时（包括习题课、考试安排等）。

选择性必修 3 由"固体、液体和气体""热力学定律""原子和原子核""波粒二象性"四个主题组成。人民教育出版社出版的相应的新课标教科书的内容安排如下：

第一章　分子动理论
第二章　气体、固体和液体
第三章　热力学定律
第四章　原子结构和波粒二象性
第五章　原子核

另有课题研究部分。完成选择性必修 3 需要 36 个课时（包括习题课、考试安排等）。

综上，建议每周安排 3～4 个课时，保证在高二两个学期内完成三个选择性必修课程的教学工作。

(三)选修课程的教学安排

新课程方案安排物理学科 3 个选修模块，供所有学生选修，并获得相应学分。

选修 1 侧重物理学与社会发展有关的内容，由"物理学与人类认识""物理学与社会变革""物理学与公民生活"三个主题组成。

选修 2 侧重物理学与技术应用有关的内容，由"物理学与医疗技术""物理学与新能源""物理学与新材料""物理学与信息技术"四个主题组成。

选修 3 侧重与近代物理学有关的初级内容，由"微观世界""高速世界""宇观世界""世界的统一性"四个主题组成。

建议选修模块课程可以由学校根据自身的情况，安排专任教师编写讲座稿，在课外活动时间,以学术讲座的形式开设,供所有学生自由选听;每个学生依据实际听课次数,获取相应的学分。将系列讲座稿逐步加以完善,最后以校本教材的形式确定下来。

三 教学要求

(一)总体要求

学生学完必修课程后,可先选学选择性必修课程,再选学选修课程;也可以直接选学选修课程的部分模块。对于选择性必修课程,建议按模块顺序学习,以利于所学内容之间的前后衔接。

学业水平合格性考试试题,整体上处于学业质量水平二的层次(包括学业质量水平一的要求,部分超过学业质量水平二的要求);学业水平等级性考试试题,整体上不超过学业质量水平四的层次;对于选修模块课程的考核,不提倡卷面考试形式。

学业质量是学生在完成本学科课程学习后的学业成就表现。学业质量标准是以本学科核心素养及其表现水平为主要维度(见新课程标准附录1),结合课程内容,对学生学业成就表现的总体刻画。依据不同水平学业成就表现的关键特征,学业质量标准明确将学业质量划分为不同水平,并描述了不同水平学习结果的具体表现。高中物理学业质量是依据物理学科核心素养中的四个方面及其水平,结合课程内容的要求,依据不同水平学业成就表现的关键特征而制定的。

高中物理学业质量根据问题情境的复杂程度、知识和技能的结构化程度、思维方式或价值观念的综合程度等划分为不同水平。每一级水平皆包含物理学科核心素养的四个方面,主要表现为学生在不同复杂程度情境中运用重要概念、思维、方法和观念等解决问题的关键特征。不同水平之间具有由低到高逐渐递进的关系。

"学业质量水平"是标准量表,每个模块课程的教学要求还不能完全用"学业质量水平"进行说明,更适合将新课程标准中相应内容的"内容要求"作为指导实际教学过程中教学要求的基本依据。

(二)必修课程教学要求

必修的三个模块课程,是全体学生必须学习的课程,是高中学生物理学科核心素养发展的共同基础。每节课的教学要求应参照新课程标准中的相应内容的"内容要求"。考虑到部分学生的学习需要,教学要求也可以适当提高,但这些高要求不作为普遍的模块考试要求。

每个必修模块课程完成时,应达到以下学业要求:

1. 必修 1 教学要求

能用位移、速度、加速度等物理量描述物体的直线运动;能用匀变速直线运动的规律解释或解决生活中的具体问题;能对物体的受力和运动情况进行分析,得出结论;能从物理学的运动与相互作用的视角分析自然与生活中的有关简单问题。

了解建立质点模型的抽象方法和质点模型的适用条件，能在特定情境下将物体抽象为质点，体会物理模型建构的思想和方法。通过瞬时速度和加速度概念的建构，体会物理问题研究中的极限方法和抽象思维方法。知道证据是物理研究的基础，能使用简单直接的证据表达自己的观点。

会做"探究加速度与物体受力、物体质量的关系"等实验。能明确科学探究实验所要解决的问题，知道制订实验方案是重要的，有控制变量的意识。会使用基本的力学实验器材获取数据，能用物理图像描述实验数据，能根据数据得出实验结论，知道实验存在误差。能表达科学探究的过程和结果。

通过直线运动和牛顿运动定律的学习，认识物理学是对自然现象的描述与解释，具有学习物理学的兴趣。

2. 必修 2 教学要求

能对常见的机械运动进行分类。会用运动与相互作用的知识分析曲线运动问题。能用万有引力定律分析简单的天体运动问题，初步了解相对论时空观。能用能量的观点分析和解释常见的有关机械运动问题。

能认识平抛运动、匀速圆周运动的物理模型特征。通过研究平抛运动、匀速圆周运动等运动形式，体会物理学中实验和理论推导的方法，以及化繁为简的研究方法。能使用证据说明自己的观点，能对关于机械能、曲线运动、引力的一些错误认识提出质疑。

会做"探究平抛运动的特点"等实验。能明确实验需要测量的物理量，由此设计实验方案。会使用所提供的实验器材进行实验并获得数据，通过对数据的分析发现其中的特点，进而归纳出实验结论，并尝试对其作出解释。能撰写简单的实验报告。

通过对行星运动规律和相对论的学习，认识到科学研究包含大胆的想象和创新，科学理论既具有相对稳定性，又是不断发展的，人类对自然的探索永无止境。具有探索自然、造福人类的意识。

3. 必修 3 教学要求

能用电场强度、电势、磁感应强度等物理量描述电场或磁场的性质。会用库仑定律分析点电荷之间的相互作用，会用闭合电路欧姆定律等分析电路各部分之间电学量的相互关系，能用电势能和焦耳定律等分析电学中的能量转化问题，在实践中能做到安全用电和节约用电，具有可持续发展与环境保护的意识。知道电磁场的物质性，能说出电磁感应现象在生产生活中应用的实例，能利用场的性质解释有关电磁波的现象。形成初步的物质观、运动与相互作用观和能量观，并能以此观察和解释简单的自然现象，解决简单的实际问题。

能用点电荷模型研究电荷间的相互作用，能用物理量之比定义电场强度、电势、磁感应强度等物理量，进一步了解用物理量之比定义新物理量的方法。能用电场线、磁感线等模型分析电场和磁场中比较简单的问题，并得出结论。在分析和论证过程中，能使用证据说明自己的观点。

会做"测量电源的电动势和内阻"等实验。能在教师指导下制订实验方案,能选用实验器材进行实验,获取实验数据。会用图像处理实验数据,能根据图像获得结论。能分析实验中存在的误差,并能提出减小误差的方法。能运用学过的物理术语撰写实验报告。

通过对电磁学及能源相关内容的学习,认识科学对技术的推动作用,体会科技进步对人类生活和社会发展的影响,认识科学、技术、社会、环境的关系,知道保护环境、节约能源、促进可持续发展的重要意义。

(二)选择性必修课程教学要求

选择性必修课程是学生根据个人需求与升学要求选择学习的课程。每节课的教学要求原则上参照新课程标准中的相应内容的"内容要求"。部分内容可以适当提高学习要求,这些高要求可以作为模块考试要求,但要参照新课程标准中相应内容的学业质量水平要求。

每个选择性必修模块课程完成时,应达到以下学业要求:

1. 选择性必修 1 教学要求

能从理论推导和实验验证的角度,理解动量守恒定律,深化对物体之间相互作用规律的理解。能用动量和机械能的知识分析和解释机械运动现象,解决一维碰撞问题。能用恰当的物理量描述简谐运动和机械波,能说明机械波的特点,并能解释生产生活中的有关现象。知道光的干涉、衍射和偏振现象及其应用,认识光的波动性,知道光是横波。

能根据现实生活中的振动或摆动的特点,建构简谐运动、单摆等物理模型。能运用这些模型分析问题,通过推理得到结论,对相关现象作出解释。会用系统的思想和守恒的思想分析物理问题。能恰当使用证据说明自己的观点,质疑他人的观点。能从运动定律、动量守恒、能量守恒等不同角度思考物理问题。

会做"用单摆测量重力加速度的大小"等实验。能恰当选用基本的实验器材进行实验,会设计实验方案,能对实验器材进行规范操作,获得实验数据。认识实验误差是不可避免的,具有尽量减小实验误差的意识。能通过不同方式分析数据,获得结论,并尝试作出解释。能用科学的语言撰写实验报告。

通过对动量守恒定律等内容的学习,认识到物理规律的内在一致性和适用范围,认识到物理研究是建立在观察和实验基础上的一项创造性工作,在研究中必须坚持实事求是的态度。

2. 选择性必修 2 教学要求

能理解法拉第电磁感应定律、楞次定律的内涵。能分析带电粒子在磁场中运动的问题和电磁感应的问题。能描述电磁振荡的过程,利用场的物质性和场具有能量的性质解释有关电磁波的现象,能说出电磁技术在生产生活、科技和军事等方面的一些重要应用。能认识简单的自动控制装置。能根据电磁感应、电磁振荡和电磁波理论解释生产生活中的电磁现象,能对常用电子设备、家用电器中有关的一些电磁元件或部件的工作原理作出解释。

能进一步应用磁感线、匀强磁场等模型综合分析磁场和电磁感应问题。能恰当使用证据推出物理结论或质疑已有结论。能通过与法拉第电磁感应定律和楞次定律有关的科学探究,掌握对实验证据进行分析与归纳的方法,能用实验归纳和理论演绎等不同方式来研究物理问题。

会做"探究影响感应电流方向的因素"等实验。能根据检验假设的思路,制订科学探究实验方案。能正确操作实验器材,获得可靠的实验数据,通过分析数据、发现规律,进而通过归纳形成简洁的、具有普遍意义的结论。能分析实验中存在的误差,能判断误差的来源。能写出完整的科学探究报告。

通过对电磁感应、交变电流及电磁波等内容的学习,能根据电磁理论的发展过程及其对人类社会影响的历史,了解科技对人类生活和社会发展的影响,体会基础科学的重大发现在工业革命和社会发展中的作用。

3.选择性必修3教学要求

能用分子动理论解释固体、液体和气体的微观结构及特点。能用气体实验定律、热力学定律解释生产生活中的一些现象,解决一些实际问题。能用爱因斯坦光电效应方程说明光电效应现象,知道光的波粒二象性。了解原子、原子核的结构和特点,能说明原子核的衰变、裂变、聚变和放射现象。知道四种基本的相互作用。具有较为完整的物理观念。

认识建构理想气体、原子核式结构等模型的必要性,能在一定条件下应用理想气体模型分析和研究实际气体的问题,能用等温、等压、等容的理想过程正确认识和分析现实生活中的气体状态变化。能运用概率统计的方法对热现象问题进行分析,并能恰当、合理地使用证据得出物理结论。具有多视角观察和分析物理问题的能力。

会做"用油膜法估测分子的大小"等实验。知道测量微观物理量的思想和方法,能通过科学、合理的操作获得实验数据,并能在实验中体现减小误差的方法。能运用恰当的方式处理数据并得出正确结论。能写出完整、规范的实验报告,正确表达科学探究的过程和结果。

通过对热学、原子与原子核以及波粒二象性等相关内容的学习,知道所有物理结论都必须接受实践的检验,在学习与研究中做到实事求是,不迷信权威,能与他人合作。通过对热力学定律和核能等内容的学习,知道科学技术对人类生活和社会发展的积极影响,但同时也会带来一系列问题,认识到人与自然是生命共同体,人类必须尊重自然,遵循自然规律。

(三)选修课程教学要求

选修课程是学生自主选择学习的课程。新课程标准中的"内容要求"适合作为教师编制讲义的基本参考。实际的讲座可以有充分的空间,在追求物理学专业知识性的同时也要兼顾其应有的科普特点。

需要不断地修改完善上述讲座稿,最终以校本教材的形式呈现。建议讲座稿以"主题"为单元自行成册。

四　教学建议

(一)总体建议

实际工作中应根据新课程标准的基本理念、课程目标和物理学科核心素养的要求,结合教学的实际情况,创造性地开展教学工作,将学科核心素养的培养贯穿于物理教学活动的全过程。

1. 基于物理学科核心素养确定教学的目标和内容

物理教学若仅以知识为线索展开,就会导致教学设计聚焦于知识,仅仅专注于学生获得知识,而忽视物理课程对学生物理学科核心素养的培养。为此,必须把培养物理学科核心素养作为物理教学的重要目标,将"物理观念""科学思维""科学探究""科学态度与责任"等物理学科核心素养的培养落实于教学活动中。

学生通过物理概念、物理规律等内容的学习及运用才能逐步形成和发展物理观念。学习概念和规律是学生形成物理观念的有机组成部分。在教学中,通过对物理概念和规律的逐步学习、系统反思和迁移应用,可促进学生的物质观念、运动与相互作用观念和能量观念不断发展,使其学会用这些观念解释自然现象,解决生产生活中的实际问题。

发展学生的科学思维能力是重要的教学目标之一。建构模型是一种重要的科学思维方法。教师在教学中要让学生体会建构这些物理模型的思维方法,理解物理模型的适用条件,能通过建构物理模型来研究实际问题。教师引导学生经历物理概念的建构过程和物理规律的形成过程,是发展科学思维的重要途径。学生在处理各种信息的过程中,经历"比较—概括—抽象"的过程,从而发展科学思维。结合具体内容,让学生经历把一个整体的事物分解为几个要素进行研究,以及把问题的几个要素结合成一个整体进行综合认识的思维过程,提高学生的分析与综合能力。教师要引导学生体会"等效"的物理思想,让学生在观察、实验的基础上通过科学推理和科学论证等得到结论,由此培养学生的科学思维。

科学探究能力的培养,应渗透在物理教学的整个过程。无论是物理知识的教学,还是物理问题的解决,都要引导学生发现和提出问题,根据解决问题的需要,收集和选择有用信息,基于证据和逻辑对问题作出合理解释,培养学生具有准确表述问题解决过程与结果的意愿和能力。

物理教学中要十分重视对学生的科学态度与责任感的培养。通过物理学习认识科学的本质,认识科学、技术、社会、环境之间的联系,增强学生环境保护和可持续发展的意识,提升其社会责任感。应通过增加联系生活和现代科技的教学内容,创设生动活泼的课堂氛围,激发学生的学习热情,通过适当的难度要求让学生获得成功的愉悦,从而保持旺盛的求知欲;尽可能为学生交流创造机会,发展学生的表达能力,让学生体验和享受合作的成果;引导学生在物理实验中如实记录、客观对待所获取的实验数据,遵循基本的学术道德规范。

2. 在教学设计和教学实施过程中重视情境的创设

物理概念的建立需要创设情境。学生在学习物理概念之前,基于生活经验形成了大量的经验性常识，要在此基础上建构物理概念，必须对所观察的现象重新加工，在诸多客观情境中概括事物的共同属性，抽象事物的本质特征，完成从经验性常识向物理概念的转变。在这个过程中，教师应促进学生科学思维的发展。教学实践证明，在物理概念的教学中，关键是创设体现概念本质特征的情境，发展学生的科学思维。

物理规律的探究需要创设问题情境。学生从情境中发现和提炼问题，对问题的可能答案作出假设，并根据问题情境运用已有知识，制订探究计划，选择符合情境要求的实验装置进行实验，获取客观、真实的数据，通过对数据的分析形成关于物理规律的结论。学生在活动中能真切感受科学探究过程，体会通过科学描述和解释自然现象的乐趣，提升对科学本质的认识，提高科学探究能力。

应用物理知识解决具体问题应结合具体的实际情境。运用物理知识解决实际问题能力的高低，往往取决于学生将情境与知识相联系的水平。例如：是否能把情境中的一段经历转化为一个物理探究过程，是否能把情境的故事情节转化为某种物理现象，是否能把描述情境的文字转化为物理表述，是否能把情境中需要完成的工作转化为相应的物理问题。能不能把问题中的实际情境转化成解决问题的物理情境，建立相应的物理模型，这是应用物理观念思考问题、应用物理知识分析解决问题的关键。在物理教学中，应让学生获得在实际情境中解决物理问题的大量经验，形成把情境与知识相关联的意识和能力。

3. 重视科学探究能力的培养和信息技术的应用

在高中物理课程中，应注重科学探究，尤其应注重物理实验，这在培养学生的探究能力和科学态度等方面具有重要作用。

在物理实验中，应发掘实验在培养学生发现和提出问题能力方面的潜在价值。教师可在一些物理实验中创设情境，让学生在观察和体验后有所发现、有所联想，萌发出科学问题；还可在实验中创设一些任务，让学生在完成任务中运用科学思维，自己提炼出应探究的科学问题。

应通过实验提高学生制订计划的能力。让学生学会把探究课题分解为几个相对独立的小问题，思考解决每个问题的不同方法，根据现实条件选择适当方法，构思探究计划；学会从原理、器材、信息收集技术、信息处理方法等各方面形成探究计划；学会通过查询相关资料完善探究计划。教学中应尽量为学生提供制订探究计划的机会。

要避免让学生按教师或教材的既定步骤进行虚假"探究"，不应只把注意力集中在与探究假设相符的物理事实上，还需要观察和收集那些与预期结果相矛盾的信息。在处理信息时，应让学生依照物理事实，运用逻辑推理确立物理量之间的关系，发展其依据证据、运用逻辑和现有知识进行科学论证和解释的能力。

关于科学探究的交流和表达，应引导学生从以下两个方面提高表达能力：一是交流内容的组织，包括问题的提出、探究方案的设计、数据收集和整理、结论的得出及解释、存在问题的反思等；二是表达的形式，包括文字、表格、图像、公式、插图等，根据内容选择恰当的形式进行交流。教学中要为学生提供交流的机会,让学生准备有条理的讲稿,进行准确和富有逻辑的发言。

应通过科学探究让学生体会科学研究中相互合作的必要性,除了在本实验小组范围内进行分工合作之外,还可以让不同的实验小组设计不同的实验方案,完成同样的探究任务,实现各小组之间的实验数据共享,感受合作在获取数据中的作用,增强学生的合作意识。

实验能培养学生的科学态度和科学精神,教师应培养学生严肃认真对待实验的态度。尊重实验结果与事实,杜绝编造和修改实验数据,并把实事求是的作风带到平时的学习和生活中去。

当今社会,信息技术越来越多地应用于我们的生产生活。提高物理教学水平、发展学生物理学科核心素养,离不开信息技术与物理学习的融合。要设计各种学习活动,让学生利用信息技术提升物理学习能力。例如:用数字实验或云技术平台解决一些用常规方法难以实现的疑难实验问题;利用手机等信息技术工具便捷地解决某些物理学习问题。

4.通过问题解决促进物理学科核心素养的达成

应把物理课程中所形成的物理观念和科学思维用于分析、解决生产生活中的问题,在解决问题中进一步提高探究能力、增强实践意识、养成科学态度,促进物理学科核心素养的形成。

生产生活中具有很多能生成有价值的科学探究问题的情境。通过合理建构问题研究的物理模型,进一步考虑模型以外的物理量等因素的影响,可以形成一些结论。在解决这些问题的过程中,能发展学生的科学思维,增强其实践意识。

教师应鼓励并引导学生基于物理学科核心素养解决生活中的问题。例如:在设计具体活动、制订工作计划时,让学生会分析影响问题的主要因素和次要因素,会把一个复杂的问题分解为若干个简单的问题,会思考事物间的因果关系等。

要从培养物理学科核心素养的视角审视习题教学的目的,应通过习题教学,使学生在科学思维、探究能力、实践意识、科学态度等方面得到有效提升。习题教学的作用不仅仅是为了得到答案,而是要全面提高学生解决问题的能力。

(二)模块教学建议及示例

1.必修1教学建议

本模块注重在机械运动情境下培养学生的运动与相互作用观念和模型建构等物理学科核心素养。教学中应根据本模块所学物理模型的特点,联系生产生活实际,从多个角度创设情境,提出与物理学有关的问题,引导学生讨论,让学生体会建构物理模型的必要性及方法等。让学生经历建构速度、加速度、力等重要物理概念的过程,了解测量这些物理量的方法,进而学习定量描述生活中物体运动和相互作用的方法。通过探究物体间相互作用与运动状态变化的关系等实验,引导学生运用控制变量法等研究方法设计实验方案,学会分析和处理实验数据的方法,提高科学探究能力。引导学生结合物理学史认识实验探究与科学思维的结合对物理学发展的重要作用。

2. 必修2教学建议

本模块通过实验及理论推导等方法,让学生理解重力势能与重力做功的关系,理解动能定理和机械能守恒定律,学会从机械能转化和守恒的视角分析物理问题,形成初步的能量观念。在应用机械能守恒定律解决问题的过程中,引导学生体会守恒的思想,领悟从守恒的角度分析问题的方法,增强分析和解决问题的能力。让学生通过研究平抛运动、匀速圆周运动等运动形式,体会物理学中化繁为简的研究方法,拓展对运动多样性的认识,深化对位移、速度、加速度等重要概念的理解,进一步提高关于力与运动关系的认识。引导学生关注物理学定律与航天技术等现代科技的联系,了解人类对宇宙天体的探索历程,从万有引力定律的普适性认识自然界的统一性。通过对相对论的初步介绍,引导学生认识牛顿力学的局限性,体会人类对自然界的探索是不断深入的。

3. 必修3教学建议

本模块通过静电场、电路及其应用、电磁场与电磁波初步以及能源与可持续发展等内容的学习,引导学生了解场的物质性,知道光是一种电磁波、光的能量是不连续的,初步了解微观世界的量子化特征,培养学生的物质观念、运动与相互作用观念、能量观念。引导学生学会建立点电荷、电场线、磁感线等物理模型,体会物理模型在研究具体问题中的重要作用。让学生了解应用物理量之比定义新物理量的方法,了解电场强度、电势等物理量的含义并体会其定义方法。重视发挥物理学史的教育功能,让学生了解库仑定律的探索历程,体会库仑扭秤实验设计的实验思想与方法。让学生了解磁场的基本概念,利用与静电场对比的方法了解磁感应强度,知道磁通量是一个重要的物理量。引导学生通过实验了解产生感应电流的条件,体会科学实验在物理学发展中的重要作用。在实验探究金属导体的电阻与材料、长度和横截面积的定量关系,以及闭合电路欧姆定律等内容的学习中,努力创设激发学生探究欲望的问题情境,引导学生进行科学探究,培养学生实验设计、分析论证、反思评估等能力。本模块内容与生产生活、科技进步、社会发展密切相关,要充分利用多种教学资源,引导学生了解电磁感应现象在生产生活中的应用,认识能源开发与利用对人类生活和社会发展的影响,关注科学、技术、社会、环境的关系,培养学生解决实际问题的能力。

4. 选择性必修1教学建议

本模块在学生初步形成的运动与相互作用观念和能量观念的基础上,引导学生通过研究碰撞现象、机械振动和机械波、光的干涉和衍射等现象,拓展对物理世界的认识和理解。通过探究碰撞过程中的守恒量,进一步发展学生的运动与相互作用观念和能量观念,使其了解物理规律具有适用范围和条件。通过实验探究和理论推导,让学生经历科学论证过程,理解动量定理的物理实质与牛顿第二定律的一致性。通过创设学生感兴趣的问题情境,引导学生运用已有的概念和规律分析常见的碰撞、机械振动、机械波等现象,建构弹性碰撞、简谐运动、单摆等模型,学会用守恒定律解决问题的方法。在研究碰撞现象、单摆运动等实验过程中,进一步领会守恒思想,提高建模能力。通过根据光的干涉、衍射等现象来论证光具有波动性,增强学生的证据意识,提升科学论证能力。引导学生从相互作用和能量的角度认识机械振动和机械波,了解波动的特征,为深入学习和研究电磁波打好基础。注意拓展学生的视野,从动量守恒定律的普适性来认识自然界的统一性。

5. 选择性必修 2 教学建议

本模块通过电磁学内容的学习,进一步培养学生关于电磁场的物质观念、运动与相互作用观念和能量观念。要引导学生通过安培力与洛伦兹力的学习进一步认识场的概念。通过对感应电流等相关问题的科学探究,强调对实验现象和实验结果进行归纳推理的方法,以此提升学生对实验结果定性和定量分析的能力。要利用基于实际情境的问题,让学生了解电磁感应定律、楞次定律等电磁学基本规律在生产生活中的应用,了解电磁振荡的过程、交变电流的产生原理和方式以及高压输电、变压器等的原理,认识常用传感器的基本原理和简单的控制电路。深入认识物理学对现代生活和科技社会发展的促进作用。

6. 选择性必修 3 教学建议

本模块通过对固体、液体和气体,热力学定律,原子与原子核,波粒二象性等内容的学习,进一步促进学生的物质观念、运动与相互作用观念、能量观念和物理模型建构等物理学科核心素养的形成。应通过观察生活现象和实验,让学生了解固体、液体和气体的微观结构、热力学定律等内容。通过让学生了解光电效应等实验,引导学生认识光及实物粒子的波粒二象性,进一步认识光的本性。通过对固体、液体和气体,原子与原子核,波粒二象性等内容的教学,完善学生对物质的认识,帮助学生形成相对完整、科学的物质观念。通过用油膜法估测分子的大小的实验,让学生体会和掌握测量微观量的思想和方法,能利用不同的方法和手段分析和处理信息。应注重运用气体实验定律、热力学定律等分析和解决实际问题。通过多种方法,创设多种问题情境,引导学生探究并讨论,让学生广泛了解核能等对人类生活和社会发展的影响。

五 评价与考试建议

(一)评价建议

高中物理学习评价是以学生发展为本、基于物理学科核心素养的评价,其目的主要在于促进学生学习和改进教师教学。物理学习评价应围绕物理学科核心素养的具体要求,创设真实而有价值的问题情境,采用主体多元、方法多样的评价方式,客观全面地了解学生的物理学科核心素养发展状况,找出存在的问题,明确发展方向,及时有效地反馈评价结果,促进学生全面而有个性的发展。

1. 评价原则

目的明确。评价应以促进学生物理学科核心素养的提升和学习能力的提高为目的。围绕"物理观念""科学思维""科学探究""科学态度与责任"等物理学科核心素养收集反映学生发展情况的信息，判断学生达到的水平和学习中的问题，明确进一步学习的方向；创造机会让学生开展自我评价和相互评价，学会正确评价自己的进步，反思自己的不足，更好地进行学习。

可信有效。可信指评价过程中所收集的数据和资料符合学生的实际情况，有效指评价的工具确实指向学生的物理学科核心素养，反映学生物理学科核心素养的真实水平。

全面深入。评价不仅要依据《课程标准》全面检查学生所学的基础知识和基本技能，更重要的是要深入检测学生是否通过基础知识和基本技能的学习形成正确的物理观念，是否掌握了科学的思维方法，是否具有相当的探究、解决实际问题的能力，是否具有科学的态度和责任感，判断学生所达到的物理学科核心素养水平。

主体多元及方式多样。要发挥学校、教师和学生等不同角色在评价中的作用，从不同视角进行评价。应将单项评价与整体评价、定量评价与定性评价、终结性评价与形成性评价有机结合，及时准确地反馈评价结果，保证评价结果与改进策略的一致性。

激励进步。要将评价作为进一步促进学生学习和发展的重要手段，建立学生成长记录档案，记录学生成长轨迹，激发个性潜能，激励学生不断地发展进步。

2. 评价任务设计

教师要根据课程阶段性、层次性的特点以及学生个体差异等，设计有效的评价任务。教师要理解物理学科核心素养的内涵，认识到学生物理学科核心素养的发展是一个自我建构、不断发展的过程，领会真实物理情境在评价学生物理学科核心素养方面的作用。评价任务设计要符合学生的认知特点，着力提高学生综合分析及创造性解决实际问题的能力。

评价任务设计是实施评价活动的基础，一般包括以下三个步骤：

步骤一，根据物理学科核心素养和学业质量水平的要求，制定评价目标。评价目标的描述，要明确、具体、可测，体现一定的概括性。要说明学生在什么样的问题情境中，运用哪些物理知识、思想和方法，其行为应达到什么样的水平。

步骤二，根据评价目标和课程内容要求设计评价内容。评价内容的设计应以物理基本概念和规律为依托，指向物理学科核心素养，创设有利于学生讨论、探究的真实问题情境，评价学生在真实学习环境中物理学科核心素养的表现水平，以提高评价的真实性和准确性。评价内容主要包括以下几个方面：

物理观念。评价学生关于物质、运动与相互作用、能量等物理观念的发展水平。例如：能否理解所学的物理概念和规律及其相互关系；能否正确描述和解释自然现象；能否综合应用所学的物理知识解决实际问题。

科学思维。评价学生从物理学视角认识客观事物的本质属性、运动规律及相互关系的科学思维发展水平。例如：能否将实际问题中的对象和过程转化成物理模型；能否对综合性物理问题进行分析和推理，获得结论并作出解释；能否恰当使用证据证明物理结论；能否对已有结论提出有依据的质疑,采用不同方式分析解决物理问题。

科学探究。评价学生提出科学问题、获取证据、作出解释、表达交流等能力的发展水平。例如:能否分析相关事实或结论,提出并准确表述可探究的物理问题,作出有依据的假设;能否制订科学探究方案,选用合适的器材获得数据;能否分析数据,发现规律,形成合理的结论,用已有的物理知识进行解释;能否撰写完整的实验报告,对科学探究过程与结果进行交流和反思。

科学态度与责任。评价学生在认识科学本质、形成科学态度和社会责任感方面的发展水平。例如:能否认识到物理研究是一种对自然现象进行抽象的创造性工作;是否有学习和研究物理的内在动机,坚持实事求是,在合作中既能坚持观点又能修正错误;能否依据普遍接受的道德规范认识和评价物理研究与应用,具有保护环境、节约资源、促进可持续发展的责任感。

步骤三,依据物理学科学业质量水平制定评价指标。评价指标的制定要针对评价内容,依据物理学科学业质量水平进行具体描述,要体现学生在具体学习活动中的行为表现。

3. 评价方式

日常学习评价,主要是评价学生在日常学习过程中所表现出来的素养水平和综合能力。日常学习评价应与学生的学习融为一体,成为日常教学的一部分。为此,教师在教学设计过程中应同时考虑安排丰富多样的评价任务,选择适当的评价方式,确保评价全面、真实、有效,起到检查效果、诊断问题、明确方向、促进发展的目的。日常学习评价通常有四种方式:课堂问答、书面评语、自我评价和同伴评价、阶段性测试。

课堂问答指在课堂教学过程中教师和学生之间的言语互动,在多数情况下是教师提问和学生回答。课堂问答是一种融教师教学与学生学习为一体的过程性评价,可及时了解学生学习的情况,找出存在的问题,及时加以纠正。课堂问答应在学生原有基础与课堂学习的目标之间搭起桥梁,帮助学生克服学习障碍,纠正原有的错误观点或模糊认识,达到新的思维高度和探究水平。

课堂问答的关键在于问题的设置。问题设置应有针对性,即针对学生原有的想法、观念和思维惯性等设置问题,引发认知冲突;应与学习目标密切关联,学生能正确回答问题,就意味着向学习目标前进一步,这样通过一系列的问题和对问题的分析解答,促进学生自然而然地达到学习目标;应有恰当的思维难度,让学生"跳一跳、摸得到",使学生既不至于无从下手,也不会觉得没挑战性,过难和过易的问题既不利于学生的学习,也不利于调动学生的积极性。

书面评语指的是教师对学生的作业、实验报告、研究性活动或其他活动报告所做的书面评语,是一种过程性的质性评价。书面评语不是简单地给学生一个等级或分数,而是用一段话表达教师对学生学习的看法,其主要内容通常包括学生的学习欲望、投入情况和学习策略,反映学生物理学科核心素养水平的学习成果。

书面评语可具体地说明学生的进步、存在的问题以及今后努力的方向,带给学生的信息比简单的一个等级或分数更多、更具体和深入,对学生的学习有更大的促进作用。评语应以正面鼓励为主,但也要明确指出学生学习中存在的问题,并进行合理分析,起到帮助学生认识和解决问题的作用。

自我评价和同伴评价是让学生作为主体对自己或同伴的学习进行反思,检查回顾学习的起点、过程、成果、困难和问题及其产生的原因,从而对自己的学习方法和学习能力有清醒的认识,明确下一步学习的方向,进而学会评价与反思。自我评价和同伴评价不仅对学生当前的学习很重要,对学生形成终身学习能力也十分重要。

自我评价和同伴评价的方法多样。例如:教师要创造机会,引导学生在学习中及时自我反思和相互讨论;采用成长记录的方式,让学生用自己的语言描述学习和进步的情况,对自己和他人的作品进行评议,教师要及时对成长记录进行评析,肯定学生的进步,指出存在的问题,明确进一步学习的方向;在一个阶段的学习结束之后,可通过分组或全班参与的形式举行学习分析讨论会,教师不应代替学生进行分析,而应提出具体的问题,引导学生讨论,和学生一起分析总结。

在经过一个阶段的学习之后,需要对学生进行阶段性的测试,以便较为全面和深入地了解学生学习所达到的水平和存在的问题。阶段性测试的目标应与物理学科核心素养要求、课程内容要求以及学业质量相吻合。测试内容的选择应与测试目标保持一致,围绕《课程标准》中有关内容和学业要求的规定,评价学生是否达到要求。

测试应有较高的信度和效度,要制定科学、可操作的评价指标,能客观、全面、有效地收集学生物理学科核心素养发展水平的信息,真实反映学生物理学科核心素养发展的水平。

在阶段性测试中,还应注意测试结果的反馈,倡导让学生参与测试结果的判断和解释过程,关注后续决策与测试结果的一致性。教师应将测试结果及时反馈给学生以帮助学生发现、纠正学习中存在的问题,增强学生学习物理的兴趣和自信心,促进学生的发展。教师应充分认识测试结果不同呈现方式的优势和不足,采取恰当的方式进行反馈,让学生了解自己取得了哪些进步、发展了哪些能力、还有什么潜能,同时指出存在的不足,引导学生积极调整学习策略、学习方法等。

(二)关于学业水平考试

学业水平考试是保障教育教学质量的一项重要制度,是根据《课程标准》和教育考试规定,由省级教育行政部门组织实施,以学业质量为依据的标准参照考试,主要测量学生是否达到国家《课程标准》规定的学业质量的要求。学业水平考试的成绩是学生高中毕业或升学的重要依据。实施学业水平考试,是为了落实发展学生物理学科核心素养的课程目标,促使学生认真学习每门课程,避免偏科;有利于学校准确把握学生的学习情况,改进教学管理;有利于高校选拔适合学校特色和专业要求的学生,促进高中、高校人才培养的有效衔接。

物理学业水平考试的内容将根据普通高中课程方案和《课程标准》的规定及要求确定，注重考查"物理观念""科学思维""科学探究""科学态度与责任"四个方面。考试内容的任务情境符合学生心理发展水平和认知规律，反映物理学科本质，密切联系社会、经济、科技、生产生活实际，充分体现考试评价促进学生学习、甄别学生学业水平的功能。

用于高中毕业的学业水平合格性考试的考查内容为《课程标准》规定的必修内容，要体现基础性和全面性，反映学业质量水平和物理学科核心素养的基本要求。注重考查对必修课程中的基本概念和基本规律的了解和认识情况，试题要注重围绕生产生活或科技等设计问题情境，加强对学生运用基础知识解决简单实际问题能力的考查。

用于高等院校招生录取的学业水平等级性考试的考查内容为《课程标准》规定的必修和选择性必修两部分内容，要体现综合性和应用性。注重考查对必修和选择性必修课程中重要的物理概念与规律的理解与运用情况，试题的任务情境要与生产生活、科技发展等紧密联系，要关注物理学前沿与成果应用；要探索设计与现实相关的问题情境，加强对学生应用物理学知识综合解决实际问题能力的考查；要强调对创新精神和实践能力的考查，能较好地区分学生物理学科核心素养的水平。

附件 1
高中物理学科备课规范要求

一　基本原则

(一) 面向全体学生

高中物理课程教学要着眼于发展学生的学科核心素养,教学内容和方法是否符合学生实际,是影响教学效果的主要因素之一。因此,教师备课首先要备学生,要能面向全体学生实施教学。备学生,就是要全面了解学生的思想实际、知识基础和能力水平,既需要了解学生具有指向课题学习的起点知识和能力水平,也需要了解学生对学习物理的需求和态度,了解学生的学习心理特点和认知规律。

(二) 科学进行教学设计

教学设计与课堂教学是教学工作中两个最重要的环节。教学设计是否科学合理,决定着课堂教学的成败。

中学物理教学设计要以相关课程政策、物理课程思想为指导,应用系统科学的方法,综合考虑教学过程中的诸多因素,在分析教学目标、教学内容和学生特征(年龄特点和知识水平)的基础上确定学习目标,选择有效的教学模式、教学策略、教学方法和评价方式,形成有序的教学流程,并提供教学活动内容和具体操作方案,以此指导教学过程的有效实施。根据涉及物理内容的层级关系来看,教学设计可分模块教学设计、单元教学设计和课堂教学设计(也称教案)。教学设计应根据课程标准的基本理念、课程目标和物理学科核心素养的要求,结合教学的实际情况,创造性地开展教学设计工作。

(三) 落实学科核心素养

高中物理课程的性质是普通高中自然科学领域的一门基础课程,旨在落实立德树人根本任务,进一步提升学生的物理学科核心素养,为学生的终身发展奠定基础,促进人类科学事业的传承与社会的发展。高中物理课程在义务教育的基础上,旨在帮助学生从物理学的视角认识自然、理解自然,建构关于自然界的物理图景;引导学生经历科学探究过程,体会科学研究方法,养成科学思维习惯,增强创新意识和实践能力;引领学生认识科学的本质以及科学、技术、社会、环境的关系,形成科学态度、科学世界观和正确的价值观,为做有社会责任感的公民奠定基础。

高中物理课程目标应在义务教育的基础上,进一步促进学生物理学科核心素养的养成和发展。为此,必须把培养物理学科核心素养作为物理教学的基本目标,将"物理观念""科学思维""科学探究""科学态度与责任"等物理学科核心素养的培养落实于教学活动中,要将物理学科核心素养的培养贯穿于物理教学活动的全过程。

(四)重视知识有效运用

运用物理知识解决实际问题能力的高低,往往取决于学生将实际情境与知识相联系的水平的高低。在物理教学中,应让学生获得在实际情境中解决物理问题的经验,形成把情境与知识相关联的意识。应用物理知识解决具体问题应结合具体的实际情境。某个问题很"活",其"活"的本质之一在于情境的转化,能不能把问题中的实际情境转化成解决问题的物理情境,建立相应的物理模型,这是应用物理观念思考问题、应用物理知识分析解决问题的关键。

(五)激发学生能动性

评价教学效果的主要依据是教学目标的达成度,关键在于学生学习目标的实现,取决于学生的学习效果。因此,教学设计要注重激发学生的能动性。其中教学活动的设计应注重创设"真实"的学习活动情境,以问题为驱动,引导学生在合作探究中形成知识的建构过程,在物理观念、科学思维、科学探究及科学态度和社会责任等方面培养学生的物理学科核心素养。

二 基本方法

(一)教学目标的确定

教学目标是教学活动完成后能够达到的学业质量具体表现,是教学活动实施与评价的基本依据。高中物理课堂教学目标的具体内容应根据"物理观念""科学思维""科学探究""科学态度和责任"等物理学科核心素养的四个方面设计学习行为目标。

物理课堂教学目标的确定,需要分析课程标准规定的内容要求和学业要求,分析学生对学习物理的需求和知识能力水平,最终设计出符合学生实际的学习行为目标。

(二)教学内容的选择

教学内容的选择,必须要以教学目标为依据。课堂教学内容的设计与选择,既要分析教学课题所包含的知识点及其相互关系,也要将其放在一个教学单元、模块体系下分析相互关系,同时在物理知识体系、技术、社会及环境的大框架下进行分析,发掘教育教学内容,以促进有效达成物理学科核心素养的培养目标。

教学内容设计和选择要对课堂教学活动内容进行深入分析,要结合教材进行,但不局限于教材分析,就分析内容广度和深度而言,教学内容分析更丰富,同时要进行学情分析,保证教学内容的选择和活动方式的确定能够面向全体同学。

(三)教学重难点的把握

物理教学重点和难点是学生物理学习的关键点,确定教学的重点和难点是高中物理教学设计的关键环节。对于教学重点的把握,一方面取决于教学内容在物理学当中的重要地位;另一方面,取决于对进一步培养和提升学生的物理学科核心素养的价值。对于教学难点的把握,主要根据学生初始状态和目标状态的差异予以判断。一般而言,如果学生认知发展的跨度太大,往往成为学生学习和课堂教学的难点,如学生缺乏感性材料的抽象概念或具有顽固性的错误概念、基于复杂现象和问题解决的物理规律等。

针对教学重点和难点的学习,学生需要在认知方面获得较大发展,为了突出教学重点和突破教学难点,教师需要进行针对性的教学策略和教学活动设计。

(四)教学活动的设计

课堂教学活动设计是教学过程的预设,包括教学过程中的各教学环节的活动内容和方式。一般而言,教学过程分为课题引入、新课教学、知识巩固和教学评价以及作业布置等基本环节。教学活动设计主线的确定,可以综合考虑物理学科知识建构的内在逻辑、学生的认知形成和发展规律、物理知识和探究活动的历史脉络。教学活动方式选择,需要综合考虑教学目标、教学对象、教学内容和教学环境及教师风格等因素。

(五)教学用具和资料的准备

课堂教学需要教学用具和必要的教学资源作为活动载体。教师进行教学设计,需要根据教学活动内容和方式,提前准备教具,收集和开发必要的教学资源,包括实验器材、多媒体设备、PPT课件、智慧课堂教学平台等。

三 基本步骤

(一)备标准

《课程标准》是教师备课、上课和教学评价的依据。为了更好地把握《课程标准》的要求,教师备课过程中,应认真研读《课程标准》规定的内容要求和学业要求,理解《课程标准》的基本理念、物理学科核心素养的内容及其基本内涵,了解有关物理课程的教学及其评价建议。

(二)备教材

备教材是指分析和钻研教材,是教师备课的首要任务。其一,教师需要通读物理教科书,能够整体把握教材的全部内容,了解教材内容的结构体系、章节重点内容及其呈现方式等;其二,要读懂教材,了解各部分内容在整个教材中的地位及其与其他章节知识的联系,了解各部分内容在生活和生产实践中的应用,认识教学内容对于培养学生形成"物理观念""科学思维""科学探究""科学态度和责任"等物理学科核心素养具有哪些作用;其三,要结合教材内容,根据《课程标准》规定的学业要求和学生实际,分析确定单元和课时教学目标以及教学重难点。

(三)备学生

备学生或称学情分析,是教师备课的关键,一切教学活动都是以学生为中心的。学情分析主要包括:确定学生的学习需求、所持的偏好和学习动机;分析学生认知发展特征;分析当前已具备的技能。

通过分析学习起点知识和能力水平,评估学生对准备知识的掌握情况;分析学生学习和运用技能的情境特征等。

(四)备教法

备教法是指教学方法的选择与运用。通常要求根据教学内容特点、教学要求、学生年龄和心理特征、智力水平和技能水平等,综合选择教与学的方法。教学方法一般分为讲授法、实验法、讨论法、练习法等类型;学习方法又分为发现式学习、支架式学习、项目式学习等。

备教法倡导创设学习情境,设计以学生学习为中心的教学方法。

(五)写教案(学历案)

学历案是指教师在班级教学的背景下,为了便于学生自主或学习建构经验,围绕某一相对独立的学习单位,对学生学习过程进行专业化预设的方案。学历案与传统教案相比,最大差异在于文本的行为主体发生了变化。

传统教案文本的行为主体为教师,重在教师教学活动设计。学历案体现学生立场,其行为主体是学生,整个文本涉及学生要达成的目标是什么、何以知道学会与否、应该怎么学、学到什么程度、需要什么条件等;同时,学历案体现了有效教学的核心技术,即目标、教、学、评的一致性,它是教师为学生设计的学习支架、指南、学辅,一般不涉及教师要做什么的内容。

学历案的基本要素包括:学习主题/课时、学习目标、评价任务、学习过程、检测与练习、学后反思(如下表所示)。其中,学习过程一般是由学法建议、课前预习、课中学习组成的。

表格式学历案

学习主题		课时	
学习目标			
评价任务			
学习过程	1. 学法建议 2. 课前预习 3. 课中学习		
检测与练习			
学后反思			

四　单元教学设计案例

以"静电场"单元(必修第三册第九章和第十章)为例。

这部分内容的安排从《课程标准》和学科核心素养的进阶要求等各个方面分析都较为符合"深度学习"理论中关于"单元学习"选择单元主题的要求。

(一)本单元的知识内容组成的学习和分析

本单元由以下九节内容逻辑组成：

第1节"电荷"：用物质原子的核式结构模型解释摩擦起电现象，同时简单描述金属导体的电结构，也即金属导体的导电机理；用电荷间的相互作用实验结论解释静电感应现象；基于以上两个方面的理论知识和实验结论，提出电荷守恒定律，以及元电荷的假说。同时，教材通过"带电粒子的产生和湮灭"现象，以及密立根实验的介绍，说明人类对电荷守恒、元电荷的认识还在不断地深化、发展。

第2节"库仑定律"：受牛顿力学成功地研究了物体的机械运动的影响，科学家们开始思考和实验研究带电体间的相互作用，而且科学家们都认为万有引力中的"平方反比律"也应该适用于电荷间的相互作用。受这一思想的影响，库仑用库仑扭秤装置得到了定量的结论，即库仑定律，其中包括"把一个带电金属小球与另一个不带电的完全相同的金属小球接触后，电荷量会均分"的科学思想。通过计算和比较带电粒子之间的引力、静电力的大小，发现库仑力比万有引力强得多。

第3节"电场　电场强度"：为了探究静电力的发生机制，法拉第提出了"电场"假说，即带电体之间的静电力是通过电场发生的(或传递的)。为了描述电场，人们提出"电场强度"这个物理量，用以描述电场空间中各位置的电场强弱和方向，并赋予电场一个基本的性质，即对处于其中的带电体具有力的作用，结合库仑定律就可以给出电场强度的物理规定，即$E=F/q$。这样就可以得到点电荷激发的电场为$E=kQ/r^2$。理论和实验可以说明"电场强度"是矢量，即每个点电荷所激发的电场在同一空间可以进行矢量合成。于是我们可以计算出多个点电荷共同激发的电场，以及"大"带电体所激发的电场。匀强电场、电场线都是物理模型，其中"电场线在电场中不能相交"的论证方法(即"反证法")在物理学中具有普遍的适用性。

第4节"电势能和电势"："电势"是描述电场的另一个基本物理量，即全面说明电场需要"电场强度"和"电势"两个物理量。由于"电势"概念在高中阶段对学生来说还比较抽象，教材首先通过论证"在电场中移动电荷时，静电力做的功只与电荷的起始位置、终止位置有关，而与电荷的具体路径无关"(静电场是保守力场，该命题是保守力场的基本特征；上述论证过程在物理学中具有普遍性)。由此，类比重力做功(因为重力场也是保守力场)和重力势能的规定，就可以定义"电荷在电场某位置的电势能E_p"。这样一来，电场中某点的"电势φ"就确定为$\varphi=E_p/q$。当然，基于以上的分析，我们同时还可以得出结论：电荷在电场中移动的过程中,如果静电力做正功,则电荷(包括电场)的电势能减少,导致电荷的动能增加。以上的结论通过简单的论证就可以得到,即"沿着电场线方向电势逐渐降低""电场线跟等势面垂直,并且由电势高的等势面指向电势低的等势面"。

第5节至第9节的内容分析省略。

通过以上的分析,我们可以体会这些内容能组成一个主题单元的道理,同时也为下面"确定单元学习目标"和"设计单元学习活动"奠定了基础。

(二)本单元的学习目标

1. 物理观念层面

通过学习,使学生能够形成以下观念:

(1)物质原子的核式结构模型是解释摩擦起电和金属导体的电结构的理论基础(当然,金属的电结构模型、自由电子的出现,还需要"化学键"等量子理论的知识才能说明)。

(2)物质原子的核式结构模型是电荷守恒定律和元电荷思想的理论基础,当然它们也被越来越广泛的实验现象证实。但是,人类对它们的认识还在不断地深化。

(3)基于物质世界规律的统一性、简洁性等,科学家们首先提出了"静电荷之间的作用力具有平方反比规律"的猜想,然后经库仑实验进行证明。其中,物质的电荷量(同质量一样)也是反映物质属性的物理量。在微观粒子的相互作用中,库仑力比万有引力强得多。

(4)静电力的发生是通过电场传递的。电荷在自己的周围空间激发出电场;电场强度和电势是描述电场的基本物理量。

(5)数学知识和实验都能得到电场强度是矢量这一结论,于是其合成遵循平行四边形法则。这样的点电荷组或者宏观带电体所激发的电场,就可以通过对各"点电荷"激发电场进行矢量合成而得到。

(6)在静电场中移动电荷时,静电力做的功只与电荷的起始位置和终止位置有关,而与电荷经过的路径无关(这是"保守力场"的界定,即静电场是保守场,于是可以定义"电势能")。从而可以进行"电势能"的规定,当选择了电势能的零位置后,电势能就只与电荷在电场中的位置有关,即静电力做的功等于电势能的减少量($W_{AB}=E_{pA}-E_{pB}$)。

其他目标省略。

要帮助学生形成上述观念,下面的"科学思维层面"的目标是具有支撑作用的。

2. 科学思维层面

通过学习,让学生对以下各方面都能够积极参与,并能获得体会和感受。

(1)依据原子的核式结构模型,结合外力做功与能量变化的关系,定性说明摩擦起电现象的发生。

(2)依据金属的电结构模型,结合静电力的特点,以及力与运动的关系(牛顿力学),定性分析静电感应现象的发生。

(3)依据原子的核式结构模型,说明电荷守恒定律和"元电荷"假说的知识内涵。(根据原子的核式结构模型,原子是由原子核和核外电子组成的;电子带负电,质子带正电;实际中物体带电都是电荷的转移或交换的结果;所谓元电荷就是一个电子,或质子的带电量,因此,一个带电体的带电量或者等于 e,或者是 e 的整数倍;但是,新的实验现象表明,带电粒子存在着产生和湮灭现象;理论上也认为还存在着带有更小电荷量的粒子;等等)

(4)建立"试探电荷"模型,即用以研究电场空间各点处的场强时,所使用的带电体,其电荷量和尺寸必须充分小,不会因为它的加入而改变所研究电场的空间分布。基于此,运用库仑定律和电场强度的基本性质,推导出点电荷所激发的场强为 $E=kQ/r^2$。

(5)把实际带电体所带的电荷量看成是由很多点电荷组成的,把所有点电荷所激发的电场在所研究的位置处进行矢量合成,就可得到带电体激发电场的空间分布。计算几个点电荷共同激发的电场,体会这一思想方法。

其他目标省略。

3.科学探究层面

从课程实践的层面分析,我们可以把科学探究暂时局限在物理实验探究层面。

(1)库仑扭秤实验。通过学习,使学生能够说明实验原理、阐述操作上使电荷量均分的物理过程及理论依据。

(2)研究空腔导体内表面电荷的分布。通过学习,使学生能够理解实验原理(即处于静电平衡状态的导体,电荷只能分布在导体的表面上。当用金属小球与空心金属球接触后它们也处于静电平衡状态,且外表面发生了变化,从而实现了电荷量的转移),以及由实验现象正确地说明实验结论。

其他目标省略。

4.科学态度与责任层面

有了以上三个层面的具体学习目标,我们认为结合具体的教学过程,应该会对学生形成正确的科学态度有积极的影响。

(三)本单元的学习活动设计

1.带领学生进行"静电感应"实验,并组织学生分析、讨论实验现象。

2.组织学生推导并得出结论:在匀强电场中移动电荷时,静电力做的功与电荷的起始位置和终止位置有关,与电荷经过的路径无关。请一些学生描述上面的推导过程。要求一些学有余力的学生,在课外时间查找资料,证明对于非匀强电场,上面的结论也是适用的。

3.在课内或课外时间里,组织学生观察示波管,即观察电信号随时间变化的情况;对少数学生要求进行定量计算,以比较理论和实验的结果。

在以上工作的前提下和教学过程中,对照相应的学业质量水平(标准),结合本单元内容的特点,组织开展持续性的评价活动,就切实可行了。

附件 2

高中物理学科作业规范要求

物理作业的设计应充分考虑高中毕业的学业水平合格性考试和高等院校招生录取的学业水平等级性考试等不同层次的学习需求,充分考虑其基础性和选拔性功能,符合课程结构中必修、选择性必修的教学内容的具体要求。物理作业的设计应以物理基本概念和规律为依托,指向物理学科核心素养的发展需求、物理学习效果的检测、物理教学质量的提升。依据《课程标准》、教学内容及考试要求确定作业内容、难度和数量;要坚持尊重差异、分层设计,注重基础性和选择性。鼓励校本作业的设计,不断提升学校作业的针对性和有效性,探索可供选择的弹性作业;适度安排实践性、课外研究性、科技创新性作业等。要坚持综合管理、标本兼治,引导学校、家长和社会树立科学的教育质量观和人才培养观,共同营造有利于学生健康成长的环境。

一　科学设计

(一)基本要求

作业设计是教学设计的重要组成部分,是检测教学效果的有效手段。作业设计应以物理基本概念和规律为依托,指向学生物理学科核心素养的发展需求;应充分考虑其基础性和选拔性功能,符合不同层次、不同阶段的学习要求。应基于《课程标准》、教学内容的具体要求,围绕作业的目标、内容、难度、数量、类型、题型等关键要素,科学设计符合物理学科核心素养目标要求的、充分体现单元及课时教学内容的重点概念的理解及物理规律应用的、适度适量的、题型多样的作业。

作业来源可通过选编、改编、自主创编等方式,鼓励自主创编"校本作业"。作业题型包括填空题、选择题、实验题、作图与识图题、计算和应用题等。作业类型包含随堂作业、家庭作业、实践性作业等,根据不同学生的学习基础及能力,实施分层作业设计,以满足不同认知水平和实际能力的学生的学习要求。探索利用信息技术等手段不断提升作业反馈的及时性和有效性。

(二)作业示例

以"静电场"(对应新教材必修第三册第九章和第十章)单元为例,基于学业质量水平一、二(也有质量水平三)的标准,基本限于随堂作业和家庭作业的类型,创编以下作业作为参考。

1. 填空题

(1)根据原子的核式结构模型,我们知道,原子是由带正电的_____、不带电的_____以及带负电的_____组成的。原子中质子的_____电荷数量与电子的_____电荷

数量一样多,所以整个原子对外界表现为电中性。(质量水平一)

原子的原子核的结构一般是很稳定的,通常离原子核较远的电子受到的束缚较弱。摩擦起电的原因就是_____引起的;元电荷就是_____和_____所带的电荷量。(质量水平二)

(2)元电荷 e 的数值,最早是由美国物理学家_____测得的,现在公认的值约为_____C;对于自然界中的微观粒子来说,它的电荷量与质量的比值可以在实验中测量,称为粒子的_____。(质量水平一)

(3)电荷之间存在着相互作用力,即静电力。法拉第提出一种观点,他认为在电荷的周围存在着由它产生的_____,处在其中的其他电荷受到的静电力,就是这个_____给予的。现在已经证实_____是一种_____。(质量水平一)

(4)电场的物质性表现在,它像分子、原子等实物粒子一样,具有_____;电场强度是描述_____的物理量,它是_____;当场源是多个点电荷时,电场中某点的电场强度等于_____单独在该点产生的电场强度的矢量和;而对于比较大的带电体,在计算它的电场时,可以把它分成_____的若干块,每一块看成_____,然后用各部分电荷电场强度叠加的方法计算整个带电体的电场。(质量水平二)

(5)运用牛顿定律分析置于外电场中的金属导体,当导体达到静电平衡时,导体内部的电场强度_____;这时电荷只分布在导体的_____表面,且表面越尖锐的位置,电荷的_____越大,该位置附近的电场强度_____,尖端放电的原因就在于此。(质量水平二)

(6)电势和电势能是描述_____的基本物理量。在静电场中,一带电粒子从 A 位置移动到 B 位置,若该过程中它所受的静电力做正功,依据_____定理,粒子的动能_____;那么其电势能就_____。(质量水平二)

(7)类比重力场,静电场中,带电体的电势能与重力势能相似,而各位置的电势则与_____相当。(质量水平二)

(8)静电场中电势和电势能具有相对性,但电势差是_____,它和电路中的电压意义相同;等势面和电场线都是物理_____,能形象地描述电场的分布情况。(质量水平二)

(9)在静电平衡时,金属体表面可以带有一定的电荷,所以,任何金属原则上都是电容器;但教材中所讲的电容器是指能有效荷载电荷的专门电学_____。平行板电容器就是原理上最简单的电容器,它由两个相距_____的平行金属板中间夹上一层_____组成。(质量水平一)

2.选择题

(1)以下说法正确的是(　　)

A. 原子中的电子容易受到外界的作用而脱离原子

B. 两个物体摩擦的过程中,一个物体总是失去电子,另一个物体总是得到电子

C. 金属中原子的外层电子容易脱离原子核的束缚,因而在金属内部总有大量的自由

电子

D. 利用金属的微观结构模型，以及电荷间相互作用特点，或者运用电场的观点，都可以解释静电感应现象

（质量水平二）

(2) 如图 1 所示，当带电体接触验电器的金属球时，下列说法正确的是（　　）

A. 若带电体带正电荷，则这些正电荷就通过金属杆几乎全部移动到金属箔上

B. 若带电体带负电荷，则这些负电荷就通过金属杆全部移动到金属箔上

C. 若带电体带正电荷，则验电器就有一部分电子移动到带电体上

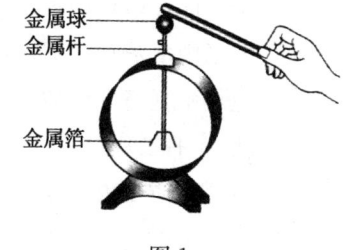

图 1

D. 若带电体带负电荷，则验电器就有一部分正电荷移动到带电体上

（质量水平三）

(3) 以下说法正确的是（　　）

A. 两个实际的带电体间的相互作用力与它们自身的大小、形状以及电荷分布都有关系

B. 点电荷类似于力学中的质点，是一种理想模型

C. 如果使一个带电金属小球与另一个不带电的完全相同的金属小球接触，前者的电量就会分给后者一半，这可以用静电平衡知识进行说明

D. 基于库仑定律，又因为任何一个带电体都可以看成是由许多点电荷组成的，所以，如果知道带电体上的电荷分布，理论上就可以求出带电体之间的静电力的大小和方向

（质量水平二）

(4) 关于静电场，以下说法正确的是（　　）

A. 19 世纪 30 年代，法拉第提出一种观点，认为在电荷的周围存在着由它产生的电场——这是一种假说

B. 科学家对电场的性质作了规定，即处于电荷中的带电体要受到电场对它的作用力——这给实验验证提供了理论依据

C. 电荷在运动状态迅速变化时所产生的电场的物质性才表现出来，而静止电荷激发的电场不具有物质性

D. 理论上任何带电体产生的电场都可以通过点电荷的电场及其电场矢量叠加计算得出

（质量水平三）

(5) 当导体处于静电平衡时，以下说法正确的是（　　）

A. 导体内部没有电荷

B. 电荷总是均匀分布在导体的外表面

C. 导体外表面越尖锐的地方,其周围的电场越强

D. 用金属网把验电器罩起来,使带电金属球靠近验电器时,箔片不会张开

(质量水平二)

(6)电场强度、电势、电势能都是定量描述静电场的物理量。以下说法正确的是( )

A. 电场中电场越强的地方电势越高

B. 带电体在电场中电场越强的地方其电势能越大

C. 电场中电势和电势能的大小都具有相对性

D. 电场中任意两位置间的电势差是确定的

(质量水平二)

(7)电容是描述电容器的基本物理量。以下说法正确的是( )

A. 电容器的电容是由其自身的结构及组成决定的

B. 平行板电容器的结构包括两金属板间的正对面积、距离,以及中间所填充的电介质种类

C. 法拉是个很大的单位,一般电容器的电容都很小

D. 现在已经研制出了超级电容器,其原理是电化学层面的

(质量水平二)

3. 实验题

(1)如果把一般验电器的金属箔片换成指针,这样的验电器又叫作静电计。当带电体靠近,或者接触验电器的导体棒上端时,指针会发生偏转。其工作原理有两个层面:一是_____(从电荷间的相互作用层面分析);二是_____(从导体的静电平衡层面分析)。

(质量水平一)

(2)库仑当年做静电荷之间作用力的规律实验用的装置叫作库仑扭秤。下面的操作及分析中有两个很重要的地方:把一个带电的金属小球 C 插入容器并使它接触 A,从而使 A 与 C 带同种电荷。将 C 和 A 分开,再使 C 靠近 A,A 和 C 之间的作用力使 A 远离。扭转悬丝,使 A 回到初始位置并静止,通过悬丝扭转的角度可以比较力的大小。改变 A 和 C 之间的距离 r,记录每次悬丝扭转的角度,就可以找到力 F 与距离 r 之间的关系。

①实验中假设:两个完全相同的金属小球,一个带电,一个不带电,互相接触后,就实现了电荷量等分。其实验依据是什么?

②每次悬丝扭转的角度与作用力大小之间是什么关系?

(质量水平二)

(3)在"用传感器观察电容器的放电过程"的实验中,因为传感器的反应很快,可以捕捉到瞬间的电流变化,于是就可以通过计算机显示出电流随时间变化的 I-t 图像。图2是电容器放电过程的 I-t 图像。

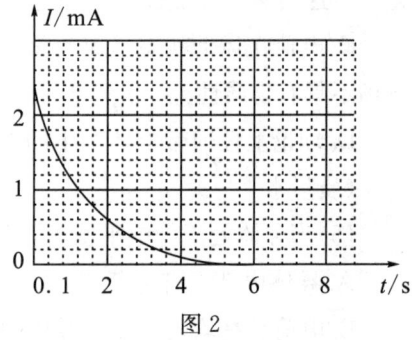

图2

图线和坐标轴所围成的"面积"对应的是什么量?

(质量水平三)

4.作图与识图题

(1)画出正、负点电荷的电场线分布图(图3);分析等量异种和同种点电荷的电场线分布的特点。

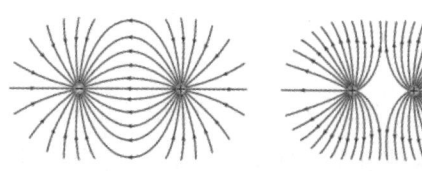

图 3

(质量水平二)

(2)根据静电平衡知识,处于静电平衡的导体内部没有电荷,即电荷只分布在导体的外表面。如果把一个空腔导体放入静电场中,如图4所示,请回答以下问题:

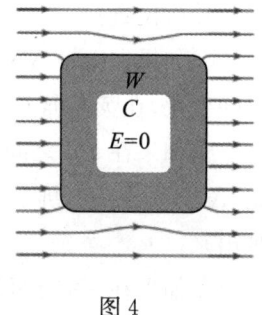

图 4

①空腔的内表面电荷密度为多少?

②导体壳壁 W 内的空间电场强度是多少?

③空腔 C 里的电场强度是多少?

(质量水平三)

(3)根据点电荷的电场强度关系式,若已知点电荷的电势关系式为 $\varphi = kq/r$,画出正点电荷的电场线和等势面;画出平行板电容器内部的电场线和等势面。

(质量水平二)

5.计算与应用题

(1)如图5所示,三个固定的带电小球 a、b 和 c,相互间的距离分别为 $ab=5$ cm,$bc=3$ cm,$ca=4$ cm。小球 c 所受库仑力的合力的方向平行于 a、b 的连线。设小球 a、b 所带电荷量的比值的绝对值为 k,论证 a、b 带电的种类异同,计算 k 的值。

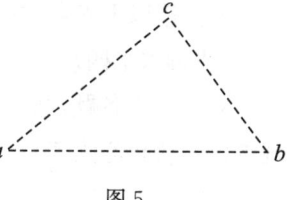

图 5

(质量水平三)

(2)论证:在匀强电场中,电荷 q 在沿任意曲线 ANB 从 A 点移动到 B 点的过程中,如图6所示,静电力所做的功是 $W = qE \cdot |AM|$。

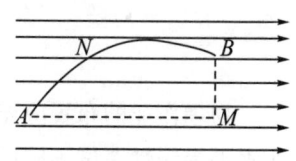

图 6

(质量水平四)

(3)图7是示波管的结构原理图。

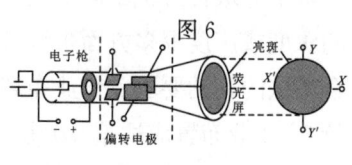

图 7

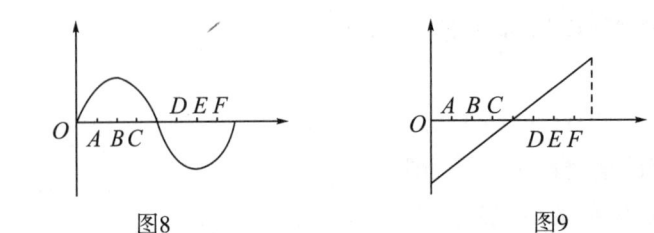

图8　　　　　　　图9

①如果在电极 XX' 之间不加电压,但在 YY' 之间加不变的电压,使 Y 的电势比 Y' 高(有时说这种情况是"Y 正、Y' 负"),电子束运动过程中受哪个方向的力?电子将打在荧光屏的什么位置?

如果在 YY' 之间不加电压,而在 XX' 之间加不变的电压(X 正、X' 负),电子将打在荧光屏的什么位置?

②如果在电极 XX' 之间不加电压,而在电极 YY' 之间所加的电压按图 8 所示的规律随时间变化,在荧光屏上会看到什么图形?试着在图上画出来。

③如果在 YY' 之间所加的电压仍然如图 8 所示,而在电极 XX' 之间加不变的电压(X 正、X' 负),在荧光屏上会看到什么图形?若电极 XX' 之间的电压是"X' 正、X 负"呢?试着画出来。

④如果在 YY' 之间所加的电压仍然如图 8 所示,而在电极 XX' 之间所加的电压按图 9 所示的规律变化,在荧光屏上会看到什么图形?建议按以下步骤画图:

a. 在白纸上画出荧光屏的放大图;

b. 在图上分别标出 O、A、B、C、t_1、D、E、F、t_2 几个时刻光点在荧光屏上的位置;

c. 根据以上光点的位置,画出荧光屏上的图形。

(质量水平四)

对于以上各题,结合教材上的"联系与应用",以及"复习与提高"中的题目,基本上能实现物理学科核心素养目标的要求。

二　合理布置

物理作业的布置应充分考虑高中毕业的学业水平合格性考试和高等院校招生录取的学业水平等级性考试不同层次的学习需求。可根据物理学科学业质量水平的标准、知识要求的深度或广度等多方面来设计作业的难度,保证合理的梯度,有利于学生发挥正常水平,符合考试的目的要求。作业布置应充分考虑高中阶段的课程结构、教学要求以及学生的认知特点,作业布置应适量并分层实施,以满足不同基础、发展水平及能力的学生。有条件的学校适量布置电子型作业,提高作业反馈的及时性、针对性。适当布置科技创新、课题研究等实践性、拓展性的作业,提高学生的综合能力和物理学科核心素养,同时也为后面的选拔性考试提供基础。

三 有效批改、适时反馈

对于基础型的作业,应在课堂上及时解决;对于课外提高性、拓展性的作业,教师应按时回收、认真检查批改、全面分析并及时反馈。不断提升集体讲评、个别面批的针对性和有效性,强化作业评改、反馈的育人功能。对于科技创新、课题研究等实践性作业,应提倡教师充分参与,担当导师进行有效的理论和实践指导,提高学生解决实际问题的能力,为下一阶段的物理学习打下扎实的理论和实践基础。

四 作业实施中应把握的关键要素

(一)创新形式

除了设计巩固物理知识、解决实际问题、强化方法运用的作业之外,还建议布置诸如科技创新、课题研究等实践性作业,强化学生的团队意识,培养和发展学生在科学探究过程中的交流和表达能力,以及模型建构、科学思维能力等。

(二)鼓励创编

注重并鼓励以区域或学校教研组进行创编"校本作业",经过试做、反馈和修改等过程,提高校本作业的质量,加强作业内容的针对性和实效性。

(三)适度适量

可根据物理学科核心素养的水平层次、知识要求的深度或广度等多方面来设计作业的难度,保证合理的梯度,有利于学生发挥正常水平,符合考试的目的要求。作业布置应注重基础性,兼顾提高、选拔功能,基础性的作业尽量随堂解决,课后布置的提高型作业应精而少,主要目的是巩固、加深对物理概念的理解以及对规律的理解与应用。同时,作业布置要充分考虑到学生的能力差异,分层实施。

(四)高效管理

学校是作业管理的基本单位,各校要制定作业管理制度,建立以校长为第一责任人的工作机制,明确相关部门职责及教师工作要求,加强对作业来源、设计、布置、批改、辅导等全流程管理,加强作业与备课、上课、辅导、评价等教学环节的系统整体设计。

执笔人:杨思锋 陶士金 马继鑫 宋勇 杨培军 褚军 宋万松

普通高中化学学科教学指导意见

为贯彻落实《国务院办公厅关于新时代推进普通高中育人方式改革的指导意见》(国办发〔2019〕29号)、《安徽省深化基础教育改革全面提高育人质量行动计划》(皖发〔2020〕6号)、《安徽省新时代推进普通高中育人方式改革实施方案》(皖教工委〔2020〕31号)等有关文件精神,以《普通高中化学课程标准(2017年版2020年修订)》(以下简称《课程标准》)、《安徽省普通高中新课程新教材实施方案》(皖教基〔2020〕9号)为依据,结合我省普通高中化学教学实际,对我省普通高中化学教学提出如下指导意见:

一 指导思想

坚持以习近平新时代中国特色社会主义思想为指导,深入贯彻党的十九大和全国教育大会精神,全面贯彻党的教育方针,落实立德树人根本任务,培育和践行社会主义核心价值观。以深化普通高中化学课程和教学改革为导向,以提高学生终身发展所需的化学学科核心素养为目标,遵循教育教学规律和学生发展规律,全面落实《课程标准》,加强普通高中化学课程实施的指导与管理,规范教育教学行为,改进教与学的方式,全面提高教育教学质量,实现高中化学课程目标,培养德智体美劳全面发展的社会主义建设者和接班人。

二 教学安排

（一）必修课程的安排

必修课程是全体学生必须修习的课程,是普通高中学生发展的共同基础。必修课程内容包括"化学科学与实验探究""常见的无机物及其应用""物质结构基础与化学反应规律""简单的有机化合物及其应用""化学与社会发展"5个主题。必修课程不划分模块,共4学分,72学时。

(二)选择性必修课程的安排

选择性必修课程是学生根据个人需求与升学考试要求选择修习的课程,培养学生深入学习与探索化学科学的志向,引导学生更深入地认识化学科学,了解化学研究的内容与方法,提升学生化学学科核心素养的水平。

选择性必修课程设置"化学反应原理""物质结构与性质""有机化学基础"3个模块。选择性必修课程每个模块2学分,36课时。

(三)选修课程的安排

选修课程面向对化学学科有兴趣和不同需求的学生,拓展化学视野,深化对化学科学及其价值的认识。选修课程设置"实验化学""化学与社会""发展中的化学科学"3个开放式系列,旨在为不同的学生提供丰富多样的选择。学生在必修或者选择性必修课程的基础上都可以凭兴趣进入选修课程不同系列的学习。

学分认定应根据学生学习时间和效果进行评定,每修习完成9课时可获得0.5学分,最高可获得4学分。

三 教学要求

(一)总体教学要求

在必修课程教学中,要突出化学基本观念的统领作用,为学生选择性必修课程或选修课程的学习打下基础。在选择性必修课程教学中,要依据化学学科的基础性研究领域,体现化学学习领域特点及与大学化学课程的关联性。在选修课程教学中,要综合体现化学学科的特点、社会发展价值、时代性,以及学科核心素养的多样性内涵,既有利于激发学生的学习兴趣和需要,又有利于校本化课程的开设和管理。选修课程的开设需要科学合理安排,建议给出固定时间用于开设选修课程,在该时间段,鼓励老师平行开设丰富多样的选修课程,供学生自由选修。

(二)必修课程教学要求

必修课程的目的是促进全体高中生形成最基本的科学素养,是每位高中生都要修习的模块,因此必须强调其基础性。在教学中可以由物质分类和反应分类的思想来整合教学内容,通过提供实验事实、科学史话等感性材料,采用分析、归纳、类比的方法获得知识、发展素养。如"离子反应""氧化还原反应"在必修课程中可以根据分类标准进行类别判断。在教学中注重以实验为基础,获取宏观现象,并依此为证据进行逻辑推理,进而获取知识,发展学生的化学学科素养。在教学中切忌知识的一步到位,由于不同阶段的学生对同一问题的理解不同,因此新课的教学要求与课程学习结束时的要求应该有所不同。例如"物质的量""离子反应""氧化还原反应"等重要的化学知识,在新课的学习中,先建立基本概念,在后续单元学习中,会反复再现,反复应用,逐步提高对这些知识的理解与应用。

(三)选择性必修课程教学要求

"化学反应原理"模块包括从化学反应与能量、化学反应的方向、限度和速率,以及水溶液中的离子反应与平衡等方面,探索化学反应的规律及其应用,了解化学反应中能量转化所遵循的规律,认识化学反应原理对科学技术和人类社会文明所起的重要作用。在本模块的教学中,要引导学生进一步认识化学变化所遵循的基本原理,初步形成关于物质变化的科学观念,促进学生"变化观念与平衡思想""证据推理与模型认知""科学探究与创新意识"等化学学科核心素养的发展。

"物质结构与性质"模块包括原子结构和周期律、化学键和分子间作用力、晶体结构与物质性质,从微观角度认识物质的结构和性质。在本模块教学中,要提升学生对有关物质结构的基本认识,让学生深入理解物质的结构与性质之间的关系,重点发展学生"宏观辨识与微观探析""证据推理与模型认知"等化学学科核心素养。

"有机化学基础"模块包括有机化合物的组成和结构、烃及其衍生物的性质与应用、生物大分子及合成高分子。在本模块的教学中,要引导学生建立"结构决定性质"的基本观念,形成基于官能团、化学键及反应类型认识有机化合物的一般思路,了解测定有机化合物结构、探究性质、设计合成路线的相关知识,并重点发展学生"宏观辨识与微观探析""证据推理与模型认知""科学探究与创新意识"等化学学科核心素养。

(四)选修课程教学要求

选修课程旨在为不同的学生提供丰富多样的选择。学生在必修课程或者选择性必修课程的基础上都可以结合兴趣进入选修课程的不同系列进行学习。开设的选修课程,可以在同一系列内选取内容,也可以跨系列选取内容,可以以主题为单位,也可以围绕一个综合性项目组织实施。提倡综合使用多种方式开展选修课程的教学,如实验探究、主题调查、参观访问、科普宣讲、专家讲座、主题论坛、文献研讨、读书报告等,鼓励开展主题性实践活动和项目式学习活动。

四 教学建议

(一)总体建议

化学知识是发展学生化学学科核心素养的重要载体,化学教学是落实化学课程目标、引导学生达到化学学业质量要求的基本途径。教师在化学教学中应依据《课程标准》中"发展学生化学学科核心素养"这一主旨,优化教学过程,有效提高教学质量,发展素质教育,落实立德树人的根本任务。

1. 深刻领会化学学科核心素养的内涵,科学制订教学目标

(1)深刻领会化学学科核心素养的内涵

"宏观辨识与微观探析""变化观念与平衡思想""证据推理与模型认知""科学探究与创新意识""科学态度与社会责任"5个方面,是从正确价值观念、必备品格和关键能力层面对化学学科核心素养内涵的揭示,是学生科学素养在"知识与技能""过程与方法"和"情感态度与价值观"3个方面得到全面发展的综合表观。

化学学科核心素养构成要素之间具有内在的本质联系。"宏观辨识与微观探析""变化观念与平衡思想""证据推理与模型认知"分别是从学科观念和思维方式视角对化学科学思维的描述。"科学探究与创新意识"是对化学科学实践的表征,"科学态度与社会责任"是对化学科学价值取向的刻画,是化学学科整体育人功能和价值的具体表现。

(2)科学制订化学教学目标

应统筹规划化学教学目标。学生化学学科核心素养的发展是一个持续发展的过程,因此,教师应依据化学学科核心素养的内涵及其发展水平、高中化学课程目标、高中化学课程内容及学业质量要求(包括学业要求和学业质量水平),结合学生的已有经验,对学段、模块或主题、单元和课时教学目标进行整体规划和设计。教师应根据具体教学内容的特点和学生的实际来确定化学教学目标,切忌生硬照搬化学学科核心素养的5个方面,防止教学目标制订的表面化和形式化。

2. 准确把握学业质量标准,合理选择和组织化学教学内容

(1)整体规划化学教学内容的深广度

学业质量标准是对学生完成相应的课程内容学习时所应达到的化学学科核心素养水平的一种描述,检验和衡量学生化学学习的程度和水平。因此,它不仅仅对化学教学评价具有指导作用,同时,它也是教师选择化学教学内容的一个重要依据。为此,教师应仔细研读化学学业质量标准,明确化学教学内容在各学段的不同水平要求,整体规划不同学段化学教学内容的深广度。

(2)合理组织化学教学内容

化学教学内容的组织,应有利于促进学生从化学学科知识向化学学科核心素养的转化,而内容的结构化则是实现这种转化的关键。内容的结构化主要有基于知识关联的结构化、基于认识思路的结构化、基于核心观念的结构化三种形式。教师在组织教学内容时应高度重视化学知识的结构化设计,充分认识知识结构化对于学生化学学科核心素养发展的重要性,尤其是应有目的、有计划地进行"认识思路"和"核心观念"的结构化设计,逐步提升学生的化学知识结构化水平,发展化学学科核心素养。

(3)贴近生活、社会实际,重视化学与其他学科的联系

化学科学与生产、生活和科学技术的发展有着密切的联系,对社会发展、科技进步和人类生活质量的提高有着广泛而深刻的影响。在教学中,教师应重视 STSE(科学·技术·社会·环境)内容主题的选择和组织,紧密联系生产、生活实际,使学生认识到化学能够创造更多物质财富满足人民日益增长的美好生活需要,使学生能综合运用所学知识解释和解决有关 STSE 问题。

3. 充分认识化学实验的独特价值,精心设计实验探究活动

(1)充分认识化学实验的独特价值

以实验为基础是化学学科的重要特征,化学实验对于全面发展学生的化学学科核心素养有着极为重要的作用。化学实验有助于激发学生学习化学的兴趣,创设生动活泼的教学情境,帮助学生理解和掌握化学知识和技能,启迪学生的科学思维,训练学生的科学方法,培养学生的科学态度和价值观。

(2)精心设计实验探究活动

实验探究是一种重要的科学实践活动,是化学学科核心素养的构成要素之一。教师应依据"科学探究与创新意识"素养发展水平和学业质量标准,结合学生的认知发展特点,精心设计实验探究活动、有效地组织和实施实验探究教学,增进学生对科学探究能力的理解,发展科学探究能力。

4. 创设真实问题情境,促进学习方式转变

(1)创设真实且富有价值的问题情境

真实、具体的问题情境是学生化学学科核心素养形成和发展的重要平台。因此,教师在教学中应重视创设真实且富有价值的问题情境,促进学生化学学科核心素养的形成和发展。

(2)积极促进学生化学学习方式的转变

学生化学学科核心素养的发展是一个自我建构、不断提升的过程,教师要紧紧围绕化学学科核心素养发展的关键环节,引导学生积极开展建构学习、探究学习和问题解决学习,促进学生化学学习方式的转变。为此,教师应尽可能设计多样化的实验探究学习任务,应结合具体的化学教学内容的特点和学生的实际,引导学生开展分类与概括、证据与推理、模型与解释、符号与表征等具有学科特质的学习活动,应注意设计真实情境下不同复杂和陌生程度的问题解决活动,引导学生通过小组合作、实验探究、讨论交流等多样化方式解决问题。

(二)必修课程教学建议

主题 1 化学科学与实验探究

组织学生经历研究物质性质,探究反应规律,进行物质分离、检验和制备等不同类型的化学实验及探究活动,引导学生认识化学科学的主要特征、了解化学实验探究的一般过程,帮助学生形成各类实验活动任务的核心思路与基本方法,体会实验条件控制对完成科学实

验及探究活动的作用,初步建立科学探究的大概念,养成严谨求实的科学态度与环保安全意识。

主题2 常见的无机物及其应用

通过钠、铁、氯、氮、硫元素及其化合物性质的教学,帮助学生建立基于类别、核心元素价态等认识物质性质、设计物质转化的路径,并将其应用于真实问题解决,进而形成问题解决的思路和方法。

引导学生从化学的角度认识和理解人与自然的关系,帮助学生初步形成科学的物质观和合理利用物质的意识;建立分析解决材料、能源、环境、健康等领域关于物质制备和应用等实际问题的思路和方法。

教学中建议发挥核心概念和方法的指导作用,如借助氧化还原反应以及分类思想,通过建立元素化合价、物质类别、社会价值三维认知框架建立模型,在理解元素及其化合物知识基础上,厘清物质之间的本质区别和联系,领会物质之间的转化关系。

主题3 物质结构基础及化学反应规律

关注必修模块"物质结构基础及化学反应规律"主题在中学化学中的承上启下作用。即在对初中物质组成、构成认识的基础上,进一步发展学生对物质构成的认识,通过元素周期律和化学键等核心知识的学习,建立"位—构—性"等认知模型,体会结构与性质的联系;同时,为"化学反应原理""物质结构与性质""有机化学基础"3个选择性必修模块的学习奠定基础。

引导学生关注化学变化中的能量转化,并深入揭示化学反应中物质变化和能量变化的特征,理解、应用化学反应规律,调控化学反应,解决实际问题。

主题4 简单的有机化合物及其应用

借助实验、分子结构模型、数据等事实证据认识乙烯、乙酸、乙醇等代表物的组成、结构、物理性质、化学性质、用途,帮助学生初步形成对有机物的组成、结构、性质的认识。

结合实例初步建立有机反应类型的有关概念,引导学生建立官能团决定有机物的化学性质,且一定条件下可以相互转化的概念,体会合成和制造新物质是有机化学研究价值的重要体现。

主题5 化学与社会发展

引导学生关注与化学有关的社会热点问题,认识环境保护和资源合理开发的重要性,形成绿色化学观念和可持续发展意识。

帮助学生深刻理解化学、技术、社会和环境之间的相互关系,促使学生赞赏化学对社会发展的重大贡献,并设计多样化、开放性的活动,促使学生主动运用已有知识和方法综合分析化学过程对自然可能带来的各种影响,权衡利弊,勇于承担责任,积极参与有关化学问题的社会决策。

(三)选择性必修课程教学建议

1. 模块 1：化学反应原理

主题 1　化学反应与能量

在必修模块基础上,进一步发展学生对化学反应热效应的定量认识。即知道能用反应焓变定量表征恒温恒压条件下化学反应的反应热,并能利用盖斯定律理论推算某反应的焓变。认识化学能与电能相互转化的实际意义和重要作用。了解原电池及常见化学电源的工作原理。了解电解池的工作原理,认识电解在实现物质转化和储存能量中的具体应用。了解金属发生电化学腐蚀的本质,知道金属腐蚀的危害,了解防止金属腐蚀的措施。

主题 2　化学反应的方向、限度和速率

教学中要凸显对化学反应的认识发展,具体包括:建立新的认识角度——化学反应的方向;转变认识方式类型——化学反应速率和化学平衡。在进一步完善对化学反应认识的基础上,促进学生将认识角度转化为问题解决思路;在真实问题解决过程中,促使学生认识到化学反应速率和化学平衡的综合调控在生产、生活和科学研究领域中的重要应用。

在化学反应速率教学中,应在必修模块基础上进一步发展对化学反应速率的定量认识、理性认识,能够定量表征、测定化学反应速率,能够运用碰撞理论解释外界条件对化学反应速率的影响。此外,关于化学反应速率的实验探究任务也从定性上升到了定量水平,其教学关键在于促使学生学会确定变量和测量变量,探究反应物浓度改变与化学反应速率变化的定量关系,发展基于变量关系的证据推理素养。

在化学反应限度教学中,引导学生对化学反应限度的认识由定性水平上升到定量水平,充分发挥化学平衡常数的认识发展功能,即:"不同的化学反应,其限度不同,可以利用化学平衡常数进行定量表征和比较"。通过讨论温度、压强等外界条件对化学平衡状态的影响,促使学生关注体系和环境中的多个要素之间的关系(如温度对化学平衡状态、转化率、化学平衡常数等的影响),对化学反应限度的认识由孤立认识发展到系统认识,进而形成调控化学反应限度或化学平衡状态的思路方法,对化学反应限度的认识从静态认识上升到动态认识。

主题 3　水溶液中的离子反应与平衡

教学不仅需要关注具体知识或技能的落实,如能用化学用语正确表示水溶液中离子反应与平衡、能进行溶液 pH 的简单计算、能正确测定溶液的 pH、能调控溶液的酸碱性等,还需要帮助学生完善对水溶液体系的认识模型。一方面,要帮助学生建立认识水溶液的基本思维方法——微粒的种类、微粒的相互作用、微粒的数量间的关系;另一方面,丰富水溶液问题的认识对象,从单一溶质电解质溶液到多溶质电解质溶液。在此过程中,发展"宏观辨识与微观探析"化学学科核心素养,即宏观辨识水溶液中的溶质、溶剂和宏观现象,基于此进入微观世界,探究微粒的种类、数目和相互作用,对宏观现象进行解释。

2. 模块2：物质结构与性质

物质结构与性质模块的教学，重点是发挥模型的重要作用。一是利用科学史的素材建立模型认识，二是进一步挖掘科学史中的科学方法的价值，三是要让学生进一步参与模型建构的活动，四是要注意模型的适用对象。此模块教学内容要留有发展的空间，任何模型认识都是在发展变化的。

主题1　原子结构与元素的性质

在核外电子排布与元素周期律的教学中，关键是建立"位一构一性"的本质关联。与必修模块相比，选修模块一方面将元素性质拓展到第一电离能、电负性等方面，建立原子核外电子排布规律（结构）与元素周期表中族、周期划分（位置）以及元素电负性等周期性变化规律（性质）的深层关联；另一方面把"位一构一性"在主族元素之间的关联拓展到整个元素周期表；把相对抽象的元素的金属性和非金属性具体化为电离能与电负性等可量化的元素性质；丰富了元素周期表在过渡元素等领域的应用价值。

主题2　微粒间的相互作用与物质的性质

在微粒间相互作用的教学中，需要帮助学生认识不同种微粒间不同类型的相互作用，并建立微粒间不同类型的相互作用与物质宏观性质的关联，达到分析解释的水平。从认识要求的水平差异看，对于不同类型的分子间作用力的认识要求是不同的，教学中要关注到这种差异。例如，对于离子键和共价键要求到认识本质，并能结合本质解释说明某些具体离子化合物和共价分子的性质；对于配位键，只需了解其特点、成键特征，知道一些配位化合物；对于金属键也只需知道其特点与金属某些性质的关系。对于分子间存在的相互作用，要求能辨识范德华力和氢键，对于氢键提出了分子间和分子内氢键的认识要求。

在共价键的本质和特征的教学中，主要是帮助学生基于量子化特征认识共价键的本质，建立共价键与分子空间构型的关系。其中，共价键的概念内涵和本质特征是以轨道重叠为基础的；微粒的空间排布（连接方式及空间几何结构）的教学，则是在对共价键本质认知的基础上，运用杂化轨道的理论基础对一些典型分子的空间构型进行解释和预测。

在晶体及其结构的教学中，由于学生基本没有相应的知识基础和认识基础，因此要充分发挥模型的作用。借助模型实物，让学生感受、辨识、体验，提升学生的空间想象能力与模型认知素养。

主题3　研究物质结构的方法与价值

在教学中，需要关注本主题对学生科学精神发展的促进作用。同时，需要关注对学生的认识要求，如"认识物质的结构与性质之间的关系"；关注过程方法发展要求，如"结合案例了解设计、合成和改造物质结构的一般思路和方法"；关注对观点认同的要求，如"认同物质结构的探索是无止境的观点"。

3. 模块3:有机化学基础

主题1　有机化合物的组成与结构

可以通过有机化合物的结构特点、命名及测定方法等相关内容的教学,帮助学生建立分析有机化合物分子结构的思路。

在有机化合物的分子结构教学中,应帮助学生认识到有机化合物的分子结构决定于原子间的连接顺序、成键方式和空间排布,认识有机化合物存在同分异构现象。

在官能团和有机化合物类别的教学中,一方面需要帮助学生建立认识有机化合物的分子结构两个基本角度——官能团、官能团与相邻基团的相互影响;另一方面应落实官能团对学生认识有机化合物的功能,即从官能团的角度对有机化合物进行分类、命名,根据官能团认识有机化合物的特征性质、实现官能团的转化。

主题2　烃及其衍生物的性质与应用

首先要建立起对有机反应的多角度认识,包括反应类型、反应物、试剂、条件、反应产物和反应现象,这些角度之间的相互推论关系构成了对有机反应的认识思路。其次,还要能从官能团、化学键的水平认识有机反应,不同有机反应类型中,反应物和生成物的官能团转化规律、化学键变化规律不同。最后,进一步落实有机化合物分子结构分析的思路和方法,同时建立起对有机反应的多角度认识模型,并应用模型进一步掌握有机合成的思路和方法。

主题3　生物大分子及合成高分子

进一步丰富学生对有机化合物(如有机高分子、生物大分子等)和有机反应的认识(如加聚反应和缩聚反应)。通过合成高分子的教学,帮助学生体会化学学科的重要价值和学科魅力,发展其科学精神与社会责任。

(四)选修课程教学建议

系列1　实验化学

在组织本系列教学时,可以在必修课程主题1的基础上,重点讨论同类实验任务在思路方法上的继承与发展,之后在主题2~4中不断应用、巩固相应的思路方法,并且逐渐加入生产、STSE(科学·技术·社会·环境)等素材,在真实的问题情境中体验和解决更复杂、更具挑战性的问题。

在基础实验中,促使学生形成解决某类化学实验任务的一般思路。首先要给学生自主思考的时间和空间,其次应与学生进行对话,提供必要的指导;最后概括与反思,给予学生展示、交流、分享和评价实验成果的机会。

系列2　化学与社会

本主题可以与不同形式的综合实践活动整合,以主题活动的形式开展教学,每个主题活动的具体方式可根据需要采取以下一种或多种方式进行。

参观:根据课题需要,结合教学进度,组织学生参观相关的科研院所、公共场馆和企业,如当地自然博物馆、垃圾处理厂、污水处理厂、化工厂等,聆听专业人员的讲解,并结合小课题进行交流。参观活动前应制订小组参观计划,参观活动后提交小组参观记录,包括参观过程和参观收获。以参观记录作为主要评价依据。

调查:根据课题需要,制订调查计划,选择具有代表性的调查对象。通过调查获得第一手资料,然后进行分析和整理,根据真实的素材,形成有观点、有分析、有结论的调查报告。调查报告应包含调查背景(目的、时间、地点、对象、内容主题)、调查结果(现象、数据、分析、归因、结论)和调查收获及感想。以调查报告作为主要评价依据。

科普宣传:在课题的成果总结汇报阶段,可结合实际情况开展校园或社区的科普宣传活动,通过宣传海报、视频或演讲,展示实践作品、实验报告、实验作品、产品等学习研究成果,凸显化学在材料、能源、环境、健康等方面的实际应用。以宣讲海报、视频或实践成果等作为主要评价依据。

社会性科学议题综合研讨:社会性科学议题指由当代科学技术研究开发所引起的一系列与社会伦理道德观念和经济发展紧密相关的社会性问题。可根据课题需要,选择确定相关议题,如"核电站给环境保护带来的难题",组织学生进行综合研讨,在研讨的基础上针对议题提出合理化建议,如通过辩论比赛展现研讨结果。以学生在辩论赛中的活动表现作为主要评价依据。

系列3 发展中的化学科学

该系列课程的设置并不需要学生对化学前沿问题有系统的了解,而是结合化学的前沿领域和当代社会的热点问题,有重点、有选择地介绍化学科学的最新进展和亟待解决的重要课题,帮助学生了解我国化学发展的机遇和挑战,鼓励学生关注并投身于化学事业。

教学中可以通过前沿知识讲座、社团活动、兴趣选修等方式开展教学。一方面,教师可以将学生从化学前沿讲座中学到的新知识与课堂上习得的知识融合渗透,从而改善已有认知中的知识层次、知识结构和知识网络,构建较为完善的化学知识框架。另一方面,化学前沿知识可以从多方面激发学生对化学知识的应用、对化学发展的认识、对化学疑难问题的研究兴趣。从较高层次去理解、把握化学研究的科学方法,提高学生的化学学科核心素养。教学中以化学问题为线索,将化学知识融入生活实际中,让学生感受到化学知识与社会生产生活的紧密联系。

五 评价与考试建议

高中化学课程评价既要促进全体高中学生在科学素养各个方面的共同发展,又要有利于高中学生的个性发展。积极倡导评价目标的多元化和评价方式的多样化,坚持终结性评价与过程性评价相结合、定性评价与定量评价相结合、学生自评互评与他人评价相结合,努力将评价贯穿于化学学习的全过程,充分发挥其对教学的检验和辅助功能,有效地服务于教学,实施"教、学、评"一体化。

(一)日常学习评价建议

1. 实施"教、学、评"一体化,有效开展化学日常学习评价

化学日常学习评价是化学教学不可或缺的有机组成部分,是化学学习评价的一种重要表现形式,是实施"教、学、评"一体化教学的重要链条。教师应充分认识化学日常学习评价对于促进学生化学学科核心素养发展的重要性,积极探索开展化学日常学习评价的有效途径、方式和策略,如提问与点评、练习与作业、复习与检测等。

教师应注意发挥课堂练习和课后作业对于学生化学学科核心素养的诊断与发展功能,依据课程内容各主题的学业要求,精心编制课堂练习和课后作业题,使"教、学、评"活动有机结合,同步实施,形成合力。

单元与模块复习应依据内容要求,围绕化学核心概念和观念将知识点进行结构化处理,通过提问、绘制概念图、编制习题等策略,诊断学生化学核心概念、观念的结构化和能力水平,发展化学学科核心素养;单元与模块检测应以学生化学学科核心素养的达成情况为考核重点,试题命制应以学业质量标准的要求为依据,题目应具有一定的情境性和综合性,为学生解决真实情境下不同复杂程度化学问题提供素养表观的机会。通过检测,教师可以较为准确地诊断出学生化学学科核心素养的发展水平和化学学业质量标准的达成情况,为有针对性地提出学生化学学科核心素养发展的改进建议提供依据。

2. 实施多样化评价,促进学生全面发展

新课程标准强调建立促进学生全面发展的评价体系,明确提出了"评价不仅要关注学生的学业成绩,而且要发现和发展学生多方面的潜能,了解学生发展中的需求,帮助学生认识自我,建立自信。发挥评价的教育功能,促进学生在原有水平上的发展"的评价理念,落实高中化学核心素养,促进学生全面发展。这些评价方式主要包括活动表现评价、学习档案评价和纸笔测验等。

活动表现评价是通过观察、记录和分析学生在完成一系列任务中表现出来的参与意识、合作精神、操作技能、探究能力、分析思路、知识应用和表达交流等进行综合的评价。活动表现评价的对象可以是个人或团体,评价的内容既包括学生活动过程中的表现又包括学生的活动结果。活动表现评价要有明确的评价目标,应体现生成性、互动性、综合性、实践性和开放性等,力求在真实的活动情景和过程中对学生在知识与技能、过程与方法、情感态度与价值观等方面的进步与发展进行全面评价。

学习档案评价是促进学生发展的一种有效评价方式。教师在教学中应重视创设真实且富有价值的活动,如化学史实收集整理、家庭或课外小实验、制作物质结构模型、使用现代化技术、参观化工厂、调查垃圾收集和处理、调查社区污染和治理,等等。学生在学习档案中可收录自己参加学习活动的重要资料,如实验设计方案、探究活动的过程记录、单元知识总结、疑难问题及其解答、有关的学习信息和资料、学习方法和策略的总结、自我评价和他人评价

的结果,教师也应对学生学习档案进行整合评价。

在高中教学中运用纸笔测验,重点应放在考查学生对化学基本概念、基本原理以及化学与技术、社会的相互关系的认识和理解上,而不宜放在对知识的记忆和重现上;应重视考查学生综合运用所学知识、技能和方法分析和解决问题的能力,而不单是强化解答习题的技能;应注意选择具有真实情境的综合性、开放性的问题,而不宜孤立地对基础知识和基本技能进行测试。

3. 根据课程模块的特点选择有效的评价策略

高中化学课程需要多种评价方式和策略的相互配合,应充分考虑不同课程模块的具体特点,有针对性地选择合理有效的评价方式和评价策略。例如,对于必修课程模块,应综合使用纸笔测验、学习档案和活动表现等方式对学生进行评价。

(二) 考试建议

1. 考试目的

一是促进学生全面发展。引导学生认真学习每一门课程,避免严重偏科现象,全面提高综合素质。

二是促进学生个性发展。学生可结合自身兴趣、志向、优势和高等学校招生要求以及普通高中办学条件,扬长避短进行科学的选择。

三是促进高中教育质量提升。通过普通高中的考试,旨在引导高中落实课程方案,加强课程实施,提高办学质量。

2. 命题框架

化学命题必须坚持以化学学科核心素养为导向,准确把握"素养""情境""问题"和"知识"4个要素在命题中的定位与相互联系。"情境"和"知识"同时服务于"问题"的提出与解决;情境的设计、知识的运用、问题的提出与解决均应有利于实现对学生核心素养的测试。

3. 命题原则

以《课程标准》为指导,化学试题应符合学生心理发展阶段和认知发展水平,体现科学、技术、社会和环境发展的成果,注重真实情境的针对性、启发性、过程性和科学性,具有较高的信度、效度和区分度,注意考查学生灵活运用结构化知识解决实际问题的能力,避免需要用特殊背景知识进行解答的试题,避免偏题、怪题。

附件 1

普通高中化学学科备课规范要求

一 基本原则

(一)面向全体学生

为了促使每位学生在化学知识的掌握和学科能力的培养上得到相应提高和发展,教师备课时应在保证学生共同基础的前提下,关注学生的个性发展,考虑不同学生的需求,充分体现"以学生发展为主体""面向全体学生""促进每一位学生的发展"的教育理念。

(二)科学进行教学设计

教学设计要以学生为出发点,将学生的认知特征作为教学设计的依据,调动学生的主动性和积极性,促使学生学习过程的发生和有效进行。要体现化学学科特点,以实验为基础,以科学探究活动为手段,紧密联系生活和社会实际。

(三)落实学科核心素养

制订具体可行、基于学生化学学科核心素养发展的"教、学、评"一体化的教学目标。在教学中可以通过将学生零散的经验转化为系统的知识、通过活动体验概念的发展过程、运用实验探究将知识转化为综合运用能力等方式落实化学学科核心素养。

(四)重视知识有效运用

学生核心素养的发展,离不开知识的支撑,要引导学生进行知识体系的梳理并将知识关联结构化处理,也要引导学生从化学的视角关注社会问题,具有可持续发展意识,有效运用化学知识,完善学生认知体系。

(五)激发学生能动性

注重引导学生自主建构知识、理解化学核心观念,创设基于真实情境的问题解决任务,激发学生学习主动性。教学内容要有新颖性、兴趣性、时代性,教学形式要多样化,避免格式化。

二 基本方法

(一)教学目标的确定

依据化学学科核心素养的内涵及其发展水平、普通高中化学课程标准及学业质量要求

(包括学业要求和学业质量水平),结合学生的已有经验,基于"教、学、评"一体化确定学段、主题、单元和课时的教学目标。

(二)教学内容的选择

1. 学习化学知识,形成化学观念

教学内容依据课程标准、学业要求、学业质量水平及教材,确定化学知识的内容及深广度。根据化学知识的选择,在课堂教学活动中,形成化学观念。如离子反应,先学习复分解反应类型的离子反应,再到氧化还原反应类型的离子反应,在学习过程中帮助学生形成微粒观、变化观、守恒观等观念。

2. 重视实验探究,发展关键能力

要精心设计学生必做实验,适当增加微型实验、家庭小实验、数字化实验、定量实验和创新实践活动等,让学生在实验探究活动中学习科学方法,认识科学探究过程,体会技术手段的创新对化学学科的重要价值,形成严谨求实、勇于实践的科学态度,发展关键能力。

3. 关注社会生活,了解科技发展

关注学生现实的生活经验,选择能反映化学学科发展特点和发展趋势,尤其是我国科技工作者取得的重大成果作为真实情境,体现时代性,有利于学生知识视野的拓宽,感悟科学、技术、社会和环境的相互影响,培养学生解决实际问题的能力。

4. 融合科学与人文,弘扬科学精神

选择科学技术发展进程中的优秀案例,引导学生认识科学本质,体会科学事业的特征,自觉传承科学文化,弘扬科学精神。选择应注重挖掘中华民族优秀传统文化蕴含的化学观念、人文精神,传承和弘扬工匠精神和技术创新思想。

(三)教学活动的设计

1. 创设真实问题情境

真实、具体的问题情境是学生化学学科核心素养形成和发展的重要平台。真实的STSE问题和化学史实等都是有价值的情境素材,利用化学史实能够帮助学生了解化学概念、化学原理的形成和发展,认识实验在化学科学发展中的重要作用。

2. 设计实验探究活动

应认真组织学生完成课程标准中要求的必做实验,根据学校实际情况合理地选择实验教学形式,有条件的学校尽可能多地为学生提供动手做实验的机会;实验探究教学要讲究实效,不能为了探究而探究,应避免探究活动宽泛化、探究过程形式化和表面化,应把握好探究的水平,避免浅尝辄止或随意提升探究难度的做法;应避免实验探究过程中教师包办代替或对学生放任自流的现象。

(四)单元整体教学设计

单元整体教学是以系统论为指导,突出知识建构过程,站在整体的高度进行教学规划。可以先对单元教学内容进行整体分析制订单元教学目标,再将单元目标和单元教学内容拆解分成每课时教学目标和教学内容,同时要注重每课时之间的内在联系和逻辑关系。

(五)教学用具和素材的准备

在化学教学中,教师应从实际出发,有针对性地运用传统实验、数字实验、实物、模型等多种教学媒体和手段,尤其要注重有效地发挥现代信息技术的作用。

对于数字实验的课前准备要有传感器的预热、校准,软件的调试等相关工作,而传统实验课前做到仪器的检查、药品的准备等相关工作,演示实验与学生实验都要准备安全防护措施(如护目镜、一次性手套、实验服等)。

三 基本步骤

(一)备标准

课程标准是教学、评价和考试命题的依据,是课程管理、实施和评价的基础。教师深入研读课程标准,理解并准确把握课程标准要求。一是通过课程标准整体把握化学课程的性质、基本理念和设计思路,理解化学课程目标体系;熟悉主题的内容标准、活动与探究建议,掌握教学实施和评价的原则和方法。二是通过课程标准具体落实一级主题和二级主题的内容要求,准确理解内容标准中每个条目中行为动词的水平、知识的内涵,以及具体的活动与探究建议。

(二)备教材

备教材的过程是一个反复研究、逐步深入的过程,教师要潜心钻研,对教材的全部内容要了如指掌;在教学中抓住重点,解决疑难点,最终达到预期的教学目标。一是认真钻研教材,深入理解不同知识内容中蕴含的学科价值,明确本节内容的"承上启下"。二是准确把握本节教材重难点,领会教材中不同栏目的教学功能,创造性处理使用教材。三是研读教师用书,理解教材内容的呈现方式和编写特点。四是关注不同版本教材,根据学情整合不同的教材资源,注意教材的二次开发,使教学设计更具个性化。

(三)备学生

备学生是贯穿课程全过程的活动,是增强教学效果、提高教学质量、促进学生发展和改善师生关系的极为实用且有效的途径。一是利用批改预习作业或者是批改微课的进阶练习,了解学生对本节内容已有的知识储备。二是查阅上次该内容教学的教学反思,了解学生学习本节内容时的疑难点。三是结合教学经验了解现阶段学生心理发展的需求,也要关注不同水平和能力学生的个性化需求,在教学设计时努力以促进全体学生的发展为目的。

(四)备教法

教师应根据教学内容和学情特点,科学选择教学方法,在遵循教学基本规律的基础上,注重教学方法的灵活性和多样性。一是对于实验探究可以多利用 POE(预测－观察－解释)教学策略,促进学生的深度学习。二是对于理论性强或者疑难问题可以多用讨论法,教师倾听学生的观点,顺势引导,让学生自主构建化学基本观念。三是善于利用启发式教学策略,把教学内容转化成一系列的问题串,与学生一问一答,并不停追问,引发学生思考,解决问题。四是在实践的基础上,不断完善、丰富自己的教学方式,并根据教学实际创设真实情境,随机应变,做到"教学有法"与"教无定法"的和谐统一。

(五)写教案

在充分研究课程标准、教材和学情的基础上,确立教学设计思路,形成以教学目标、教学重点难点、教学用品、教学过程、板书设计等为主体内容的教学设计。其中教学过程要有具体教师活动、学生活动及设计意图,课堂教学结束后,应及时总结和反思,并记录在教案上。对于有经验的教师,鼓励形成具有个人风格和特点的教案形式。

附件2

普通高中化学学科作业规范要求

一 科学设计作业

普通高中化学学科作业依据《普通高中化学课程标准（2017年版2020年修订）》、教学目标、化学基本观念、多元化科学的设计作业。

(一)基于化学课程标准

化学课程标准是化学教学、评估和考试命题的依据，规定普通高中学生学习的内容及达到的水平。作业的设计也要依据课程标准，更不能随意拓宽加深、拔高要求，加重学生学业负担。普通高中化学课程由必修、选择性必修和选修三类课程构成。必修课程是全体学生必须修习的课程，是普通高中学生发展的共同基础，作业设计时要注重基础性，也可以设计成家庭小实验等多种形式的作业，激发学生学习化学的兴趣。选择性必修课程是学生根据个人需求与升学考试要求选择修习的课程，设计作业要注重引导学生了解化学研究的内容与方法、深入地认识化学科学。选修课程是学生自主选择修习的课程，作业设计要注重拓展化学视野，深化对化学科学及其价值的认识。

(二)基于学科教学目标

1. 知识目标

能力的培养、素养的达成离不开知识作为载体。课上要让学生通过活动自主构建知识，提升能力，课下要设计能够促进学生知识再现、复习巩固的作业。如在硫及其化合物的学习中，可以设计"下列关于SO_2的叙述正确的是""下列事实与浓硫酸的性质对应关系正确的是"等类型的作业，帮助学生复习巩固知识目标。知识目标是否达成，可能直接影响到下节课的学习效果，特别是新课的学习，不仅要设计课下作业复习知识目标，也可设计课堂作业，达到复习检测的效果，如在电解质的电离学习中，可以在课堂设计"请写出 NaOH、$Ba(OH)_2$、$Ca(OH)_2$的电离方程式，并概括碱的本质"等形式的作业。

2. 素养目标

普通高中化学课程以全面发展学生化学学科核心素养为主旨。学科核心素养是学科育人价值的集中体现，是学生通过学科学习逐步形成的正确价值观念、必备品格和关键能力。学生核心素养的发展不仅在课堂上，也要延伸到课下，作业的设计就要以发展学生核心素养为目标，如在学习氮及其化合物后，设计"画出本节的思维导图""描述氮在自然界的循环过程""对比浓盐酸、浓硫酸、浓硝酸三种酸性质的差异"等作业，学生可以从不同层次认识物质的多样性及相互转化,并对物质进行分类类比,能从宏观和微观相结合的视角分析与解决问题。

(三)基于化学基本观念

化学基本观念是学生通过化学学习在头脑中留存的,在考察它周围的化学问题时所具有的基本观念性的东西,也可认为是学生获得的对化学总观性的认识。化学核心观念的形成对提高学生核心素养具有重要的价值。化学作业的设计必须要促进化学核心观念的形成,要充分调动学生思维的积极性,在新情境中,帮助学生理解化学知识和核心概念,不断提高学生头脑中知识系统性和概括性水平,逐步形成对化学的总括性认识,从而形成化学基本观念。

(四)基于作业多元化

单一类型的作业不利于培养学生应用知识解决实际问题的能力,不利于发展学生核心素养,教师要精心设计形式多样、内容丰富的作业,以发挥作业的不同功能。如依据作业功能可以设计课前预习作业、课堂练习作业、课后巩固作业等,也可以根据学生的差异设计基础作业、提高拓展作业,也可以根据学生完成作业的形式设计书面作业、探究作业、实践作业等,根据教学目标并结合学生实际情况设计具有特色的多样性作业,以满足不同层次学生的发展需求。

作业多元化还体现在开放性作业的设计,答案表征多元化。如在"氮及其化合物"的学习中,可以设计"小组合作设计并完成多种颜色的喷泉实验"作业,该作业具有一定的开放度,学生可以多角度提出方案,不仅体现化学以实验为基础的学科特点和学科研究方法,也体现出答案表征多元化,促进有不同答案同学之间的交流。

二 合理布置作业

作业布置应把握好作业的功能,立足于学生知识和素养全面发展来搭配作业类型。布置形式多样和内容丰富的作业,满足不同层次学生的发展需要,也体现发展个性的原则。

(一)充分利用教材习题资源

教材中每节内容后都有"练习与应用"或者"练习与活动",每章内容后也有"复习与提高"或"本章自我评价"等习题资源,其习题均与本节内容紧密相连,较适合学生的随堂复习。习题分布基本也是由易到难,由基础到提高,习题内容丰富、形式多样。教师优先使用教材配套习题资源,并做好教材课后练习的规划布置,适度补充,达到增效减负的效果。

(二)合理选择课外作业

目前练习以成套试卷作为课外作业和作为作业的补充较为普遍,学校应当建立有效的作业监管系统,控制作业的量,减少成套试卷的随意发放。教师对所布置的作业应该先进行试做,再从中精选出符合课程标准要求和学生发展需求的作业,以便有效控制作业的量和难度,避免出现"繁""难""偏"的作业。

(三)探索布置弹性作业

教师需设置有区别的学生作业,探索弹性作业的布置,例如学生可根据自己的实际进行选择,对于学习能力强的学生,可减少基础作业,选择完成有挑战的作业,实现真正意义上的学生个性化作业。

三 有效批改作业

(一)促进教学质量的提高

有效批改作业可以落实作业的价值功能,可以诊断课堂教学目标是否落实,以便调整教学内容与进度,改进教学方法,促进教学质量的提高。在作业批改前,要树立正确的作业观,作业是化学教学活动的重要组成部分,是课堂教学的重要补充;在作业批改中教师对学生的错误之处要有明确的标记,最好有批注;在作业批改后,要及时反思学生出现问题的共性及其原因,总结优秀作业案例,发挥示范作用。

(二)搭建师生交流的平台

作业批改是教师与学生沟通的有效平台。目前班级学生较多,化学教师教授班级也相对较多,针对学生出现的问题,教师很难及时与每一位学生当面交流沟通,教师可以在作业批改时,倾注智慧,及时发现学生的闪光点与问题,用批注与学生进行有效的深度交流,关注学生的成长过程。作业批改不仅是作业的评价,也让师生之间有了更多的交集,变成教师与学生交流的平台。

(三)构建作业多元评价体系

作业的批改一般是对学生作业错误之处做明确的标记,方便学生发现错误,自我反思错误的原因,从而改正错误,这种作业的批改仅是作业评价的一种方式。除教师对学生作业的这种评价外,也可以采取自评、学生互评、小组合作评价、全班共评等多种形式的评价,构建多元评价体系。

四　适时反馈作业

及时反馈。虽有前期科学的设计、合理的布置作业，但如果没有将作业的评价及时反馈给学生，其作业价值功能将大打折扣，特别是新课课后复习巩固作业，学生无法及时调整对学习内容的认识。最好能做到当天收回的作业，当天批改，当天反馈，以达到效果最大化。

反馈形式。通过批改作业，教师及时发现学生的共性问题与个别问题，共性问题一般采取课堂集中点拨，鼓励学生积极参与对问题的再认识、再思考，讲评时要留给学生较充足的思考时间，引导学生养成及时反思、改正错误的习惯。对于学生的个别错误，教师可采用面批方式来帮助其解决问题。作业反馈也可以通过对优秀作业和典型问题进行展示反馈，也可以针对问题设计同类型作业，两次结果对比反馈。

五　作业实施中应把握的关键要素

（一）坚持育人功能

发挥作业在巩固知识与技能、发展学习能力、提升品德修养、养成良好学习习惯方面的育人功能，优化作业设计与实施，实现提质增效。

（二）立足学生发展

作业实施中要结合学生的实际情况，充分考虑作业内容、难度、数量、形式、反馈与评价等诸多要素，要紧扣教学内容和进度，要紧密联系学生的生活实际，要体现从生活走向化学、从化学走向社会的思想，要在达成教学目标的基础上，精简作业数量，优化作业内容和作业形式，使得作业真正起到减负增效的作用。

六　典型作业设计案例

化学作业必须坚持以化学学科核心素养为导向，依据必修课程与选择性必修课程的内容、学业质量水平要求不同而设计不同层次的作业。现就一些典型作业举例分析如下：

案例1　化学反应速率与平衡

案例1-1　在一定条件下，某可逆反应 $A(g)+B(g) \rightleftharpoons C(g)$，其正反应速率和逆反应速率随时间变化的曲线如右图所示。下列有关说法错误的是（　　）

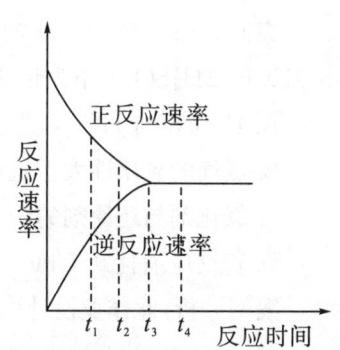

A. t_1-t_2，反应物的浓度逐渐减小

B. t_3-t_4，生成物浓度不变，反应停止了

C. 在 t_2 时刻，正反应速率大于逆反应速率

D. 在 t_3 时刻，正逆反应速率相等，达到反应的限度

案例分析：此作业设计适应于必修课程第二册，化学反应的速率和限度均属于化学核心知识，通过图像分析让学生加深对化学平衡的建立过程、浓度对化学反应速率的影响以及化学反应限度等概念的理解。帮助学生认识化学反应有一定限度、速率，初步建立变化观。

案例 1-2 一定温度下，在容积为 2 L 的密闭容器中发生反应为 X(g)＋Y(g)⇌2Z(g) $\Delta H > 0$，各物质的物质的量随时间变化如图所示。对该反应的推断合理的是（ ）

A. 反应的前 10 s，用 Z 表示平均速率为 0.158 mol/(L·s)

B. 反应进行到 10 s 时，升高温度，X 的体积分数减小

C. 反应的前 10 s，该反应的化学平衡常数逐渐增大

D. 反应进行到 10 s 时，加压缩小体积，平衡向右移动

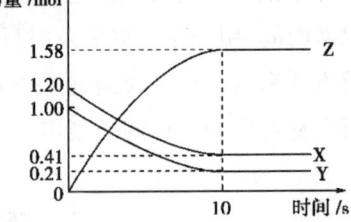

案例分析：此作业设计适应于选择性必修化学反应原理，能依据图像计算化学反应速率，判断是否达到化学平衡状态，根据勒夏特列原理判断压强对平衡的影响，了解化学平衡常数仅与温度有关。能够帮助学生复习巩固化学反应速率与平衡相关知识，让学生多角度、动态地分析化学变化，运用化学反应原理解决简单的实际问题，培养学生的变化观。

案例 2　氧化还原反应

案例 2-1　下列化学反应中，SO_2 做氧化剂的是（ ）

A. $SO_2 + 2H_2S == 3S + 2H_2O$

B. $SO_2 + 2NaOH == Na_2SO_3 + H_2O$

C. $2SO_2 + O_2 \xrightleftharpoons[\triangle]{催化剂} 2SO_3$

D. $SO_2 + H_2O \rightleftharpoons H_2SO_3$

案例分析：此作业设计目的是引导学生从化合价的角度分析相关化学反应，并复习氧化还原反应及其相关概念。让学生初步了解含硫物质的多样性，并能从化合价的角度推理得失电子，认识氧化还原反应本质，从宏观和微观相结合的视角分析与解决问题。此题作业设计达到学业质量水平 1 的层次。

案例 2-2　硫代硫酸钠溶液与氯气发生如下反应：$Na_2S_2O_3 + 4Cl_2 + 5H_2O == 2NaCl + 6HCl + 2H_2SO_4$。下列说法正确的是（ ）

A. H_2SO_4 与 HCl 均是还原产物

B. 氯气的氧化性大于硫代硫酸钠

C. 氧化剂与还原剂的物质的量之比为 1∶1

D. 若反应消耗 0.1 mol $Na_2S_2O_3$，则转移 0.4 mol 电子

案例分析：此作业设计以陌生的氧化还原反应为背景，让学生运用氧化还原反应相关知

识解决问题,学生在巩固相关知识的同时学会运用分析、推理等方法认识研究对象的本质特征,并帮助学生建立守恒观。此题作业设计达到学业质量水平 3 的层次。

案例 3　氯及化合物

案例 3-1　下列有关氯及其化合物的说法不正确的是(　　)

A. 氯气可用于自来水的杀菌消毒

B. 光照新制氯水有气泡逸出,该气体是氧气

C. 红热的铜丝在氯气中剧烈燃烧,生成棕黄色烟

D. 工业上以氯气和澄清石灰水为原料制造漂白粉

案例分析:此作业设计为基础题,主要基于课程标准"了解氯及其重要化合物的主要性质,认识其在生产中的应用和对生态环境的影响"。复习巩固物质性质的同时,也让学生结合实例认识非金属及其化合物的多样性,体会物质转化的价值,将知识和认识转化为解决问题的能力。

案例 3-2　常用氯气给自来水消毒,如果某学生用该自来水配制下列物质的溶液时,不会发生化学反应的是(　　)

A. NaOH　　　　　B. $AgNO_3$　　　　　C. Na_2SO_3　　　　　D. NaCl

案例分析:此作业设计为拓展型,在了解氯水成分的基础上,复习巩固氯及其化合物的主要化学性质,拓展到氯水中次氯酸的强氧化性,从化合价的角度分析与亚硫酸钠发生氧化还原反应,引导学生从不同的角度认识化学反应。

案例 3-3　如下图是实验室制备氯气并进行相关实验的装置(夹持与加热设备已略)。

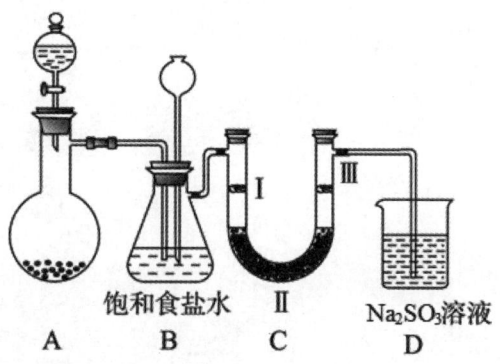

(1)写出 A 装置中实验室制氯气的化学方程式:＿＿＿＿＿＿＿＿＿＿。

(2)装置 B 中饱和氯化钠溶液的作用是＿＿＿＿＿＿＿＿;同时装置 B 亦是安全瓶,可监测实验进行时 C 中是否发生堵塞,如果 C 处发生堵塞,则 B 中的现象:＿＿＿＿＿＿＿＿＿＿＿＿＿＿＿＿＿＿＿＿＿。

(3)装置 C 的实验目的是验证氯气是否具有漂白性,为此 C 中Ⅰ、Ⅱ、Ⅲ处依次放入＿＿＿＿＿＿＿＿＿＿、＿＿＿＿＿＿＿＿＿、＿＿＿＿＿＿＿＿＿。

(4)装置 D 的作用＿＿＿＿＿＿＿＿＿,D 中溶液可以换成＿＿＿＿＿＿＿＿。

案例分析:此作业设计为实验探究型,复习巩固氯气的实验室制法、除杂、尾气处理等知

识，并对氯气是否有漂白性进行探究，其设问也具有一定的开放性。此作业要求学生运用化学知识去设计实验，解决问题，可以培养学生的证据意识，并能基于证据对物质组成、性质及其变化提出可能的假设，通过分析推理加以证实或证伪；建立观点、结论和证据之间的逻辑关系，同时也培养学生的安全意识和严谨求实的科学态度。

执笔人：朱成东　孙影　汪峰　任峰　戈益超　黄子超　李丛山

普通高中生物学学科教学指导意见

为贯彻落实《国务院办公厅关于新时代推进普通高中育人方式改革的指导意见》(国办发〔2019〕29号)、《安徽省深化基础教育改革全面提高育人质量行动计划》(皖发〔2020〕6号)、《安徽省新时代推进普通高中育人方式改革实施方案》(皖教工委〔2020〕31号)等有关文件精神,以《普通高中生物学课程标准(2017年版2020年修订)》(以下简称《课程标准》)、《安徽省普通高中新课程新教材实施方案》(皖教基〔2020〕9号)为依据,结合我省普通高中生物学教学实际,对我省普通高中生物学教学提出如下指导意见:

一 指导思想

坚持以习近平新时代中国特色社会主义思想为指导,深入贯彻党的十九大和全国教育大会精神,全面贯彻党的教育方针,落实立德树人根本任务,培育和践行社会主义核心价值观。以深化普通高中生物学课程和教学改革为导向,以提高学生终身发展所需的生物学学科核心素养为目标,遵循教育教学规律和学生发展规律,全面落实《课程标准》的基本理念和要求,加强普通高中生物学课程实施的指导与管理,规范教育教学行为,改进教与学的方式,全面提高教育教学质量,实现高中生物学课程目标,培养德智体美劳全面发展的社会主义建设者和接班人。

二 教学安排

普通高中课程方案规定高中生物学课程开设必修、选择性必修和选修课程。生物学必修课程是全体高中学生必须学习的课程,是高中学生生物学学科核心素养发展的共同基础,它包括"分子与细胞"和"遗传与进化"两个模块。选择性必修课程是学生根据个人需求与升学考试要求选择学习的课程,包括"稳态与调节""生物与环境"和"生物技术与工程"三个模块。选修课程是学生自主选择学习的课程,涉及现实生活应用、职业规划前瞻及学业发展基础三个方向的多个拓展模块。

(一)必修课程的安排

必修课程是现代生物学的核心内容,对于提高全体学生的生物学学科核心素养具有不可或缺的作用。必修课程是学习选择性必修课程和选修课程的基础。

必修课程的学分为4学分,每个必修模块为2学分,每个学分的教学需18课时。每个学生必须完成2个必修模块的学习,共72课时。建议在高一年级开设,每周2~4课时。

(二)选择性必修课程的安排

学生在修满必修课程学分的基础上,可根据兴趣和志向学习选择性必修课程。选择性必修课程每个模块为2学分,每个学分的教学需18课时。学生在完成了必修课程的学习后,可以直接学习选择性必修课程或选修课程,也可以不再选修本学科课程。选择生物学纳入高校招生录取总成绩的学生,应完成选择性必修课程所有模块的学习。

(三)选修课程的安排

选修课程旨在帮助学生更好地生活、就业,以及满足一部分学生选择从事科学研究的需求。选修课程每个模块为1学分,学生可从中选修不超过4学分的课程。选修课程可以与选择性必修课程同时开设供学生选择。对于选修课程中"学业发展基础"类模块,教师可以提出选课的顺序或条件。

三 教学要求

(一)总体教学要求

1.明确课程性质

生物学是研究生命现象和生命活动规律的科学。它不仅是一个结论丰富的知识体系,也包括了人类认识自然现象和规律的一些特有的思维方式和探究过程。生物学的发展需要许多人的共同努力和不断探索。

高中生物学课程既要让学生获得基础的生物学知识,又要让学生领悟生物学家在研究过程中所持有的观点以及解决问题的思路和方法。生物学课程要求学生能主动地参与学习,在亲历提出问题、获取信息、寻找证据、检验假设、发现规律等过程中习得生物学知识,养成科学思维的习惯,形成积极的科学态度,发展终身学习及创新实践能力。学习生物学课程是每个公民不可或缺的教育经历,其学习成果是公民素养的基本组成部分。生物学课程是以提高学生生物学学科核心素养为宗旨的学科课程,是树立社会主义核心价值观、落实立德树人根本任务的重要载体。

2. 落实基本理念

(1)核心素养为宗旨。高中生物学课程着眼于学生适应未来社会发展和个人生活的需要,从生命观念、科学思维、科学探究和社会责任等方面发展学生的学科核心素养。

(2)内容聚焦大概念。教学内容聚焦大概念,精简容量、突出重点、切合年龄特点、明确学习要求,确保学生有相对充裕的时间主动学习,让学生能够深刻理解和应用重要的生物学概念,发展生物学学科核心素养。

(3)教学过程重实践。教学要高度关注学生学习过程中的实践经历,强调学生学习的过程是主动参与的过程,让学生积极参与动手和动脑的活动,通过探究性学习活动或完成工程学任务,加深对生物学概念的理解,提升应用知识的能力,培养创新精神,进而能用科学的观点、知识、思路和方法,探讨或解决现实生活中的某些问题。

(4)学业评价促发展。重视以评价促进学生的学习与发展,重视评价的诊断作用、激励作用和促进作用。致力于创建一个主体多元、方法多样、既关注学业成就又重视个体进步和多方面发展的生物学课程评价体系。提倡在评价中关注学生的个体差异和发展需求,帮助学生认识自我、建立自信、改进学习方式,促进生物学学科核心素养的形成。

3. 发展学科核心素养

学科核心素养是学科育人价值的集中体现,是学生通过学科学习而逐步形成的正确价值观、必备品格和关键能力。生物学学科核心素养包括生命观念、科学思维、科学探究和社会责任。

"生命观念"是指对观察到的生命现象及相互关系或特性进行解释后的抽象,是人们经过实证后的观点,是能够理解或解释生物学相关事件和现象的意识、观念和思想方法。教学应帮助学生在较好地理解生物学概念的基础上形成生命观念,如结构与功能观、进化与适应观、稳态与平衡观、物质与能量观等;能够用生命观念认识生物的多样性、统一性、独特性和复杂性,形成科学的自然观和世界观,并以此指导探究生命活动规律,解决实际问题。

"科学思维"是指尊重事实和证据,崇尚严谨和务实的求知态度,运用科学的思维方法认识事物、解决实际问题的思维习惯和能力。教学应帮助学生在学习过程中逐步发展科学思维,如能够基于生物学事实和证据运用归纳与概括、演绎与推理、模型与建模、批判性思维、创造性思维等方法,探讨、阐释生命现象及规律,审视或论证生物学社会议题。

"科学探究"是指能够发现现实世界中的生物学问题,针对特定的生物学现象,进行观察、提问、实验设计、方案实施以及对结果的交流与讨论的能力。教学应引导学生在探究过程中,逐步增强对自然现象的好奇心和求知欲,掌握科学探究的基本思路和方法,提高实践能力;在探究中,乐于并善于团队合作,勇于创新。

"社会责任"是指基于生物学的认识,参与个人与社会事务的讨论,作出理性解释和判断,解决生产生活问题的担当和能力。教学应指导学生能够以造福人类的态度和价值观,积极运用生物学的知识和方法,关注社会议题,参与讨论并作出理性解释,辨别迷信和伪科学;结合本地资源开展科学实践,尝试解决现实生活问题;树立和践行"绿水青山就是金山银山"的理念,形成生态意识,参与环境保护实践;主动向他人宣传关爱生命的观念和知识,崇尚健康文明的生活方式,成为健康中国的促进者和实践者。

4. 达成课程目标

通过本课程的教学,能让学生认识到生物学在坚持人与自然和谐共处,促进科技发展、社会进步和提高人类生活质量等方面的重要贡献;树立生命观念,能够运用这些观念认识生命现象,探索生命活动规律;形成科学思维的习惯,能够运用已有的生物学知识、证据和逻辑对生物学议题进行思考或展开论证;掌握科学研究的思路和方法,形成合作精神,善于从实践的层面探讨或尝试解决现实生活问题;具有开展生物学实践活动的意愿和社会责任感,在面对现实世界的挑战时,能充分利用生物学知识主动宣传引导,愿意承担抵制毒品和不良生活习惯等社会责任,为继续学习和走向社会打下认识和实践的基础。

(二)必修课程教学要求

必修课程面向全体高中学生,选择了生物学最基本的重要概念。为了让学生更好地理解与掌握教学内容,教学中要高度重视学生的实践环节,力求为学生提供更多的动手实践机会。

模块1　分子与细胞

本模块教学要帮助学生建立"细胞是生物体结构与生命活动的基本单位""细胞的生存需要能量和营养物质,并通过分裂实现增殖"两个大概念,促进学生在微观层面上,更深入地理解生命的本质;帮助学生认识生命的物质性和生物界的统一性,细胞结构与功能的统一,细胞生命活动中物质、能量和信息变化的统一,生物体部分和整体的统一等,形成科学的自然观。学习细胞的发现、细胞学说的建立和发展,帮助学生理解科学研究过程和本质。

教学内容		教学要求	学业要求
走近细胞	细胞是生命活动的基本单位	1.分析细胞学说的建立和发展,认识生物界的统一性 2.举例说明细胞是基本的生命系统	观察多种多样的细胞,说明细胞具有多种形态和功能,但基本结构相似
	细胞的多样性和统一性	1.使用光学显微镜观察多种细胞 2.阐明细胞既有多样性又有统一性	

续表

教学内容		教学要求	学业要求
组成细胞的分子	细胞中的元素和化合物	1. 说出细胞主要由C、H、O、N、P、S等元素构成 2. 描述细胞由多种多样的分子组成 3. 检测生物组织中的还原糖、脂肪和蛋白质	从结构与功能相适应这一视角,解释细胞由多种分子组成,这些分子是细胞执行生命活动的物质基础
	细胞中的无机物	1. 指出水以自由水和结合水的形式存在,赋予了细胞许多特性,在生命中具有重要作用 2. 举例说出无机盐在细胞内含量虽少,但与生命活动密切相关	
	细胞中的糖类和脂质	1. 概述糖类有多种类型,它们既是细胞的重要结构成分,又是生命活动的主要能源物质 2. 举例说出不同种类的脂质对维持细胞结构和功能有重要作用	
	蛋白质是生命活动的主要承担者	1. 阐明蛋白质的功能取决于氨基酸序列及其形成的空间结构 2. 举例说明细胞的功能主要由蛋白质完成	
	核酸是遗传信息的携带者	1. 概述核酸是储存与传递遗传信息的生物大分子 2. 概述生物大分子以碳链为骨架	
细胞的基本结构	细胞膜的结构和功能	1. 概述细胞膜的成分、结构和功能 2. 模拟实验探究膜的透性,阐明细胞膜具有选择透过性	建构并使用细胞模型,阐明细胞各部分结构通过分工与合作,形成相互协调的有机整体,实现细胞水平各项生命活动
	细胞器之间的分工合作	1. 观察叶绿体和细胞质流动 2. 阐明细胞内具有多个相对独立的结构,担负着物质运输、合成与分解、能量转换和信息传递等生命活动 3. 举例说明细胞各部分结构之间相互联系、协调一致,共同执行细胞的各项生命活动	
	细胞核的结构和功能	1. 阐明细胞核的结构和功能 2. 尝试制作真核细胞的结构模型,认同细胞是统一的整体	
细胞的物质输入和输出	被动运输	1. 举例说明有些物质顺浓度梯度、不需要额外提供能量进出细胞 2. 观察植物细胞的质壁分离和复原	从结构与功能观、物质与能量观,解释物质进出细胞的方式
	主动运输与胞吞、胞吐	1. 举例说明有些物质逆浓度梯度、需要能量和载体蛋白进出细胞 2. 举例说明大分子物质通过胞吞、胞吐进出细胞	

续表

教学内容		教学要求	学业要求
细胞的能量供应和利用	降低化学反应活化能的酶	1. 说明绝大多数酶是一类能催化生化反应的蛋白质,酶活性受到环境因素(如PH和温度等)的影响 2. 概述酶在细胞代谢中的作用 3. 探究酶催化的专一性、高效性及影响酶活性的因素	从物质与能量视角,探索光合作用与呼吸作用,阐明细胞生命活动过程中贯穿着物质与能量的变化
	细胞的能量"货币"ATP(三磷酸腺苷)	解释ATP是驱动细胞生命活动的直接能源物质	
	细胞呼吸的原理和应用	1. 探究酵母菌的呼吸方式 2. 说明生物通过细胞呼吸将储存在有机分子中的能量转化为生命活动可以利用的能量 3. 探讨细胞呼吸原理在生产生活中的应用	
	光合作用与能量转化	1. 提取和分离叶绿体中的色素 2. 分析光合作用的探究历程,阐明光合作用的过程和原理 3. 探究不同环境因素对光合作用的影响,关注光合作用原理的应用	
细胞的生命历程	细胞的增殖	1. 简述细胞生长和增殖的周期性 2. 制作和观察根尖细胞有丝分裂装片,描述有丝分裂各个时期的特点 3. 描述细胞通过不同的方式进行分裂,其中有丝分裂保证了遗传信息在亲代和子代细胞中的一致性	观察处于细胞周期不同阶段的细胞,结合有丝分裂模型,描述细胞增殖的主要特征,并举例说明细胞的分化、衰老、死亡等生命现象
	细胞的分化	1. 说明在个体发育过程中,细胞在形态、结构和功能方面发生特异性的分化,形成了复杂的多细胞生物体 2. 举例说明细胞的全能性在植物组织培养和动物克隆等方面的应用	
	细胞的衰老和死亡	1. 描述细胞衰老的主要特征,认同细胞衰老和凋亡是自然的生理过程 2. 探讨细胞衰老和死亡与人体健康的关系,关注老年人的健康	

模块 2 遗传与进化

本模块教学要帮助学生建立"遗传信息控制生物性状,并代代相传""生物的多样性和适应性是进化的结果"两个大概念,从细胞水平和分子水平阐述生命的延续性,阐明生物进化的过程和原因;帮助学生理解生命的延续和发展,认识生物界及生物多样性,形成生物进化的观点,树立正确的自然观;理解有关原理在促进经济与社会发展、增进人类健康等方面的价值。

教学内容		教学要求	学业要求
遗传因子的发现	孟德尔的豌豆杂交实验(一)	1. 阐明分离定律,并能运用分离定律解释或预测一些遗传现象 2. 概述孟德尔发现遗传规律过程中运用的科学思维和科学方法 3. 模拟植物或动物性状分离的杂交实验	运用统计与概率的相关知识,解释并预测种群内某一遗传性状的分布及变化 运用细胞减数分裂的模型,阐明遗传信息在有性生殖中的传递规律
	孟德尔的豌豆杂交实验(二)	1. 阐明自由组合定律,并能运用自由组合定律解释或预测一些遗传现象 2. 概述孟德尔的成功经验,认同敢于质疑、勇于创新、探索求真的科学精神	
基因和染色体的关系	减数分裂和受精作用	1. 观察减数分裂装片及精子或卵细胞的形成过程示意图,概述减数分裂的过程和概念 2. 模拟减数分裂中染色体的变化,阐明减数分裂过程中染色体发生自由组合和互换的重要意义 3. 说明有性生殖的生物体,其遗传信息通过配子传递给子代 4. 阐明减数分裂和受精作用对生物遗传的重要意义	
	基因在染色体上	1. 基于相关事实和证据,运用科学思维,阐明基因在染色体上 2. 从基因和染色体关系的角度,对孟德尔遗传规律作出现代解释	
	伴性遗传	1. 概述性染色体上的基因传递和性别相关联的特点 2. 基于对伴性遗传的认识,运用演绎推理,对位于性染色体上的基因的遗传特点进行分析 3. 关注伴性遗传理论在实践中的应用	

续表

教学内容		教学要求	学业要求
基因的本质	DNA 是主要的遗传物质	1. 阐明人类对遗传物质的探索过程 2. 说明 DNA 是主要的遗传物质 3. 认同实验技术在证明 DNA 是遗传物质中的作用，认同人类对遗传物质的认识是不断深化的过程	结合 DNA 双螺旋结构模型，阐明 DNA 分子作为遗传物质所具有的特征以及通过复制传递遗传信息
	DNA 的结构	1. 搜集 DNA 分子结构模型建立过程的资料，制作 DNA 分子双螺旋结构模型 2. 概述 DNA 分子的结构特点	
	DNA 的复制	1. 概述 DNA 分子通过半保留方式进行复制 2. 简述 DNA 复制的过程和意义	
	基因通常是有遗传效应的 DNA 片段	1. 举例说明基因通常是有遗传效应的 DNA 片段 2. 运用数学方法说明 DNA 的多样性和特异性 3. 说明基因和 DNA 的关系	
基因的表达	基因指导蛋白质的合成	1. 概述基因上的遗传信息通过 RNA 指导蛋白质的合成 2. 阐明中心法则的具体内容，认同科学是不断发展的	阐明 DNA 分子通过转录、翻译等过程表达遗传信息
	基因表达与性状的关系	1. 举例说明生物性状主要通过蛋白质表现 2. 概述细胞分化的本质是基因选择性表达的结果 3. 概述某些基因中碱基序列不变但表型改变的表观遗传现象	
基因突变及其他变异	基因突变与基因重组	1. 概述碱基的替换、插入或缺失引发的基因中碱基序列的改变 2. 阐明基因中碱基序列的改变有可能导致所编码的蛋白质及相应的细胞功能发生变化，甚至带来致命的后果 3. 描述细胞在致癌因子的作用下，基因突变概率可能提高，而某些基因突变能导致细胞分裂失控，甚至发生癌变 4. 阐明在减数分裂过程中，染色体所发生的自由组合和交叉互换，会导致控制不同性状的基因重组，从而使子代出现变异	基于证据，论证可遗传变异来自基因重组、基因突变和染色体变异解释常规遗传学技术在现实生产生活中的应用
	染色体变异	举例说明染色体结构和数量的变异都可能导致生物性状的改变甚至死亡	
	人类遗传病	1. 举例说明人类遗传病是可以检测和预防的 2. 调查常见的人类遗传病并探讨其预防措施	

续表

教学内容		教学要求	学业要求
生物的进化	生物有共同祖先的证据	1. 通过分析化石记录、比较解剖学和胚胎学等事实，说明当今生物具有共同的祖先 2. 通过细胞生物学和分子生物学等知识，说明当今生物在新陈代谢、DNA 的结构与功能等方面具有许多共同特征	分析不同类型的证据，探讨现存的物种是由共同祖先长期进化形成的 基于可遗传的变异，以及变异可能带来的生存与繁殖优势等方面的实例，解释生物的适应是自然选择的结果
	自然选择与适应的形成	1. 举例说明种群内某些可遗传变异将赋予个体在特定环境中的生存和繁殖优势 2. 阐明具有优势性状的个体在种群中所占比例将会增加 3. 说明自然选择促进生物更好地适应特定的生存环境 4. 搜集生物进化理论发展的资料，探讨生物进化观点对人们思想观念的影响	
	种群基因组成的变化与物种形成	1. 用数学方法讨论自然选择使种群的基因频率发生变化 2. 概述现代生物进化理论以自然选择为核心，为地球上的生命进化史提供了科学的解释 3. 阐述变异、选择和隔离可导致新物种形成 4. 探讨耐药菌的出现与抗生素滥用的关系	
	协同进化与生物多样性的形成	1. 举例说明协同进化 2. 概述生物多样性及其形成的过程	

(三)选择性必修课程教学要求

选择性必修课程是学生未来职业和专业发展的基础，有助于学生进一步加深对生物学大概念的理解，拓展生物科学与技术视野，提高实践和探究能力。教学中，可与学生科技活动和社会实践等有机结合。

模块1　稳态与调节

本模块教学要帮助学生建立"生命个体的结构与功能相适应，各结构协调统一共同完成复杂的生命活动，并通过一定的调节机制保持稳态"大概念；帮助学生理解高等生物个体生命活动的规律，从系统分析的角度，认识个体生命系统的稳态；帮助学生理解健康生活方式对于维持人体内环境的稳态、预防疾病的意义。

	教学内容	教学要求	学业要求
人体的内环境与稳态	细胞生活的环境	1.说明血浆、组织液和淋巴等细胞外液构成高等动物细胞赖以生存的内环境 2.阐明机体细胞生活在内环境中,通过内环境与外界环境进行物质交换,同时也参与内环境的形成和维持 3.简述机体通过呼吸、消化、循环和泌尿等系统参与内、外环境间的物质交换	运用图示和模型等方法,表征并阐释内环境为机体细胞提供适宜的生存环境并与外界环境进行物质交换
	内环境的稳态	1.阐明机体通过调节作用保持内环境的相对稳定,以保证机体的正常生命活动 2.举例说明机体不同器官、系统协调统一地共同完成各项生命活动,是维持内环境稳态的基础 3.比较清水、缓冲液、体液对pH变化的调节作用	
神经调节	神经调节的结构基础	1.概述神经系统的组成和功能 2.通过资料分析神经系统受损对人体运动等行为的影响,探讨神经调节的结构基础	结合日常生活中的情境,分析说明人体通过神经系统、内分泌系统以及免疫系统的调节作用对内外环境的变化作出反应,以维持内环境稳态评估多种生活方案,认同并采纳健康文明的生活方式,远离毒品,向他人宣传毒品的危害及传染病的防控措施
	神经调节的基本方式	1.概述神经调节的基本方式是反射,其结构基础是反射弧 2.举例说明非条件反射和条件反射	
	神经冲动的产生和传导	1.阐明神经细胞膜内外在静息状态具有电位差,受到刺激后形成动作电位,并沿神经纤维传导 2.阐明神经冲动在突触处的传递通常通过化学传递方式完成 3.讨论滥用兴奋剂以及吸食毒品的危害	
	神经系统的分级调节	1.分析位于脊髓的低级神经中枢和脑中相应的高级神经中枢相互联系、相互协调,共同调控器官和系统的活动,维持机体的稳态 2.举例说明中枢神经系统通过自主神经来调节内脏的活动	
	人脑的高级功能	简述语言活动和条件反射是由大脑皮层控制的高级神经活动	

续表

教学内容		教学要求	学业要求
体液调节	激素与内分泌系统	1. 说出人体内分泌系统主要由内分泌腺组成,它们分泌的各类激素参与生命活动的调节 2. 以某种激素的发现史为例,讨论研究激素生理功能的方法	
	激素调节的过程	1. 举例说明激素通过分级调节、反馈调节等机制维持机体的稳态 2. 结合日常生活,讨论生活用品或食品中过量激素对人体健康的影响	
	体液调节与神经调节的关系	1. 举例说出神经调节和体液调节相互协调共同维持机体的稳态 2. 举例说明其他体液成分参与稳态的调节	
免疫调节	免疫系统的组成和功能	1. 举例说明免疫器官、免疫细胞和免疫活性物质是免疫调节的物质和结构基础 2. 概述人体的免疫包括生来就有的非特异性免疫和后天获得的特异性免疫 3. 概述免疫系统能够抵御病原体的侵袭,识别并清除机体内衰老、死亡或异常的细胞,实现机体稳态	
	特异性免疫	阐明特异性免疫是通过体液免疫和细胞免疫两种方式,针对特定病原体发生的免疫应答	
	免疫失调	举例说明免疫功能异常可能引发疾病	
	免疫学的应用	1. 结合个人免疫接种的经历,探讨免疫制剂的应用 2. 讨论器官移植与组织相容性抗原的关系,并探讨干细胞移植的价值	

续表

教学内容		教学要求	学业要求
植物生命活动的调节	植物生长素	1. 概述科学家经过不断的探索，发现了植物生长素 2. 揭示植物生长素在调节植物生长时表现出在浓度较低时促进生长，在浓度较高时会抑制生成	基于植物激素在生产生活中应用的相关资料，结合植物激素和其他因素对植物生命活动的调节，分析并尝试提出生产实践方案
	其他植物激素	举例说明几种主要植物激素的作用，这些激素可通过协同、拮抗等方式共同实现对植物生命活动的调节	
	植物生长调节剂的应用	1. 举例说明生长素、细胞分裂素、赤霉素、脱落酸和乙烯等植物激素及其类似物在生产上得到了广泛应用 2. 探究植物生长调节剂对扦插枝条生根的作用 3. 探究乙烯利对水果的催熟作用	
	环境因素参与调节植物的生命活动	概述其他因素参与植物生命活动的调节，如光、重力和温度等	

模块2　生物与环境

本模块教学要帮助学生建立"生态系统中的各种成分相互影响，共同实现系统的物质循环、能量流动和信息传递，生态系统通过自我调节保持相对稳定的状态"大概念；帮助学生理解生命活动的本质，了解系统分析的思想和方法，提高对生命系统与环境关系的认识；为学生树立人与自然和谐共处的观念，形成生态意识、环保意识和践行绿色低碳生活方式奠定基础。

教学内容		教学要求	学业要求
种群及其动态	种群的数量特征	1. 列举种群具有种群密度、出生率和死亡率、迁入率和迁出率、年龄结构、性别比例等特征 2. 探讨根据种群的特征预测其未来的变化趋势	运用数学模型表征种群数量变化的规律，分析和解释影响这一变化规律的因素，并应用于相关实践活动中
	种群数量的变化	1. 尝试建立数学模型解释种群的数量变动 2. 探究培养液中某种酵母种群数量的动态变化	
	影响种群数量变化的因素	举例说明阳光、温度和水分等非生物因素以及不同物种之间的相互作用都会影响种群特征	

续表

教学内容		教学要求	学业要求
群落及其演替	群落的结构	1. 描述群落具有垂直结构和水平结构特征，并可随时间而改变 2. 尝试分析当地自然群落中某种生物的生态位 3. 研究土壤中动物类群的丰富度	举例说明不同类型群落的结构、特征及演替规律
	群落的主要类型	1. 列举群落的主要类型 2. 分析不同群落中的生物具有与该群落相适应的形态结构、生理特征和分布特点	
	群落的演替	阐明一个群落替代另一个群落的演替过程，包括初生演替和次生演替两种类型	
生态系统及其稳定性	生态系统的结构	1. 分析生态系统具有一定的结构，建构生态系统的结构模型 2. 分析特定生态系统的生物与非生物因素决定其营养结构	使用图示等方式表征和说明生态系统中物质循环、能量流动和信息传递的过程和特征，并对相关的生态学实践应用作出合理的分析和判断从生态系统具备有限自我调节能力的视角，预测和论证某一因素对生态系统的干扰可能引发的多种潜在变化
	生态系统的能量流动	1. 分析生态系统中的能量在生物群落中单向流动并逐级递减的规律 2. 解释生态金字塔表征了食物网各营养级之间在个体数量、生物量和能量方面的关系 3. 探讨研究能量流动的实践意义 4. 调查一个校园、公园、农田、森林、湿地或池塘生态系统中的能量流动	
	生态系统的物质循环	1. 分析生态系统中的物质在生物群落与无机环境之间不断循环的规律 2. 阐明某些有害物质会通过食物链不断地富集的现象 3. 举例说明利用物质循环规律，人们能够更加科学、有效地利用生态系统中的资源	
	生态系统的信息传递	1. 举例说出生态系统中信息传递对生命活动的正常进行、生物种群的繁衍和种间关系的调节起着重要作用 2. 探讨信息传递在农业生产中的应用	
	生态系统的稳定性	1. 解释生态系统具有保持或恢复自身结构和功能相对稳定，并维持动态平衡的能力 2. 举例说明生态系统的稳定性会受到自然或人为因素的影响 3. 阐明生态系统在受到一定限度的外来干扰时，能够通过自我调节维持稳定 4. 设计保持和提高某个生态系统的稳定性的方案 5. 设计并制作生态瓶，观察和比较不同生态瓶中生态系统的稳定性，撰写报告分析其原因	

续表

	教学内容	教学要求	学业要求
人与环境	人类活动对生态环境的影响	1. 探讨人口增长对环境造成的压力 2. 关注全球性环境问题对生物圈的稳态造成威胁，同时也对人类的生存和可持续发展造成影响 3. 调查当地环境中存在的主要问题，提出保护建议或行动计划 4. 形成"保护环境需要从我做起"意识	分析或探讨人类活动对自然生态系统的影响及人工生态系统带来的经济、生态和社会效益，并尝试提出人与环境和谐共处的合理化建议
	生物多样性及其保护	1. 概述生物多样性对生态系统的稳定性以及人类生存和发展的重要意义，并尝试提出人与环境和谐相处的合理化建议 2. 搜集生物多样性保护的实例，讨论当地生态系统是否已经出现严重的生物多样性下降的趋势及其对人类的影响	
	生态工程	1. 举例说明根据生态学原理，采用系统工程的方法和技术，达到资源多层次和循环利用的目的，使特定区域中的人和自然环境均受益 2. 组织学生参观了解人工生态系统的组成及其中蕴含的生态学原理和经济学原理	

模块3 生物技术与工程

本模块要帮助学生建立"发酵工程利用微生物的特定功能规模化生产对人类有用的产品""细胞工程通过细胞水平上的操作，获得生物体或其产品""基因工程赋予生物新的遗传特性""生物技术在造福人类的同时也可能会带来安全与伦理问题"四个较为具体的概念。这些概念既是对必修内容的扩展和应用，又是对生物技术和工程的认识和理解。实践的环节是帮助学生达成教学目标的关键。教师要充分利用学校的现有条件，为学生提供实践的机会。

	教学内容	教学要求	学业要求
发酵工程	传统发酵技术的应用	1. 举例说明日常生活中的某些食品是运用传统发酵技术生产的 2. 制作传统的发酵食品	
	微生物的培养技术及应用	1. 阐明灭菌是获得纯净的微生物培养物的前提 2. 阐明无菌技术是在操作过程中，保持无菌物品与无菌区域不被微生物污染的技术 3. 举例说明通过调整培养基的配方可有目的地培养某种微生物 4. 概述实验室中进行微生物分离、纯化和计数的常用方法 5. 开展酵母菌的纯培养活动 6. 开展土壤中分解尿素的细菌的分离与计数活动	

续表

教学内容		教学要求	学业要求
细胞工程	发酵工程及其应用	1. 阐明发酵工程利用现代工程技术及微生物的特定功能,工业化生产人类所需的产品 2. 举例说明发酵工程在医药、食品及其他工农业生产上有重要的应用价值	结合生活或生产实例,举例说出发酵工程、细胞工程和基因工程等生物工程及相关技术的基本原理 针对人类生产或生活的某一需求,在发酵工程、细胞工程和基因工程中选取恰当的技术和方法,尝试提出初步的工程学构想,进行简单的设计和制作
	植物细胞工程	1. 阐明植物组织培养是在一定条件下,将离体植物器官、组织和细胞在适宜的培养条件下诱导形成愈伤组织,并重新分化,最终形成完整植株的过程 2. 概述植物体细胞杂交是将不同植物体细胞在一定条件下融合成杂合细胞,继而培育成新植物体的技术 3. 举例说明植物细胞工程利用快速繁殖、脱毒、次生代谢产物生产、育种等方式有效提高了生产效率 4. 开展菊花的组织培养活动	
	动物细胞工程	1. 阐明动物细胞培养是从动物体获得相关组织,分散成单个细胞后,在适宜的培养条件下让细胞生长和增殖的过程 2. 阐明动物细胞核移植一般是将体细胞核移入一个去核的卵母细胞中,并使重组细胞发育成新胚胎,继而发育成动物个体的过程 3. 阐明动物细胞融合是指通过物理、化学或生物学等手段,使两个或多个动物细胞结合形成一个细胞的过程 4. 概述细胞融合技术是单克隆抗体制备的重要技术 5. 简述干细胞在生物医学工程中有广泛的应用价值	
	胚胎工程	1. 简述胚胎形成经过了受精及早期发育等过程 2. 简述胚胎工程包括体外受精、胚胎移植和胚胎分割等技术	
基因工程	重组DNA技术的基本工具	1. 概述基因工程是在遗传学、微生物学、生物化学和分子生物学等学科基础上发展而来的 2. 阐明DNA重组技术的实现需要利用限制性内切核酸酶、DNA连接酶和载体三种基本工具 3. 开展DNA的粗提取与鉴定活动	
	基因工程的基本操作程序	1. 阐明基因工程的基本操作程序主要包括目的基因的获取、基因表达载体的构建、目的基因导入受体细胞和目的基因及其表达产物的检测鉴定等步骤 2. 开展DNA片段的扩增及电泳鉴定活动	
	基因工程的应用	举例说明基因工程在农牧、食品及医药等行业的广泛应用改善了人类的生活品质	

续表

教学内容		教学要求	学业要求
生物技术的安全性与伦理问题	蛋白质工程的原理和应用	1. 概述人们根据基因工程原理，进行蛋白质设计和改造，可以获得性状和功能更符合人类需求的蛋白质 2. 举例说明依据人类需要对原有蛋白质结构进行基因改造、生产目标蛋白的过程	面对日常生活或社会热点话题中与生物技术和工程有关的话题，基于证据运用生物学基本概念和原理，就生物技术与工程的安全与伦理问题表明自己的观点并展开讨论
	转基因产品的安全性	1. 举例说出日常生活中的转基因产品 2. 搜集资料，就"转基因食品是否安全"展开辩论，探讨转基因技术在应用过程中带来的影响	
	关注生殖性克隆人	1. 举例说出生殖性克隆人面临的伦理问题 2. 分析说明我国为什么不赞成、不允许、不支持、不接受任何生殖性克隆人实验 3. 搜集资料，讨论"是否支持设计试管婴儿"	
	禁止生物武器	1. 搜集历史上使用生物武器的资料，说明其使用对人类造成了严重的威胁与伤害 2. 认同我国反对生物武器及其技术和设备的扩散	

(四) 选修课程教学要求

教师可根据所在地区和学校的教学条件，选择开设其中一个或几个模块，也可以针对不同的学生，开设不同的模块。具体模块的教学，可与地方课程或校本课程相结合，也可依据学生的兴趣和需求，删减或增加内容。教学的具体内容，应与学生日常生活、社会生产实践相联系。

四 教学建议

(一) 总体建议

《课程标准》是高中生物学教学的依据，教师应在认真学习和领会的基础上，结合学校和学生的实际，创造性地开展教学工作。生物学课程的根本任务是提高学生终身发展所需的生物学学科核心素养。完成这样的教学任务，教师需要在教学过程中关注每一个学生，关注每一节课的学习过程，努力促进学生在原有基础上良好发展。《课程标准》围绕发展学生生物学学科核心素养提出了7点教学建议，教师应在日常教学实践中自觉加以贯彻。核心素养视野下的生物学课堂教学还应做好以下几点：

1. 准确把握学科本质

生物学不仅是一个结论丰富的知识体系，也包括了人类认识自然现象和规律的一些特有的思维方式和探究过程。因此，生物学教学既要让学生获得基础的生物学知识，又要让学生领悟生物学家在研究过程中所持有的观点以及解决问题的思路和方法。

第一，关注知识教学的新要求。学科知识体系蕴含着本学科独有的内在逻辑关系，认识和把握这种逻辑关系需要学习这门学科必备的思维方式。生物学学科核心素养中的"生命观念"的建立，实质上就是要帮助学生发现生命世界的本质和规律，学会认识生命奥秘的思维方式和探究方法。为此，教师应培养学生从更全局、更宏观、更整体的角度把握知识的实质，厘清知识脉络，构建知识体系。这样获得的知识才是鲜活的、立体的、持久的、可拓展延伸的，才是可内化为素养的知识。

第二，帮助学生形成科学的思维方式。教学要"以实证为判断的尺度，以逻辑作论辩的武器，以怀疑作审视的出发点"。从学生学的角度看，一是培养学生批判质疑的精神和态度；二是培养学生的证据意识以及获取、评价、表达和运用证据的能力；三是培养学生逻辑思维的严谨性、全面性、深刻性和流畅性。在此基础上，重视培养学生的创造性思维，并且结合生物学科的特点，培养学生的整体性思维、辩证思维和复杂性思维。从教师教的角度看，首先要加强概念的教学。因为概念是思维的基本形式，也是思维的工具；概念教学本质上也是思维教学，要将二者统一起来，注重引导学生在事实基础上，通过抽象和概括等思维建构概念。同时要将科学思维教学与科学史的教学、探究活动的设计和实施有机结合起来，通过科学家不迷信权威、敢于质疑的事例，让学生感受批判质疑精神的启迪；通过分析科学家的实验和亲身参与探究活动，在获取证据、逻辑推理等方面提升能力。要充分利用教科书中的思维训练活动和习题，调动学生积极思维、讨论交流，并且针对学生在交流过程中暴露的思维问题进行有效指导，训练学生的逻辑思维。

第三，加强生物学实验教学。生物学实验是培养学生科学态度、科学思维、科学探究和创新实践能力的有效途径。教师一方面应按照《课程标准》中"教学提示"开足学生实验，另一方面要提高实验教学质量。实验设计应该多样化。如观察、实验、模型建构、调查、制作等；有条件的学校还可以进行虚拟实验。在重视定性实验的同时，也应重视定量实验，让学生在量的变化中了解事物的本质。

2. 重视真实情境的问题教学

核心素养是个体在解决复杂的、不确定性的实际问题过程中表现出来的价值观、必备品质与关键能力，是学生知识、能力、情感态度与价值观的综合体现。因此，借助具体的真实情境开展教学活动是培养学生核心素养的最好形式。建构主义也强调知识是人在情境中与各种要素不断互动建构的过程和结果。学习就是要让知识重回情境进入发生状态，行动、探究、合作、反思、自主等应成为学习的关键词。在教学时，应重视利用生活中或科学研究中的事实、现象等作为进行学习任务的支撑材料，唤醒学生学习意愿，连接旧有经验，引起情感共鸣，让学生从中发现与生物学有关的问题，建构概念、提炼观念、训练思维、感悟美好。为了更好地开展基于真实情境的问题教学，应注意以下几点：

（1）情境应该真实可靠。要以学生日常生活中或社会实践中常见的生物学相关现象或事实、科学实验的真实研究内容、生物科学史为素材创设情境。情境创设应明确要达成的教学目标，与教学内容密切关联，并符合学生的认知水平。即便是具有虚拟性质的情境，也应该是来自真实世界又高于一般生活的抽象。

(2)情境应该蕴含问题。情境须以问题为导向，通过发现问题和解决问题来发挥情境的价值。要基于情境的复杂性系统设计问题，驱动学生思考讨论、探究实践、开展论证，以帮助学生建构概念、提升观念、磨砺思维、强化责任。

(3)情境应该立意高远。情境和问题应能够引起情感的共鸣，充满人文关怀。真实情境很可能既有科学问题，也有人文、社会问题。教学不仅仅关注知识的学习，而且有情感态度价值观的渗透，具有更开阔的视野，促进学生的发展。

3. 有效开展单元教学

高中生物学课程的必修课程和选择性必修课程都是围绕着几个大概念展开的，基于大概念描述了具有学科逻辑、符合高中学生认知特点的重要概念，形成了课程的内容框架。在教学中，教师围绕着生物学大概念来组织并开展教学活动，能有效地提高教学效益，有助于学生对知识的深入理解和迁移应用，也有助于发展学生的生命观念。

单元教学注重学科组织化、结构化知识的建构，有助于教师突破"只见树木不见森林"的课时思维，转变教师只注重零散知识点落实的传统课堂教学理念，帮助学生建立生物学概念，建构合理的知识框架；单元教学让学生围绕具有挑战性的学习主题，全身心主动地积极参与，实现深度学习，促进学生生物学学科核心素养的达成。开展单元教学应把握以下几点：

(1)单元教学主题的选择。组织单元教学主题的思路一般有：一是按照教材章节的主要内容来组织。例如，在细胞代谢的基础上，构建细胞的生命历程单元。二是按照学科核心素养发展的进阶来组织。例如，在复习教学时，以"稳态与平衡观"为主线，探讨细胞、个体、种群、群落和生态系统水平上稳态与平衡。三是按照项目任务来组织。例如，在发酵工程教学中，围绕"以获得某种纯净的微生物培养物"的目标任务，安排3~5个学生结成小组，连续6~8课时，开展项目研究。

(2)单元教学目标的确定。依据《课程标准》的要求，分析教学内容的深度、广度和关联度，把握其育人价值，分析其能承载的最大教学目标。然后根据学情，确定实际教学能达成的单元教学目标。

(3)单元学习活动的设计。学习活动应该具有连续性、进阶性和内在逻辑性。例如，"细胞生命活动的历程"单元教学中，在解决"细胞通过分裂增殖"任务时，可以设计观察根尖细胞的有丝分裂、尝试构建细胞分裂各时期染色体行为的模型、构建细胞有丝分裂过程中染色体和核DNA数量变化的数学模型等活动。

(4)单元形成性评价的规划。对学生在完成任务过程中的科学思维水平、知识的深入理解和迁移应用、生物学思想方法的体会程度等进行表现性评价。通过评价达成"教—学—

评"一致,从而促进学生核心素养的发展。

(二)模块教学建议

1. 必修模块教学建议

模块 1 分子与细胞

本模块侧重在细胞水平上认识生命的物质基础、结构基础及生命活动规律,同时反映细胞生物学研究的新进展及相关的实际应用。教学时应注意以下几点:

(1)做好模块教学的整体规划。一是课时规划。模块教学一般需要 36 个课时,但考虑到实际教学中一般还有复习巩固、测试讲评等环节,因此实际所需课时可能更多些,需要教师提前做好各章节的课时规划。二是活动规划。如应开展的活动如何安排?哪些内容以教师讲授为主,哪些内容主要由学生探究完成?在哪里安排检测,怎么检测?等等。

(2)突出本模块学科核心素养培养的侧重点。例如,生命的物质性和生物界的统一性、细胞结构与功能的统一、细胞生命活动中物质、能量和信息变化的统一等;重视观察和实证,领悟"观察—归纳"等。鼓励学生搜集有关细胞研究和应用方面的信息及研究进展并进行交流,加深对科学、技术与社会关系的认识,增强社会责任。

(3)有效突破模块教学的难点。在本模块的教学中,教师要组织好观察、实验等探究性学习活动,帮助学生增加感性认识,克服对微观结构认识的困难,使学生领悟科学研究的方法并习得相关的操作技能。结合生物水平的知识、化学和物理知识以及学生的生活经验,突破难点,实现学生所学知识的跨学科衔接。

模块 2 遗传与进化

本模块侧重在细胞水平和分子水平上阐述生命的延续性,阐明生物进化的证据、过程和原因。教学时应注意以下几点:

(1)重视生物科学史的教学。在本模块的教学中,教师应充分利用科学史的素材,让学生领悟假说—演绎、模型与建模等科学方法,感受科学家在研究过程中表现出的科学态度和科学精神,培养科学价值观。

(2)创造条件让学生多参与探究活动。引导学生在模型制作、调查、搜集资料及讨论等活动中,主动地建构重要概念、形成生命观念,并更好地用科学的观念、知识、思路和方法解释生命现象,探讨或解决现实生活中的某些问题。

(3)注重科学本质的学习。及时补充遗传学与进化理论研究的新进展,让学生更好地理解科学本质。

2. 选择性必修模块教学建议

模块 1 稳态与调节

本模块侧重在个体水平上认识机体维持稳态的调节机制和生物与环境间的相互作用。教学时应注意以下几点:

（1）重视稳态概念的构建。稳态是生命系统的重要特征,但稳态的概念抽象、维持过程和机制复杂,需要学生通过对一些具体相关实例的观察、分析、抽象与概括等获得。

（2）重视学生活动的设计与实施。在教学中应重视开展思考讨论、模型模拟、实验、观察和调查等教学活动,帮助学生理解概念,并迁移到新的问题情境之中。

（3）注重与现实生活的联系。本模块内容与人体自身健康生活、医药学实践和农业生产实践等有广泛联系。因此,在教学中应注重联系生活和生产实际,提高学生分析和解决问题的能力。

模块 2 生物与环境

本模块侧重在生物群体水平上探讨生命系统的组成、结构和功能及发展变化规律,探讨生物与环境间的相互作用、相互影响。教学时应注意以下几点:

（1）重视运用系统分析方法构建概念。本模块教学,应从整体和全局出发,从系统与要素、要素与要素、结构与功能以及系统与环境的对立统一关系中进行组织,使学生在掌握相关重要概念的基础上,形成本模块要求的大概念。

（2）设计好教学的问题线索。教学以问题为导向。例如,种群及其动态的教学,可以围绕这些主要问题展开:种群有哪些特征指标? 它们与种群数量的变化有何关系? 种群的数量变化有哪些规律? 这些规律的表现需要怎样的条件? 在实践中有何应用?

（3）充分利用学生的直观体验。种群、群落和生态系统的内容,属于宏观生物学范围,学生具有丰富的直观体验,较易从学生的日常生活和社会关注的热点问题中切入。可以引导学生开展有关参观、调查、考察等实践活动,使学生通过对资料数据的分析、概括形成概念,习得方法,提升能力。

模块 3 生物技术与工程

本模块通过具体概念的构建,使学生理解生物学知识是生物工程的设计基础。生物工程则应在法律和伦理的约束下,以满足人类需求为目标进行产品开发,进而推动生物学的不断进步,提高人类生活质量。教学时应注意以下几点:

（1）重视多种教学方式的运用。本模块内容差异较大,需要的教学条件不一,应依据这些特点采取灵活多样的教学方式和策略。例如,在发酵工程和细胞工程中,有些内容可采用项目式教学。基因工程内容的教学,可以围绕如何实现 DNA 重组、基因工程的基本操作程序设计问题串,通过资料分析、讨论、讲授逐步推进的方式进行。生物技术安全与伦理的内容教学,可以让学生搜集相关资料,在课堂上展开讨论。

（2）重视生物技术与工程原理的教学。建立生物学原理、规律和理论与生物技术和工程之间的联系,帮助学生运用知识、观念理解生物技术和工程的生物学基础,促进学生科学思维、技术思维、工程思维和伦理思维的发展。

（3）重视与必修内容的联系。《课程标准》明确提出,"本模块包括 4 个较为具体的概念,这些概念既是对必修内容的扩展和应用,又是对生物技术和工程的认识和理解"。因此,在教学中应密切联系必修内容。

五 评价与考试建议

(一)评价建议

1. 评价原则

评价是日常教学过程中不可或缺的重要环节,是教师了解教学过程、调控教和学的行为、提高教学质量的重要手段。评价应以学生全面发展为本,以课程目标、课程内容、学业质量标准为依据,聚焦学科核心素养,促进教师的教和学生的学。

评价应遵循立德树人的指导思想,重视学生爱国主义情操和社会责任感的形成;评价应关注学生对生物学大概念的理解和融会贯通;评价应指向学生生物学学科核心素养的发展;评价应体现导向性和激励性;评价方式应具有多样性。评价既可促进学生核心素养水平的提升,又能推动教师教学水平的提高,实现评价者和被评价者共同发展的目的。

2. 评价内容

评价内容应以课程目标、课程内容和学业质量标准为依据,结合具体的教学内容,以生物学大概念、重要概念等主干知识为依托,检测学生生物学学科核心素养的发展水平。评价主要包括以下内容:

(1)学生生命观念的形成。学生是否逐步形成了认识生命的基本观念,如生物体的结构与功能相适应、生物始终处于发展变化之中、生物对环境具有适应性等。学生能否运用这些生命观念,解释生物学问题,探索生命活动规律,解决实际问题。

(2)学生科学思维的发展。学生是否逐步养成科学思维习惯,运用逻辑思维、模型与建模、批判性思维、创造性思维等方法,探讨、阐释生命现象及规律。

(3)学生科学探究的能力。学生是否具备了观察能力、发现问题的能力、设计和实施探究方案以及探究结果的分析、交流等能力。

(4)学生的社会责任意识。学生是否具有关注社会重要议题的意识和社会责任感,以及开展生物学实践活动的意愿和能力等。

3. 评价方式

评价应依据评价内容和对象的不同,采用多元评价方式。评价方式的选择,应该考虑评价目标、评价内容、评价对象和评价现场等实际情况,可采用学生自评和互评、小组评和教师评相结合的形式。

评价方法应该多样。例如,学生成长记录,课堂行为观察,实践与应用检测,作业练习检测,阶段性纸笔检测,等等。

4. 结果反馈

对评价结果的科学分析和及时反馈,有利于提高评价的时效性。教师要根据教学目的,参照相关标准,对评价结果作出合理的解释。可利用评语、谈话等形式对学生学习情况及时反馈。应注重发现和发展学生的潜能,激发学生学习的积极性和主动性,促进学生生物学学科核心素养的养成。

(二)学业水平考试与命题建议

1.学业水平考试

学业水平考试包括高中毕业的学业水平合格性考试和学业水平等级性考试,主要目的是评价学生学科核心素养的发展水平。

学业质量标准是阶段性评价、学业水平考试命题的重要依据。学业质量标准的每一级水平均包括生物学学科核心素养的四个维度以及不同水平间的差异,主要表现在不同复杂程度的情境中运用各种重要概念和方法解决问题的程度,水平从低到高具有递进关系。

学业质量一、二级水平,除解决问题的情境相对简单和解决问题的程度相对较低外,涉及的大概念、方法等仅限于必修课程内容,是学业水平合格性考试的命题依据。

学业质量三、四级水平,解决问题的情境相对复杂,解决问题的程度要求相对较高,涉及的大概念、方法等包括必修课程和选择性必修课程的全部内容,是学业水平等级性考试的命题依据。

学业水平合格性考试在于考查全体学生生物学学科核心素养的达成情况,其内容以必修课程要求为准,难度不超过学业质量二级水平的要求。学业水平合格性考试试题难度要低于学业水平等级性考试,让坚持正常学习的学生,一般都能达到高中毕业生应达到的合格水平要求。

学业水平等级性考试的内容范围以必修课程和选择性必修课程要求为准,难度不超过学业质量四级水平的要求;在强化基础的前提下,凸显学生的学科特长,体现甄别与选拔的功能。

2.命题建议

(1)命题原则

命题应以课程目标、课程内容和学业质量标准为依据,指向生物学学科核心素养的发展水平。试题素材应贴近学生生活实际,以真实情境组织命题,应注重考查学生综合运用所学的知识和技能分析和解决问题的能力。

试题的表述和指向要明确、清晰、直接,确保试题的公平性、科学性和规范性,要能够区分出不同素养水平的学生。

(2)命题程序

明确测试类别,确定难度。依据高中毕业的学业水平合格性考试与学业水平等级性考试的性质,基于相应的学业质量水平,结合本地区的实际情况,确定恰当的测试难度。

规划核心素养的测试蓝图。将生物学学科核心素养的水平表现及所涉及的知识和方法对应起来,确定测试蓝图,指导命题。

创设真实情境,合理设问。试题情境应围绕现实问题展开,尽量做到新颖、真实、科学、恰当,有一定的信息量和适当的复杂度,能够成为学生运用学科知识技能分析和解决问题的载体。基于试题情境的设问要有清晰的层次和严谨的逻辑,指向核心素养的不同水平。

审核修改定题。依据课程目标、考试类别和测试蓝图,反复打磨和修改试题,确保和提升试题质量。

附件 1
普通高中生物学学科备课规范要求

备课是指教学活动实施前的一切准备工作,包括研究《课程标准》和教材、熟悉相关知识、掌握所需技能、深入了解学生、写教案、准备教学用具和资料等方面。鼓励教师在个人备课的基础上,积极参加集体备课。学校应有计划地开展集体备课等校本教研活动,教研部门应定期开展区域联片教研、网络教研活动,以提高备课的规范性、有效性。

一 基本原则

(一)目标性原则

教学目标是教学活动实施的方向和预期达成的结果,是一切教学活动的出发点和最终归宿。备课时要科学合理地制订教学目标,建立教学内容与生物学学科核心素养达成之间的内在联系,充分挖掘教学内容的育人价值,使教学既符合《课程标准》的要求,又符合学情。

(二)主体性原则

学生是学习的主体,教学的各个环节设计和实施要面向全体学生,从学生实际情况出发,关注学生的发展需求和个体差异。教师要发挥主导作用,引导学生成为学习的主体,帮助学生"亲身"经历知识的发现和建构过程。

(三)科学性原则

学科教学要达成预期的目标,教师需要有正确的教育理念,应用教育学、心理学等理论指导教学,科学地传授相关内容,高度关注生物学学科核心素养的达成。科学地开展学业评价,以评价促进学生的学习与发展。

(四)发展性原则

教师要用发展的眼光看待学生,要充分相信学生,客观地分析、研究学生,并确定学生自觉发展的"最近发展区",从而有效地调动每一位学生的能动性,充分挖掘学生的智力潜能和非智力潜能,让学生都有机会参与学习,促进学生全面而有个性的发展。

(五)实践性原则

生物学实践既是提升学生生物学学科核心素养的重要手段,也是教学的重要方式。要结合教学内容和学校的实际,开展观察、实验、模拟实验、调查、模型建构、考察、制作和工程学等生物学探究与实践活动,帮助学生建立生物学知识与真实世界之间的关联,培养学生的实践能力和创新精神。

二 基本方法

(一)教学目标的确定

课程目标为制订教学目标指明方向,教学目标为达成课程目标服务。教学目标包括单元教学目标和每一节课(或活动)的课时教学目标。单元教学目标的确定要指向生物学学科核心素养的达成,应考虑整体性,围绕单元核心内容、重难点进行整体设计。确定单元教学目标时,一要深入研读《课程标准》。《课程标准》在学科核心素养与课程目标、内容要求、教学提示和学业要求与质量等方面都有更为详尽的要求,对教师把握教学要点有直接的帮助。二要分析教学内容和学情,确定内容能承载的和学生能达成的单元教学目标。课时教学目标服从于单元教学目标,是由单元教学目标拆分出来的系统的、递进的、连续的教学目标。确定课时教学目标要以课程目标、单元教学目标和学情为依据,将课时教学目标纳入单元教学目标整体框架下。课时教学目标的表述应明确、具体、可以观察和测量。在课时教学目标制订时需要注意以下问题:

1. 注意教学目标的生成性。教材中每节都有"本节聚焦",教师教学用书也列出了每节的教学目标,这些都可以作为教师确定课时教学目标的重要参考。教师可以根据学生情况和教学进程,进行适当的调整和补充。在一定程度上说,教学目标不完全是事先预定的,而应随着教学进程自然生成。

2. 把握教学目标的全面性。教学目标原则上应涉及生物学学科核心素养的四个方面,即生命观念、科学思维、科学探究和社会责任。但核心素养不可能靠一两节课一蹴而就,其目标要贯穿整个课程始终,对此教师要心中有数,并且进行适当的规划。就一节课而言,应有所侧重。

3. 表述教学目标的具体性。一节课时空有限,所能达成的教学目标也是有限的,因此,课时教学目标的确定和表述应当具体、明确,切忌过于宽泛。如,"DNA 的复制"教学目标之一若表述为"理解 DNA 复制的探索过程,培养科学思维和科学探究的素养",则较模糊,会导致教学的指向性不强。将其改为"根据 DNA 结构特点,推测 DNA 分子复制方式",则具体明确。

(二)教学内容的分析

教学内容是发展学生生物学学科核心素养的主要载体,不同的教学内容对学生学习的价值不同。一要了解知识的发现过程,挖掘其中蕴含的科学方法、科学家的科学精神以及科学技术的价值,并反映科学、技术与社会的互动关系。二要从课程层面理解生物学学科观点和大概念,并分析大概念间的关系、大概念与生命观念之间的关联性。三要从模块层面确定本模块在整个高中生物学课程中的地位,认识学生学习本模块的意义和价值,分析本模块内容之间的内在逻辑关系。四要从单元层面把握本单元发展素养的侧重点,厘清单元重要概念的建构需要学习的次位概念,单元重要概念与其他重要概念之间的内在逻辑关系,单元重要概念对大概念形成的支撑作用等。

(三)教学活动的设计

教学要以"情境—问题—活动"为主线来开展,帮助学生在深度学习过程中逐步发展生物学学科核心素养。教学活动旨在发展学生的特定素养和认知方式,因而教学活动的设计应以达成核心素养为宗旨。同时,教学活动的设计应该具有连续性、进阶性和内部逻辑性。教学活动设计应把握以下问题:

1. 创设真实的问题情境。生物学知识的生产都是情境性的,学习就是要让知识重回情境进入发生的状态,将学科要解决的问题蕴含在特定的情境中,让学生通过对情境中的相关信息进行积极的感知和理解来学习学科知识。这样可帮助学生经历生物学知识产生的过程,让学生明白为什么提出这一生物学概念,从而在习得生物学知识的同时形成生物学学科核心素养。情境应是真实的、科学的,可以来自学生生活与生产实际、科学史和科学研究。情境中蕴含着问题,基于情境提出难度适宜的问题,调动学生思维。情境和问题能引起情感的共鸣,充满人文关怀;情境应立意高远,促进人的全面发展,而不仅仅是知识的学习。

2. 提出挑战性核心问题(或任务)。基于真实情境提出核心问题(或任务),再将核心问题分解为可操作的有序、有层次的子问题(或子任务),并提供符合学生能力和知识水平的结构化学习材料,使学习活动有方向、有目标开展。如在进行"细胞膜"教学时,需要回答以下2个核心问题:什么是细胞膜的流动镶嵌模型? 细胞膜具有哪些与其结构相适应的功能? 但基于学生已有的认知水平,指向重要概念的核心问题有时候并不能直接回答。因此,核心问题需要按照学生的认知规律,将其分解为可回答的子问题。"细胞膜"教学中的2个核心问题可以分解为如下子问题:活细胞的细胞膜具有哪些特性? 如何研究细胞膜的成分? 细胞膜的主要成分有哪些? 细胞膜的各种成分如何组成膜结构? 什么是细胞膜的流动镶嵌模型? 细胞膜的结构和特性决定了细胞膜具有哪些功能? 学习细胞膜之后,学生还要能提出学以致用的问题,如,细胞膜的特性可以解释实际生活中的哪些现象?

3. 准备恰当的教学材料(活动资源)。教学材料是指学生完成学习活动所需的各类学习资源。校内资源有实验仪器、生物材料、标本、模型、视频、图片等。学生在学习过程中积累的优秀作业、作品等也可以作为活动资源。校外资源有自然资源、场馆资源等。丰富的学习资源能促进学生有效完成学习活动。如,在细胞膜的教学中,细胞膜的各种成分是如何组成膜结构的,需要准备的活动资源有科学史资料、细胞膜结构模型、示意图及动画等。

4. 关注教学中的师生互动。在备课时,必须精心设计师生参与、互动的环节,时刻考虑学生的情感交流、行为参与和真正的认知参与。根据设计的核心问题要预设可能出现的学生回答,以及如何针对学生的初始回答连续提问,需要补充哪些问题才能帮助学生生成高质量的回答；如何从学生的回答中找到提出补充问题的线索，开展连续对话。

5.设计学习的反馈与调控。良好的学习反馈与调控，是确保教学目标得以实现的基本保障。在教学反馈活动中，教师更多地要考虑如何通过及时的、积极的评价去激励学生的自信心，从而保持良好的学习氛围，充分发挥评价反馈的诊断作用、激励作用和促进作用。

三　基本步骤

备课主要包括备标准、备教材、备学生、备教法、写教案等基本步骤。

（一）备标准

教师要学习《课程标准》，透彻理解课程性质和基本理念，准确把握生物学学科核心素养和课程目标，熟悉课程内容、学业质量以及实施建议等。

在进行模块备课时，教师需要熟悉本模块的意义和价值，需要帮助学生形成生物学大概念和发展生物学学科核心素养等。在此基础上做好模块教学的课时、实验与探究、评价等整体规划。

在进行单元和课时备课时，教师要了解本单元、本课时需要帮助学生构建的概念，这些概念与本模块的大概念之间的内在逻辑关系，以及学科核心素养发展的侧重点。确定单元教学目标、课时教学目标，规划教学活动、教学的问题线索、作业和形成性评价；准备活动资源和教学材料。

（二）备教材

教材包括学生的教科书、教师教学用书等。学生的教科书是教师教和学生学最重要的课程资源。

在模块教学前，通读教科书，首先了解本模块教科书的设计思路。《课程标准》规定的内容要求与教科书的章节不一定一一对应，要分析教科书的编排体系。如，人教版必修教科书的《模块2 遗传与进化》以遗传学发展史为主线来编写，这样既尊重科学发展进程和人类的认知规律，也与学生认知过程一致，有助于帮助学生形成进化与适应观，领悟假说演绎、建立模型等科学方法，养成科学态度和科学精神。其次了解教科书的编写模式、章和节的版块组成，熟悉教科书栏目的功能。

在分析一章教科书时，要了解本章在全书中的地位，学科核心素养发展的侧重点。厘清其重要概念、次位概念之间的关联，分析各节之间的内在逻辑关系。

在分析一节教科书时，要区别事实性知识和概念性知识、探究活动与建构概念的关系，教科书的内容顺序是否需要调整。在阅读教科书时教师要自问：教科书编写者选择这些内容，设计这个活动，其目的何在，对于教学目标的实现有什么贡献。同时，教科书文本又是开放的，教师要站在课程的视角，优化教科书中的素材，创造性使用教科书，在师生交往互动中融入自身的生活经验进而创造出新的意义。

(三)备学生

备学生主要围绕学生的学科认知特点、学科能力水平、已有的知识和经验、情感态度以及对新任务的自我监控能力等展开。如可以通过座谈、个别谈话、家访、观察等了解学生的情感态度等方面情况;通过二阶层问卷、画图和访谈等形式诊断学生的前概念;通过作业、检测反馈学生的学习效果。从学生的实际状态中获取信息作为教学的起点,掌握学生的个体差异和内在需要,诊断和预测学生学习中可能会遇到的情况。

(四)备教法

注重启发式、互动式、探究式教学,根据不同的内容采用讲授法、谈话法、讨论法、直观法和实验法等多种教学方法组织教学,引导学生主动思考、积极提问、自主探究,落实学生的自主、合作、探究的学习方式。

讲授法是指教师运用语言向学生系统地传授生物科学知识的方法。讲授时需要注意科学性、思想性、系统性和逻辑性,还要富有启发性和思考性。讲授应与板书、手势相配合,可以通过讨论、提问和对话来帮助学生拓展和巩固对新知识的思考。谈话法是教师有计划、有目的地提出问题,引导学生独立思考、相互交流,从而获得知识、发展智能的方法。对话时教师可通过回顾学生的观点和见解,要求学生给出其他答案以及追问有关说明或支持的论据等方法拓展学生的思维。讨论法是教师指导学生以小组或班级的形式,围绕某一中心议题发表自己的看法,相互交流,相互学习,从而获得知识的方法。讨论可以推动学生思维,帮助学生形成对所学内容的理解;讨论可以促进学生在课堂中的参与和合作;讨论可以帮助学生获得交流技能。开展讨论前,教师要确立讨论目标(主题),提出具体要求,并让学生做好准备,参与讨论。讨论结束,教师要引导学生反思讨论与思考过程,以及本次讨论带给他们的意义和收获,并进行总结。

教学方法的选择应考虑教学目标、教学内容、学情、教师的素养和教学风格以及教学条件等因素。

(五)写教案

教案是教师备课成果的最终呈现形式,也是教师上课的重要依据。教案的文本一般包括教学目标、教学思路、教学实施过程、板书设计、教学反思等要素。

教学目标的确定要依据《课程标准》、教学内容和学情等,用行为动词来表述。

教学思路的设计要根据学生的认知规律,按学科内容的内在逻辑,编制一节课的进展阶段与程序,勾勒出一节课的行进路线。

教学实施过程要展示学习内容、教师的组织与引导、学生的学习活动和设计意图,体现教与学的过程和方法,可以以表格或文本形式呈现。

板书设计要反映知识的产生过程和内在逻辑关系。要表述准确、条理清晰、详略得当、形式合理。

教学反思可以采取勾画圈点、旁批等形式及时记录课堂中感受最深的内容或触动最大的事件,包括课堂生成、灵感、精彩之处与败笔等。

附件 2
普通高中生物学学科作业规范要求

高中生物学作业是教师依据教学目标布置并由学生通过活动完成的学习任务，是课堂教学的延伸与拓展，是高中生物学课程学习的重要组成部分，是实现课程目标的重要环节。高中生物学作业分为课堂作业和课外作业两大类。课堂作业是教师在上课时布置，由学生当堂完成的各种练习。课外作业是学生在课外时间独立或合作进行的学习活动。教师布置的课堂作业应以学生教科书中的习题为主。

一　科学设计作业

(一)基本理念

根据课程标准的要求，结合教学内容和学情，既面向全体学生又关注个体差异，设计具有基础性、实践性、多样性和层次性等特点的作业，发展学生学科核心素养。以学生作业评估自己的教学效果，反思、调整和改进教学，从而促进教师的教和学生的学，实现师生共同发展。

(二)质量要求

学生完成作业是发展学科核心素养的重要环节。作业在检测和巩固必备知识的同时，要帮助学生提高认知能力、学习能力、实验能力和问题解决能力等关键能力，形成正确的价值观和必备品格，发展学生的学科核心素养。设计的作业有以下质量要求：

1. 目的明确。作业的设计和布置要整体规划，有明确的目标，以便促进学生学科核心素养的达成。有的作业是检测学生对生物学重要概念、原理、规律和理论的理解；有的作业是要求学生运用生物学必备知识和生命观念，通过科学思维方法解释生命现象、探究生命规律、分析解决现实中的生物学问题，以及对有关生物学话题开展讨论、论证；还有的作业是要求学生针对特定的生物学现象，提出有价值的探究问题，设计与实施方案以及对结果的分析与讨论、表达交流等。

2. 符合标准。学业质量是学生完成本课程学习后的学业成就表现。作业设计要以学业质量水平为依据，根据教学对应的内容要求和学业质量要求，设计不同难度和类型的作业。

3. 科学规范。作业要根据教学内容特点和目标创设情境。情境要符合学生的生活经验和理解程度，科学可信，具有一定的信息量和深度，以图表、文字等多种方式呈现情境材料。设计的问题合理巧妙，难度有层次，能启发学生思考，引导学生作出与目标一致的回答。表述准确、明确、简洁和规范。

(三)作业类型

高中生物学作业主要有文本类作业、实验与探究类作业和制作与实践类作业。通过不同的作业任务,让学生经历不同的学习方式,最终达到巩固必备知识、提升关键能力、发展核心素养和学生自主发展的目的。

1. 文本类作业。文本类作业是指以书面文本形式呈现的作业,侧重于检测生物学必备知识、生命观念和关键能力。常见题型有判断题、选择题、简答题、论述题等。这类作业有助于学生巩固课堂所学的必备知识,提高分析解决问题能力和科学探究能力,同时领悟知识的价值。一般需要学生及时独立完成,从而养成独立思考、自我监控和反思的学习习惯;应与教学目标紧密联系,做到精选精练,避免题海战。

2. 实验与探究类作业。实验与探究类作业是指能引导学生观察生物学现象,提出生物学问题,设计探究方案,并利用学校实验室或易获取的材料,开展探究性实验,以实验报告、视频等方式呈现结果的作业。侧重于检测学生对所学的实验原理、方法的理解和探究技能的综合运用,领悟科学探究的基本思路和方法。探究的问题要贴近学生的生活,进一步激发学生的学习兴趣和求知欲,增强学生的好奇心;促进学生掌握对自然界进行独立探究的必要技能和团结协作沟通技能,形成运用技能、能力和秉承科学态度的习惯。学生的实验报告、视频可以通过网络平台、教室布展和课堂交流等形式进行展示、交流和评价。

教师应注重提高探究问题的质量和控制探究的数量,作业要照顾到学生间的差异,充分发挥学生的个性特点。

3. 制作与实践类作业。制作与实践类作业是指针对生物学问题或科学、技术、社会和环境的某一现象所进行的模型制作、调查、考察与生产实践等活动。这类作业倡导以小组合作的形式完成,以养成团队意识和社会交往能力。在完成作业过程中,应着重引导学生关注科学、技术、社会与环境发展的关系,帮助学生形成正确的科学价值观,树立人与自然和谐相处的观念,增强社会责任感,同时培养学生劳动观念、劳动意识和劳动技能。

二 合理布置作业

(一)既面向全体学生,又关注个体差异

有目的、有计划地合理布置作业,做到增效减负。作业内容应与教学内容紧密相关,难度要符合课程标准要求和学生实际,既要有一定的覆盖面又要突出重点,题量适中,难度有梯度。

(二)严格控制总量,难度适度

充分利用教科书的练习资源,并基于教学实际需要进行适当的调整与增补。根据学生的实际情况控制作业量,除基础性作业外,可安排有一定难度的弹性作业,供学生自由选择,以满足不同层次的学生需求。作业量应与其他学科协调,从而控制学生的总体课业负担。

(三)充分考虑不同作业类型的组合

作业类型的合理配置,可以巩固和检测必备知识,提升学生的关键能力和学科素养,促进课程目标的达成。文本类作业是教学中作业的主要形式,通常应在一节课(或活动)结束后及时布置。同时依据课程标准的内容要求和学业要求,结合教学内容特点和学情,合理布置实验与探究类作业、制作与实践类作业。

(四)明确完成要求

针对不同作业类型,教师应明确完成的时间、独立还是团队合作完成和作业成果呈现形式等。若需要较长时间完成,则需要明确各阶段完成的任务。

三 有效批改作业

批改作业是对学生学习结果进行诊断的过程,是作业实施的重要环节。教师通过对作业的批改,可及时获取学生在完成一节课或一个单元学习之后的重要概念理解、科学思维和科学探究能力表现等重要信息,从而有效了解教学目标的达成情况,为后续的教学目标的调整和教学方法的改进提供重要的参考。

(一)作业的批改形式要恰当

教师对作业的批改不是简单的打"√"或"×",还应关注学生表达的科学性、思维的合理性、方法的适切性、书写的规范性等情况。教师可使用一些有特色的评价符号以及评语的形式对学生作业情况进行有针对性的评价,让作业批改成为师生间对话交流的载体。

(二)作业的批改要及时细致、规范清晰

教师批改作业时应用恰当的方式指出学生作业中的错误,同时明确作业订正的要求,便于学生发现错误及其原因,并为学生自主反思、改正错误奠定基础。

(三)作业批改的主体可以多元

作业通常由教师负责批改,但可以根据实际需要,采用灵活多样的方式批改。例如学生自评、互评、教师面批等。学生自评时,要提供自评建议或引导学生反思的问题,引导学生发现自身的优点和不足,对自己形成客观的认识。互评时实事求是,引导学生学会合作、善于反思、尊重他人。教师针对个别学生进行面批,既可以解决学生作业中的问题,还可以给予个性化的指导和心理上的激励,帮助学生认识自我、建立自信,改进学习方法。因此,教师从作业中获得教与学的得失才是批改作业的关键所在。

(四)做好学生作业完成情况的统计和分析

教师在反馈前,要先对学生在作业中出现的问题进行统计、分析,以此来确定学生对知识的理解和应用情况,查找思维断点,分析学生产生错误的原因,使作业反馈更有针对性。根据分析情况,改进作业的设计与布置,从而增强作业的针对性和有效性。同时根据作业了解教学效果,及时调整教学目标,改进教学内容组织方式和教学方法,调整教学进度,从而进一步增强教学的针对性和有效性。

四 适时反馈作业

对学生作业进行科学的分析和及时反馈,有利于提高作业的有效性。可以根据作业类型采取不同的反馈形式,比如书面评语、集体讲评、个别谈话、论坛交流、网络交流等。适时反馈作业能激发学生学习的积极性和主动性,促进学生生物学学科核心素养的达成。

(一)及时评讲反馈

学生完成作业后往往想知道正确答案,这时求知欲强,兴趣浓,及时评讲反馈有利于学生弄清错误及其原因,查漏补缺。通过及时纠正,巩固所学的知识和方法。此外,教师刚批改作业不久,对学生作业中存在的问题印象比较深刻,及时评讲、反馈会更有针对性和有效性。

(二)正确区分共性问题与个性问题

共性问题应在班级集中评讲解决,个性问题可通过个别指导解决。最有效的评讲是针对学生的具体问题的个性评讲。

(三)反馈评价应客观

通过反馈,引导学生客观分析自己的学习情况,明确存在的问题,激励学生充满信心,以便学生更主动地转入下一阶段的学习。

(四)督促学生建立纠错本

督促学生整理作业是反馈中的重要一环。教师可指导学生建立纠错本,把错题整理到专用笔记本上,并记录分析产生错误的原因和思维的障碍点。

五 作业实施中应把握的关键要素

(一)准确把握课程标准要求

作业的设计与实施应依据课程标准中规定的内容要求及学业质量要求。由于学生的生物学学科核心素养是逐步达成的，因此，在作业设计与实施中，应准确把握作业内容的覆盖面、难度的适切性、认知的阶段性和发展的渐进性，从而更有效地发挥作业对学生学习的诊断、巩固、提升功能。

(二)以单元视角进行系统设计

作业设计需从单元视角进行整体分析、系统设计和实施。需关注单元不同章节、不同学习阶段作业之间的关联性及递进性。

(三)关注教学实际与学情

在作业设计和布置时要密切关注课堂教学实际与学情，兼顾不同层次学生的学科核心素养发展水平，及时调整作业难度和数量，做到精选精练。教学中出现的问题与资源可以作为素材进行作业设计，作业中反馈的问题可为教学提供新的思路和素材。

(四)重视作业的反馈与管理

作业的反馈可以根据需要采用多种方式。如自我评价、同伴评价、教师评价相结合；优秀作业汇集成册，在校级、年级、班级布置展示；研究成果以微课形式宣讲等，以多种形式呈现学生的学业成果，激发学生的学习兴趣，充分发挥作业在学生成长中的作用。

(五)发挥信息技术的支撑作用

信息技术为作业的个性化设计与实施提供了可能。例如，可以对学生作业的完成情况进行即时统计、及时分析；可以设计不同难度的作业供学生自主选择与挑战等。

执笔人：邵瑞　雕玲　肖玲　樊晓云　金久　赵克霞　钟能政

普通高中信息技术学科
教学指导意见

为贯彻落实《国务院办公厅关于新时代推进普通高中育人方式改革的指导意见》(国办发〔2019〕29号)、《安徽省深化基础教育改革全面提高育人质量行动计划》(皖发〔2020〕6号)、《安徽省新时代推进普通高中育人方式改革实施方案》(皖教工委〔2020〕31号)等有关文件精神,以《普通高中信息技术课程标准(2017年版 2020年修订)》(以下简称《课程标准》)、《安徽省普通高中新课程新教材实施方案》(皖教基〔2020〕9号)为依据,结合我省普通高中信息技术教学实际,对我省普通高中信息技术教学提出如下指导意见:

一　指导思想

坚持以习近平新时代中国特色社会主义思想为指导,深入贯彻党的十九大和全国教育大会精神,全面贯彻党的教育方针,落实立德树人根本任务,培育和践行社会主义核心价值观。以深化普通高中信息技术课程和教学改革为导向,以提高学生终身发展所需的信息技术学科核心素养为目标,遵循教育教学规律和学生发展规律,全面落实《课程标准》和高中信息技术教科书的理念和要求,加强普通高中信息技术课程实施的指导与管理,规范教育教学行为,改进教与学的方式,全面提高教育教学质量,实现高中信息技术课程目标,培养德智体美劳全面发展的社会主义建设者和接班人。

二　教学安排

(一)学分与课时要求

1. 必修

高中信息技术必修课程有两个模块,共3学分,每学分18课时,共54课时。

2. 选择性必修

选择性必修课程，每个模块为 2 学分，每学分 18 课时，共 36 课时。

3. 选修

选修课程中，每个模块为 2 学分，每学分 18 课时，共 36 课时。

(二)课程模块开设建议

高中信息技术有两个必修模块合计共 54 个课时，在高二学年时，分别学完信息技术和通用技术的各两个必修模块后，可参加高中信息技术学业水平考试。课程实施过程中，学校要根据自身条件，将信息技术与通用技术课程统筹考虑，合理调配课时，确保达成课程目标。

1. 必修开设建议

建议各地各校根据自身条件，将必修和选修课程综合考虑，采取走班教学的方式组织教学。有条件的学校建议两课时连排，以利于教学的开展。

2. 选择性必修开设建议

选择性必修课程是对必修课程的拓展与提升，满足学生升学和个性化发展的需要。建议安排在高中二年级，每周 1 个课时。学校根据自身师资力量与教学资源条件，选择开设选修课程；学生可根据能力、发展需要选学。

3. 选修开设建议

选修课程体现了学科的前沿性、应用性，有条件的学校可以安排在高中二年级下学期或高中三年级第一学期，每周 1 个课时，学生可根据自身能力、兴趣或需要选学。

三 教学要求

新课标凝练了学科核心素养，对信息技术教学提出了更高的要求。教师如何准确理解新课程标准的理念，转变教学观念，聚焦于学科核心素养的培养，建议从以下几个方面开展教学。

(一)面向核心素养开展教学

信息技术学科核心素养是指学生在接受信息技术教育过程中，逐步形成的信息技术基本知识、关键能力和方法、情感态度和价值观等方面的综合表现。教师要充分理解学科核心素养的内涵，全面培养学生的核心素养。

1. 信息意识

信息意识是指个体对信息的敏感度和对信息价值的判断力。当前高中学生是信息社会的"原著民"，信息意识萌发较早，加上义务教育阶段信息技术课程的学习，基本达到了新课标中"预备级"的水平。对比学业水平描述中信息意识部分提出的"预备级"与"水平1"，高中阶段，面向问题的解决，对信息的鉴别的主动性、获取信息的策略、信息交流的方式选择、数字化工具的选择等方面提出了更高的要求。在教学中，教师要选择学生熟知的案例，在案例分析中，加强学生的信息意识。

2. 计算思维

计算思维主要是指学生依据计算机科学领域的思想和方法，将问题形式化；抽象问题特征，建立结构模型，对数据进行分析和组织；形成利用数字化工具自动解决问题的方案，通过迭代的方式对方案进行优化和完善，并迁移至类似问题的解决之中。

教学中，教师首先要通过一些经典的案例，运用计算机科学领域的思想方法，进行需求分析，提取问题的基本特征，进行抽象处理，并用"形式化"的方法表述问题，运用基本算法设计方案，最后编程解决问题，并通过练习进行强化，使之成为稳定的思维方式。教师要设计学生感兴趣的项目，比如用词频分析与机器学习来研究《红楼梦》、新高考选课系统等，引导学生把计算机领域的思想和方法迁移到现实问题的解决中，从而真正地启迪计算思维。

3. 数字化学习与创新能力

数字化学习与创新是指个体通过评估并选用常见的数字化资源与工具，有效地管理学习过程与学习资源，创造性地解决问题，从而完成学习任务，形成创新作品的能力。

对于这部分内容，学生们在义务教育阶段已有接触。对高中学生来说，应该较为深层次地理解数字化、数字化学习及数字工具的功能与优势，知道如何为自己的学习选择适合的数字化工具和学习资源，创设学习环境。这需要学生对数字化的硬件、软件、网络资源等有较为综合地了解。数字化学习的主要步骤为：确定学习目标，选择工具和资源，开展学习。有数字化环境的支撑，学习的时间范围扩大，自主选择的成分增强，学习的效率会大大提升。

在教学中，不仅要将数字化工具软件的技能练习作为教学内容和主要目标，还要注重利用技术工具提高解决问题的能力。应当培养学生利用数字化工具开展自主学习、协同工作、知识分享与创新创造的能力。更多地关注学生对数字化设施设备、软件、网络及资源，根据需求选择与应用的能力。

4. 社会责任

信息社会责任是指信息社会中的个体在文化修养、道德规范和行为自律等方面应尽的责任。

高中学生逐步走向成年，将被赋予更多的责任与担当。信息技术教学最主要的任务，是让学生认识到在网络虚拟世界中的自己，和现实社会中的自己，是同一个完整统一的人。学生应当遵守法律法规、社会公德及伦理道德规范，同时要学会用技术手段保护网络数据安全，维护自身合法权益。教学中，教师可以通过一些案例引导学生遵守法律法规、社会公德及伦理道德规范，赋予学生信息社会的责任。

(二)处理好课程内容的衔接

高中信息技术课程并非孤立存在，它承接于义务教育阶段的信息技术课程，与通用技课程、STEAM 课程以及其他人文类课程也都有着紧密的关联。在教学中，教师要处理好这些关系，做好课程的衔接和深度融合。

1. 与义务教育阶段信息技术课程的衔接

《课程标准》明确了"预备级"，作为高中课程的起点，也就是明确了义务教育阶段学生应该达到的水平。安徽省义务教育阶段有相对完善的课程结构，相对规范的课堂教学，整体教学质量较高，这为高中信息技术学科发展奠定了良好的基础。

尽管如此，面对新课程标准的要求，结合初高中学生心智发展水平的差异，教师仍然需要从教学模式和方法上进行改变，要引导学生进行项目学习，让学生成为学习活动的主体；教学内容上有所侧重，要放手让学生探索，以问题为导向进行教学；要减少基础操作和基本技能的训练，着力提高问题解决能力，培育信息素养。

2. 处理好与其他课程的关系

《课程标准》建议学校加强信息技术课程生态环境的建设，充分考虑技术学科与人文学科的融合，努力发展多学科融合的教学模式。

(1) 渗透人文学科的内容和理念

在培育学生信息素养的同时，也要加强与人文学科的融合，只有信息素养与人文素养同步提升，才能让"社会公民理性从容地生活于信息社会"。提高社会公民的数字文化品位，发展数字文化鉴赏能力也是新时代人文素养的重要组成部分。所以，在设计信息技术教学活动时，要关注传统文化与数字文化、传统审美与数字化审美、传统道德与信息社会伦理的融合。

(2) 融入 STEAM 教育理念

STEAM 教育强调要从真实问题入口，将知识的传授置于真实的问题情境中；提倡采用整合的教学方式进行教学，鼓励学生将习得的经验知识与技能在现实生活中加以灵活迁移应用。建议教师将 STEAM 教育理念融合到高中信息技术课堂中，打造新颖的教学模式，有效改善学生的学习体验，切实让学生得到多方位的进步与发展。

(三) 努力提升教师专业素养

每一次课程改革，都朝着教育理想迈进，每一次课程改革，也都会遇到新的问题。作为高中信息技术教师，面临的困难和挑战很多，需要不断学习，不断提高教育教学水平。

1. 更新学科知识

新修订的《课程标准》，对信息技术知识体系进行了重建，融入了当代社会进步、科技发展和学科发展的前沿内容，紧密联系学生生活与经验，按照时代发展的需要对信息技术课程进行了调整和更新。针对创新人才的社会需要，课程内容设计了"人工智能初步""三维设计与创意""开源硬件项目设计"等综合应用模块，按照高中生进入高等院校进一步深造的需要，设计了"数据与数据结构""网络基础""数据管理与分析"等专业发展模块。

新技能、新模块的融入对当前信息技术教师的教学能力提出了严峻挑战。《课程标准》是国家教育意志的体现，《课程标准》的实施不会完全"迁就"当前教师的教学能力，尤其是内容更新迅速的信息技术课程，更需要教师自觉地学习新知识，跟上信息技术教育发展的步伐。

2. 转变教学理念

传统的信息技术教学，模式单一，重操作技能，轻素养提升，学生活动时间少，学习效率不高，甚至还有满堂灌、题海战等现象。

要提高学生学习的有效性，教师要充分发挥引领作用，通过多样化的活动设计，让每一个教学任务围绕学习活动展开，让学生成为课堂的真正主体。课堂之内，学生活动可以分为两类，其一是个体活动，其二是集体活动。

个体活动是让学生在信息技术学习中，各个感觉器官都能参与到学习中，让学生去看、去听、去闻、去动手、去动脑。集体活动是以学生分组活动为主。多次课堂观测结果表明，分组教学目的难于达到，总体效果不佳，很大原因是组内出现"一言堂"的现象，即组长或个别组员成为组内绝对主角，其他组员沦为听众。因此，为每个组员设计不同的活动是分组教学的关键。除了前面所列的活动方式外，分组学习还有以下活动可以设计，如演示、比赛、评价等。

课堂之外，处于班级集体和家庭之中的学生，也可以有多种形式的信息技术活动，而且这种活动更真实，更贴近实际需求。只要给学生足够的信任，就会将其信息技术素养提升到一个新的高度。这些活动很多，如游学旅行、购买电脑、安装软件、网上订票、制作出行攻略等等。在这些过程中，学生要大量借助信息技术工具，这些工具有些是在信息技术课堂中未曾学到的，这能增强其自主学习的能力。这种基于真实需求和情境的学习，其经历是难忘的，掌握的方法是终身有用的。

3. 提高教学水平

《课程标准》要求注重培养学生的核心素养，强调提高学生综合运用知识解决实际问题的能力，这要求教师具有更高的专业教学水平。面对教学，教师需要吃透教材、优化教法、研究如何促进学生的学习等。特别是在不同的教育场景中，教师提高发现问题、分析问题和解决问题的能力，不能仅凭经验处理问题，还应主动采取科学的方法来认识和解决问题，才能使教师不断增强专业能力、改进教学方法，按照专业发展规律开展教学实践，最终提高专业能力与教学水平。

四　教学建议

（一）确定教学目标

《课程标准》、教材的重点和难点以及学生的学习现状，是制定教学目标的出发点。

1. 理解《课程标准》

"核心素养"既是立德树人根本任务落实于学科课程中的桥梁,也是学科课程目标界定与模块内容设计的依据,明晰核心素养的内涵,理顺核心素养与关键能力的关系是《课程标准》有效实施的重要环节。

在"信息意识"中,强调学生要能够根据解决问题的需要,自觉、主动地寻求恰当的方式获取与处理信息,敏锐感觉到信息的变化,分析数据中所承载的信息,采用有效策略对信息来源的可靠性、内容的准确性、指向的目的性做出合理"判断"等;在"计算思维"中,要求学生"在信息活动中,能够采用计算机科学领域的思想方法界定问题、抽象特征、建立结构模型、合理组织数据"等。将"关键能力"融入"核心素养",提高了《课程标准》的可操作性。

2. 科学处理教材

在分析教材时,要阅读《课程标准》中相应的内容条目,了解课程要求,在此基础上理解教材编写的思路。只有理解教材,教师才能正确把握教材,根据学情等对教材内容做出适当的处理,如顺序调整、增删内容等。相对于日新月异的信息技术,教材内容往往显得有些滞后,教师要想方设法将最新的信息技术知识内容融入教学过程中,在钻研教材、合理利用的基础上不断创新,不断超越。

3. 分析学生情况

学生情况分析主要包括两个方面,一是学生已有的与本节课相关的知识储备,如认知结构、基础水平等;二是学生所具有的普遍特点,例如年龄特点、接受能力等。可以通过调查、访谈、提问等方式了解学生的具体情况。

4. 明确教学目标

教学目标在教学活动中具有指向性作用。信息技术教师在确定教学目标时,要根据学生情况和教学内容情况,宏观把握教学目标,将教学目标进行分级处理。由学科目标到学段目标,由学段目标到模块目标,再由模块目标到单元目标,最后细化到一节课的教学目标。

(二)选择教学方法

教师能针对学生的学情、教学内容的特点、具体的教学目标等实际情况,灵活选择合适的教学方法,并对这些方法进行分解、融合,综合应用。

1. "学主教从"的理念

信息技术教学是培养学生信息技术学科核心素养的基本途径。教师在教学中要紧紧围绕学科核心素养,凸显"学主教从、以学定教、先学后教"的专业路径,把项目整合于课堂教学中,重构教学组织方式,创设有利于学生开展项目学习的数字化环境、资源和条件,引导学生在数字化学习的过程中,领悟数字化环境对个人发展的影响,养成终身学习的习惯。

2. 学生自主学习的指导

创建自主学习的网络环境,学生通过学习任务单明确学习任务,教师提供相应的学习资源,并对学生进行分组,组织学生开展小组合作学习。教师要转变传统的教学方式,不再单纯传授知识,而是将学习知识的方法、解决问题的技能教给学生,让学生通过自主探究、合作学习获得知识,并将其应用在生活与学习过程中,提高利用所学知识解决问题的能力。

(三)准备教学环境

信息技术的教学离不开计算机、投影仪等硬件和教学软件的使用。课前对硬软件的准备显得十分重要,它直接关系到教学的效果。教师在课前要认真地检查设备和相关软件环境的运行状况。素材是信息技术备课过程中最具特色的部分。除了利用教材配套教学光盘中的素材,教师还要针对部分知识点制作学习微课、提供学生自主学习的相关网址、提供学生自主探究学习的导学案、提供与本活动有关的其他学习资料等。

1. 学习环境准备

为促进学生学科核心素养的发展,教师在充分利用真实情境的教学活动空间时,也应通过信息技术帮助学生创设个人虚拟的网络活动空间,形成应用便捷、资源丰富、内容可靠、环境安全的数字化学习环境。现实空间与虚拟空间的结合,有助于改善学生的学习方式。学生在亲历数字化学习的过程中,体验数字化环境对教育发展的影响,从而促进终身学习习惯的养成。

2. 学习资源准备

在"学主教从"理念的指导下,开展项目式学习,需要教师在教学活动之前做好充分的学习资源准备。它主要包括两个方面:一是硬件准备,包括本项目学习所需场地、设备和物资准备;二是软件准备,包括项目实施过程中可能用到的工具软件,如果是学生不太熟悉的软件或操作难度较大,还需要提供相关的操作说明文档或者微课资源,以及相关练习等。

(四)组织教学过程

《课程标准》倡导基于项目的学习方式,将知识建构、技能培养与思维发展融入到运用数字化工具解决问题和完成任务的过程中。项目学习不仅体现了信息技术学科应用性强的特点,还关注学生的情感体验与参与度,以及团队协作、自主创新能力,符合高中学生的特点。下面是对高中信息技术课堂中实施项目学习的建议:

1. 确定项目主题

确定项目的主题,首先要了解学生的情况,项目要建立在学生已有知识和能力的基础之上。因此要了解学生的兴趣爱好、学习条件。也就是说,项目要贴近学生的兴趣点,符合学生的能力,让学生有能力解决。

2. 进行项目分析

项目分析是项目学习中的关键环节,通过分析,发现问题,找出解决问题的方法,培养学生的思维能力。教师对项目的背景、目标要求、相关的知识点进行详细分析,适当讲授项目中的重点和难点,帮助学生理解项目,知道要做什么,要学习的知识、练习的技能、达到的目标，以此培养学生的思维能力。

(1) 分析已知条件

项目的价值在于它贴近生活实际，实际生活的项目都是比较复杂的，要从真实的情境中将解决问题的条件分析出来，将无关的因素去除。在分析项目问题时，要明晰项目中可能涉及的知识和项目背景知识。

(2) 分析内在问题

鼓励学生就项目提出各种各样的问题，因为提出问题也是一种能力，而且这种能力比解决问题的能力可能更为重要。教师需要通过提问、头脑风暴、分组讨论等方式启发学生，激发学生的思维活动，让学生尽可能就项目提出各种各样的问题，即使解决问题的方法很简单、考虑不够全面也应受到鼓励。

(3) 分析项目目标

项目学习的最终目标是解决问题，在解决问题的过程中提升学生的信息素养，培养学生利用信息技术解决问题的能力。解决什么样的问题，做到什么程度，需要定位，即要确定学习的目标。教师组织学生讨论，分析出项目最终要解决什么样的问题，其结果通过什么方式输出。只有明确起点和终点，才有可能找到解决问题的路线和方法。另外，通过项目目标分析，学生要知道解决什么问题，在解决这个问题时自己需要的知识储备、解决问题的方法，以及解决过程中可能遇到的问题。而教师要知道在学生解决问题的过程中给他们能提供什么样的帮助及相应的学习资源等。

3. 规划项目方案

在项目分析的基础上，拟定项目的实施方案，明确解决问题需要的知识储备、任务清单、小组成员及分工、时间安排、工作步骤和方法等。

(1) 明确规划要求

有效的项目规划，为后续项目过程实施提供了有效的支持。在对较为复杂的项目进行规划时，学生是否具备科学的规划方法，能否遵循先主后次、先整体后局部等规划思想，直接决定了项目的规划是否有效。

对于长期接受传统教育的学生来说，本环节是个难点，学生不知道该如何规划，规划哪些内容，需要教师通过设计各种活动对学生进行实时引导。在学生对项目有了初步的认识后，教师再引导学生互相交流，讨论自己的想法是否符合项目的需求，并用思维导图呈现结果。

(2) 研究解决思路

通过讨论、观察、阅读、实践、分析、探究、实验等学习活动，找到项目解决的基本思路，也就是要完成这个项目需要走哪几步，每一步解决什么问题，用什么方式解决，其解决思路可以让学生分步骤写出，有的复杂项目为了便于理解、表述，最好用思维导图工具来梳理思路。

(3) 制订实施方案

对于复杂项目，教师需要引导各项目小组对项目进行分解、细化，制订出项目实施的方案，包括项目主题、任务清单、小组成员及分工、时间安排、工作步骤和方法等。项目实施方案是整个项目实施过程的重要依据,方案制订是不是合理,直接关系到项目完成的效果优劣。如果项目内容较多,也可以考虑将大项目分解为若干个子项目。

复杂项目一般要分组进行,需要将其进一步细化,形成可执行的方案,包括制定任务分配表及进度表等。

4. 组织项目实施

在项目实施阶段,教师要引导学生按照计划执行,在执行过程中教师要组织、指导并监督学生。

(1) 组织分组合作

通过分组,可以让学生之间进行讨论,互相启迪思维,共享学习成果。更为主要的是,项目学习内容繁多、学习形式多样,通过分组,让组内成员进行合理分工,便于在有限的上课时间内通过合作顺利完成项目。如果项目不是很复杂,或者需要每个成员独立思考,也不是一定要有分组学习。特别需要强调的是,分组学习需要加强管理,充分调动每个成员的积极性,不能形成忙闲不均的状况,那样就适得其反。采用分组学习需要一定的环境,要考虑资源如何共享,组内学习成果如何汇聚等问题。在对学生进行分组时,组员数量要控制在4~6人,以便管理,座位摆放应便于相互讨论交流。只有这些细节处理得当,才能实现有效分组学习,而不是形式上的分组。分组尽可能相对固定,这样可以节省分组的时间,且通过组内长时间磨合,相互之间达成默契,从而提高学习效率。

(2) 突出学生主体

项目学习的主体是学生,不再是教师,务必要保证每个学生完整经历项目学习的每个环节。这需要充分考虑到学生之间的兴趣、能力、学习基础等差异性,为每个学生设计不同的学习起点、学习目标和学习方式。在学习过程中,尤其要对学困生给予足够的关注,使之能紧跟全班的学习进程。总之,让每个学生都能参与到项目学习活动中,成为学习的主体。

(3) 设置多样活动

项目学习主要的时间应还给学生,这就需要给学生安排各种各样的活动,让其五官都参与到学习中。比如学生在个体学习时,可以设计观摩、阅读、欣赏、聆听、测量、制作、记录、触摸、实验、实践、思考、搜索、猜想等活动,在学生分组学习时,可以安排演示、比赛、评价、讨论、表演、游戏、汇报等活动。通过这些丰富多彩的活动,可以极大地调动学生的学习积极性,提升学习效率,使学习效果比单纯地听和看更好。每个学生都能将课堂当成自己的舞台,自然会全身心地进入到学习中。

在项目实施前,教师一定要明确项目中的哪些活动是学生通过协作可以完成的,哪些活动是学生可以独立完成的,哪些活动可以由教师或家人代劳的。

5. 开展项目评价

学生完成项目任务后,对项目开展和实施的过程以及项目成果进行展示,各项目小组之间、组员之间要相互交流学习,分享学习过程中的创新、经验和体会,体验成功和喜悦。教师可以组织学生开展作品展览会、辩论会、作品报告等活动进行成果交流。

项目的评价与反思是保证教学活动能够持续、深入得以推进的一个重要环节。这一环节包括三个内容:学生项目活动式学习开展情况的评价、师生对项目学习的总结与反思和项目活动式学习对应能力的迁移与拓展。

6.项目总结拓展

项目总结是对项目的完成情况进行总结,归纳所涉及的知识点,找出项目存在的问题并加以完善,然后根据学习所获进行拓展延伸。对项目拓展延伸的目的在于,帮助学生利用该项目中获得的经验,去解决其他相似或相关问题。

五 评价与考试建议

根据不同的评价目的和要求,课堂评价可以采用过程性评价和总结性评价。过程性评价可通过课堂观察、学习行为分析、作品评价、档案袋资料采集等方式,从知识、能力、情感等方面全面衡量学生的学习状况,也可以作为学业评价的依据。学业评价也可以采用多种方式展开,如采用纸笔测试、上机测试相结合的形式。

(一)评价建议

课堂评价应基于信息技术学科核心素养展开,不仅要起到有效导向的作用,还要有利于促进学生的学习,改善教师的教学,完善教学方案的设计。为了全面评价教师的课堂教学和学生的学业水平,可以采用诊断性评价、过程性评价和总结性评价等三种评价方式。

1.诊断性评价

课堂教学过程中,教师为了解教学效果、学生存在的问题,随时需要通过诊断性评价了解学生的情况,从而确定切实可行的教学方案。

2.过程性评价

首先,过程性评价的维度要充分体现学生的信息技术学科核心素养水平,尤其要关注信息意识、信息社会责任等过程性评价相对较难测量的素养。可以采取目标与过程并重的策略,记录学生的动态学习过程,体现学生在学习过程中各方面能力的提升情况。

其次,在过程性评价中,教师还应注意观察学生实际的技术操作过程及活动过程,分析学生典型的信息技术作品,全面考查学生运用数字化资源与工具的熟练程度,以及利用信息技术解决问题的能力。

最后,在呈现评价结果时,建议多采用评价报告、学习建议等方式,适当采用鼓励性语言,激发学生内在的学习动机,帮助学生明确自己的不足和努力方向。

3.总结性评价

首先,在对学生学业进行总结性评价时,应根据评价目的、学习内容及课程特点,采用多种形式的评价方式,评价内容与手段要有利于学生学习,要引导教师利用评价结果反思和改进自己的教学过程,发挥评价与教学的相互促进作用。

其次,总结性评价内容的选择应从学科基本要求出发,评价情境创设要科学合理,注重评价的信度和效度。信息技术学科具有很强的应用性,学习内容大多与生活息息相关,如信息处理技术、网络技术、数据管理技术等,因此评价内容的设计与选择应贴近学生的学习和生活,注重评价的实用性和导向性。评价情境的创设既要有利于评价目标的落实,更要有利于引导学生学习能力的提高。

最后,还应注重与过程性评价相结合,评价方案的设计和实施应考虑全体学生的实际情况,评价方案要事先制定并及时公布,不仅让教师、学生知晓,还应让家长了解。

(二)考试建议

考试内容要紧紧围绕信息系统和信息社会这两个学科大概念,根据学科核心素养的水平层级、各课程模块相应的学业质量水平等确定。试题的设计既要体现时代的气息,反映社会热点,也要结合学生的生活经验设计情境。教学内容要求、学业要求与学业质量标准是确定考试评价活动内容的重要依据。评价包括纸笔测试、上机测试和项目评价三种方式。几种方式各有所长,适合不同的评价内容和目标,应相互补充、综合运用。

1. 纸笔测试

纸笔测试的效率较高,适于短时间内对大量学生进行集中考核,适合考核学生对信息技术基础知识的掌握和理解,但不适于评价学生的实际操作技能。在设计纸笔测试试卷时,要控制选择题、填空题等客观题型的比例,适度设置和增加要求学生通过理解和探究来解决的开放性题目,如问题解决分析、作品设计等,以拓展纸笔测试在评价内容和评价目标等方面的广度和深度。

2. 上机测试

上机测试是信息技术总结性评价中不可或缺的重要组成部分。上机测试可以评价学生使用技术工具的熟练程度,能够考查学生利用信息技术解决问题的能力。上机测试要注重考核学生的实践能力和创新能力。

3. 项目评价

项目评价需要针对具体要求逐条设计,为激励学生深入探究、张扬个性,项目评价标准可以根据评价的实际情况设置。在平时教学中,对每个项目活动的评价要及时,评价要突出激励和引导作用。例如,在学生完成项目方案设计后及时开展方案评价,可以引导学生从创意、可行性等方面进行调适和改进;在完成作品后开展成果交流评价,可以引导学生在原有基础上进行更深层次的学习和成果优化。项目评价也可以采用多元评价方式,互评、自评等多种方式相结合。在项目活动的基础上,再结合学生的日常学习表现、知识与技能的掌握情况,确定学生关于这一部分内容的总评成绩。

总之,评价方式既要有利于学生学习,又要有利于教学开展。评价内容要从关注知识与技能向关注学生学业成就转变。同时,还要关注现实问题解决和团队合作等多种能力的提升。通过评价的合理实施,不断提高信息技术教师的教学水平,激发学生学习、应用信息技术的兴趣,帮助学生逐步提升信息素养。

附件1
高中信息技术学科备课规范要求

备课是教师上课前的准备工作,旨在使教师的教学有目的、有计划、有成效。认真备课是提高教学质量的关键,信息技术学科的备课有具体的规范要求。

一　基本原则

(一)以学生为主体

教师是教学过程的主导者,学生是学习的主体,学习是学生的任务,不能代替学生学习,需要把学习的主动权交给学生。在教师的指导下,让学生自主学习。

(二)科学规范设计

教学设计要以教育方针、《课程标准》为依据,符合教育学、心理学的基本原理。教学设计作为备课的成果,必须科学、规范,不得任意而为。要根据教与学的规律进行教学设计,着力提高课堂效率。

(三)落实核心素养

核心素养需要在教学活动中落实。备课时要明确学科知识是形成学科素养的前提和载体,知识不能直接转化为素养。明确学科活动是形成学科素养的有效渠道和必然途径,教学过程中应做好学科活动设计,在学科活动中教师是组织者,是促进学生核心素养养成的重要引导者。教师应科学选择学科活动形式,帮助学生对学科知识进行消化吸收并内化,最终将知识升华为核心素养。

(四)重视联系生活

要注重信息技术和学生学习、生活的联系,融合与创新,认真寻找学科知识与学生生活的有效、有趣、有意义的结合点,打造生活化的信息技术课堂。要将学科知识、技术技能和生活体验融为一体。

(五)保持学生兴趣

教学实践证明,学生的学习积极性越高,课堂教学效率就越高。教师在进行教学设计时,要根据学生年龄特点、身心发展规律,以及认知水平,科学安排教学内容,选择合适的方式组织教学,不断激发学生的学习兴趣,提高课堂教学效率。

(六)融入人文教育

人文精神的本质在于对人性的塑造。符合当今时代发展要求的建设者需要关键能力，但更需要具有社会主义核心价值观的道德品格。处于高中阶段的学生虽然拥有自己的世界观、人生观、价值观，但整体来说仍不够成熟，容易受到外界不良环境的诱惑、刺激和影响，甚至形成不良的价值取向。因此在教学过程中需要融入人文教育，为学生坚定文化自信打下坚实基础。

二 基本方法

(一)教学目标的确定

信息技术学科在确定教学目标时，要重点关注以下两点：

第一，整体性。信息技术学科，无论是三维目标"知识与技能、过程与方法、情感态度与价值观"，还是核心素养"信息意识、数字化学习与创新、计算思维、信息社会责任"四个方面，都要从整体考虑，不能割裂开来。从整体把握教学目标，是在教与学的过程中，实现与学习内容相应的能力培养、思维方法和情感教育等方面的基本要求。

从三维目标到学科核心素养，实际上是对三维目标的提炼与整合，把知识与技能、过程与方法提炼为能力，把情感态度、价值观提炼为品格，能力和品格的形成即是三维目标的统一，也是形成核心素养的重要组成部分。

第二，准确性。根据学习内容的特点和学生的差异性，应制定不同层次的目标要求。因此对于相同的教学内容，如果学生之间存在较大差异，制定的教学目标也应有所不同。

(二)教学内容的选择

教学内容的选择主要根据以下两个方面：

第一，用好教材，要根据《课程标准》认真钻研教材，把握教材的核心内容和主要线索，做到心中有数。选择教学内容要从学科特点出发，注意符合认知规律，能够使全体学生在有限时间内掌握最基本的知识与方法。根据信息技术学科教材的特点，对教材中的案例进行适当的更改与替换，以使教学内容适合不同学校与不同层次的学生。

第二，完善教材。教学内容的选择也要考虑学生与学校的实际，还应考虑信息技术的发展性，合理规避教材相对滞后的不足。可根据学生的不同知识基础和生活经验的情况，完善教材的重点，把握主题呈现与结构次序，使之能够适应不同学校的实际和不同层次学生的学习需要。

(三)教学重难点的把握

教学重、难点的把握主要有两个方面，分别是教学目标与学生情况。

第一,教学重点、难点的确定要围绕教学目标进行。

在备课中,教师要根据教学目标,弄清楚教学内容中哪些是主要部分,哪些是次要部分,哪些是基础知识,哪些是重点知识,从而达到突出重点、突破难点的目的。

第二,教学重点、难点的确定要根据学生的情况来确定。

教学重点是指全体学生学习和理解时起重要作用的部分;教学难点是指大部分学生难以掌握、运用的知识。根据不同学生的生活经历与生活环境,教学重、难点也不相同,如城市学生有条件接触开源硬件等,而农村学生接触的很少。因此,这个部分基本都是难点。

教师应在明确教学目标与学生情况的前提下,在整合《课程标准》和教材的基础上,科学确定教学重、难点。

(四)教学活动的设计

高中信息技术必修课程是全面提升高中学生信息素养的基础,强调信息技术学科核心素养的培养。因此,教师必须准确把握学科核心素养形成的关键点。其中学科知识是核心素养形成的主要载体,教学活动是核心素养形成的主要途径,而核心素养形成的主要条件是教师。因此学科核心素养的培养重点是教师设计的教学活动。

教学活动是双向的,包括教师活动与学生活动。在设计时需要关注四个方面:第一,实践性,强调学生的参与体验;第二,思维性,需要引发学生思考;第三,自主性,要激发学生自主学习的积极性;第四,教育性,要实现学科价值,有助于形成学生的品格。

1. 教师是教学的主导者

教师是促进学生学科核心素养形成的关键因素。教学活动主要有:规划、设计师生活动;提供学习资源,并组织学生学习;引导学生思考,寻找解决问题的方法;在学生学习遇到困难时提供咨询服务;在学生学习过程中,发挥监督人的作用;最后作为评价者,及时判断学生学习效果。

2. 学生是学习的主体

在教学过程中,通过学生活动,让学生真正参与,亲历学习过程。根据课程标准要求,教师在设计学生活动时,具体内容应采用可观察、可操作、可检验的行为动词来描述。比如:学生在个体学习时,可以设计观摩、阅读、欣赏、聆听、测量、制作、记录、触摸、实验、实践、思考、搜索、猜想等活动;在学生分组学习时,可以安排演示、比赛、评价、讨论、表演、游戏、汇报等活动。

(五)教学资源的准备

教学资源是课程实施必不可少的素材,直接关乎学科的教学质量。信息技术课程教学资源主要包括:教师教学材料,学生学习材料,教与学的环境,与教师教学、学生学习密切相关的资源等。教学资源可划分为硬件资源与软件资源。

1. 硬件资源

它包括多媒体网络机房、投影，以及开展信息技术教学工作所必需的机器人、开源硬件等硬件设备，力求做到根据学生学习需求，保证正常的教学活动开展。

2. 软件资源

它包括教学中用到的工具软件、教师讲课的辅助课件、教师分析用的教学案例、学生练习用的教学素材、对学生学习效果进行评测的试卷等。现实空间与虚拟空间的结合，有助于改善学生的学习方式。在有条件的情况下，教师可以通过信息技术创设个人虚拟的网络活动空间，形成应用便捷、资源丰富、内容可靠、环境安全的数字化学习环境。

备课时，教师应根据需要坚持开发学生学习所需的资源，尽力提高教学资源质量，为学生自主学习提供支撑材料，有效提高课堂教学效率。

三　基本步骤

教师必须掌握备课的基本步骤和方法，信息技术学科备课主要分以下步骤：

(一)备标准

《课程标准》是教师备课的指导性文件，应认真学习信息技术课程的要求，明确学科教学目的和教学方法的基本要求，以及教学指导思想。

1. 有学科课程理念的意识

教学理念指导行为。备课程标准，要求有将"课程理念"自觉地贯穿于备课全过程的意识。在教学目标的制定、教学环节的设计、教学内容的选择、教学形式的组织等方面自觉以新理念为指导，坚持把课程理念内化为可操作的教学行为。如：信息技术学科基本"课程理念"中的"以学习为中心的教与学关系"，落实到课堂教学中，即"学主教从"，从学生的角度形成文字化的备课成果，形成符合学生实际的"学案"。

2. 关注学科核心素养的形成

教师设计的学生活动是核心素养形成的关键。在设计活动时应做到让学生在真实的情境中，按照自己的意愿和兴趣，从自己的生活、经验出发，通过自己的实践和认识建构自己的学科知识。

(二)备教材

教师应熟悉教材要求，通览教科书，掌握全部内容。对信息技术教材在某些方面滞后于现代信息技术发展的问题，教师应做到心中有数并拿出解决办法，做到合理利用教材。

(三)备学生

备学生，一般包括三个要素，即学习需要分析、学生特征分析和学习内容分析。学情分析是后续教学内容的选择、教学方法设计的前提条件。

备课时应了解学生原有知识和技能的掌握情况，了解学生已经具备的学习能力、学习习惯、学习方法，了解学生的学习态度、兴趣爱好等情况。应关注学生个体差异，注重满足不同层次的学习需要，切实做到因材施教。

教师应全面掌握学生的知识结构水平、课堂关注程度、课堂反应能力、学习习惯等基本信息。教学活动要激励学生的积极性和能动性，使他们在教学活动中实现主体能力的发展。在此基础上，还需要考虑以下几个方面：充分考虑学生的特点和接受能力的差异，增强备课的针对性、层次性，做到因材施教与循序渐进；分析学生存在的学习问题，包括学习的情感态度、学习习惯、学习方法，使教师在课堂教学中采取适当有效的方法予以纠正、鼓励、引导；分析学生的学习需要、学习兴趣倾向和课堂课后的学习表现，使备课能够适应学生的需求，激发学生学习的热情，达到持续学习、主动学习的目的；预设学生在每节课中可能存在的问题，并设计应对策略。

(四)备教法

选择教学方法依据的标准主要有两点：首先，要有助于顺利实现教学目标；其次，要有助于提高教学效率。

"教学有法，但无定法"。没有最好的教学方法，只有适合的教学方法。教师选择教法与学法时，应针对学生学情、教学内容特点、具体教学目标、教学方法适用范围、已有软硬件条件、自身素养条件以及教学过程中的实际情况，灵活选择合适的教学方法，并对这些方法进行分解、融合、综合应用。

注重传授学生"学法"，使学生由"学会"变为"会学"。教师应充分发挥学生的主体精神和创新意识，以"学生的自我尝试在先，教师的引导在后"为原则，培养学生的自学能力、实践能力和创新精神。最终把讲授式课堂教学变为建构式课堂教学或项目学习课堂。

(五)写教案

教案是在备课的基础上，根据课程教学大纲对课堂教学进行的总体设计和组织安排，是教师实施教学的基础，是保证教学质量的前提。

1. 编写依据

教案的撰写要坚持以《课程标准》为指导，以教学内容、教材为基本依据。

2. 写作要求

教学设计需要简明、规范，教学目标适当、准确，可操作、可检测，重、难点明确，有突出重点、突破难点的方法，教学环节完整，教学过程清晰，作业选择有层次，时间安排合理。在共性的基础上，倡导教学设计模板形式多样，不拘一格，有个人的特点。

附件 2

高中信息技术学科作业规范要求

一 科学设计作业

作业布置与批改,是教学工作过程中的重要环节。作业布置,是课堂教学的延续,是巩固、拓展、延伸所学知识,培养学生良好学习习惯,促进学生个性发展的有效途径。作业批改,是教师和学生之间的交流与对话,是教师检查教与学的效果,对学生进行有效指导的重要手段。精心设计、布置作业,及时、认真批改作业,任何时候、任何情况下都显得尤为重要。

(一)作业设计原则

1. 科学性原则

科学、合理是作业布置与批改的基本原则,只有遵循了这一原则,才能有效发挥作业布置与批改对教与学的促进、矫正作用。

2. 及时性原则

作业布置与批改应及时,通常情况下在一节课或一个单元结束后,应及时进行相关作业的布置与批改,以利于学生知识的巩固、技能的形成和能力的培养。

3. 激励性原则

作业布置与批改应能有效发挥激励作用,激发学生的作业兴趣,变"要我做"为"我要做",激励学生在作业中勤于思考,乐于实践,体验成功与快乐。

(二)作业设计方法

作业设计要从课外学习和课内学习的不同特点出发,改革学生作业的内容和完成作业的方式,拓展学生的学习空间,为学生提供更多体验、操作、实践的机会,加强课堂与社会、生活的联系,丰富学生的个性。书面作业、口头作业、操作作业、综合实践活动等要相得益彰;课内作业与课外作业、书面作业与实践作业、个人独立作业与小组合作作业、统一要求作业和学生自主作业等要相互补充,充分体现作业形式的多样化。

1. 在游戏中做作业

教师应从学生的年龄特征和生活经验出发,设计具有趣味性和贴近生活的作业。这有助于学生的求知兴趣的持续发展,并可以延伸课堂空间,使学生研究、探讨信息技术的潜力在课后得以充分发掘。

2. 在活动中做作业

围绕某一个主题,以信息技术技能为主要载体,在教师的引导下,开展探究活动,最终解决实际问题。在完成主题活动的过程中,学生不但学到了新的知识与技能,还巩固了原有的知识与技能,发展了学生的自学能力、动手能力、综合运用知识的能力以及创造能力。

3. 在讨论中做作业

寻找一些学习生活中的热点或感兴趣的话题,设计一些问题,进行交流,从而培养学生综合利用信息技术的能力,同时让学生感到信息技术对学习生活的帮助,为今后运用信息技术工具进行学习打下基础。

4. 在合作中做作业

学生的合作精神与合作能力的培养是重点目标之一。因此,教师必须考虑学生完成作业的方式,使之有利于学生之间的合作。教师可以有意识地把学生划分成学习小组,或由学生自主结对子,在完成作业的过程中,可以寻求同伴、家长、教师的帮助。从策略上,教师可布置一些学生一般不容易独立完成的研究性的作业,促使他们寻求与他人合作。

二 合理布置作业

(一)精选作业内容

作业内容要符合课程目标、教材要求,重点关注学科素养和学科思维,启发学生积极思考,培养学生温故知新、迁移拓展的能力。要精选、精编习题,反对布置死记硬背、机械重复的作业,提倡布置有利于学生创造性学习和实践的作业。

(二)作业难易适度

教师要根据学生的实际能力选取作业,合理搭配,由易到难,难易适度。对作业规范、完成时间等要提出明确要求,对作业中的难点和疑点要进行必要的提示。要面向全体学生,尽可能分层布置作业,对不同的学生在作业数量、难易侧重、完成方法上应提出不同要求,力求让全体学生在作业完成过程中体验成功与快乐。

(三)作业总量适当

要控制作业总量,突出重点,精选精练,减轻过重的作业负担。课堂作业尽量当堂完成,课外作业,要严格按照教育部、省相关的文件规定来安排。

三 有效批改作业

不能有效地批改学生的作业,学生得不到作业反馈,无疑会大大挫伤其完成作业的积极性,这点尤其值得信息技术教师注意。

(一)加强检查

教师要按时收发作业,对个别学生拖欠、缺交、马虎、抄袭等现象要及时指出并给予批评教育，对故意遗漏、敷衍了事等不符合要求的作业应退还学生，并让其补做或重做，但切忌以作业惩罚学生。

(二) 及时批改

要建立符合学科特点的作业提交方式，如利用教学管理软件或建立 FTP 服务器让学生提交作业。教师应及时、认真批改作业，做到不漏批、不拖延。对于客观性的作业，教师应尽可能借助数字化学习平台自动批改。

(三) 规范批改

教师要科学、正确判断作业的正误，不可马虎、随意。对于学生作业完成中出现的问题，教师应给出修改意见，指出作业中的错误或不足。教师的作业评价，建议采用等级或等级＋评语的方式进行。既要肯定优点，也要指出缺点，要多鼓励，多教给方法。此外，建议采用多元化的批改方式，比如师生共批、轮流面批、自评互批、随堂集中批等方式，切实提高批改效率。对一些共性问题、突出问题要做好记录，以便根据作业反馈的情况及时调整教学。

四　适时反馈作业

反馈要及时，讲评要科学，讲评时要突出讲解重点内容和学生普遍存在的共性问题，分析得失原因。要正确对待学生作业中的独特见解和典型错误，拓展学生思维宽度，提高学生分析和解决问题的能力。对好的作业要予以表扬，对少数自行订正作业有困难的学生应适时进行个别辅导。

(一) 反馈时间把握

学生提交的作业，一般要求教师在下一次上课前完成批改，以便上课时分析作业情况，共性问题要面向全体学生分析指导，个别问题可利用课下时间单独指导学生纠错。

(二) 面向全体学生

批改学生作业，应面向全体学生，做到全部批改，选择部分优秀作业进行展示，以及对作业中存在的问题进行分析，预留学生订正作业的时间。

(三) 记录作业情况

对学生完成作业的情况进行记录，包括每个学生完成的数量与质量，有条件的学校可使用网络保留学生的作业，为过程性评价提供相应的依据。

五 作业实施中应把握的关键要素

(一)作业设计要素

要结合信息技术学科特点,设计可操作的具有学科特色的作业形式,也可以尝试引导学生参与作业设计。作业设计完成后,同学科的老师要互做、互评,在此基础上实行提前审核把关制度。例如,任课老师提前将作业设计交给教研组长审核,或教研集体讨论课时进行打磨,通过个人设计、同行互阅,把好作业质量关。

1. 围绕教学目标

作业要体现信息技术课程的总体目标、单元目标、活动目标,学生通过作业练习能进一步掌握技能,使信息素养得到进一步提升。简言之,就是设计什么作业,教师要有的放矢。对学习难度较大的内容,教师设计作业时应侧重放在把握重点、突破难点上。积极设计具有探索性的作业,提高学生创新能力。

2. 贴近学生实际

作业设计要以激发学生的学习兴趣为导向,充分体现知识的趣味性。学生对所学知识一旦产生了浓厚的兴趣,就会主动地投入学习。教师要善于运用所学知识解决贴近学生生活的亲身经历的问题,把信息技术作业融入学生的生活中,可增添学生做作业的兴趣,从而有利于学生更能深刻地理解所学知识。同时,具有挑战性的作业更能吸引学生。学生通过多次尝试才能获得成功,更能体验成功的喜悦。这也是社会对人才的时代要求,使学生的情感和态度、价值观都能得到发展。

3. 体现分层递进

作业的层次化设计可以有效地调动学生参与作业的积极性,避免作业的单调、枯燥,让每个学生都有适合自己的作业可做,都能得到不同的进步。教师要设计不同要求的作业,供不同层次的学生自主选择。

4. 兼顾学科融合

《课程标准》注重学科间的整合,在信息技术作业布置中,教师应特意设计出一些跨学科的综合性作业,特别是创新教育和综合实践学科。如,设计学科综合类的、学科渗透类的作业,让学生在做作业过程中将其他学科所学知识融会贯通。同时,也能让学生体验用信息技术为其他学科学习服务的价值,这既拓宽了学生的视野,又提高了学生的综合素养。

(二)作业管理要素

1. 建立规范

要建立作业布置与批改的基本规范和检查考核制度。各地、各学校要把作业布置与批改作为教学常规的重要内容,建立、完善常规制度,明确检查考核要求,让教师教学、学校检查考核,有据可依,有章可循。

2. 加强督查

各地、各学校在教学管理工作中,应加强对作业布置与批改的督查与指导。各学校在学期中、学期末都要进行由教研组、年级部组织作业布置与批改情况的互阅,由教导处组织对作业布置与批改情况的检查。互阅、检查情况应有文字记载并向教师公布。各级督导、教研部门要把作业布置与批改情况作为督导、视导的一项重要内容,认真检查和指导,并将检查情况向学校通报。

3. 认真考核

各地、各学校应组织作业布置与批改情况的专项评比,鼓励先进,鞭策后进,总结经验,推进工作。作业布置与批改情况的检查结果应与教师绩效考核挂钩,以此促进全体教师自觉提高作业布置与批改的质量。

在信息技术课堂教学中,教师要根据教学内容的不同、教学对象的差异,并结合自身特点、学校的软硬件环境,设置不同类型或层次的作业,使其符合知识发展的规律、学生学习的规律,做到因材施教、有的放矢,从而提升学科教学的质量。

执笔人:方其桂　冯士海　张晓丽　蒋丰　林文明　张青　鲁先法

普通高中通用技术学科教学指导意见

为贯彻落实《国务院办公厅关于新时代推进普通高中育人方式改革的指导意见》(国办发〔2019〕29号)、《安徽省深化基础教育改革全面提高育人质量行动计划》(皖发〔2020〕6号)、《安徽省新时代推进普通高中育人方式改革实施方案》(皖教工委〔2020〕31号)等有关文件精神,以《普通高中通用技术课程标准(2017年版2020年修订)》(以下简称《课程标准》)、《安徽省普通高中新课程新教材实施方案》(皖教基〔2020〕9号)为依据,结合我省普通高中通用技术教学实际,对我省普通高中通用技术教学提出如下指导意见:

一 指导思想

坚持以习近平新时代中国特色社会主义思想为指导,深入贯彻党的十九大和全国教育大会精神,全面贯彻党的教育方针,落实立德树人根本任务,培育和践行社会主义核心价值观。以深化普通高中通用技术课程和教学改革为导向,以提高学生终身发展所需的通用技术学科核心素养为目标,遵循教育教学规律和学生发展规律,全面落实《课程标准》的理念和要求,加强普通高中通用技术课程实施的指导与管理,规范教育教学行为,改进教与学的方式,全面提高教育教学质量,实现普通高中通用技术课程目标,培养德智体美劳全面发展的社会主义建设者和接班人。

二 教学安排

(一)课程结构

课程模块	必修		选择性必修	选修
	技术与设计1	技术与设计2	技术与生活系列 技术与工程系列 技术与职业系列 技术与创造系列	传统工艺及其实践 新技术体验与探究 技术集成应用专题 现代农业技术专题
主要功能	满足高中学生毕业要求		满足学生升学、就业以及个性化发展的需要	满足学生在技术学习方面的特别需求

必修课程设"技术与设计1"和"技术与设计2"两个模块。两个必修模块的基本内容呈现递进关系,"技术与设计1"是"技术与设计2"的基础。

选择性必修课程设4个系列,共11个模块。其中,"技术与生活"系列包含3个模块,分别为"现代家政技术""服装及其设计""智能家居应用设计";"技术与工程"系列包含3个模块,分别为"工程设计基础""电子控制技术""机器人设计与制作";"技术与职业"系列包含两个模块,分别为"技术与职业探索""职业技术基础";"技术与创造"系列包含3个模块,分别为"创造力开发与技术发明""产品三维设计与制造""科技人文融合创新专题"。各系列之间、系列中各模块之间均为并列关系。

选修课程设4个模块,分别是"传统工艺及其实践""新技术体验与探究""技术集成应用专题""现代农业技术专题"。

(二)学分与选课

必修课程设置两个模块,计3学分,每学分18课时,共54课时。选择性必修课程设置11个模块,每个模块计2学分,每学分18课时,最高可选18学分。选修课程共设4个模块,每个模块计2学分,最高可选4学分,其中"现代农业技术专题"设置6个选择性主题,每个主题计1学分。

(三)课程模块开设建议

各地、各校必须开足开齐必修课程,同时根据学生的需求和学校的实际情况,创造条件,积极开足选择性必修课程。我省普通高中通用技术课程计划参见下述两种方案:

方案一:高一学年和高二学年上学期(共三个学期)开设通用技术课程,学习《课程标准》要求的"技术与设计1"和"技术与设计2"两个必修模块,每周1个课时,学生修满54课时,得3学分。高二学年下学期,学校开设选择性必修模块(根据实际情况任选一个模块,可统筹劳动课程),根据修习可获1~2学分,课时可集中连排。

方案二：高一学年开设通用技术课程，学习《课程标准》要求的"技术与设计1"和"技术与设计2"两个必修模块，每周1课时或2课时连排，学生修满54课时，得3学分。高二学年，学校开设选择性必修模块（根据实际情况任选一个模块，可统筹劳动课程），根据修习可获1～2学分，课时可集中联排。

关于选修课程的开设，各地各校可遵照《课程标准》的要求，根据本校实际情况进行安排。

三 教学要求

（一）总体教学要求

普通高中通用技术课程内容的设计，以培养学科核心素养为目标导向。在课程组织和结构上，基于高中生的学习起点，构建必修课程、选择性必修课程和选修课程三位一体的课程体系。这三类课程在保障学生通用技术学科核心素养形成的基础上，着力实现学生的多样化发展。

学生在课程学习中，以设计学习、操作学习为主要特征，通过体现时代特征和社会发展需要的技术基础知识、基本技能、基本思想、基本态度的学习和基本经验的积累，形成对技术的亲近感、敏感性、理性精神、责任意识，以及对技术的文化感悟；经历技术设计的全过程，形成一定的方案构思、图样表达、工艺选择及物化能力；能够领悟基本的技术思想，形成初步的系统与工程思维，发展创造性思维，养成用技术解决实际问题的良好习惯；体验技术问题解决过程的艰巨性和复杂性，养成实事求是、严谨细致、精益求精、追求卓越的工作态度，培育工匠精神，增强劳动观念，具备初步的职业规划和创业意识，形成与技术相联系的安全意识、规范意识、伦理意识、环保意识、质量意识、经济意识、创新意识。

（二）必修课程教学要求

技术与设计1

"技术与设计1"侧重基础性技术设计，注重学生形成基本的技术设计思想与经验，力求"做中学"；引导学生掌握技术设计的一般知识与技能，深化对技术的认识，理解技术及其性质；引领学生经历一般的技术设计过程，学会基本的技术设计方法，形成基本的技术核心素养。

本模块由"技术及其性质""技术设计过程""工艺及方案实现""技术交流与评价"四个单元组成。内容要求如下：

（1）感知生活中技术现象的普遍性和重要性，通过活动体验和案例分析理解技术的性质，形成积极的技术价值观。

（2）结合我国优秀的传统文化和个人的成长经历，认识技术与人、自然和社会的关系，理解技术的历史发展给人类和社会带来的变化，形成对待技术的积极态度和使用技术的责任意识。

（3）熟悉技术设计的一般过程，经历发现与明确问题、制订设计方案、制作模型或原型、优化设计方案、编写技术作品说明书等设计环节的实践。

（4）根据设计的一般原则，运用一定的设计分析方法，制订符合设计要求的完整设计方案，并通过技术试验等方法，对多个方案进行比较、权衡和优化，形成最佳方案。

（5）比较常见材料的性能、应用环境和基本加工工艺，掌握一些常用材料的连接方法，并根据设计方案和产品用途选择和规划材料。

（6）掌握简易木工、金工、电子电工常用工具的一些使用方法，了解一至两种数字化加工设备（如激光雕刻机、激光切割机、三维打印机）的使用方法。根据设计方案恰当选择加工工艺，制作一个简单产品的模型或原型。

（7）说明技术语言的种类及其应用，识读简单的机械加工图、电子线路图、效果图、装配图等常见的技术图样。运用手工绘图工具和简易绘图软件绘制草图、简单三视图，用恰当的技术语言与他人交流设计思想和成果。

（8）简述技术试验的意义、特点，结合技术作品的设计与评价进行简单的技术试验，写出技术试验报告，并体验技术探究、技术革新活动的乐趣。

（9）从技术的功用性、可靠性、创新性和文化性以及专利保护等角度对作品设计过程和最终产品进行整体评价，写出评价报告，并形成初步的知识产权保护意识。

通过本模块的学习，应达到以下学业要求：

学生能加深对技术性质与发展历史的理解，形成亲近技术的情感；掌握常用工具及其使用方法、常见材料及其加工方法、方案构思及其方法、图样识读与绘制、模型制作及其工艺等方面的一些基本知识与基本技能，具有运用技术设计方法解决技术问题的基本能力和基本经验，并形成有效迁移。初步形成关于技术的人技关系、技道合一、形态转换、权衡决策、方案优化、技术试验、设计创新等技术思想与方法。通过技术设计的交流和评价，培养合作精神，提高审美情趣，增强使用技术的自信心和责任心，培养良好的批判性思维和创造性思维等思维品质。

技术与设计 2

结构、流程、系统、控制是技术学科的基本概念，它们蕴含着丰富的技术思想和方法。本模块是具有典型意义的专题性技术与设计的教学模块，旨在使学生领悟技术原理的丰富内涵和广泛应用，提高运用技术原理分析和解决实际技术问题的能力。

本模块由"结构及其设计""流程及其设计""系统及其设计""控制及其设计"四个单元组成。内容要求如下：

（1）从力学的角度理解结构对技术产品及其功能实现的独特价值，了解结构的一般分类和简单的受力分析，并从技术和文化的角度赏析经典结构案例。

（2）通过技术试验和技术探究分析影响结构的强度和稳定性的因素，并写出试验报告。

(3)结合生活中的实际需求进行简单的结构设计,并绘制设计图样,做出模型或原型。

(4)理解流程及其环节、时序的含义,识读和绘制简单的流程图,分析流程设计和流程优化过程中的基本要素,体会流程设计的基本思想和方法。

(5)结合技术需求进行流程设计和对已有流程进行优化,并用流程图表达出来。

(6)从技术应用的角度理解系统的含义、基本构成及主要特性,结合实例学会系统分析的基本方法。

(7)通过技术探究,分析影响系统优化的因素,并通过对简单系统的设计实践,初步学会简单系统设计的基本方法,增强系统与工程思维的能力。

(8)理解控制、控制系统的含义及在生产和生活中的应用,通过案例分析了解手动控制、自动控制、智能控制的特点。

(9)熟悉简单的开环控制系统和闭环控制系统的基本组成与工作过程,理解其中的控制器、执行器等的作用,了解干扰现象和反馈原理,并用方框图表达控制系统的工作过程。

(10)根据控制系统的控制要求、确定被控量、控制量,进行简单的控制系统的方案设计,并搭建一个简易的控制系统装置,进行调试运行和综合评价。

通过本模块的学习,应达到以下学业要求:

学生能理解结构、流程、系统和控制的基本概念和基本原理;能运用基本原理进行基于问题解决的结构设计、流程设计、系统设计、控制设计,并加以物化,初步形成技术的时空观念、系统观念、工程建模、结构与功能、干扰与反馈等基本思想和方法;能使用常用、规范的技术框图等技术语言构思与表达设计方案;能结合生产和生活的实际,形成和优化设计方案并实施;能从技术、环境、经济、文化等角度评价技术设计方案和实施的结果,增强创新意识。

(三)选择性必修课程教学要求

选择性必修课程模块内容是为了满足高中学生升学和就业以及个性发展的需要而设立的。在学生经历"技术与设计1"及"技术与设计2"两个必修模块的技术学习后,在初步建立技术思维与方法的基础上,从生活、工程、职业、创造四个角度进一步深化拓展学生的技术学习历程。

现代家政技术

本模块由"家政概述""家庭管理与技术""家庭理财与技术""家庭保健与技术"四个单元组成。

本模块主要是在学生对家政与生活技术的概念理解基础上,让其学会运用技术进行家庭事务、环境及人际关系管理及家庭财富管理,并掌握实用的家庭医疗保健技术以照顾家庭成员。

服装及其设计

本模块由"服装与文化""服装与材料""服装与结构""服装与制作"四个单元组成。

本模块主要让学生通过典型案例来比较、分析和讨论服装的款式和色彩所表达的文化特征和人文意义；通过对服装与服装材料关系的理解，了解服装材料的新发展，合理选择服装面料；通过对立体服装造型与平面服装裁片之间的转化，学会分解简单日常服装的结构；最后在理解服装设计的基本理念及要素的基础上，掌握服装设计的一般方法，初步学会设计、裁剪与制作一件具有个性化特征、简单的日常服装，并进行交流与评价。

智能家居应用设计

本模块由"智能家居架构与功能""智能家居与物联通信""智能家居简易产品设计""智能家居系统设计与实现"四个单元组成。

本模块主要让学生学习和体验智能家居的功能，并了解其基本架构，分析其优缺点，感悟新技术应用对家庭生活方式的影响，形成亲近、运用智能科技的积极情感；学习物联网通信的相关知识，来阐述物联网技术的基本特征、功能及标准，分析其在智能家居方面的应用，并能依据设计方案完成对智能家居设备的无线组网；学习智能家居简易产品设计的相关知识，使其能够对产品方案的可行性、技术路线、关键技术以及技术难点进行分析，提出解决方案，并完成安装、布线与调试；在了解智能家居系统的整体需求的基础上，能够依据具体的生活问题情境，确定其需求、经历其设计过程，并提出完整的设计方案，能对设计方案进行技术试验并进行优化。

工程设计基础

本模块由"工程设计概述""工程设计一般过程""工程设计建模""工程决策与管理"四个单元组成。

本模块主要通过案例分析，让学生了解工程发展历史、工程分类、工程特性以及工程师工作的特点；经历简单的工程设计过程来分析工程设计要素，并掌握一定的工程设计方法及能够进行简易的局部建模；能够运用相应的工具和方法进行工程决策，并进行简单的工程管理。

电子控制技术

本模块由"电子控制概述""模拟电路与数字电路""传感器与继电器""电子控制系统"四个单元组成。

本模块主要让学生能够从技术应用和实现方式的角度对电子控制技术有基本的了解；学习电子控制电路，体验模拟电路和数字电路处理信号的过程，初步掌握电子控制的实现方法；举例说明传感器的发展趋势及认识常见的传感器，知道其作用及应用，并用万能表检测；了解继电器的作用和分类及常见的直流继电器的构造、规格和工作原理，并学会直流继电器的使用方法；描述电子控制系统的基本组成，并用方框图分析常见的电子控制系统的工作过程；应用功能电路设计简单的开、闭环电子控制系统，并进行安装、调试和改进。

机器人设计与制作

本模块由"机器人结构与传动机械""机器人感知与传感器""机器人控制器""机器人控

制策略"四个单元组成。

本模块主要让学生掌握机器人的概念、基本结构以及工作方式；了解机器人感知外部环境的原理和方法，学会根据设计要求选择、安装与调试传感器；理解机器人控制的基本组成、工作过程以及硬件设计方法；形成结合实际问题制定机器人运动控制策略的能力。

技术与职业探索

本模块由"技术与职业结构""技术与职业素养""技术与职业选择""技术与创业能力"四个单元组成。

本模块主要让学生对职业世界、专业概况有所知悉；了解自身素质与社会需求的差距，学会合理决策；增强创新、创业意识，感悟创业精神，初步形成创业创新能力。

职业技术基础

本模块由"材料及其加工""能源及其转换""信息及其管理""技术使用与维护"四个单元组成。

本模块主要让学生体验进入职业世界所必需的基本技术与技能。

创造力开发与技术发明

本模块由"技术与创造力开发""创新思维与技法""创新工具与创客文化""发明成果与专利"四个单元组成。

本模块主要让学生了解发明创造的必要条件，能够有意识地运用创新思维去体验发明创造过程，形成积极的创造意向和兴趣及创造性思维品质。

产品三维设计与制造

本模块由"三维打印原理""三维产品技术分析""三维模型设计"和"三维打印技术应用"四个单元组成，呈现递进关系。

本模块主要让学生能够简要说明三维打印技术的产生与发展历程，并通过亲身体验，感悟三维打印技术对自然和人类的生产、生活方式产生的影响；描述1～2种常见的三维打印机的运行原理、应用领域和所受到的技术限制，正确、安全地操作三维打印机，并结合其成型工艺特点，对设计的产品进行技术分析；制订同时满足产品设计及三维打印成型工艺要求的技术设计与制造方案，并通过比较、权衡和优化，确定最终解决方案；利用一款三维设计软件对设计方案进行三维建模，并对设计产品的三维设计模型进行优化、渲染和测试。

科技人文融合创新专题

本模块由"科技人文融合创新概述"和"科技人文融合创新专题实践"两个单元组成，其中"科技人文融合创新专题实践"设置了桥梁、交通工具、航空器、医疗器械、矿山工程等专题，学校可选择1～2个专题加以实施。

本模块主要让学生理解科学、技术、工程、艺术、数学、社会之间的紧密关系和科技人文融合创新的重要性，并在技术和工程问题解决过程中掌握综合运用科学、技术、工程、艺术、数学、社会的知识和方法。

(四)选修课程教学要求

选修课程模块的教学开展,建议各地市学校可根据本校学生技术学习的经历及学校的实际情况有选择性地开设其中的课程模块。

四 教学建议

(一)总体建议

立德树人根本任务的落实,技术学科核心素养的培养,关键在于教学实施。教学实施涉及教学目标的设计、内容的选择与组织、教学方法的选择、教学环境的创设、教学过程的安排、教学内容的组织、教学评价的反馈等。基于技术学科核心素养的要求,以及对技术学科本质的把握,普通高中通用技术课程的教学,在目标上,要关注学生技术经验的建构、技术思维的形成和技术文化感悟的有机统一;在学习方式上,强调实践学习、创造性学习、整合学习、大概念学习、连接学习等,充分发挥学生的主体地位,关注学生参与学习的态度、广度及深度;在教学实施上,积极开展基于情境、问题导向的互动式、启发式、探究式、体验式等课堂教学的改革,强调信息技术条件下教学资源的有效组织和应用;在学习环境上,强调面向现实生活和真实世界;在教学评价上,强调目标、教学、评价三者的一致性。要在教学实施中体现这些方面,应重视以下几点:

1. 教学应凸显情境化、任务化、问题化

教师在教学中应重视创设真实而有价值的问题情境,促进学生技术学科核心素养的形成和发展。

创设教学情境应注意以下问题:首先,根据通用技术学科特点创设情境。衣、食、住、行、环境、能源等与技术有极为紧密的联系,在教学过程中应努力为学生创设一个贴近学生生活、富有趣味性的技术问题情境,从而激发学生技术实践的积极性,使学生成为真正的课堂学习的主人。其次,教学情境的创设要符合学生知识水平,创设的问题情境的深度要稍高于学生原有的知识经验水平,需要学生经过努力思考,才能解决问题。最后,真实情境中的任务或问题应当是定义不完善的或是结构不良的,能给学生提供定义任务和分解任务的机会。对"问题"的设置要有合理台阶,要让学生有自主体验学习的过程。

2. 注重基于学科特征和高中学生特点的学习方式的变革

首先,应体现技术学科的实践性和创造性特征,可采用基于"做中学、学中做"的教学模式,组织技术探究和技术试验等创造性学习活动,倡导开放性学习、探究性学习。其次,可从基础学科的综合性特征出发,采用主题学习、项目学习等整合学习方式。还应基于高中学生的身心特点和发展的多元取向,结合周边资源,采用与高校协同、普职融通、社会体验学习等连接学习方式,强化学习与高等教育、职业世界和真实世界的紧密联系。

3. 技术实践应体现深度学习

核心素养引领下的技术学习应体现技术学科的实践性。技术实践应当倡导深度学习。深度学习关注知识和技能的可迁移性,注重将知识和技能应用到实践;关注核心概念和大观念的培养,注重知识结构的形成;关注学生学科思维,尤其是技术与工程思维等高阶思维的形成与发展。

(二)必修模块教学建议

1. 必修1教学建议

"必修1"模块强调对技术的理解和对设计过程的把握。教学实施的全过程可以采取大项目加辅助案例的形式。大项目应选择基础好、综合性强且贴近学生生活的技术设计项目,如"可调节高度的学生课桌的设计""多功能笔筒的设计"等,应重视创设真实问题情境,情境的创设必须隐含技术问题,问题探究活动的开展及案例分析载体的选择要充分考虑学生现有的技术思维能力及方法,教师应该把问题作为教学的出发点,创设一种问题情境,以便更好地激发学生的参与意识,让学生充分经历发现问题、探究问题、解决问题的过程。技术试验、技术探究的小项目可以配合大项目作品的某个组成部分或某个重要技术性能展开。

教学活动示例与说明:

领略设计的一般过程——书架的设计

一 学习目标

1. 技术意识
能够感悟书架使用和设计中存在的技术问题或技术现象,形成从技术角度解决问题的意识,养成创新的、批判的、开放的思维和认知能力,具有对技术问题的敏感性和探究欲望。

2. 工程思维
能够认识书架结构具有的一定复杂性和多样性,能够从整体角度,运用系统分析方法进行设计,并能进行科学决策,领悟设计的一般过程,学会进行设计方案的多因素分析、比较、权衡、优化等系统分析的方法。

3. 创新设计
能够在发现问题的基础上进一步收集信息,综合分析,进行创造性设计。

4. 图样表达
结合书架设计的表达形式,用恰当的方式与他人交流设计想法和成果,养成技术交流和表达的能力。

5. 物化能力
根据设计选择合适的材料和工艺方法,制作书架的模型或原形,并进行测试。提高动手能力,培养工匠精神,树立质量意识。

二 教学准备及课时安排

1. 教学准备
王伟的房间布置效果图及平面示意图、KT板(或硬纸板)若干、美工刀、胶枪等。

2. 课时安排
5课时。

课　时	教学内容
第1课时	明确设计问题,提出书架的设计要求
第2课时	收集信息,进行书架的设计分析
第3课时	方案构思,呈现书架的设计方案
第4课时	制作书架模型
第5课时	设计技术试验,测试并优化方案

续表

三　教学过程
【创设项目情境】 王伟同学喜欢读书,也爱藏书,写字台、床上都有书,既凌乱,又影响使用,如何解决这一问题呢? 【问题情境1】 通过分析王伟房间的空间布局,同学们从长远考虑,给出一个能方便藏书、取书的解决方案。 【活动1】分析王伟的房间布局,明确解决方案。 问题1:如何让自己的方案更有说服力,从而采用你的解决方案呢? (课堂教学中可组织学生进行小组讨论,分组说明自己的解决方案) 从长远考虑,确定解决的方案——设计书架。 【活动2】明确制作书架的具体设计要求。 问题2:根据调查分析,你认为王伟的书架的设计要求是什么? (课堂教学中可让学生对书架的设计要求进行简单的描述。) 【问题情境2】 市场中的书架多种多样,同学们为王伟设计了一个满足设计要求的书架。 【活动1】多维度收集书架设计与制作的相关信息。 问题1:尝试归纳各种书架在材料、结构、工艺和功能等方面所具有的特点。 【活动2】多维度分析书架设计的关联因素。 问题2:如何选择合适的材料? 问题3:如何使书架更稳固? 问题4:如何确定书架的大小、位置? 【问题情境3】 同学们大胆构思,提出了书架设计的多个方案,王伟准备对提出的设计方案进行筛选。 【活动1】构思书架方案,并用草图呈现设计方案。 【活动2】交流、评价、权衡、决策方案。 问题:分析方案的利弊(组内讨论,全班交流)。 【问题情境4】 经过反复修改和完善,同学们绘制出了能够展示书架基本结构和功能的加工图。王伟和同学们一起根据图纸制作模型。 【活动】绘制书架的加工图,利用KT板(或硬纸板)、美工刀等器材制作书架。 【问题情境5】 王伟和同学们一起用硬纸板制作了书架模型。接下来,王伟要通过技术试验来证明这个书架的设计符合设计要求,他对此跃跃欲试。 【活动】对书架结构模型进行结构强度及稳定性试验,编写试验报告,并进一步优化

2. 必修2教学建议

必修2模块应该关注四个单元之间的关系。四个单元具有一定的独立性,因为它们涉及的是不同的技术领域,同时又具有一定的关联性。在教学中,可以采用大概念引导大项目的方式进行项目设置,运用大概念的基本原理和方法分析解决问题,领悟技术原理的丰富内涵和广泛应用,提高运用技术原理分析和解决实际技术问题的能力。

教学活动示例与说明:

项目设计实践活动——自动浇花控制系统

一 教学目标

1. 技术意识

通过对浇花控制系统中存在的技术问题或技术现象分析,从技术角度形成解决问题的意识。

2. 工程思维

能够认识到自动浇花控制系统具有一定的复杂性,能对自动浇花的方式方法进行系统分析和比较权衡,能统筹兼顾,整体规划。

3. 创新设计

能够在发现问题的基础上进一步收集信息,综合分析,进行创造性设计,并进行技术试验和系统优化,使自动浇花效果更好。

4. 图样表达

能画出创新设计的草图、结构图,并用三维绘图软件进行绘制,通过恰当的方式表达设计构想和成果。

5. 物化能力

借助制作花盆置放装置,探究选择合适的材料与工艺方法,感受物化过程中的复杂性和创造性,提升动手实践的能力

二 教学准备及课时安排

1. 教学准备

木工板若干、四根弹簧、金属螺栓、导电片、直流电源、水泵、PVC水管、电线。

2. 课时安排

4课时。

课 时	教学内容
第1课时	自动浇花装置的形状、尺寸、强度及稳定性
第2课时	自动浇花控制系统各零部件组装流程
第3课时	自动浇花控制系统性能分析
第4课时	自动浇花控制系统工作过程及方式的设计分析

三 教学过程

【创设项目情境】

许多人喜欢在家里种植一些自己喜爱的花草来美化自己的居家环境,并且享受着种植培育的辛劳过程。经过精心培育才能欣赏到美丽的花朵,如果人们长期不在家时,这些美丽的花朵会因缺水而枯萎。同学们能不能设计制作一款可以自动给花草浇水的系统呢?

【问题情境1】

收集信息,分析市场上的各种花盆,设计一个能实现自动浇花、外形尺寸合理、稳固的花盆置放装置。

【活动1】经过设计分析,设计出花盆置放装置的结构如下:

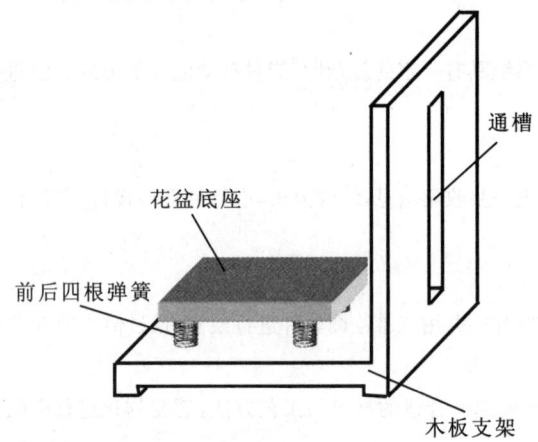

【活动2】对花盆置放装置的整体结构进行承载强度及稳定性试验,进而优化其结构。
问题:分析影响花盆置放装置结构稳固的因素有哪些?如何优化整体结构的强度及稳定性?
【问题情境2】
设计出稳固的花盆置放装置整体结构,并对该结构的零部件进行加工、组装。
【活动】设计出花盆置放装置零部件组装的流程。
问题:如何安排花盆置放装置零部件组装流程的环节和时序?
【问题情境3】
同学们通过对自动浇花控制系统的分析、设计与优化,设计出自动浇花控制系统的模型。
【活动1】实现自动浇花控制系统的设计方案。

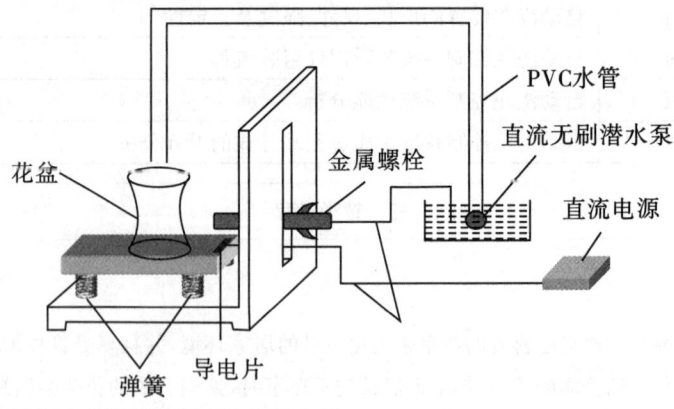

【活动2】通过试验,进行自动浇花控制系统性能分析。

续表

问题：如何考虑花盆自重与弹簧系数之间的联系？

系统特性分析结果记录
1.测试自动浇花装置系统能否实现自动浇花功能。 2.观察并分析自动浇花装置系统中各零部件相互关联对系统整体功能的影响作用。 3.观察并分析自动浇花装置系统的整体功能与系统中各零部件个体功能的关系。

【问题情境4】
设计好自动浇花控制系统后，同学们需要解析其闭环控制系统的工作过程，测试系统是否达到控制要求。

【活动1】通过对自动浇花控制系统的分析，绘制出自动浇花控制系统工作过程的方框图。

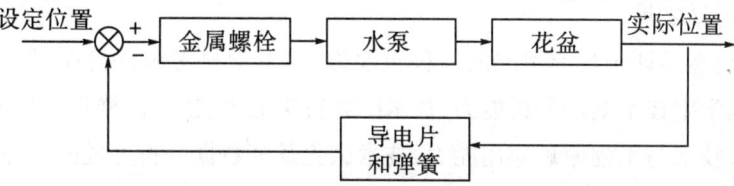

【活动2】对自动浇花控制系统进行测试、优化。

系统稳定性及可靠性试验结果记录
1.测试自动浇花控制系统功能运行稳定性情况。 2.测试自动浇花控制系统功能运行高效、安全、可靠性情况

五　评价与考试建议

（一）评价建议

合理的评价具有激励、诊断和发展功能。各市应高度重视通用技术课程评价对课程实施的引领和保障作用，坚持终结性评价与过程性评价相结合，量性评价与质性评价相结合，不断推动通用技术多元评价体系建设。

1.评价主体多元化

评价应改变过去单独由教师评价学生的状态，让教师、学生、家长及其他与学生学习有关的第三方都成为评价的参与者，将学生从处于被动的位置向积极主动参与评价的主体转变。除了教师评价外，引入了学生的自我评价、同学之间的互相评价和家长评价。教师评价要发挥主导作用，力求准确、翔实、公平、公正，注意方法和策略，使评价成为师生情感沟通的纽带。学生自我评价是让学生认识到自己的优势和不足，提高学习的主动性和自信心，发挥评价的自我激励、自我反思、自我调控的作用。同学之间互相评价是让学生学会欣赏同学，学会倾听别人的意见和建议,并对别人的意见进行分析,有选择地接受。家长也要参与评价,这是为了实现在评价过程中主体间双向互动、沟通和协商。

2. 评价目标多元化

通用技术课程的评价提倡学习结果与学习过程的统一。既要关注学生技术知识掌握、实践技能习得、技术作品形成等,也要关注学生技术思想方法、情感态度、价值观的发展情况,还要关注学生技术学习活动中技术经验的积累、原理的运用、方法的融合、设计的创新、技能的迁移、文化的感悟等,努力实现教、学、评三者的有机统一。

3. 评价方法多样化

要建立发展性评价,发挥评价的激励功能,评价方法的改革是关键。多样化的评价方法能增进教学生机,促进学生发展。

(1) 优化"考试之尺"

考试评价仍然是评价学习情况的一种重要方式,本学科考试评价应以学科核心素养考查为导向,强调学生技术案例分析能力、技术问题解决能力、技术图样识读绘制能力、技术设计与创新能力、技术与工程原理应用能力、技术试验及其数据分析处理能力等方面的考核。

(2) 融合"多种之尺"

评价的手段除了考试和测验评价外,还可以通过日常检查,如口头提问、课堂练习、家庭作业等,通过课堂观察,可以了解学生独立思考、与人合作,语言表达等水平,还可以让学生进行小调查、小试验、创作作品等,评价其动手操作能力和创新能力,同时建立好学生成长记录袋,为学期评价、学生综合素质评价提供依据。

(3) 加强"学习性评价"

积极发挥课堂学习评价的引导作用。将多样化的评价活动嵌入整个教学活动中,对教学过程进行全程监控、在互动中及时评价并反馈,以帮助教师和学生了解自己在教学或学习中存在的问题,促进师生共同发展。教师应把握好评价内容、评价标准和评价实施,使目标、教学、评价三者一致。

(二) 学业水平考试建议

1. 学业质量水平的等级划分

学业质量是学生在完成本学科课程后的学业成就表现。学业质量标准是以本学科核心素养及其表现水平为主要维度,结合课程内容,对学生学业成就表现的总体刻画。通用技术学业质量水平共分为五级。

普通高中通用技术课程学业水平合格性考试面向全体高中学生,是对学生高中阶段通用技术课程基础知识和基本技能掌握情况进行考查的标准考试,成绩主要用于普通高中学生毕业。学业水平合格性考试以两个必修课程模块为基础,以学业质量要求二级水平为依据来制定评价方案。

2.学业水平考试命题建议

(1)学业水平考试概述

我省普通高中学业水平考试通用技术学科采用基于计算机和网络的考试方式,是由省统一命题、统一组织、统一阅卷的省级合格性考试。考试命题以《课程标准》为依据,以评价学生通用技术学科核心素养水平和学业质量标准的达成程度为目的,基于核心素养的命题注重运用知识技能来分析问题、解决问题。

(2)基于课程标准,设计学业水平考试框架

立足学科核心素养的学业水平考试评价是以学科核心素养为主线,选择真实情境,以学科内容为载体,依托具体任务或问题进行的评价。如下图所示:

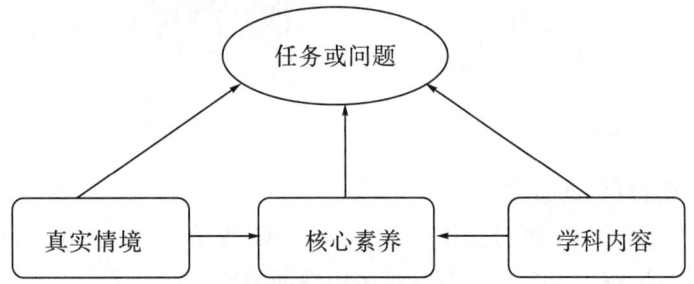

①基于核心素养的考查指标的确立

通用技术学业水平考试中考查指标的建立,应在学科核心素养水平等级和学业质量水平等级的基础上,根据课程目标,反映素养本质特征,体现可测易测且相对完备独立的原则,对学科核心素养进行进一步的分解(例如,技术意识核心素养进一步分解为人技关系的把握、技术性质的认知、技术责任意识)。确定考查指标之后,还需对每个指标的层次水平进行划分,制定相应的评价标准。依据评价标准,通过考查可以判断学生具备了核心素养的哪些方面,并处于什么样的水平。

②选择真实情境

核心素养导向的命题应注重设置真实、多变、开放且生活化的情境,情境材料的选择和情境的设置应服务于素养考查。情境材料的选择需要考虑试题期望考查的素养目标、涉及的内容领域以及考生对材料的理解能力。学科核心素养考查的情境材料可以有基于技术设计和实践活动过程、密切联系社会生活和工农业生产以及反映科技前沿和设计前沿等类型。

③以学科内容为载体

课程内容是学业水平考试命题的重要载体,但要避免从孤立的、单纯的学科知识点角度罗列知识清单,而是要强调学科内容的领域性、结构性、关联性,突出学科思想方法和探究技能运用的基础内容和要求。

以两个必修模块为例,根据通用技术课程内容特点,可将其分为技术理解、技术设计、技术应用。技术理解指有关技术和工程的事实、概念和方法等内容;技术设计指问题的发现与明确、设计分析、方案构思、方案表达、方案交流与评价等内容;技术应用指工具的使用、工艺

的规划、试验的实施等内容。

例：王明同学发现自己家里的木质书架出现了松动，需要对其进行加固，于是设计并制作了如图所示的钢质角码。请按要求完成以下各题。

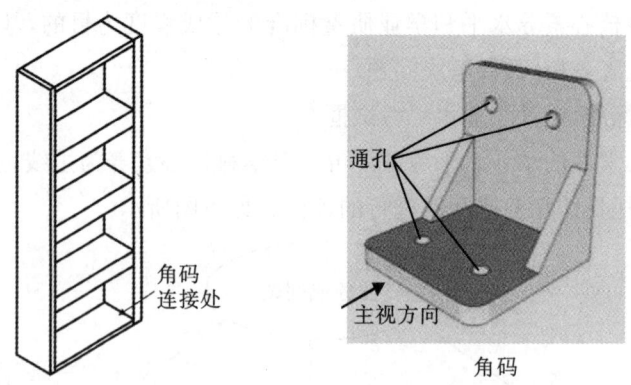

1. 角码与书架合理的连接方式是_____。
A. 榫接　　　　　　B. 螺钉连接　　　　　　C. 焊接　　　　　　D. 胶接
2. 请根据角码的立体图形，补齐其三视图中缺漏的线条。

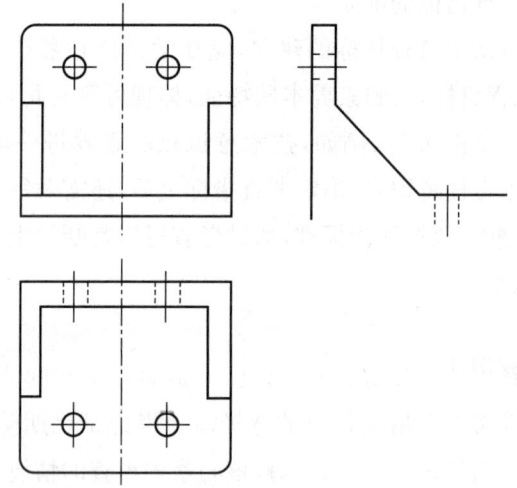

3. 请在下面加工角码的流程图中，将正确的选项字母填入流程图中的括号内。
A. 折弯　　　　　　　　　　B. 锯割

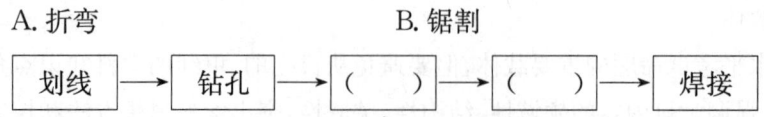

（3）立足学科特征，构建上机考试与实践考核相结合的学业水平考试体系

通用技术课程是一门强调培养学生手脑并用、知行合一的课程，因此需构建上机考试与实践考核相结合的学业水平考试体系。

附件1
普通高中通用技术学科备课规范要求

备课是指根据学科课程标准的要求和本门课程的特点,结合学生的具体情况,对教学进行缜密的设计,它是教师教学的依据,关系教学质量和教学效益。

一　基本原则

(一)面向全体学生

普通高中通用技术课程是高中学生的必学课程。通用技术课程面向全体学生,为每一个学生拓展技术教育学习经历、落实接受技术教育权利提供机会和条件。通用技术课程蕴含丰富的育人价值,应避免单一、机械的技能学习,着力培养学生树立正确的价值观念,促进必备品格与关键能力的提升,积极理性地参与技术活动,成为适应时代发展要求的技术使用者和创造者。

(二)科学进行教学设计

基于学科核心素养的教学应把握学科本质,创设真实学习环境,合理选择和组织教学内容,采取多元学习方式和多样化教学策略。关注学生技术经验的建构、技术思维的形成和技术文化感悟的有机统一,加强信息技术条件下教学资源的有效组织和应用,强调目标、教学、评价三者一致,共同指向核心素养,做到核心素养、学科内容和生活情境三者有机的融合。

(三)落实学科核心素养

学科核心素养是学科育人价值的集中体现,是学生通过学科学习而逐步形成的正确价值观念、必备品格和关键能力。通用技术学科核心素养体系是以培育"未来社会具有技术素养的社会人"为出发点,提出技术意识、工程思维、创新设计、图样表达、物化能力五大素养。总体来说,通用技术课程要培养"有理念、能动手、会设计、善创造的未来公民",使其以更具道德、更为科学、更负责任的方式使用技术和参与社会技术活动。

(四)重视知识有效运用

通用技术课程是以技术的对象化知识和元认知知识为学习对象,以设计学习、操作学习为基本特征,其蕴含的知识、技能、原理有其内在的逻辑。教学设计力求正确处理其内在联系和学习进阶,从教育的意义出发,剪裁学科的学习内容,并根据知识的特性灵活选取呈现方式,以丰富师生对学习内容共同建构的双边活动。同时对部分内容采取安装支架的策略让学生便于学习和掌握,有些内容则要层层递进、前后呼应、总分结合,以便实现螺旋式上升。

(五)激发学生能动性

根据学生的身心发展规律和技术学习特点,立足学生的直接经验和亲身参与,充分利用现代信息技术,精心设计和组织学生的学习活动,使他们在情境、任务、问题、思考的引领下,积极主动地完成学习任务,激发学生学习的能动性。

二 基本方法

(一)教学目标的确定

确定教学目标是进行教学设计的起点,这一目标将自始至终贯穿并体现于教学设计全过程,起着灵魂作用。教学目标的确定应注意以下几点:一是既要根据课程标准和学情,又要坚持"以学生发展为本"的理念,立足于学生实际;二是教学目标一定要细化,具体可行,不提笼统的一节课无法达到的要求;三是要注意学生核心素养的落实和达成情况;四是教学目标要有整体性、层次性、延续性和针对性。

教学目标应以教材所提出的学习目标作为基本平台,同时也可依据当地实际作适当调整,但不能降低《课程标准》所提出的基本内容与要求。

(二)教学内容的选择

1. 要有时代性和适应性

教学内容要充分反映科技进步和社会发展的成果,正确处理传统技术与现代技术的关系,体现技术的基础性和时代性。教材内容还应具有开放性和适应性,充分考虑高中学生在兴趣、知识结构、生活经历、文化背景等方面的差异,关注农村和城市不同地域的技术特征,精心选择有利于教学实施和学生修学的内容,努力贴近学生的生活实际,满足学生个性发展的需要。

2. 要面向真实世界

情境是真实的,是从学生真实的需求、真实的经历出发,避免脱离实际的、不符合科学的情境,以及学生无法经历和体验的情境;技术的问题是真实的,是基于学生学习过程中的感悟、理解和思考提出的,既是学生学习的支架,又是学生学习的结果;技术的任务和活动过程是真实的,是学生学习或生活中可以感受到的;技术的作品和技术学习产生的价值是真实的,作品是有实实在在的功能与应用价值的。

3. 要符合安全规范

教学所涉及的制作、加工、装配、试验等内容应编写学生安全操作规程,避免学生在工具、设施、药品的使用中出现伤害现象,并及时提醒学生注意安全;所选择的实践操作,应给出避免危险的措施。

(三)教学重难点的把握

1. 以课程标准为纲,以教材为资源确定教学重点内容

只有研究课程标准,明确课程的教学目的、基本内容、结构体系、教学方法和进度要求,才能正确确定教学重点。只有深入钻研教材,明确教材内容的内在逻辑联系,才能确定教学重点内容。

2. 掌握学情,确定教学难点

学生既是教学的对象,又是教学的主体。只有全面了解学生知识和技能的实际情况,才能正确把握教学难点,提高教学有效性。

3. 立足学科特点,创设多样化学习情境,解决重难点教学问题

立足学生的直接经验和亲身参与,通过创设与学生已有经验相联系的多样化的学习情境,采取自主、合作、探究等学习方式,强化学生的"做中学""学中做",让学生在技术设计、技术体验、技术试验、技术制作等活动中掌握核心知识,形成关键能力,铸就积极的情感态度与价值观。

> **案例分析:**
> "形成积极的技术观"是"技术与设计1"的重点和难点,教师可以使用多种教学方式相结合、循序渐进地帮助学生达成这一学习目标。首先,通过"钻木取火"的技术体验,让学生初步形成对技术的感性认识;然后通过"从火到灯——人类走向文明的历程"案例分析,理解技术的产生与人的需求之间的关系,以及技术的价值和性质;最后组织"如果人类没有掌握控制和利用火的技术,没有发明灯,世界将会是怎样一幅图景"的讨论活动,鼓励学生运用所学知识全面分析并大胆表达对某项技术的看法,从而深化对技术的认识,最终形成积极、理性的技术观。

通过合理安排重难点内容的教学时间,设计合理的处理重难点的教学策略,借助多样化的教学方式及现代化信息技术手段,解决重难点教学问题,提升教学质量。

(四)教学活动的设计

1. 注重目标、情境和活动的统一

设计教学主线引领教学进程,依据"知识线""情境线""活动线"逐步引导学生展开技术学习,通过"情境导入、任务引领、问题嵌入、活动贯穿"以及学习反思、综合实践等过程,引导学生发现问题、提出问题、分析问题、解决问题,建构技术的基础知识技能与思想方法,发展学生的学科核心素养。

2. 创设恰当的活动丰富课堂

恰当的活动能够让学生在过程中体验、感悟,提高教学效果。活动的创设应充分考虑如下因素:一是注重活动的针对性和深刻性;二是活动要从学生的生活实际出发,为学生的个

性化发展留有空间;三是活动的设置要精细化,要充分考虑到活动的具体步骤、活动如何步步深入,达到实效;四是活动过程中的总结反思,一方面要对学生在活动过程中的表现及时点评,另一方面要引导学生在活动中体验感悟。

3. 有计划、分层次地安排各种课外技术实践活动

在学生的技术学习中,应依据《课程标准》,从学生的生活实际出发,设计和安排一些恰当的课外实践活动,巩固所学知识,提高技术素养。

(五)教学用具和资料的准备

核心素养的形成需要丰富的教学资源来支持。教学中,既要提供传统的手工工具和设备(如锯子、车床等),又要提供反映先进技术发展的设备(如三维打印机、数控加工设备、激光切割机);既要提供企业开发的教具和学具,又要注重将教师和学生收集或改造的物品作为教学资源;既要关注物质资源,又要关注技术史等文本资源和网络资源。同时,通用技术的教学应强化信息技术的渗透与应用,加强信息技术条件下教学资源的有效组织和应用,促进通用技术学科教与学的方式变革。例如,既要有手工绘图内容,也要引入计算机辅助设计教学内容;既要有传统模型加工内容,也要引入三维打印等教学内容等。

三 基本步骤

(一)备标准

《课程标准》是教学设计与实施的基本依据。学科教师要清楚《课程标准》规定的目标与要求;了解本学科的编排体系和内容安排,明白学科特点和教学建议以及对课程开发和资源利用的要求。

(二)备教材

教材是课程实施的重要资源,备教材是教师备课的重要任务之一。备教材应从以下方面进行:

1. 研究教材体系,弄清教材结构、编写意图。
2. 熟悉学科知识,对涉及的技术专业理论要有一定的认识和理解。
3. 依据教学目标,正确把握深度、广度。

(三)备学生

课程目标是提高学生的技术素养,教学实施需要掌握学生原有的基础情况,包括原有技术课程学习情况、技术知识、技能水平、技术经历情况等,为有效教学奠定基础。

(四)备教法

目前通用技术适用的教学方法有很多,如讲授法、情境法、案例法、演示法、技术实践法、研讨法等。教学方法是实现教学目标的重要策略,教学方法的选择应该以教学内容和教学为依据。

教师采取何种方法实施教学直接影响学生的学习积极性和课堂教学效果。因此,教师必须要确立"构想"意识,一方面遵循教学方法的科学规范,针对不同的教学目标和不同的教学内容,选择不同的教学方法。另一方面要以"教无定法"的心态来预设和调遣各种教学方法,根据具体的教学情境,随机应变,强化学生的主体性与创造性,做到"教学有法"与"教无定法"的和谐统一。

(五)参考教学设计案例

课题名称	
学科核心素养	
课标内容要求	
学业要求	
学情分析	(编写建议:说明学生的学习准备、学习起点以及学习风格。要注意结合特定的情境,切忌空泛。说明教师是以何种方式进行学生特征分析,比如说是通过平时的观察、了解,还是通过预测题目的编制使用等。)
教材分析	(编写建议:概述这节课的价值及学习内容的重要性)
教学目标	(编写建议:描述语言简洁、准确并分条列举,从而便于教学回扣目标)
教学重难点	
课时安排	
教学准备	(编写建议:依据教学与活动策略、实施过程中的关键问题,列出支持课堂教与学活动的资源与工具。包括学习的环境、多媒体教学资源、技术体验的模型和教具、技术试验的材料和工具,等等。如果有其他专题性学习、研究性学习方面的课程,可能还需要描述需要的人力支持及可获得的情况。)

续表

教学实施	（编写建议：应描述清楚课堂教学的"知识线""情境线""活动线"三条主线及师生活动，以下格式供参考）			
	教学主线	学习任务（活动）	教师活动	设计意图
学习反思	（编写建议：应描述清楚本课需要引导学生反思的具体问题）			
课后练习				

（六）参考技术试验案例

试验主题	
试验目的	
试验材料及准备	
试验过程	（编写建议：应描述清楚试验步骤及内容）
试验记录	
试验结论	

附件2
普通高中通用技术学科作业规范要求

高中通用技术作业是教师依据教学目的布置并由学生通过活动完成的学习任务,分为课堂作业和课外作业两大类。课堂作业是教师在上课时布置给学生当堂进行检测的各种练习,课外作业是学生在课外时间独立或合作进行的学习活动。高中通用技术作业是高中通用技术课程的重要组成部分,是实现高中学段课程目标的重要环节,是课堂教学的延伸与拓展。教师依据《课程标准》,参考学科教学基本要求,设计具有基础性、实践性、多元性和发展性等特点的作业,以提升教学质量。

一 科学设计作业

(一)基本理念

高中通用技术作业设计要依据《课程标准》《国务院办公厅关于新时代推进普通高中育人方式改革的指导意见》等文件要求,遵循立德树人的指导思想,指向学生通用技术学科核心素养的发展,关注学生对通用技术大概念的理解,体现导向性、激励性及评价方式的多样性。通过作业设计及评价既促进学生学科核心素养的发展,又推动教师教学水平的提高,实现师生共同发展的目的。

(二)质量要求

高中通用技术作业主要用于促进学生对所学知识技能的习得、方法策略的巩固与运用和对技术思想、技术文化的感悟。因此,通用技术作业的设计与实施应当基于"大项目""大概念""大综合"等重要知识,要符合学生当前目标达成的需要,也要符合通用技术课程目标所指向的学生长远发展需要,同时应体现多样、灵活、开放、减负的特点。其质量要求建议如下:

1. 作业设计要关注学科核心概念

以核心素养为导向,注重学生与现实生活紧密联系的基础知识与基本技能的学习及技术思想和方法的领悟。结合学生的心理特征和学科知识特点,创设真实的问题情境,使作业内容更具有实践性、开放性,让学生置身于真实的问题情境中,体验学习与实际生活的联系,学会用所学知识解释生活现象以及解决实际问题,促进学生必备品格和关键能力的提高,落实"立德树人"的育人目标。

2. 作业设计要科学规范

作业的设计要符合学生的认知规律,表述和指向要明确、清晰、直接,重视科学性、典型性和启发性,兼顾开放性,既有覆盖面又突出教学重点,对不同素养水平的学生具有区分度。

(三)作业类型

通用技术作业主要有文本类作业、试验制作类作业和实践研究类作业。文本类作业侧重于书写表达,试验制作类作业侧重于动手实践中的方法运用,实践研究类作业侧重于参观考察、社会调查、研究等实践活动,可以独立或以小组合作的形式选择开展相关的实践研究。三者既有区别又有联系,通过不同的作业任务,让学生经历不同的学习方式。

1. 文本类作业

文本类作业,是指以书面文本形式呈现的作业,侧重考查学生对概念、原理的理解及其掌握和运用的能力。科学地设计文本类作业有助于学生及时巩固课堂所学的知识,并且能帮助学生养成独立思考、深入钻研的学习习惯。

2. 试验制作类作业

试验制作类作业在培养学生动手能力和创新精神方面有重要作用,是学生学习和理解通用技术知识的重要方式。试验制作类作业包含试验和制作两个方面。

试验制作类作业设计要紧密联系生活实际,利用身边易获取的材料,设计一些主要用于体验的试验,并以试验报告、视频资料等方式呈现结果。这样的作业更贴近学生的生活,具有实践性、应用性和团队合作性,也是教材理论联系生活实际和培养学生合作能力的关键途径。

案例1:"探究结构稳定性的影响因素"课堂作业

技术试验:

将3条长30 cm、横截面为10 mm×10mm的木棍销接在一个圆盘上,组成一个三脚架(右图)。将三脚架放在光滑的台面上,在三脚架上加载重物,观察三脚架的几何形状会发生什么变化,并记录在表中。

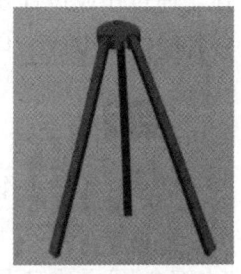

试验记录表

序号	重物的质量	观察到的现象

案例分析:

本作业要求学生能应用结构稳定性的影响因素和生活中常见的材料探究影响稳固的因素。通过控制加载的重物来观察三脚架的形状变化,这种处理方式简单易操作,但是要求同学们注意结构的形状变化的规律性。本作业在指导学生运用已学知识解决问题的同时,使学生理解形状因素对结构的影响,提高学生对结构强度与稳定性的认识。

案例2:"制作书架模型"课外作业

以2~3人为一个小组,按照下图的简易小书架的设计图样选择适当材料制作该书架模型,并根据设计要求对其结构、功能进行检验,提出改进建议。

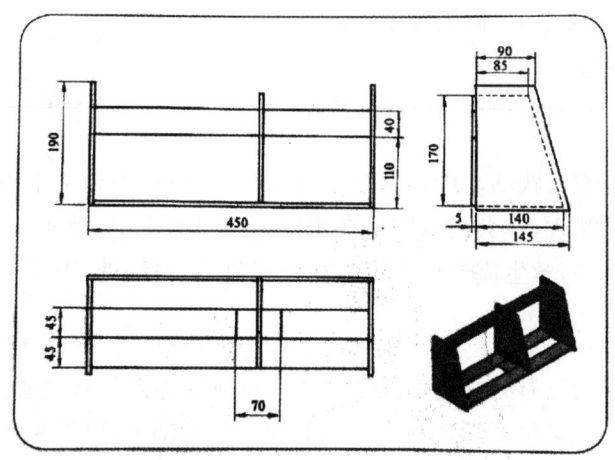

案例分析:

本作业要求学生在生活中选择适当的材料制作书架模型。学生首先要根据所学结构内容分析书架功能实现与制作要求,学生在思考这些问题的同时,能对结构有更准确的认知。通过制作实践的过程培养学生的动手能力及技术工具操作能力。

制作类作业是要求学生根据所学知识,利用生活中易获取的材料,进行设计、组装、调试而成的用于表达通用技术内容和原理的相关作业。高中通用技术中制作类作业多是以实物或模型的形式呈现,该作业完成后可进行展示,教师和学生可从制作方案的设计、作品结构合理性、作品完成度、作品精美度等方面进行评价。

3.实践研究类作业

实践研究类作业是指学生就某一现象或技术问题所进行的调查、研究等实践性活动,包括社会实践调查研究、小课题研究等形式。

实践研究类作业应着重引导学生关注技术与人、社会与环境发展的关系,帮助学生明确学习通用技术的意义,激发对通用技术的学习兴趣,形成正确的价值观,增强社会责任感。实践研究类作业的意图是在实践活动中解决实际问题,引导学生积极主动参与到社会实践活动中,使学生在完成作业的过程中加深对技术概念、规律的理解,并逐步发展其进行科学实践的能力。

实践研究类作业倡导以小组合作的形式进行,有利于养成合作、分享、积极进取等良好的团队意识和社会交往能力,并培养学生收集信息和处理信息的能力。

案例:为了进一步了解系统,以 3～5 人为一组,对我们身边的系统进行调查。

调查项目

活动 1:学校信息管理系统或社区信息管理系统。

活动 2:家庭电气线路或学校多媒体教室。

调查内容

1.系统的基本构成。

2. 系统组成部分（要素）之间的联系。
3. 系统的整体功能。

> **案例分析：**
> 本作业指向是在实践活动中理解技术与社会的关系，引导学生积极思考相关的技术思想在社会中的呈现，体会技术知识在实际生活中的应用，增强学生的社会责任感。在完成作业的过程中，学生需要积极查找相关资料、实地调查，因而很好地锻炼了学生的实践能力。

教师可以结合学校已有的社会实践活动或学校所在地区的社会资源等，设计可供学生选择的实践研究类作业菜单。学生在学习相关知识的基础上，可以独立或以小组合作的形式选择开展相关的实践研究。

二 合理布置作业

高中通用技术作业布置要充分考虑不同作业类型的组合，并根据不同作业类型明确完成要求。

文本类作业是日常课时作业的主要形式，课时作业应在当天教学结束后及时布置，单元长周期作业建议在单元学习开始时布置，应明确各阶段需要完成的任务。作业量可根据学生的实际情况进行划分。试验制作类作业在次数上建议每单元不超过2次，实践研究类作业建议每学期1~2次。作业类型的合理配置，可以提升学生的综合能力，促进高中通用技术课程目标的达成。

三 有效批改作业

批改作业是对学生学习结果进行诊断的过程，是作业设计和实施的重要环节。教师通过对作业的批改，可及时获取学生阶段性学习的情况，进而有效地帮助教师了解学生对教学目标的认识情况，为后续的教学反馈或教学目标的调整提供重要的参考。

高中通用技术作业批改应立足于通用技术课程的基本理念，关注学生在技术活动中的问题解决能力、交流合作能力、批判性思考能力、实践能力等高阶思维能力的发展。因此可以根据作业类别特点，采用灵活多样的批改方式，以提高作业批改的有效性。例如，试验制作类作业，可以采用学生自评、互评以及教师面批等方式。通过自评建议指导学生自评，引导学生反思问题，发现自身的优点和不足。针对设计方案及制作作品，学生互评是比较有效的批改方式，互评可引导学生学会合作、善于反思、尊重他人。教师针对个别学生进行面批，既可以解决学生作业中的问题，还可以给予其个性化的指导和心理辅导。

四 适时反馈作业

对学生作业进行及时反馈,有利于提高作业的有效性。反馈的形式可以多样化,比如通过评语、谈话等形式对学生作业情况进行及时反馈。适时反馈作业能激发学生学习的积极性和主动性。

(一) 几种类型作业的反馈

1. 文本类作业的反馈

文本类作业的优点在于能够较全面地反馈信息,它是通用技术课堂教学中最重要的反馈方式之一。教师可以运用这种形式的反馈发现学生学习中存在的问题或薄弱环节,及时进行针对性的反馈点评,从而达到学生巩固知识、学会方法的目的。

2. 试验制作类作业的反馈

试验制作类作业的优点是能够激发学生学习的兴趣,调动学生学习的积极性,使学生更容易全身心地投入学习中。在高中通用技术试验中,通过教师在一旁认真观察学生的动手操作过程,就会得到真实的信息,而试验的结果也可以反映出学生的学习效果,这也是一个很有价值的信息反馈。教师可以根据这些信息来判断本节课的得失,总结经验,从而提升下节课的教学效果。

3. 实践研究类作业的反馈

实践研究类作业的成果包括研究报告、调查报告、课题小论文等多种形式的内容,可以采用个人自评、学生互评、教师点评、论坛交流展示等方式进行评价。实践研究类作业需要学生之间相互合作,相互交流,及时总结。老师要在参与过程中发现、归纳自己得到的反馈信息,并找出学生普遍存在的问题,积极地反馈,提升实践研究类作业的针对性与有效性。

(二) 作业批改、分析、讲评与辅导的几点意见或建议

1. 及时批改作业,及时评讲作业。
2. 教师应提前做好作业情况分析。
3. 注意评讲的有效性,针对学生的典型问题应进行个性化评讲。
4. 作业辅导要结合作业的情况分析,以激励学生为主,让学生充满信心,更主动地转入下一阶段的学习。

(三) 有效整合和利用信息技术

要充分利用信息技术手段来提高作业反馈的有效性。如可以利用智慧校园网络平台或多媒体教室等对学生线上作业进行布置、批改、分析等,以提高作业反馈的有效性。

执笔人:梅小景 胡敏 陈长亚 张培峰 王振强 潘登

普通高中音乐学科教学指导意见

为贯彻落实《国务院办公厅关于新时代推进普通高中育人方式改革的指导意见》(国办发〔2019〕29号)、《安徽省深化基础教育改革全面提高育人质量行动计划》(皖发〔2020〕6号)、《安徽省新时代推进普通高中育人方式改革实施方案》(皖教工委〔2020〕31号)等有关文件精神,以《普通高中音乐课程标准(2017年版2020年修订)》(以下简称《课程标准》)、《安徽省普通高中新课程新教材实施方案》(皖教基〔2020〕9号)为依据,结合我省普通高中音乐教学实际,对我省普通高中音乐教学提出如下指导意见:

一 指导思想

坚持以习近平新时代中国特色社会主义思想为指导,深入贯彻党的十九大和全国教育大会精神,全面贯彻党的教育方针,落实立德树人根本任务,培育和践行社会主义核心价值观。以深化普通高中音乐课程和教学改革为导向,以提高学生终身发展所需的音乐学科核心素养为目标,遵循教育教学规律和学生发展规律,全面落实《课程标准》和高中音乐教科书的理念和要求,加强普通高中音乐课程实施的指导与管理,规范教育教学行为,改进教与学的方式,全面提高教育教学质量,实现高中音乐课程目标,培养德智体美劳全面发展的社会主义建设者和接班人。

二 教学安排

(一)必修课程

必修课程包括音乐鉴赏、歌唱、演奏、音乐编创、音乐与舞蹈、音乐与戏剧六个模块。每一个模块围绕特定内容,以明确的教育目标,形成同类艺术形式教学内容的单元集合。六个必修模块是培养音乐学科核心素养的主体课程,既相互独立,从不同侧面发挥各自的美育功能和作用,又反映出音乐学科之间的逻辑联系。

模块1 音乐鉴赏

高中音乐鉴赏模块呈现出多元化的音乐主题,充分体现了音乐教育与文化领域的时代要求。在提供的作品中,将特定的地域、民族、历史、风俗等文化现象贯穿其中,帮助学生了解、感受音乐所带来的审美体验。

1. 内容安排

(1)聆听不同风格的音乐作品,演唱音乐作品的主题旋律,体验音乐风格特征,为音乐鉴赏能力的培养打下基础。

(2)认识并了解音乐作品题材和表现形式。

(3)感受、体验音乐作品的情感、思想和文化内涵。

(4)感受、体验本土与外国音乐文化特征,了解民族、地域、习俗对音乐风格的影响。

(5)能够结合文化背景对音乐作品进行客观的评价。

(6)运用现代信息技术搜集并赏析音乐资料。

2. 教学提示

(1)随着身体与心理的发展,高中生在审美感知和艺术表现方面越来越呈现出个体差异性,教师在备课中要考虑所在班级的学情现状,可以适度调整进度,灵活设定课程目标。

(2)由于课程广度与深度的不断增加,在鉴赏活动中,教师既要在思想上对学生进行引导,又要给予方法上的指导,让学生掌握基于音乐知识与技能之上的音乐鉴赏方法。

(3)音乐活动内容的丰富性和教学形式的多样化为高中阶段的音乐教师和学生提供了较为宽敞的空间,也开拓了学生的视野,锻炼了学生的能力,但同时也要注意应该以音乐为主体,不能发生偏离。

(4)合理的教学拓展可以帮助学生拓展文化视野,更好地实现教学目标。教师应当鼓励学生对音乐展开联想与想象,结合歌唱、律动、论述、演奏等形式进行互动交流,在体验中加深对音乐的理解。

模块2 歌唱

歌唱是实践性很强的艺术表现形式,是培养学生的音乐表现力和审美能力的有效途径。普通高中歌唱教学应在九年义务教育音乐教学的基础上不断培养和发展学生演唱的兴趣与爱好,增强演唱的自信心,开发学生的表演潜能及创造潜能,使他们能够运用歌唱的形式表达个人的情感、与他人沟通,并在歌唱表现活动中享受审美愉悦。

1. 内容安排

(1)教学要贴合学生特点,激发学生兴趣,通过歌唱这一表现形式深化高中生的审美感知,提升艺术修养。

(2)歌唱教材集中了不同时期、不同风格的代表作品。教师在教学中要引导学生体验、感悟音乐作品的情感与内涵。

(3)通过欣赏各类优秀的声乐作品,理解歌曲的题材、风格等,提高高中生的音乐理解力和艺术表现力。

(4)了解人声分类知识,掌握识谱和音乐分析知识,以及歌唱的正确方法与技能。

(5)独唱、重唱、合唱均离不开歌唱方法的技术支撑。在教学时,要重视演唱实践,将演唱技巧巧妙地融入演唱实践中,提高学生的音乐表现力。

2.教学提示

(1)教学中选择不同题材、地域、风格的歌唱作品。

(2)教学中尽量用正谱伴奏。

(3)学习并掌握歌唱的基本技能,运用正确的呼吸方法和歌唱技巧,注意音色圆润、吐字咬字清晰,有感染力和表现力地歌唱。

(4)能够较熟练地结合乐谱学唱歌曲。

(5)利用民间音乐资源,搜集并学唱优秀的民间歌曲。

模块3 演奏

演奏是实践性很强的课程,是培养学生音乐表现力及审美能力的有效途径之一。普通高中演奏教学应在培养学生兴趣与爱好的基础上发展其音乐表演潜能和音乐创造能力。

1.内容安排

(1)了解不同类型的乐器知识,感受器乐丰富的表现力和美感,积极参与独奏、合奏、重奏等实践活动。

(2)学习并逐步掌握演奏乐器的基本技能,能够流畅地演奏与学生技术水平相当的曲目,能较准确地表达乐曲的情感。

(3)学生通过合奏,养成团队合作的意识。

(4)能够较为熟练地根据乐谱演奏乐曲。

(5)利用民间音乐资源,搜集并学习演奏优秀的中国民间乐曲。

2.教学提示

(1)高中的演奏模块为必修课程中的选学内容,学生可根据自己的兴趣、爱好和特长有选择性地进行学习。

(2)高中阶段的演奏技能教学是培养学生音乐表现能力、提升音乐审美能力的重要途径。因此教学中应该改变传统教学中的"专业化"与"技术化"模式,重视对作品的理解和对文化的理解。

(3)在演奏教学中,可引入欣赏环节,但仍要突出演奏的实践性,避免以欣赏代替演奏。

(4)可利用现代科技手段和虚拟乐器等进行大胆创新的演奏,可将传统乐器和新型乐器相融合,提高学生的创新能力。

(5)组建具有特色的乐队。乐队排练要循序渐进,可分声部练习,再进行合奏。

(6)举办不同类型的器乐展演和比赛,为学生提供展示音乐表演才能和观摩交流的机会,增强学生音乐表现能力。

模块 4　音乐编创

编创模块教学的目的是通过音乐创作的学习,初步了解音乐创作的基本原则和规律,学习音乐创作方法,开展多样的编创活动,激发学生想象力,培养学生创造力,从而发掘学生的音乐潜能。

1. 内容安排

(1)培养学生的即兴表演能力,依据作品的主题材料来进行即兴演唱和即兴演奏。

(2)能够准确识谱听音乐,并结合所学知识,判断音乐采用何种创作手法。

(3)掌握音乐理论知识。在聆听和创作过程中了解乐曲结构及乐段、乐句构成的特点。

(4)开展多种形式的创作实践活动。

2. 教学提示

(1)教师在教授音乐编创方法前,要让学生掌握基本的音乐理论。

(2)教师应该让学生了解音乐主题的写作方法及旋律的发展手法。

(3)可加强音乐主题的聆听和记忆,加强对节奏和旋律的听记、填充与创作练习,培养学生的音符组合、旋律发展和终止设计能力。

(4)让学生运用所学知识由浅入深地对歌词、旋律进行音乐编创。

(5)鼓励学生利用现代信息技术进行音乐的编辑制作和创作。

模块 5　音乐与舞蹈

音乐与舞蹈模块的教学,是以音乐与舞蹈之间的联系为纽带,通过优秀舞蹈作品的赏析和舞蹈表演实践活动,提高高中生审美感知能力和文化理解能力,培养艺术表现力。

1. 内容安排

(1)鉴赏古典舞、芭蕾舞、现代舞、中国民族民间舞等不同类型舞蹈的代表作品,了解舞蹈分类,结合具体的舞蹈作品,学习相关舞种知识,总结归纳不同类型舞蹈的风格特点。

(2)了解音乐和舞蹈的关系,认识音乐在舞蹈表现中的作用以及不同类型舞蹈中音乐的特征。不同类型的舞蹈音乐风格千差万别,在鉴赏舞蹈的同时,也要关注其不同音乐的特点,体会综合艺术的表现力。

(3)学习舞蹈基本动作,学习优秀舞蹈或舞剧片段,并在此基础上进行舞蹈编创活动。

(4)能够从舞蹈作品的基本语汇、动作特征、舞台设计、服装造型等方面对舞蹈作品进行简要分析,客观评价自己和他人的舞蹈作品,提高舞蹈鉴赏能力。

(5)注重中国古典舞和民族民间舞的学习,充分发掘地方舞蹈资源,弘扬博大精深的优秀传统文化,增强高中生的民族自豪感。

2. 教学提示

(1)教学中做好课前热身活动,根据学生的基础能力和性别特点,选择适宜的舞蹈动作进行教学。

(2)舞蹈教学时要求学生根据舞蹈中的音乐风格与特点,把握节奏韵律和情绪表达,不能脱离音乐进行舞蹈动作学习。

(3)鼓励学生通过现场观摩、网络资源搜集、艺术活动等途径,丰富和积累舞蹈语汇。

(4)提升教师自身综合素质,丰富教师舞蹈理论知识,不断学习舞蹈技能,帮助学生学习舞蹈知识,掌握舞蹈基本技能。

模块6　音乐与戏剧

戏剧艺术是集文学、音乐、美术、舞蹈等人文学科于一体的综合艺术形式。高中生学习该模块可以培养其综合表现能力,提升其戏剧编创能力与文化理解力。

1. 内容安排

(1)鉴赏中国戏曲、外国歌剧等代表作品,通过了解戏剧常识,总结归纳不同类型戏剧的风格特点。

(2)了解音乐与戏剧的关系,认识音乐对于戏剧表现的作用,掌握不同类型戏剧的音乐特征。

(3)尝试排练音乐与戏剧相关的剧本,从实践过程中获得角色体验。

(4)学唱教材中戏曲唱段和优秀歌剧选段,提升音乐表现力与文化理解力。

(5)注重中国戏曲的学习,充分发掘地方戏曲资源,弘扬博大精深的优秀传统文化,增强高中生的民族自豪感。

(6)学会对不同戏剧剧目的特点进行比较、分析,并对戏剧排演作出客观的自评和他评。

2. 教学提示

(1) 在鉴赏戏剧中,应该结合教学内容理解戏剧的艺术特征,感受音乐与戏剧的关系,理解并尝试开展戏剧活动。

(2) 在教学音乐与戏剧模块时,要求学生根据戏剧中的音乐风格和特点,把握语言韵律与情感表达,不能脱离音乐本体。

(3)戏剧艺术的体验来自观摩和表演,教师除了播放优秀作品视频,还可以根据校情邀请戏剧专业演员进行现场表演,拉近学生与戏剧的距离。

(4)教师应该提升自我综合素养,丰富戏剧知识,提高戏剧表演技能。

(二)选择性必修课程

选择性必修课程包括合唱、合奏、舞蹈表演、戏剧表演、音乐基础理论、视唱练耳六个模块,是必修课程模块的延伸和补充。该类课程既可以拓展学生的音乐表现力,又可以为学生的专业学习打下基础。

模块1　合唱

合唱是必修课程歌唱模块的拓展和延伸,培养学生在多声部演唱过程中获得音乐多层次进行的直观体验,从而提升学生的音乐理解力和表现能力,并能有效强化自身的合作意识以及集体荣誉感,有益于人际间的情感沟通。

1. 内容安排

(1)掌握音乐基础理论和科学发声方法,强调作品的音乐要素,准确表现音乐作品。

(2)合唱是一种多声部歌唱的艺术形式,要把握音乐进行的纵向与横向逻辑,让学生建立多声部的概念。

(3)欣赏并演唱中外优秀合唱作品,领悟作品音乐内涵,理解文化语境,培养良好的合作与协调能力,提升合唱的艺术表现力。

2. 教学提示

(1)可根据学生的基本情况,组织开展合唱活动。

(2)在合唱训练中,通过歌唱发声方法的训练让学生掌握正确的咬字吐字方法,保持歌唱的完整性和统一性。

(3)根据学生自身的演唱水平和表演基础选择合唱曲目,遵循从简到繁、从易到难的原则。

(4)开展多样性的合唱表演实践活动,培养学生组织大型活动的能力与责任意识,观摩合唱演出和比赛,提升合唱教学的效果。

模块 2 合奏

合奏是必修课程演奏模块的拓展和延伸,是以器乐合奏表演形式为主的实践性课程。其实践性更强,学习要求更高,主要培养学生集体演奏的艺术表现能力,增强交流沟通、团队协调合作能力。

1. 内容安排

(1)欣赏中外优秀器乐合奏作品或者片段,体验多声部器乐合奏的艺术表现力。

(2)积极参与合奏的排练、表演活动。

(3)能够准确识谱演奏,领会指挥意图,与其他乐队声部配合默契,在集体演奏的交流中培养团队协作能力。

2. 教学提示

(1)学生应具备一定的识谱和视奏能力,在练习中着重把握节奏、音准、音色、速度、力度等;在合奏训练中关注和声音响,能控制声部平衡。

(2)分声部练习与声部组合练习相结合,注意作品难点的处理以及作品的完整性和艺术表现力。

(3)根据学生的选课情况,采用分层、跨班、跨年级的形式组建乐队,开展多样性的乐队实践活动,如混合乐队、小型器乐合奏或同种乐器的合奏。

(4)观摩合奏演出和比赛,提升合奏教学效果。

模块3　舞蹈表演

舞蹈表演模块是必修课程音乐与舞蹈模块的拓展和延伸，是以舞蹈表演活动为主的实践性课程，培养学生从舞蹈语汇及作品的学习中获得对舞蹈艺术的审美体验，在表演、排练舞蹈作品的过程中提升舞蹈艺术表现力，从而强化学生的舞蹈相关知识，增加学生对舞蹈多元文化的理解。

1. 内容安排

（1）赏析中外优秀舞蹈作品或舞剧片段，利用多媒体和网络教学资源，丰富课堂教学手段，增进学生对舞蹈艺术表现力的感知与理解，提高学生学习舞蹈的兴趣。

（2）以古典舞、中国民族民间舞、现代舞、芭蕾舞等各种类型的舞蹈为载体，引导学生掌握一到两种类型舞蹈的基本动作及技巧。

（3）掌握一定的舞蹈编创方法与技能，尝试进行舞蹈编演活动。

（4）在舞蹈作品的编排中养成团队合作、加强交流的习惯。

2. 教学提示

（1）本模块可以根据学生选课情况，采用分层教学模式，按照学生的舞蹈基础水平分班教学，也可以跨班、跨年级组成舞蹈队或舞蹈社团；教师根据不同的教学对象制订教学计划，开展教学活动。

（2）体现舞蹈实践活动的特点，培养学生的舞蹈表演能力，调动学生参与舞蹈表演的积极性，关注学生的参与度；着重掌握一到两种舞蹈的基本动作；教学过程中，教师注意自身动作的规范性、准确性、难度设计层层递进。

（3）可以采用循环选课的方式，提高舞蹈艺术表演水平，为学有所长的学生提供个性化的发展空间和参加升学考试的准备条件。

（4）鼓励学生积极参与校内外各种表演活动，为学生提供更多的展示机会。

模块4　戏剧表演

戏剧表演模块是必修课程音乐与戏剧模块的拓展和延伸，该课程意在通过多种形式有效地进行戏剧实践活动，使学生在编创和表演过程中获得综合能力的提升。

1. 内容安排

（1）欣赏中外优秀戏剧作品或片段，利用多媒体和网络教学资源，丰富教学手段和内容，增进学生对戏剧表演的感知与理解。

（2）参与中外戏剧的欣赏和表演，如"戏曲""歌剧"等。提升学生的鉴赏能力，引导学生掌握1~2种戏剧的基本表演技能。

（3）通过参与戏剧活动的编创，总结实践经验，并能够与他人合作，提升团队协作能力。

2. 教学提示

（1）根据学生的特点组织不同的戏剧表演社团，教师根据不同对象设立教学目标，展开教学。

(2)鼓励、引导学生在理解的基础上进行团队合作排演或自编剧本,有利于增强学生自信心,塑造团队精神。

(3)重视学生的参与态度,可根据戏剧表演实践活动的参与程度与实际效果做出分析,为不同层次的学生提供客观评价。

(4)鼓励学生观摩或参加校内外戏剧演出活动,提高艺术表现力。

模块 5　音乐基础理论

音乐基础理论是学好音乐学科的重要基石,不论是鉴赏、歌唱,还是舞蹈、戏剧,都需要音乐基础理论的铺垫。通过该模块的学习,可以进一步提高学生的音乐专业素养,提升音乐理解力,为学生的专业发展奠定基础。

1. 内容安排

(1)基于对音乐要素的学习与理解,提高学生的音乐基础理论学习水平。

(2)提升学生的音乐理解力。

2. 教学提示

(1)音乐基础理论具有针对性和专业性,要求教师分类教学和分层制定评价标准,并能够对接普通高校音乐专业的考试要求。

(2)由于音乐理论基础有着较强的理论性,教师可结合具体的音乐作品,将理论知识形象化,从而增强理论学习的趣味性和直观性。

(3)结合所学的音乐理论进行听辨、竞赛、表演等形式的实践活动。

模块 6　视唱练耳

视唱练耳是学习音乐的重要基础。以音乐听觉为前提,对学生进行识读乐谱、听记旋律、调性判断、多声部听觉思维的培养,让学生能熟练运用视唱练耳进行其他音乐实践活动,从而更准确、更深刻地理解音乐、表现音乐、编创音乐。本模块是学习音乐的基础课程,是普通高校音乐专业招生考试科目之一,有音乐方向升学计划的学生可以进行选修。

1. 内容安排

(1)识读乐谱。

(2)音乐的听辨能力指听辨和记忆能力,包含音高、节奏、旋律、和弦、音程等音乐要素。

2. 教学提示

(1)视唱教学逐步提高难度,从音阶音程的模唱开始,然后进行短小旋律的模唱、背唱和视唱,最终完成一个升降号以内的视唱。

(2)练耳的教学主要包括听、读、写、记忆等多项内容,训练的过程应遵循循序渐进、由易到难的原则,单音、音程、和弦、节奏、旋律一步步强化训练,并且通过练耳训练提高音乐感知力。

(3)乐谱包括五线谱和简谱,可以根据各校情况自行选择。

(4)充分利用现代信息技术开展本模块教学。

三　教学要求

(一)必修课程

模块 1　音乐鉴赏

水平层级	水平一	水平二	水平三
要求	能专注聆听音乐,总结音乐家及其代表作品,可以跟唱作品主题旋律,主动表达自己对音乐的观点,并和他人交流	在聆听音乐作品之后,能总结音乐要素、题材、风格等艺术特征,从音乐主题旋律的跟唱中认识作品的价值和社会功能	在已有的学习经验之上,拥有对作品的独立见解,可根据对作品的审美感知分析其中的文化内涵。对作品的主题旋律能够听辨、背唱,并运用多种表现形式表达对音乐作品的深层理解

模块 2　歌唱

水平层级	水平一	水平二	水平三
要求	1.能够运用学习到的方法和技能,独立完整地演唱1～2首歌曲 2.可根据作品的题材、风格和表现形式对歌曲进行分类,说出歌曲的基本艺术特点	1.具备基本的歌唱能力,有感情地演唱2～3首歌曲 2.可以分辨出歌曲的题材、风格,理解歌曲的主题内容,能用音乐要素简要分析作品	1.能较深入地理解歌曲表现的内容,分析作品的艺术特点和风格流派 2.可以从容自信,具有表现力地歌唱4～6首歌曲,并可以向歌唱专业化方向发展

模块 3　演奏

水平层级	水平一	水平二	水平三
要求	1.能较为完整地演奏1～2首短小乐曲 2.听赏部分经典代表作品的主题音乐,可以根据作品的题材、风格对乐曲进行分类,说出乐曲的基本特征	1.能熟练掌握某件乐器的演奏技能,可以完整、流畅地演奏2～3首乐曲 2.可辨别主要乐器演奏的音色特点,能用音乐要素分析作品 3.具备简单的视奏能力	1.能熟练运用某件乐器,流畅而极具表现力地演奏一定难度的3～4首乐曲 2.能较深入地理解乐曲的内涵,较详细地分析作品的艺术风格 3.可在乐队中担任某个声部的演奏任务,与指挥默契配合。

模块 4　音乐编创

水平层级	水平一	水平二	水平三
要求	1.可以为熟悉的旋律编配歌词或进行简单的旋律编创 2.了解音乐的基本创作手法	1.能运用歌曲创作的基本手法，编创简单的音乐作品 2.能用简谱或者五线谱记录编创的作品	1.能根据自己设定的主题或创意，进行音乐编创及表演 2.能即兴演唱或演奏音乐作品

模块 5　音乐与舞蹈

水平层级	水平一	水平二	水平三
要求	学生可分辨出舞蹈的基本种类，了解音乐与舞蹈的关系，可以跟随音乐表演1～2种代表性舞蹈的基本动作或舞蹈组合	能分辨艺术舞蹈种类，如古典舞、中国民族民间舞、芭蕾舞、现代舞等，了解不同舞种中音乐的风格特点，能跟随音乐表演2～3种代表性舞蹈的基本动作或舞蹈组合；根据音乐特点，运用学过的舞蹈语汇编排简单的舞蹈片段，合作完成表演	能对各种风格性的艺术舞蹈进行简单的评价、分析，并能举例说明音乐在舞蹈作品中的作用。熟练掌握3～4种代表性舞蹈的风格特征，有情感、有表现力地表演舞蹈作品或舞蹈片段，掌握舞蹈编创的基本常识，根据音乐进行舞蹈动作队形的编排

模块 6　音乐与戏剧

水平层级	水平一	水平二	水平三
要求	通过赏析戏剧作品，认识戏剧的类别和特征以及音乐与戏剧的关系，尝试戏剧表演与编创实践活动	能对戏剧剧种和类型有基本认识，能归纳出不同类型的戏剧风格特点，分析音乐与戏剧的关系，在戏剧的排演活动中能展现1～2种技能，如歌唱能力、表演能力、朗诵能力等	在对戏剧认识的基础上能对作品进行简要分析和客观评价，具备组织、参与排演1～2种戏剧的能力

(二)选择性必修课程

模块 1 合唱

水平层级	水平一	水平二	水平三
要求	1. 能准确地演唱自己的声部2~3首,乐于参加合唱实践活动 2. 可以基本领会指挥的意图,基本完成指挥布置的任务	1. 积极参加合唱实践活动,能正确演唱3~4首,并具有一定的艺术表演力 2. 能熟练演唱4~5首不同风格的中外合唱作品,与其他声部保持和谐	1. 在合唱排练中,能熟练、准确地演唱自己的声部,且具有表现力 2. 能识读合唱谱,理解作品的表现要求,并对指挥的动作作出快速、准确的反应

模块 2 合奏

水平层级	水平一	水平二	水平三
要求	积极参与合奏排练,在集体演奏中准确视奏出自己的声部,积极与他人合作,完成1~2首简单的合奏作品	积极参与合奏排练,能运用正确的演奏方法表现出乐曲的音乐风格特征;善于与他人交流合作,能看懂乐谱和指挥提示,完成2~3首有一定难度的合奏作品	积极参与合奏排练,能熟练运用演奏技法展现作品风格;参加大型合奏作品3~4首,在乐队排练中能保持声部和谐平衡,能读懂合奏谱,理解作者的创作意图

模块 3 舞蹈表演

水平层级	水平一	水平二	水平三
要求	积极参加舞蹈活动,能做到节奏准确、动作标准、有一定的表现力,并能完成2~3个完整的舞蹈作品	积极参加舞蹈活动,能掌握并表现出舞蹈的内涵与特点;在舞蹈中熟练地运用舞蹈技巧,准确地把握和表达舞蹈的风格特点、韵味和情感,并能完成3~4个有一定难度的舞蹈作品	积极参与舞蹈团队活动,完成5~6个难度较大的舞蹈作品;在表演舞蹈时舞姿优美、动作流畅、神形兼备,对舞蹈作品有自己的理解和感悟,并能用肢体语言表现出对编舞创作意图的理解

模块 4　戏剧表演

水平层级	水平一	水平二	水平三
要求	参与戏剧表演实践活动，把握戏剧特征，完成1～2个角色的表演任务	积极参与戏剧表演的实践活动，能熟练掌握戏剧的特点与表演要素，与他人合作完成戏剧的编、导、排、演等环节	积极参加戏剧活动，具备完整表演戏剧作品的能力，能熟练掌握戏剧的表演程序与规范，理解作品情节与人物的关系，在集体活动中获得情感体验，形成对作品内涵的深刻领悟

模块 5　音乐基础理论

水平层级	水平一	水平二	水平三
要求	准确掌握音乐基础理论知识，并能结合谱例感知作品的音乐要素	结合所学的音乐知识，对作品中的音乐要素进行分析，并尝试音乐实践活动	能熟练运用音乐基础理论知识，在音乐实践活动中完成感知，并分析音乐作品；能运用音乐基础知识进行简单的音乐创作

模块 6　视唱练耳

水平层级	水平一	水平二	水平三
要求	能准确地唱出无升降调号的自然大小调和五声调式，基本节奏型、8～12小节二拍子三拍子的单声部旋律，能听辨无升降号的单音、基本节奏型	准确唱出一个升降号的自然大小调和五声调式、带附点、切分和休止符的基本节奏型、8～12小节带临时变化音的单声部旋律，能听辨无升降号内的自然音程，听辨记谱简单的单声部旋律和节奏	准确唱出两个升降号的自然大小调和五声调式、带附点、切分和休止符的基本节奏型、8～12小节带临时变化音的单声部旋律，能听辨一个升降号内的自然音程，C大调一个八度内的大小三和弦，并准确记录

四　教学建议

《课程标准》在学习内容、学习方式和教学组织形式等方面作出调整，高中音乐教师既要正确领会设计意图，又要从学校的实际出发，因地制宜地做好音乐教学安排。

(一)从实际出发,开设课程模块

修订后的普通高中音乐课程由必修、选择性必修和选修三类课程构成。三类课程有机结合,内在联系,构成以培育和发展学生音乐学科核心素养为总体目标的课程体系。目前,我省普通高中音乐师资配备总体不足,无法达到新课程标准所提出的由学生自主选择性学习的要求,学生只能根据学校能够开设的模块进行有限度的选择性学习。根据我省实际情况,可以以音乐鉴赏为主,对相关模块教学内容进行整合:

1. 音乐鉴赏+其他任一模块

教师仍可以按原来模块的划分,使用现行教材上课:按照音乐鉴赏 36 个课时,其他每个模块 18 个课时进行教学。

2. 音乐鉴赏+艺术社团活动(选择性必修课程)

《课程标准》明确指出,学生在学校里参加的合唱、合奏等艺术社团活动都作为选择性必修课程,纳入国家课程体系,并将与之相关的实践性作业和音乐学习成果纳入对学生的评价体系。因此,教师可以将现行教材中有关模块,如歌唱、演奏、音乐与舞蹈、音乐与戏剧表演中的合唱、合奏、舞蹈表演、戏剧表演的相关内容梳理出来,作为选择性必修课程的内容。

3. 音乐鉴赏+校本课程(选修课程)

选修课程由学校根据自身的特色和学生兴趣爱好、学业发展及当地特色文化资源、民间艺术传承等情况确定是否开设,学生自主选择修习,学生每修满 18 个课时,通过考核与评价也可计入学分。

4. 课程编排方案参考

可从师资和设施设备的实际出发,从至少开设一个必修模块及选择性必修模块起步,有计划地分步开设更多必修、选择性必修和选修模块,逐步完善普通高中音乐课程结构。

5. 指导学生进行选课,对分班情况进行调控

学生选课时,音乐教师应对学生选课给予具体的指导,提供指导建议和选课帮助,接受学生选课咨询。在收集汇总学生选课信息之后,对部分模块的选课人数做一定的调控,整合学生的学习愿望与课程框架,形成切实可行的学生选课计划,确保不同模块音乐课程能有序实施。

(二)依据核心素养,实施教学建议

《课程标准》在教学建议中明确指出,音乐学科核心素养的培养,最终要落实在具体的教学中。因此,教师应该紧紧围绕如何培养学生的音乐学科核心素养去设计教学环节,开展各项教学活动,从而真正做到在日常音乐教学中落实培育学生音乐学科核心素养的总体目标。

1. 审美感知素养的培育

音乐学科核心素养之一的审美感知,其教学指向是对音乐艺术的听觉特性、表现形式、表现要素、表现手段及其独特美感的理解和把握。审美感知的培育,可从学生易于接受的各种可感可知、可提示操作的音乐体验切入,引导学生有意识地将主观感受融入对客观音响的体验感知中。

2.艺术表现素养的培育

艺术表现作为音乐学科的核心素养,其重要意义在于强调音乐的实践性和表现性。对音乐实践的突出强调,应贯穿全部音乐教学活动。学生通过参与各种音乐教育实践活动,获得直接经验和情感体验,学习和掌握必要的知识和技能,在提升审美感知、文化理解能力的同时,也增强艺术表现力。

3.文化理解素养的培育

文化理解是指通过音乐感知和艺术表现等途径,理解不同文化语境中音乐艺术的人文内涵。在实际教学中,可按照审美感知、艺术表现、文化理解的逻辑思路进行备课,没有前两个素养的教学铺垫,文化理解的深度和效度都会减弱。在具体教学的引导方面应该重点关注以下内容:音乐与姊妹艺术的关系,音乐与社会生活的关系,音乐与历史文化的关系,音乐与不同民族、不同地域文化传统的关系,不同文化语境中音乐艺术的人文内涵等。

五 评价与考试建议

音乐课程围绕学生音乐学科核心素养实现水平的观测、评价,其根本目的在于促进学生音乐学科核心素养的培育。秉持以提升学生音乐学科核心素养为本的评价理念,是音乐课程评价的首要原则。

(一)聚焦核心素养,强调基础性评价

(1)音乐课程评价要立足审美感知、艺术表现、文化理解三方面音乐学科核心素养的内涵和能力表现,依据课程评价的科学性、客观性、发展性、激励性、指向性、实效性和可操作性等原则,体现音乐艺术学科特点的评价方式并加以实施。

(2)音乐课程评价的中心内容是音乐学科核心素养的内涵及相应的学业质量水平。为便于评价操作,可将其分类组合,重点观测和评价以下四个方面:

评价内容	评价方式	素养内涵指向
学生学习音乐的意愿、状态、方法和效率	建议采用日常学习表现评价模式	素养的基础和表现
学生体验、感知音乐的能力和审美情趣	建议采用模块学业质量评价模式	素养1
学生音乐实践活动的参与度、表现水平及合作协调能力	建议综合采用日常学习表现评价和模块学业质量评价两种模式	素养2
学生利用音乐材料进行创意表达及对音乐文化的理解	建议采用模块学业质量评价模式	素养2、3

(3)高中音乐学业质量评价应体现在学生平时学习音乐的过程和学习的结果两个方面。

要强调以 18 课时为 1 学分作为基础性的评价,注重学习的过程而非仅仅关注学习结果。各地区学校可以编制"音乐课堂教学观察评估手册",学生自己可以编制"音乐成长记录册"等,将平时的学习过程和学习成果记载备案,作为学生"学业质量水平 1、2、3"的客观性评价依据。

(二)依据学业质量水平,开展学业水平考试

在日常教学过程中,教师一方面要观测学生的学习过程和成效,对其在学习过程中的表现、学习态度、学习成果等进行描述性的定性评价;另一方面,在一个学习阶段结束时,可以对学生进行学业水平量化测试,开展学业水平考试。

学业水平考试形式分为两种,一种是笔试或电脑测试,主要用于音乐鉴赏、音乐编创、音乐基础理论,以及其他课程模块中有关音乐理论知识的测试。另一种是面试,主要用于歌唱、演奏、合唱、合奏、舞蹈表演、戏剧表演、视唱练耳等模块。考试可安排在某一教学模块学习结束后进行。

(三)评价结果的呈现与运用

(1)依据新课标,每个高中生在音乐课程中须获得 3 个必修学分。

(2)评价结果一般为优秀、良好、合格三个等级,对于优秀和良好并具有较好的艺术特长,有志于报考高校音乐专业的学生,学校还可作出"音乐特长生"或"音乐优秀生"等推荐性评价。

附件 1

高中音乐学科备课规范要求

一 基本原则

(一)面向全体学生

备课中始终坚持以学生为主体的教学思想,既要考虑学生的整体认知水平和身心特征,又要兼顾学生的学习能力和个体差异。因此,教学中既要满足基础较好学生的学习要求,又要兼顾基础较弱的学生,使其能够逐步跟上,缩小差距。依据教学内容的特点和班级学生的实际情况,改变以教师为中心的传统课堂教学模式,形成师生之间、生生之间多向沟通和互动交流;采用有效的活动化、探索性的学习方式,激发学生的学习兴趣;通过合作、探讨、交流,发挥学习共同体的作用。

(二)科学进行教学设计

课堂教学设计反映教师教学能力,体现教师自身教学特色和风格。要提高课堂教学质量,必须优化课堂教学设计。

首先,依据《课程标准》和学情,设计教学目标。在贯彻学科核心素养的前提下,充分发掘课程资源,依据新的课程标准设计规范的课程。依据学情,就是坚持以学生发展为本,立足于学生实际,充分了解教学对象,把学生作为教学主体。教师通过诊断性评价,了解学生的音乐需求,特别是音乐能力基础,以便有的放矢进行教学设计。

其次,依据教学内容,设计教学环节。教师在备课过程中,应该反复聆听音乐素材,从中寻找出最具特点的音乐作品,使其作为教学主要内容。处理好内容预设与课程资源生成的关系,在进行环节预设时,要留给学生思考、消化、吸收的时间,并创设恰当的学习情境和探究活动,在情境化教学或者体验活动中,让学生感知音乐、体验艺术、理解文化。

再次,对照教学目标,反思各个教学环节。教学反思既能确保教学设计的科学性,又能不断提高课堂教学设计的能力,从而呈现有效、优质的课堂教学成果。

(三)落实学科核心素养

音乐学科的核心素养,不仅仅是音乐知识与实践能力,还要有对音乐知识技能的较高运用能力与审美能力。在备课过程中,应遵循音乐本身的认知规律,通过设立聆听、感受、分析、探究、体验、表现、评价、总结等教学步骤,加强学生对音乐的理解,同时帮助学生在课堂音乐实践活动中,获得审美体验,展现音乐才能,探究音乐文化,提升音乐素养。

(四)重视知识有效运用

在备课过程中,教师应该重视生活情境对音乐学习的作用。从学生熟悉的生活情境和感兴趣的事物出发,创设生活情景,引导学生自主体验探究,让学生在交流、反思、实践等活动中获取积极的情感体验,同时能够掌握必要的基础知识和基本技能。教学设计中还要引导学生自主创编、拓展探究,有助于发展学生的实践能力和创新思维能力。

(五)激发学生能动性

教师在备课时必须了解学生的实际情况,从学生的需要、经验、兴趣爱好出发,创造性地利用教材,选择符合学生特点的教学方法,将课堂教学内容与生活实际相结合,精心设计课堂问题,创设多种体验机会,鼓励全体学生参与教学,使学生产生共鸣,充分激发学生的求知欲。教师只有充分认识到学生的主体作用,尊重学生的学习能动性,把学习任务转化为学生的内在需要,才能使学生不断提高自主学习能力,从而更好地体现教育的价值和作用。

二 基本方法

(一)教学目标的确定

教学目标是体现教学过程的主体要求,要真正体现以学生为主体,从学习者角度出发,根据《课程标准》和教材来灵活设计教学目标。高中音乐课程的教学目标应该围绕音乐学科的核心素养:审美感知、艺术表现、文化理解,充分体现学科核心素养的内涵。

教学目标的设定要遵循学生发展的实际水平,从学生的客观现实出发。教学设计要贴合高中生实际生活经验和心理需求,也要综合考虑到高中生的城乡差别、性别差异。教学目标还应该重视学生在学习过程中的探究能力、获取知识与技能过程中的合作与交流能力,培养学生的审美感知能力、艺术表现能力和文化理解能力。

(二)教学内容的选择

《课程标准》所规定的课程教学包括音乐基础课程的六个必修模块和音乐拓展课程的六个选择性必修模块。各校根据实际师资情况和教学条件,因地制宜,灵活选择音乐课程内容,保证学生能够修满规定的3个学分。

教学内容的选择要紧扣教材,根据教学目标选择内容。在仔细研究教材的基础上,可以根据学情、教师个人特长、地域文化特色等对教材内容进行适当的取舍和补充。此外,要注意选择和利用经典音乐作品和现代音乐作品,传承和弘扬中国优秀民族文化,理解多元文化,并正确引导学生理解流行音乐文化,取其精华,弃其糟粕。

(三)教学重难点的把握

音乐课堂是培养和发展学生核心素养的主阵地。因此,高中音乐教学要把培养学生的音乐核心素养作为首要任务。教学中要重点把握音乐本体,引导学生从音乐要素(旋律、节奏、速度、力度、音色、调式等)入手,感受音乐的美,并进一步激发学习欲望。根据不同模块和课题,开展形式多样的音乐活动,提升音乐表现力,并关注音乐与其他学科的横向联系,从文化角度理解音乐。

音乐教学中的难点,是学生不易掌握和学习的内容。对于难点问题,可以尝试用讲授、示范和演示等方式让学生了解和掌握,只有让学生把握了重点内容,掌握了难点内容,才能获得更丰富的音乐知识和音乐技能,才能进行更高层次的鉴赏、表现等艺术活动,才能更加深入地理解音乐中的文化与文化中的音乐。

(四)教学活动的设计

音乐教学活动有导入教学情境、师生问答、聆听音乐、分组讨论、参与作品表现、尝试作品编创等。

音乐教学活动的设计首先要创设良好的教学情境,教师可以发挥特长,如采用演奏、范唱、讲述等教学方法,引导学生投入音乐课堂教学情境中。师生问答的设计要从教学目标出发,考虑高中生的实际特征,围绕音乐本体,从音乐要素入手,设置问题要具有引导性、可思考性,可以根据需要设计追问环节。聆听音乐活动要根据教学内容采取适合的方式,可以是聆听音频、观看视频,也可以是教师演唱、演奏或者学生表演。

高中音乐课堂中的分组讨论应该发挥学生的积极性与主动性,设计有一定挑战性和探究价值的问题,让学生以启发、互动、探究的方式进行分组讨论、自主探究,激发学生思维。活跃的课堂教学一定离不开学生的积极参与,可以采用模唱主题、身体律动、动作模仿、片段表演等方式,教师要合理地利用音乐教具和设施,营造活跃的课堂氛围,鼓励学生大胆地表现音乐作品。音乐作品编创是培养学生创造性思维与技能的重要途径,包括音乐节奏、旋律、和声的创作、肢体表演的创作等,教师也可尝试结合现代化技术手段,让学生在课前、课中、课后全程多角度地参与音乐创作,加强互动交流,提高学习积极性。

(五)教学用具和资料的准备

立足传统音乐教室的教学主战场,保证基本的教学用具,如钢琴、电子琴、电钢琴、多媒体、小型打击乐器、合唱台等日常使用。

充分利用现代教育技术开展音乐教学。教师在教学中可以灵活使用现代信息技术和网络资源,营造信息化音乐教学环境,构建信息化音乐教学平台,学生也可以通过信息化平台收集相关的文本、图片、音频、视频、动画、三维模型等资源,丰富学习方式,激发学习兴趣。针对音乐鉴赏、视唱练耳、音乐基础理论等模块,现代信息技术还设计开发了大量软件,可以利用这些软件让学生的学习方式多样化,也可以运用这些软件进行互动交流、考核评价。音乐教师可以充分利用广播站、校园电视台、校园网作为音乐教育的重要平台,这样既丰富校园音乐文化氛围,也是对音乐课堂教学的补充。

三 基本步骤

(一)备标准

教师必须认真学习并理解《课程标准》中的内容。《课程标准》中提道:普通高中音乐课程具有素质教育鲜明的大众性和普及型特点,是面向全体学生的一门必修课;强调了音乐本质和文化内涵在教学中的地位。在课程结构上,高中阶段有必修、选择性必修和选修课程,每一个类型都独立完整又相互关联,教师根据模块不同,在备课中以《课程标准》为基准,体现出不同模块的特色。

1. 必修模块是基础性课程,是培养核心素养的主体课程。教师在备课过程中要侧重基本音乐感知的训练,鼓励学生积极主动地参与艺术表演,从而达到实践能力的培养。

2. 选择性必修模块在必修课的基础上有了进一步的延伸和补充,侧重音乐表现能力的培养。教师在备课过程中应该把握这一侧重点,培养学生的艺术表现力。

3. 选修模块在针对学业生涯规划中起到了指引性作用。教师可根据学校办学能力和当地课程资源进行选择。

(二)备教材

教材作为教学的主体内容和素材,分为两个部分:一是课本提供的书面材料和音响材料。二是教师根据教学目标和内容补充部分材料,作为深度和广度上的拓展,辅助使用。首先,聆听音乐是备教材的重要环节;其次,正确处理教材中各类素材与教学目标的关系,教材内容的准备要紧扣课本。教师在科学分析课本音乐内容的基础上,把握教学重点,有选择地使用各类素材,要明确"用教材教",而非"教教材",无论是课本还是补充素材都是为教学目标服务的。

以《音乐鉴赏》中的《非洲歌舞音乐》为例,其涉及的内容相对比较广泛,包括歌、舞、鼓乐三大部分,这也是音乐表达的重要输出。如何结合教材中提供的内容资源?如何取舍教材中的内容?音乐教师应该把握作品独特的美感体验是形成审美感知的重要途径这一原则,要营造非洲鼓乐带动异域风情的歌舞音乐氛围,引导学生在课堂中有效地完成听觉体验。鼓乐的作品选择要体现教师的设计思路,就必须紧扣教材,体现出音乐的特征。又如《歌唱》教材中的《啊,中国的土地》,这是歌唱技能与音乐鉴赏紧密结合的一课,教材所提供的作品为男高音独唱歌曲,但教师为了提升学生歌唱学习的效果,可以选择增加其他音色、唱法的例子作为对比,促进歌唱技能的教学。

(三)备学生

高中阶段是学生人生观、世界观形成的重要时期，思维由感性向理性转化，情感丰富，内心敏感，容易产生盲目崇拜，心理状态起伏较大。面对这样的阶段，执教者可以尝试以下几点：

1. 通过分析问卷调查结果，对学生进行分类。

2. 结合学生的心理发展特征，从学生感兴趣的领域入手，通过演示法、示范法等教学手法，激发学生学习音乐的兴趣，培养良好的艺术表现力。

3. 明晰学生的学情，因人而异制订学习计划，帮助学生提高学习能力。

(四)备教法

高中阶段音乐课型越来越趋向于综合性，因而教法也更加丰富。

1. 讲授法。又称为传递法，这是最传统、最具代表性的教法，但是随着时代的发展，讲授法呈现新的特点和内涵。

2. 直观示范法。在音乐课的教学中，很多作品的呈现和学习需要教师在课堂教学中作出示范表演，如采用歌唱、演奏、舞蹈等不同的表现形式。

3. 练习法。在音乐实践环节中，效果的呈现需要前期的练习做铺垫，特别是合唱、合奏、舞蹈这些领域，在课堂中，从无到有、由浅入深，每一步的练习环节在教学中显得尤为重要。

4. 互动探究法。教师提出课题，引导学生根据课题内容进行分组讨论、收集、解决问题等。近年来的"翻转课堂"引起了很多教师的兴趣，课堂的主动权交给了学生，学生根据教师课前提供的视频，预习课堂核心内容，在互动性的学习中提高音乐知识与音乐技能。

(五)写教案(学历案)

教案应具有以下要点：

课题名称

课型：鉴赏课、歌唱课、实践课等。

教学内容：本课教学的主要内容以及课时分配。

教材分析：依据课程标准，结合教材内容进行详细的阐述，从中解读层次、关系和教学影响。

学情分析：根据高中生心理、身体的发展特点，考虑环境和文化的因素，对学生学习情况作出判断和预设。

教学目标：树立整体教学目标观念，根据学期教学目标梳理单元教学，在此基础上说明本课所要达成的教学目标。

教学重点：针对本课必须解决的问题、重点强调的知识与技能。

教学难点：在本课的学习中，可能较难解决的问题，如知识难点、较难演唱的乐句或乐段、音乐特征的总结和风格的理解、难以表现的动作或情绪等等。

教学准备：课堂教学中所需的用具，如多媒体电脑、钢琴、打击乐器等。

教学过程：课程教学每一个环节的预设，包括问题的设置和设计意图的备注。

拓展探究：在完成教学重点的基础上，进行一定广度或深度的延伸，从而更有利于理解音乐文化或拓宽音乐眼界，帮助学生提升音乐素养。

课堂小结：教师对整节课学习情况进行概括，也可在师生的课堂互动中完成，最终回顾所学，达成对学习内容的共识，并寄予期望。

教学反思：教师在进行课堂教学之后，需对每个环节结果进行评价，在评价中总结课堂教学优缺点，确定课程目标是否有效完成，还有哪些方面需要补充和改进。

附件 2

高中音乐学科作业规范要求

在《普通高中音乐课程标准(2017年版2020年修订)》(以下简称《课程标准》)设计中,对高中生的学业进行了具体规定,强调学业的质量和多元化评价途径。高中音乐教师如何有效地科学设计作业,通过作业反馈学习情况,提升教学效果,是高中音乐教师必须完成的教学任务和肩负的教学责任。

一 科学设计作业,提高作业设计质量

在《课程标准》中,提出了音乐学科的三大核心素养,即审美感知、艺术表现和文化理解。三大核心素养的提出不仅是音乐学科育人价值的集中体现,还是学生通过音乐学科学习逐步形成正确价值观、必备品格和关键能力的关键环节。高中音乐课程以培育和发展学生音乐学科核心素养为统领,合理设计课程内容,科学设计课程作业,全面实现高中音乐课程总目标。在作业设计中,高中音乐教师须把握以下原则:

1. 体现学科特点,以音响为媒介,提升高中生的审美感知能力

音乐是以声音为表现媒介的艺术。音乐审美活动在听觉体验和艺术表现中进行,高中音乐教师应在义务教育阶段的基础上,要求学生在课程作业环节中,多进行在联觉机制作用下对音乐音响的综合体验、感知和评价训练,从而提升高中生的艺术素养和人文修养。

2. 遵循学科规律,以表现为抓手,提升高中生的艺术表现能力

艺术表现是指通过歌唱、演奏、综合艺术表演和音乐编创等活动,表达音乐艺术美感和情感内涵的实践能力。在义务教育的基础上,高中生已经有一定的审美辨别力和审美表现力,在教师的引导下能够自主地选择适合自身特点的选修课程,如歌唱、演奏、合唱、合奏、舞蹈表演、戏剧表演等。这些课程的学业质量,主要以学生在舞台上的表现效果来评价,所以高中音乐教师在设计作业时,要充分考虑多数学生能够达到的,以艺术表演实践和创造活动为主要内容的作业形式,如田野采风、参加音乐比赛、走进社区舞台等。

3. 拓展学科视野,以文化为内涵,提升高中生的音乐理解能力

文化理解是指通过音乐感知、艺术表现等途径,理解不同文化语境中音乐艺术的人文内涵。在义务教育的基础上,高中生对不同地域、不同民族、不同时代的音乐文化创造已经有了一定的了解,如何进一步拓宽高中生的音乐知识面,更加深入地从音乐作品题材、体裁、形式和风格等内涵层面理解文化中的音乐,将是广大音乐教师必须思考的问题。教师在设计作业时,充分结合教材中中国民族民间音乐、外国民族音乐、欧洲艺术音乐等单元教学,灵活设计作业形式,采取多元化作业呈现方式,如把音乐社团、校园音乐会、社区音乐演出、参加民族音乐礼仪活动等作为完成作业过程,可以将教师评价、学生评价、社区评价相结合组成

多种检查和反馈方式。

二　合理布置作业，提高作业完成的效率

高中的音乐《课程标准》对课程结构进行了调整,将原来的必修课、选修课两类课程调整为三类,即必修课程、选择性必修课程和选修课程。在课程模块设置方面,由原来的一个必修模块、五个选修模块修订为六个必修模块、六个选择性必修模块。以上课程结构的调整,要求高中音乐教师在布置作业时,充分考虑到不同模块的形式与特点,有针对性地设计作业形式,合理布置作业,让高中生通过课前作业进行预习,更好地进入教学情境,提高学习效率,并完成课后作业,牢固掌握音乐知识和音乐技能。

(一)必修课程

1. 模块1:音乐鉴赏

音乐鉴赏教学活动的特点是以音乐为本,按照音乐学科自身的思维方式和思维习惯,合理展开教学活动。在教学中,音乐教师不仅要依靠语言和逻辑的表达来诠释音乐,还要善于运用"音乐思维"的方式引导学生感知体验、理解、表达、鉴赏音乐。教师可针对以下几个部分布置作业:

(1)演唱或演奏音乐主题。

(2)在音乐中展开联想,即兴创作或表演。

(3)听赏、分析或描述音乐。

(4)对音乐和音乐表演进行评价。

(5)理解音乐和其他人文艺术或人文艺术之外的其他学科的关系。

(6)理解音乐与文化之间的关系。

2. 模块2:歌唱

歌唱是培养学生艺术表现力、提升艺术修养的有效手段,也是高中音乐课程的重要组成部分。在九年义务教育的基础上,随着身体和心理的不断发展,高中生能在歌唱中充分发挥表演潜能,表达个人情感,并与他人沟通、情感融洽,提升文化理解力。教师可从以下几个部分布置作业:

(1)掌握歌唱的基本技能,运用科学发声方法,有感情地独立演唱歌曲。

(2)能与他人进行重唱或合唱,可根据指挥的要求作出正确的歌唱反应。

(3)能根据作品题材、风格和变化形式对歌曲进行分类,分析作品的艺术特点和风格流派。

(4)能正确评价别人的歌唱。

3. 模块3:演奏

乐曲演奏是培养高中生艺术表现力、提升艺术修养的有效手段,演奏也是高中音乐必修

课程的重要组成部分。随着思维的不断发展,高中生可以在演奏中充分发挥表演技能,从乐曲的表演中展现音乐技能,表达乐曲内涵。教师可从以下几个部分布置作业:

(1)能用自己的乐器完整地演奏乐曲。

(2)能辨别乐曲中主奏乐器的音色特点。

(3)能够听辨部分经典乐曲作品的主题音乐。

(4)具备一定视奏能力。

(5)可以在乐队中担任某个声部的主奏任务,并与指挥、其他乐器默契配合。

4. 模块4:音乐编创

音乐编创教学指根据特定场景和对象为旋律编配歌词,或对旋律进行变化等创作手法来提高学生的音乐创作能力,培养学生的想象力和创造力,提升学生的艺术表现力。教师可从以下几个方面来布置作业:

(1)掌握西洋大小调式和民族五声调式等乐理知识。

(2)了解音乐主题的写作方法及旋律的发展手法,如重复、变化重复、模进、变奏等。

(3)了解歌曲、乐曲结构和乐段、乐句构成特点。

(4)进行音乐主题的聆听和记忆,让学生进行节奏和旋律听记、填充与创作练习。

(5)依谱填词,依词谱曲或即兴创作训练。

5. 模块5:音乐与舞蹈

音乐与舞蹈是亲密无间的姐妹艺术,对丰富学生的艺术体验、形成健康的审美情趣、促进学生的身心发展具有重要价值。在舞蹈课中,学生既要掌握一定的舞蹈技能,又要注重对音乐感知、体验及综合素养的培养。教师可从以下几个方面布置作业:

(1)会鉴赏古典舞、芭蕾舞、现代舞、中外民族民间舞等不同类型的舞蹈代表作品。

(2)在课堂学习的基础上,不断学习各类舞蹈的基本动作,学习优秀舞蹈或舞剧片段,并根据音乐进行舞蹈编创活动。

(3)鼓励学生通过现场观摩、网络资源搜集、参与艺术活动等途径学习舞蹈。

6. 模块6:音乐与戏剧

戏剧是融合了文学、音乐、美术、舞蹈等诸多因素而形成的综合艺术形式,是对学生进行美育教育的有效形式。高中音乐课可以通过鉴赏、参与实践与编创等活动使学生沉浸于戏剧之中,从而提升其审美感受力和艺术表现力。教师可从以下几个方面布置作业:

(1)通过音乐要素来鉴赏戏剧,并尝试开展戏剧活动。

(2)通过听、唱、做、演等方式体验或参与戏剧活动。

(3)观摩并参与专业戏剧团体的表演。

(二)选择性必修课程

1. 模块 1：合唱

合唱模块是必修课程中歌唱模块的延伸与补充。合唱不仅可以提升学生的艺术表现力，还能有效地强化合作意识以及集体荣誉感。教师可从以下几个方面布置作业：

(1) 根据学生自身的嗓音条件，运用科学的歌唱方法，保持歌唱的完整性和统一性。

(2) 掌握正确的咬字（吐字）方法，看懂指挥的手势，与其他声部配合默契。

(3) 根据自身特点选择合唱曲目，并完整地演唱一定数量的中外合唱作品。

(4) 观摩专业合唱团演出，并写观后感。

2. 模块 2：合奏

合奏模块是提高学生音乐表现力的有效途径。在培养学生兴趣爱好的基础上，发展其音乐才能，培养学生与他人协作的精神，使学生的表演潜能及创造潜能得以充分发挥，并在演奏活动中感受到美的愉悦，得到情感的陶冶与升华。教师可从以下几个方面布置作业：

(1) 欣赏中外优秀器乐合奏作品或者片段，能识别并背唱主奏乐器的主要旋律。

(2) 观摩专业合奏演出，并写观后感。

(3) 根据自身特点选择合奏曲目，并完整演奏一定数量的中外合奏作品。

(4) 参加学校或社区举办的合奏排练和演出活动，并获得指挥认可。

3. 模块 3：舞蹈表演

舞蹈表演模块是必修课程音乐与舞蹈模块的拓展和延伸，是以舞蹈表演活动为主的实践性课程。该课程通过对舞蹈作品的赏析、动作的练习以及舞蹈作品的展现，提升高中生的审美辨别力和审美表现力。舞蹈表演课应围绕以下几个主题设计作业：

(1) 赏析中外优秀舞蹈作品或舞蹈片段，并能识别舞蹈种类。

(2) 应掌握 1~2 种舞蹈类型的基本动作及技巧。

(3) 观摩专业的舞蹈活动，并写观后感。

(4) 参加学校或社区举办的舞蹈类节目的排练与演出，并获得组织者认可。

4. 模块 4：戏剧表演

戏剧表演模块是必修课程音乐与戏剧模块的拓展和延伸。在音乐与戏剧模块的基础上，通过多样化的方式让学生参与戏剧艺术表演的编创活动，进一步提升学生的综合表现力。戏剧表演课程应围绕以下几个主题设计作业：

(1) 赏析中外优秀的戏剧作品或戏剧片段，并能识别戏剧种类。

(2) 应掌握某一种戏剧的基本表现技巧。

(3) 能够编创剧本或者根据经典剧本设计角色并进行排演。

(4) 观摩专业的戏剧社团表演，并写观后感。

(5) 参加学校或者社区组织的戏剧排练和演出活动，并得到组织者的认可。

5. 模块5：音乐基础理论

音乐基础理论是进行音乐学习的重要基石。随着学生的理性思维不断发展，高中生对音乐已经从感性认识上升为理性认识，具备了系统学习音乐基础理论的能力。音乐基础理论课程可以围绕以下几个方面设计作业：

(1)能够正确识唱一个升降号以内的乐谱。

(2)能够正确构写音程与三和弦。

(3)能够正确分析单乐段、二段体、三段体的乐曲。

(4)了解我国民族音乐的五声、六声、七声音阶和音乐特点，并学会分析我国经典民歌的音乐特征。

(5)从主奏乐器、旋律、节奏、方言特点等角度来分析安徽民歌。

6. 模块6：视唱练耳

视唱练耳是音乐学习的重要基础。该模块通过视唱、旋律音程、和声音程以及和弦的听辨模唱、节奏模仿、曲调记忆模唱、听写等形式，提高高中生的音准感、节奏感、音乐记忆力和识谱能力，以便让高中生能更准确、更深刻地了解音乐、表现音乐与编创音乐。视唱练耳课程可以从以下几个方面设计作业：

(1)模唱、背唱和视唱一个升降号以内的歌曲或旋律。

(2)用"啦"模唱出单音、旋律音程、和弦与短小旋律。

(3)能把听到的音、音程、和弦以及短旋律用乐谱形式记录下来。

(4)听辨和视唱我国民族音乐的五声、六声、七声音阶。

(5)能把带有安徽民族音乐特点的短旋律用乐谱形式记录下来。

三 遵循学科规律，有效批改与反馈作业

由于高中音乐课程的作业种类较多，作业的形式也就呈现出多样化的特点，作业的评价与反馈方式也不尽相同。因此，高中音乐教师在进行作业的检查和反馈时要注意以下几点：

(一)分类检查和反馈

作业应该分类别、分形式进行检查和反馈，可以分成书面类作业和实践活动类作业。书面类作业包括音乐基本理论习题、观摩音乐活动小论文、音乐采风汇报等。实践活动类作业包括演唱、演奏、合唱、合奏等具有较强艺术实践性质的作业，这类作业可以采取活动态度评价、活动效果评价等形式。

(二)过程性反馈

在实践活动类作业的检查和反馈过程中，教师要针对学生在练习、排练或演出过程中所表现出来的对乐曲掌握的情况进行纠正和指导。

(三)定性与定量相结合

在实践活动类作业和书面类作业的检查和反馈过程中,为了让学生能及时、准确地把握艺术实践的规律,教师应该采取定性与定量相结合的方式,只有这样,才能让学生既能知道自己掌握的程度,又能知晓自己应该从哪些方面不断改进,从而更有效地学习。

(四)作业检查和反馈的主体多元化

根据学生完成作业的不同形式和不同场合,可设立不同的检查主体,如在学校、课堂的艺术活动中检查作业的主体可以是学校音乐教师,在社区、观摩活动或者采风活动中可以让艺术实践组织者来评判学生提交的作业。只有针对不同学习领域中的表现特征进行反馈,才能达到课程标准规定的呈现学生形成某种素养的学习或发展过程,将音乐学科核心素养的培育落到实处。

(五)实时反馈

由于必修、选择性必修和选修中的歌唱、演奏、合唱、合奏、音乐与舞蹈、音乐与戏剧等课程具有很强的实践性,需要通过大量的练习来巩固和提高知识和技能,从而达到课程目标,这就需要在练习过程中有及时和科学的指导。教师应作出示范和讲解,适时给予指导。

四 作业实施中应该把握的关键要求

作业的完成情况是学生学业水平呈现的标志之一,在课程标准中,对学生的学业水平呈现有相关的陈述,将作业方式作为关键指标的学业水平最终将呈现学生形成某种核心素养的学习过程,也是将核心素养的培育落到实处的重要环节。所以在作业实施过程中,教师应该遵循以下要求:

(一)细化质量标准

音乐类作业要有相应的等级划分,一般可以分成三个等级:第一等级,学生的作业完成情况刚刚达到最低合格标准;第二等级,学生的作业完成情况较好,能够达到良好标准;第三等级,学生的作业完成情况很好,能够达到优秀标准。

(二)教师应视学生完成的情况,及时反馈,提出有针对性的改进措施

教师在布置作业时,要针对每个学生的学习状况进行有区别的设计,在检查和反馈过程中,应该多从学生的纵向比较中评价学生,可以建立学生成长档案袋,实时记录学生的学业水平,最终形成基于学科素养的学业评价。

(三)教师应视学生作业完成情况,合理判定学生的学习能力,并提出相应的选课指导

尽管高中生有了一定的自我评判能力,但在基于学科素养基础上的学习能力和发展方向,还需要专业教师的指导和帮助,这就要求音乐教师在作业检查的基础上判定学生对于某一课程的学习能力,从而提出合理建议。

(四)建立作业管理平台

作业管理平台包括校园网络平台、学生发展教育平台等,这些平台具有信息量大、传输速度快、方便教学管理等特征,既可以对学生不同时期的音乐学习状况进行完整记录,又可以作数据分析,数据分析可以为学生的音乐学习提供参考和帮助。

执笔人:余含　李劲松　陈婷　蒋婷婷　王黎洁　唐安　纪思思

普通高中美术学科教学指导意见

为贯彻落实《国务院办公厅关于新时代推进普通高中育人方式改革的指导意见》（国办发〔2019〕29号）、《安徽省深化基础教育改革全面提高育人质量行动计划》（皖发〔2020〕6号）、《安徽省新时代推进普通高中育人方式改革实施方案》（皖教工委〔2020〕31号）等有关文件精神，以《普通高中美术课程标准（2017年版2020年修订）》（以下简称《课程标准》）、《安徽省普通高中新课程新教材实施方案》（皖教基〔2020〕9号）为依据，结合我省普通高中美术教学实际，对我省普通高中美术教学提出如下指导意见：

一 指导思想

坚持以习近平新时代中国特色社会主义思想为指导，深入贯彻党的十九大和全国教育大会精神，全面贯彻党的教育方针，落实立德树人根本任务，培育和践行社会主义核心价值观。以深化普通高中美术课程和教学改革为导向，以提高学生终身发展所需的美术学科核心素养为目标，遵循教育教学规律和学生发展规律，全面落实《课程标准》的理念和要求，加强普通高中美术课程实施的指导与管理，规范教育教学行为，改进教与学的方式，全面提高教育教学质量，实现高中美术课程目标，培养德智体美劳全面发展的社会主义建设者和接班人。

二 教学安排

《课程标准》基于美术学科的本质特征及其独特的育人功能，凝练了美术学科的核心素养，即图像识读、美术表现、审美判断、创意实践和文化理解，并落实到新的普通高中美术课程与教学体系中。新的普通高中美术课程依据美术学科媒材特性和技法特点，将学习内容划分为美术鉴赏、绘画、中国书画、雕塑、设计、工艺、现代媒体艺术、美术史论基础、速写基础、素描基础、色彩基础、创作与设计基础12个学习模块,采用必修课程、选择性必修课程和选修课程相结合的形式加以编排,增强了课程内容的选择性。

《课程标准》中的必修课程、选择性必修课程与选修课程的结构关系及教学实施表如下:

课程性质	学习系列	学习模块	组织形式	教学时段
必修 (1学分)	美术鉴赏内容系列 (1学分)	美术鉴赏	可采用班级、跨班级或跨年级形式组织教学	建议安排在第一学年的第一或第二学期。学校也可根据实际情况自行安排
选择性必修 (2学分)	美术表现内容系列 (2学分)	绘画 中国书画 雕塑 设计 工艺 现代媒体艺术	根据学校开设模块的情况,建议学生学习其中的两个模块(也可连续学习其中的一个模块)。可采用班级、跨班级或跨年级的形式组织教学	可安排在第一学年的第二学期、第二学年的第一或第二学期、第三学年的第一学期。学校也可根据实际情况自行安排
选修 (9学分)		美术史论基础 速写基础 素描基础 色彩基础 创作与设计基础	根据学校的统一安排和学生的发展意愿,采用跨班级或跨年级的形式组织教学	学校可根据情况,安排在高中阶段的任何一个学期

(一)学分与选课

1. 学分

(1)学生选择一个模块,修习18课时可获得1学分。

(2)尽量尊重学生的自主选择,但原则上以修习1学分作为继续选修和转换学习内容的基本单位。

(3)每位学生必须修习美术课程54课时,以获得3学分,其中,必修美术鉴赏内容系列为1个学分,选择性必修美术表现内容系列为2学分。

(4)在取得必修3学分的基础上,学生可根据自己的兴趣和需要,学习选修课程中的全部内容或在选择性必修课程中选学一些模块内容获得9学分,以满足发展或升学考试的要求。

2. 选课

(1)因为美术表现内容系列丰富而学时有限,所以建议学生在绘画、中国书画、雕塑、设计、工艺和现代媒体艺术中任选两个模块,也允许学生根据自己的兴趣和发展需求,在某一模块中继续选学。

(2)学校和教师应该在开课之前向学生和家长提供关于课程内容、学习与评价方式、开课时间和课时数及所需工具材料等方面的信息,帮助学生选择自己感兴趣或有利于未来发展的课程内容进行学习。

(二)课程安排

1. 必修课程的安排

必修课程为美术鉴赏内容系列,包含美术鉴赏学习模块。因其对高中学生形成鉴赏能力、提高审美素养具有先导性和基础性作用,学校要保证美术鉴赏模块的正常开设,满足学生的学习需求。

2. 选择性必修课程的安排

选择性必修课程为美术表现内容系列,包含绘画、中国书画、雕塑、设计、工艺、现代媒体艺术6个模块。

美术表现内容系列较丰富,学校在开设美术鉴赏模块的基础上,还要保证选择性必修课程的开设,以满足学生选择1~2个模块进行学习的基本需求和发展愿望。

3. 选修课程的安排

选修课程由美术史论基础、速写基础、素描基础、色彩基础、创作与设计基础5个模块构成,是根据学生的专业发展倾向和个性发展需要而设置的。

学校在保证开设必修和选择性必修课程的基础上,还要根据自身情况和学生的发展愿望有选择地开设选修课程,为学生提供更多的选择性,满足学生发展的需求和升学考试的要求。

三 教学要求

(一)总体教学要求

通过模块化课程教学,使学生能够在有限的时间里,以自主、合作、探究的方式参与美术学习,学会在现实生活情境中发现、提出和分析问题,并综合运用美术学科及跨学科知识与技能解决问题,形成美术学科核心素养,促进学生的全面发展,满足个性需求,帮助他们适应社会生活,为其接受高等教育、职业发展做准备。

(二)必修课程的教学要求

1. 美术鉴赏模块内容要求

美术鉴赏是运用感知、经验和知识对美术作品和美术现象进行观察、体验、联想、鉴别与评价,获得审美经验,提高艺术品位的美术活动。本模块学习内容由鉴赏基础和鉴赏内容等组成。

2.美术鉴赏模块学业质量要求

水平	质量描述
1	1-1 能根据材料、工具、技法或题材内容区分不同的美术门类,并说明其不同的特点。(素养1、2) 1-2 能了解中外美术史的基本脉络。(素养1、5) 1-3 能选择自己喜欢的中外美术作品,根据对称、均衡、节奏、比例、对比、统一和变化等形式原理对作品进行分析。(素养1、3) 1-4 能与同学交流自己对美术作品的想法和观点。(素养1、3、5)
2	2-1 能比较、分析中外传统美术在材料、技法和风格特征方面的基本差异。(素养1、2、3) 2-2 能选择几幅中外美术作品,搜集相关的历史背景和艺术家的生平资料,分析、研究作品中所隐含的文化信息。(素养1、5) 2-3 能分析和判断生活中的一些美术现象,如分析自己喜欢动画、漫画的原因等,并与同学交流自己的看法。(素养1、3) 2-4 能搜集各种资料,与同学共同研究与讨论社会和文化环境是如何影响美术作品的,理解并尊重他人对艺术现象的不同理解和解读方式。(素养5)
3	3-1 能选择几幅中外美术作品,搜集相关资料,从其创作观念、造型、色彩和技法等方面区分不同艺术风格、不同流派的特点。(素养1、2) 3-2 能通过调查来分析生活中的一些视觉文化现象,撰写调查报告或评论文章,发表自己的看法。(素养1、3、4) 3-3 能选择不同国家、地区和民族的美术作品,进行比较、分析,探讨其不同的艺术特点与本民族文化历史的关系,尊重并理解不同国家和民族的文化艺术。(素养1、5) 3-4 能分析、讨论艺术家、设计师和手工艺者为社会发展发挥的作用与作出的贡献。(素养5)

(三)选择性必修课程的教学要求

1.1 绘画模块内容要求

绘画是运用线条、明暗、色彩等手段进行描绘,创造出不同形态的艺术形象,以反映和表达作者的思想、情感和审美理想的美术门类。本模块学习内容由速写、素描、油画、丙烯画、水彩画和版画等组成。

1.2 绘画模块学业质量要求

水平	质量描述
1	1-1 能大体区分不同的画种,如速写、素描、油画、丙烯画、水彩画、水粉画、版画和中国画等,了解不同画种所使用的工具和材料。(素养1) 1-2 能使用绘画工具和材料,对事物进行描绘,表达自己的想法。(素养2) 1-3 能运用整体和比较的方法,对事物进行观察和表现。(素养1、2、4) 1-4 能选择自己所喜欢的艺术家作品,并说明其理由。(素养1、3、5)

续表

水平	质量描述
2	2-1 能区分不同的画种,并能根据绘画的题材内容进行分类,如风景画、静物画、历史画和肖像画等。(素养1) 2-2 能运用绘画工具和材料进行描绘与创作,并记录自己的创作过程或想法。(素养2、4) 2-3 能了解几种绘画构图形式,如三角形、S形、十字形、X形、圆形、垂直线和平行线,并选择作品进行分析。(素养1、3) 2-4 能选择不同画种的作品,说明其不同的特点及其与文化背景的关系。(素养1、5)
3	3-1 能运用美术语言、构图知识,对不同画种的作品进行分析和解读。(素养1、3) 3-2 能运用绘画工具和材料对事物进行描绘,并根据主题进行有创意的创作,用草图、照片和文字记录自己完整的创作过程和想法。(素养2、4) 3-3 能选择某一画种,如油画、版画或年画等,从历史文化的角度研究其基本脉络,学会尊重并理解艺术是如何为人类的文化发展作出贡献的。(素养5)

2.1 中国书画模块内容要求

中国书画是中华传统文化孕育出来的中国画、书法(含篆刻)艺术的统称。利用中国画、书写和钤印的材料、工具,以线造型,以形写神,追求神韵,讲究意境是其鲜明的艺术特征。本模块的学习内容由中国书画材料工具及形式特点、中国画基础知识与技法、书法和篆刻基础知识与技法、中国传统书论和画论基础知识等组成。

2.2 中国书画模块学业质量要求

水平	质量描述
1	1-1 能区分中国画中的工笔、写意、设色和水墨等形式,以及人物画、山水画和花鸟画等表现题材。(素养1) 1-2 识别中国书法中的篆书、隶书、草书、行书和楷书。(素养1) 1-3 能掌握临摹中国画中的山石、树木和花鸟的一些基本画法;能选择篆书、隶书、行书或楷书的字体,按照其笔法和结构进行临摹。(素养2) 1-4 能感受中国传统书画艺术的独特魅力。(素养3、5)
2	2-1 能说出中国画发展的基本脉络,知道中国书法的大体演变过程。(素养1、3、5) 2-2 能借鉴古今书画家的技法和创作方法,通过临摹和吸收进行创作,并与他人交流学习体会。(素养2、4) 2-3 知道中国画艺术"以线造型,以形写神,追求神似,讲究意境"的造型规律和特点。(素养3、5)
3	3-1 能选择自己喜欢的书画家作品,分析其用笔和用墨,如中锋、侧锋、顺锋、逆锋、点虱、皴擦,以及墨色层次的不同变化等。(素养1、3) 3-2 能运用传统的中国书画技法,创作一幅中国画或书法作品。(素养2、4) 3-3 能从文化角度选择古今书画家的作品进行研究,探讨其继承与创新的关系。(素养5) 3-4 能运用所学的中国书画艺术知识与技能,美化生活与环境。(素养2、3)

3.1 雕塑模块内容要求

雕塑是利用一定的物质材料,通过雕、刻、塑、敲击、焊接、装配和编织等手段,创造出具有实在体积的艺术形象,借以反映社会生活、表达情感和思想的美术门类。本模块的学习内容由雕塑概述、中外传统雕塑和现代雕塑等组成。

3.2 雕塑模块学业质量要求

水平	质量描述
1	1-1 能区分圆雕、浮雕、透雕的不同特征,了解雕塑所使用的不同材料和机理效果。(素养1) 1-2 能用泥材捏塑带有模仿性的雕塑作品,并与同学交流制作的体会。(素养2) 1-3 能用描述、分析、解释和评价的方法鉴赏雕塑作品。(素养1、3、5)
2	2-1 能选择雕塑作品,说明雕塑家如何根据主题、造型、比例和光线来考虑放置地点和周围空间环境等。(素养1、3) 2-2 能选择泥、草木、织物或废弃物等材料,构思创作具有一定新意的雕塑作品,并记录自己的创作过程。(素养2、4) 2-3 能用描述、分析、解释和评价的方法鉴赏雕塑作品,发表、交流自己的看法。(素养1、2、3) 2-4 能欣赏和理解传统的或现代的、抽象的或具象的雕塑作品。(素养1、5)
3	3-1 能说出中外传统雕塑艺术之间的主要差异,了解中外雕塑艺术的基本发展脉络。(素养1、3) 3-2 能借鉴雕塑家的创作观念和技法,选择适合的材料创作具有一定新意的雕塑作品,并用草图、照片和文字记录自己的创作过程和想法。(素养2、4) 3-3 能选择自己喜欢的中外雕塑作品,从历史文化的角度进行分析和评价,形成有见地的审美判断和理解能力。(素养1、3、5)

4.1 设计模块内容要求

设计是在造物活动中,根据一定的功能和审美要求进行创意性构想、计划的艺术门类。设计效果一般通过图样或模型的方式加以呈现。本模块学习内容由视觉传达设计、产品设计和环境设计等组成。

4.2 设计模块学业质量要求

水平	质量描述
1	1-1 能运用设计术语,分析、比较设计作品,了解不同的设计意图,激发设计思维。(素养1、3、4) 1-2 能利用传统和现代的媒材、工具与方法,通过联想和想象进行有创意的设计活动。(素养4) 1-3 在创作过程中,能与同学交流自己的创作意图和想法。(素养2、3、5)
2	2-1 能从形式与功能、材料与结构、风格特征以及发展脉络来分析、区别各种形态的设计,拓展设计思维。(素养1、4) 2-2 能根据要求,选择适合的媒材、工具与方法,通过联想和想象进行有创意的设计。(素养4) 2-3 能用草图、照片和文字记录自己的创作过程与想法,养成认真、细致的工作态度。(素养2) 2-4 能与同学相互交流自己的作品和创作意图,探讨存在的问题,在此基础上进一步修改、优化自己的作品。(素养2、3、5)

续表

水平	质量描述
3	3-1 能从文化角度分析不同国家的设计师设计的作品,拓展设计思维,提高设计意识。(素养1、4、5) 3-2 能根据特定的主题或内容,通过发散性思维,生成和构想创作意图,进行有创意的设计。(素养4) 3-3 能用草图、照片和文字记录自己的创作过程与想法,并在与同学的交流和讨论过程中,不断反思、修改和优化自己的作品。(素养2、3) 3-4 能运用所学的设计知识与技能以及所获得的审美经验,来美化生活与环境。(素养2、3) 3-5 能选择自己设计的作品,与同学一起策划和举办展览,进行展示和交流。(素养2、5)

5.1 工艺模块内容要求

工艺是设计创意的物化,指将原材料或半成品加工成产品的方法和技术。本模块的学习内容由不同材料的传统手工艺及其制作技艺等组成。

5.2 工艺模块学业质量要求

水平	质量描述
1	1-1 了解传统手工艺的品种与艺术特点,形成对传统手工艺的爱好和兴趣。(素养1、3) 1-2 能选择适合的材料和工具制作手工艺作品,体会传统手工艺的制作流程和特点。(素养2、4) 1-3 能意识到中国传统工艺的悠久历史和文化底蕴。(素养3、5)
2	2-1 知道传统手工艺能够反映一定地域和民族的文化习俗、生活方式和审美观念。(素养1、3、5) 2-2 能选择适合的材料和工具制作多种传统手工艺作品,体会传统手工艺的制作流程和文化内涵。(素养2、5) 2-3 能调查、了解当地或其他地区的传统手工艺,用摄影、摄像或文字进行记录,与同学相互交流。(素养1、3、5)
3	3-1 能选择中国不同地区的传统手工艺,从材料、造型、色彩以及制作方法方面分析不同地区的文化对手工艺设计的影响。(素养1、3、5) 3-2 能提炼和归纳出传统手工艺设计的文化元素,并运用到自己的创作中。(素养2、4、5) 3-3 能调查、了解当地或其他地区的传统手工艺设计,用摄影、摄像或文字进行记录,并写成调查报告进行交流。(素养1、3、5)

6.1 现代媒体艺术模块内容要求

现代媒体艺术是指运用多媒体设备与技术表达观念、思想与情感的新兴艺术种类。多媒体设备与技术主要包括影像设备与技术、计算机设备与技术、互联网传播设备与技术三大类。本模块的学习内容由摄影、摄像、数码绘画和数码设计等组成。

6.2 现代媒体艺术模块学业质量要求

水平	质量描述
1	1-1 能针对摄影、摄像或数码绘画作品,说出几种构图形式,如对角线、垂直线、水平线、S形和三角形构图等。(素养1、3) 1-2 能利用照相机或摄像机对感兴趣的事物进行拍摄。(素养2、4) 1-3 能利用计算机的相关软件进行设计、绘制作品,并与同学交流数字媒体艺术的特点。(素养2、4) 1-4 能认识到现代媒体艺术对传统美术概念的改变。(素养5)
2	2-1 能根据光、色和构图来分析摄影、摄像或数码绘画作品。(素养1、3) 2-2 能运用照相机或摄像机,根据主题,如风景、人物、花卉、静物和校园生活等进行摄影、摄像,表达自己的感受。(素养2、3、4) 2-3 能利用计算机的相关软件设计、绘制标志、广告和动漫等作品,并与同学交流自己的创作意图和想法。(素养2、4) 2-4 能认识到现代媒体艺术具有互动性和虚拟性等特点。(素养2、5)
3	3-1 能从历史和文化的角度对现代媒体艺术作品进行分析和阐述。(素养1、3、5) 3-2 能根据学校或社会的有关议题编写脚本,利用照相机、摄像机或计算机创作带有情节性的作品,并与同学交流、探讨作品中存在的问题,并在此基础上进一步修改、完善自己的作品。(素养2、3、4) 3-3 能认识到现代媒体艺术是科学、艺术与人文理念的结合,理解其为当代社会发展所作出的贡献。(素养2、5)

说明:每个教学模块的学业质量要求包含三个不同水平的质量描述。其中,水平1是学生在义务教育毕业水平的基础上,经过一段时间的高中学习所要达到的;水平2是高中毕业生在本学科的学习上应该达到的合格要求;水平3是对应高考或用于高等院校招生的学业水平等级性考试要求。

(四)选修课程的教学要求

1.1 美术史论基础模块内容要求

美术史论基础模块由美术基础知识和美术史常识两部分内容组成。美术基础知识包括美术基础概念和基础理论;美术史常识包括中外美术发展的基本脉络和主要风格、流派、代表人物及代表作。

1.2 美术史论基础模块学业质量要求(略)

2.1 速写基础模块内容要求

速写基础模块由速写方法、人物速写和风景速写等内容组成。速写方法包括速写的工具和表现方法;人物速写包括人物的比例与运动特征、重心与动态线、画法步骤等;风景速写包括景物的取舍与构图、画法步骤等。

2.2 速写基础模块学业质量要求(略)

3.1 素描基础模块内容要求

素描基础模块由素描基础知识和素描写生等内容组成。素描基础知识包括素描的概念、作用、材料与工具、观察和表现方法等；素描写生包括静物写生、风景写生和人物写生等。

3.2 素描基础模块学业质量要求(略)

4.1 色彩基础模块内容要求

色彩基础模块由色彩知识和色彩写生(以水彩画或水粉画的方式进行)等内容组成。色彩知识包括色彩在创作和设计中的作用、色彩产生的原因、色彩的调配、色彩与情感的关系，以及色彩在不同文化中的应用等；色彩写生包括静物写生、风景写生和人物写生等。

4.2 色彩基础模块学业质量要求(略)

5.1 创作与设计基础模块内容要求

创作与设计基础模块由美术创作和命题设计等内容组成。美术创作包括创作知识、生活观察和体验、题目理解、素材搜集与选择、表现过程等；命题设计包括任务理解、调查分析、创意构想和设计表达等。

5.2 创作与设计基础模块学业质量要求(略)

四 教学建议

(一)总体建议

以核心素养为本位的美术教学，强调在现实情境中发现问题，明确任务，以自主、合作和探究等学习方式获取知识与技能，并将其运用于解决问题和完成任务的过程中，同时逐渐形成美术学科的观念、思维方式和探究技能。

以核心素养为本位的美术教学倡导开展主题性研究型美术教学，追求真实性学习结果，创设引发探究行为的问题情境，设计和运用多种学习工具帮助学生开展自主学习，让学生经历"像艺术家一样创作"的过程。在美术教学活动中，还应注意运用"基本问题"和"小问题"，联系生活进行跨学科美术学习，开展在信息化环境下的美术教学。

(二)必修课程的教学建议及案例

1.美术鉴赏模块教学建议

根据美术鉴赏模块的内容要求，提出以下几点教学建议：

(1)激发学生的观看兴趣。以教材为载体，充分利用多媒体教学优势展示中外优秀美术作品，有条件的地区和学校可组织学生走进美术馆、博物馆观赏美术作品原作，在"看"的经验中展开美术鉴赏学习。

(2)以多种角度和方法进行美术鉴赏。针对学生的认知特点，多角度、多层面联系文化、生活情境鉴赏美术作品，理解美术作品如何以形象、形式创造的方式表达思想、情感与创意。

(3)综合运用不同的学习媒介和学习方式,丰富美术鉴赏教学的过程。可以用问题导向的方式引导鉴赏学习;可以让学生识读图像,以关键词简述鉴赏体会;可以指导学生以跨学科的方式从不同角度展开思考和讨论,深化对主题的理解;可以充分发挥地方文化资源和自然资源的优势开展探究式学习;可以依托网络环境拓展学习资源和空间等。

(4)积极开展小组学习活动,鼓励合作学习和交流,同时给每位学生表达自己观点的机会,尊重和保护学生在作品鉴赏中表现出的个人意见和独特见解,注重批判性思维能力的发展。

(5)美术鉴赏能力的养成是循环上升的过程,要充分认识到每次鉴赏活动可能诱发的新体验和新发现。因此,需要将基本问题和方法贯通于不同的学习单元、学习内容中,通过持续学习,深化理解,提高学生的鉴赏能力。

2.美术鉴赏模块教学设计案例

人民美术出版社普通高中教科书《美术鉴赏》

第一单元　观看之道——美术鉴赏基础

主题一　素养与情操——美术鉴赏的意义

一　教材分析	
本单元属于必修课程美术鉴赏内容系列,分为两个主题:"美术鉴赏的意义"和"美术鉴赏的过程与方法",此为主题一。首先,主题一提出了为何学习美术鉴赏,通过美术作品能反映历史文化、艺术家的情感及美术作品的艺术美,让学生了解美术鉴赏是怎样的审美活动;其次,研究美术鉴赏活动与我们的日常生活有什么关系,认识人类的想象力、创造力和对精神境界的追求;最后,教材通过分析美术作品的社会功能,肯定了美术鉴赏活动对促进学生全面成长的益处。本课作为《美术鉴赏》的开篇,对后面的课程学习具有指导意义	
二　学情分析	
高一学生具备一定的逻辑思维能力,能够在教师的指导下开展合作学习和问题探究,能够结合其他相关知识综合理解学习主题,但对美术鉴赏学习的意义、美术鉴赏与历史文化以及社会生活的关联,了解得还不够,需要教师结合具体的教学情境加以引导和帮助	
三　基本问题与小问题	
(一)为何需要专门学习美术鉴赏	1.在美术鉴赏中,我们可以获得什么样的情感体验? 2.鉴赏美术作品对我们认识当时的历史文化有何帮助? 3.什么是美术作品的"艺术美"? 4.美术鉴赏是一个什么样的审美活动
(二)美术鉴赏活动与我们日常生活有什么关系	1.我们的日常生活中,哪些事物与美术有关? 2.你看到生活中的美术作品有什么感受
(三)美术鉴赏活动对促进学生的全面成长有哪些益处	1.美术作品具有哪些功能? 2.学习美术鉴赏有什么意义

续表

四 教学目标	
(一)知识与技能	1.理解美术鉴赏的概念(审美判断),理解美术作品与艺术家的情感、历史文化的关系以及美术作品的"艺术美"(审美判断、文化理解)。 2.了解美术与生活的关系(文化理解)。 3.了解美术作品的三大功能(图像识读、审美判断、文化理解)。 4.能够应用以上三方面的知识(图像识读、审美判断、文化理解)去分析学习《美术鉴赏》这门课程的意义
(二)过程与方法	通过创设问题情境,以问题为导向,以分析《美术鉴赏》课程的意义为真实性学习任务,开展深度学习;通过对比鉴赏,运用自主、合作、研究性学习以及课后考查等方式获取知识(图像识读、审美判断、文化理解)
(三)情感、态度和价值观	认识到美术鉴赏活动对自己全面成长的益处(审美判断、文化理解);对美术鉴赏活动产生兴趣,形成积极的美术鉴赏态度(审美判断);能够认同传统美术文化,愿意吸收外来优秀美术文化,建立文化自信(文化理解)
五 教学重点和难点	
(一)重点	(1)理解美术作品与艺术家的情感、历史文化的关系。 (2)理解美术鉴赏与日常生活的关系。 (3)理解美术鉴赏的内涵以及美术作品中的艺术美
(二)难点	(1)理解美术鉴赏的内涵及美术作品中的艺术美。 (2)认识美术鉴赏活动对自己全面成长的益处
六 教学用具:课件、学习单、学习档案袋等	
七 教学过程(第一课时)	
(一)情境导入	出示名作《江山如此多娇》,介绍某学校组织学生参观人民大会堂,几位同学看到了这幅作品后,展开讨论:这幅作品要表现什么?艺术家为什么要创作这幅作品?喷薄而出的旭日代表了什么?这些名作的艺术价值在哪里?学习美术鉴赏具有哪些意义和价值?今天我们就一起来学习本单元主题一:素养与情操——美术鉴赏的意义。 [设计意图]创设问题情境,以问题为导向,引导学生在现实情境中发现问题,明确任务
(二)新课学习	1.我们为什么要专门学习美术鉴赏? (1)欣赏感知:教师分析本课主题"素养与情操"的内涵,引导学生查看教材目录,了解本书结构,并自主选择自己最感兴趣的美术作品进行浏览,教师再请学生交流自己对教材中美术作品的感受。 [设计意图]初步了解教材结构,感知《美术鉴赏》课程的特点。 (2)真实性学习任务:安排学生运用本课所学的鉴赏知识来分析我们为什么要学习《美术鉴赏》课程。 [设计意图]以真实性的学习任务为驱动,引导学生展开学习。 (3)合作探究:欣赏教材中的《捣练图》《临流抚琴图》和朱耷的花鸟作品局部,小组合作,思考、讨论这些美术作品给我们带来了什么样的视觉美感,它们还呈现出哪些更为丰富的信息,掌握这些信息对于了解我国的历史文化和形成审美素养有何帮助。

续表

（二）新课学习	①欣赏感知：《捣练图》描绘了怎样的场景？从人物的形态、服饰造型等方面给我们带来了怎么样的视觉美感？在鉴赏《临流抚琴图》中我们可以获得什么样的情感体验？ [设计意图]引导学生从欣赏、感受作品到深入理解作品，并表达对于美术作品的直观感受，激发学生参与美术鉴赏活动的学习动机。 ②探究发现：出示朱耷花鸟作品局部，思考为什么朱耷笔下的动物都白眼向天。画家的创作意图是什么？这是否与他的人生经历有关？这是怎样的一种审美观念？教师分发有关朱耷艺术经历的文献资料，学生分组合作探究，完成学习单一（略）。 [设计意图]学生通过识读图像和文献分析，发现朱耷作品的艺术特点，并分析与其人生经历的关系。 ③过程性评价：评价学习单一的学习情况，教师小结。 [设计意图]教、学、评一致，注重过程性评价，进行巩固。 ④深度学习：学生进行小组合作，进一步分析有关朱耷艺术特点的文献资料，通过思考和讨论，理解鉴赏美术作品对于我们认识当时的历史文化有何帮助。学生发表本组的研究结论，教师再引导学生从历史学、社会学的角度，一分为二地思考朱耷花鸟画作品的艺术风格有何当代意义，引导学生发表不同观点。 [设计意图]开展深度学习与跨学科学习，培养学生的批判性思维能力。让学生通过识读图像和作品分析，感悟美术作品反映的历史文化和审美理念。 (4)什么是美术作品的"艺术美"？通过欣赏朱耷笔下的艺术形象，发现美术作品中的"艺术美"不等同于现实中的"漂亮"或"好看"，而是通过特定的美术形象表现出的艺术自身的"美"。这种综合了主观与客观、个人审美与时代精神的艺术形象，被人们称为"第二自然"，即"艺术美"。 (5)比较美术欣赏与美术鉴赏的异同，你觉得美术鉴赏是什么样的审美活动？ (6)思考探究：学生根据课前上网查阅的有关文献资料，从时代背景、画家经历、创作意图等方面来分析《踏歌图》和《我们要和平》两幅作品，完成学习单二（略）。 [设计意图]引导学生查阅资料，思考、分析并解决问题。 (7)过程性评价：评价学习单二的学习情况，教师小结。 [设计意图]教、学、评一致，注重过程性评价，进行巩固。 2.美术鉴赏活动与我们日常生活有什么关系？ (1)初步感知：我们的日常生活中哪些事物与美术有关？ [设计意图]引导学生在生活情境中回忆身边的美术种类，感受美术与生活的联系。 (2)展开学习：生活中的美术作品，如剪纸、门神、年画、皮影戏等，你对它们的造型、色彩、情节等有什么印象和感受？ [设计意图]引导学生通过感受美术与生活的联系，感悟美术作品不仅形象生动地记录和反映了人类历史文化发展的面貌，也展示了人的想象力、创造力和对精神境界的追求。美术作品源于生活，又高于生活。

	续表
(二)新课学习	3.美术鉴赏活动对促进学生的全面成长有哪些益处？ 欣赏人民英雄纪念碑上的《人民英雄纪念碑·胜利渡长江》和唐寅的《秋风纨扇图》，思考为什么要创作这些美术作品，这些美术作品具有哪些功能。 [设计意图]通过问题引导学生理解美术作品的三个社会功能：认识功能、教育功能、审美功能。 4.解决问题：学生能够运用本课所学的鉴赏知识来分析学习《美术鉴赏》课程的意义。 [设计意图]引导学生综合运用通过合作、探究学会的鉴赏知识及跨学科知识，分析学习《美术鉴赏》课程的意义，实现问题的解决，在此过程中，逐渐形成美术学科的观念、思维方式和探究技能
(三)本课总结	美术作品体现了当时的历史文化、审美理念和艺术家的情感，传达"艺术美"。美术不仅形象生动地记录和反映了人类历史文化发展的面貌，也展示了人的想象力、创造力和对精神境界的追求。学习鉴赏的意义在于培养我们形成健康的审美观念和认识世界的能力，并助力未来人生的发展。 [设计意图]完成学习任务，进行总结
(四)教学评价	1.学生自主选择一件自己熟悉的美术作品，尝试分析时代特征、文化背景、艺术思潮等因素对作品的影响。鼓励学生独立思考，并通过书面或口头语言进行表述和交流。 2.教师对学生在美术鉴赏学习中体现的学科核心素养发展水平进行评价。 3.教师把学习单等过程性资料收进学生的学习档案袋中。 [设计意图]依据教材中本单元后的"学习评价"内容，对照相关问题，着眼于学生学科核心素养的形成，开展自评和同学之间的互评
(五)课外学习活动	结合当地实情，进行一次深度的美术馆或博物馆参观活动，并完成调研报告和活动记录

(三)选择性必修课程教学建议及案例

1.绘画模块教学建议

根据绘画模块的内容要求，提出以下几点教学建议：

(1)根据教师的专长和学校的条件选择性地开设某一两个绘画门类开展教学，引导学生触类旁通，认识和掌握绘画表现的共性特征、基本规律和学习方法。

(2)组织学生对不同门类的优秀绘画作品进行观看和赏析，帮助他们了解艺术家与美术作品的关系、时代与趣味的关系、主题与风格的关系、内容与形式的关系，以及技法与情感的关系。同时，帮助学生选择适合自己学习的绘画技法、样式和风格。

(3)结合具体的绘画技能学习，以提示和讲解的方式，训练学生对事物的观察能力，帮助他们学会整体比较的观察方法，从大小、远近、高低、明暗和虚实等关系中认识物体的存在和运动状态,提高对形象和形式特征的感悟与提炼能力。

(4)尽可能引导学生根据创作的需要选择和学习相关的绘画技法,同时也需要让学生通过一定时间的独立练习,掌握最基本的绘画技法。

(5)开展命题或自选题的创作活动,鼓励学生通过对主题的思考和探索,尝试主题性绘画创作,引导学生经历联系生活、搜集素材、学习借鉴、构思构图、选择媒材、绘画创作和展示交流等学习过程。在主题性创作中,要充分尊重学生的个性、自主性和创造性,并给予学生适当的建议、提示和指导。

(6)通过临摹、写生、默写的方式,帮助学生获得对技法理论、工具材料和表现技法的认识和运用能力。

2.中国书画模块教学建议及案例

(1)中国书画模块教学建议

根据中国书画模块的内容要求,提出以下几点教学建议:

①在教学中应鼓励学生通过具体的练习和创作活动获得对中国书画艺术魅力的体验和感悟。中国书画教学不能限于单纯的技法训练,必须以美术学科核心素养为导向,既要关注知识与技能,也要关注学习过程与方法,更要关注情感、态度和价值观。

②在学习的过程中,可以将选择临摹某种字体、某类中国画作为学习中国书画的起点,逐渐培养学生对中国书画独特程式的认同和喜爱,理解中国书画与中国文化传统、姊妹艺术和其他美术门类的关联性。

③在教学过程中,既要进行基本的技法训练,更要在中国文化情境中,通过体验活动激发学生的兴趣,鼓励学生运用中国书画的工具和形式表达自己的感受、情感和思想。

④提倡以临摹和创作相结合的方式开展中国书画教学,帮助学生从"线条表现性"入手理解中国书画。还要让学生认识中国书画艺术的综合性特征,学习诗词等文化知识,并不断地体验生活,以便更好地理解和学习中国书画。

⑤通过鉴赏和临摹学习活动,引导学生研究某些中国书画作品产生的背景、艺术家生平、艺术特点和创作观念等,通过描述、分析、解释和评价的方法鉴赏经典书画作品,归纳其特有的艺术语言。

⑥倡导主题性研究学习,鼓励学生采用个人学习和小组合作的方式,对主题进行深入思考和讨论,综合运用绘画、书法、篆刻的知识与技能,甚至文学知识,并融入自己的文化理解和生活经验,完成作品的创作、装裱、展示以及评价和交流,体验中国书画创作的完整过程。

(2)中国书画模块教学设计案例(教材分析、学情分析、教学目标等内容同本学科附件1:备课规范中的"附:教学设计案例")

湖南美术出版社普通高中教科书《中国书画》
第一单元 神与物游——笔墨意境与中国书画

	教学过程(第一课时)
(一)单元问题情境	学校会议室里挂着一幅中国画《皖山图》,学生们看到这幅作品时,反映不太看得懂,有同学问:中国画是如何通过笔墨来塑造形象的?它是如何表现中华文化与价值的?如何创作一幅中国画作品呢?今天,我们一起来学习《神与物游——笔墨意境与中国书画》第一课时
(二)新课学习	1.任务驱动:教师引导学生欣赏几幅中国山水画作品,提出真实性学习任务——临摹《芥子园画传》中石头和树木的画法,再尝试组合所临摹的石头、树木,完成一幅山水画创作,用来装饰房间。 [设计意图]通过任务驱动,以问题为导向展开教学,追求真实性学习结果。 2.欣赏感知:引导学生欣赏《鼋画山图》和《闰中秋月诗贴》,并介绍两幅作品的内容与特点,提出笔墨的概念。 [设计意图]通过对比欣赏,引导学生初步感受中国书画的艺术美,帮助学生建立感性认识,引发学习兴趣。 3.探究发现:中国书画的艺术特征与创作工具有什么关系?引导学生对比清代王铎《书诗》与唐代吴道子《送子天王图》两幅作品,通过阅读教材、查阅相关资料,合作完成以下学习单:对比鉴赏、总结书法和中国画作品"以线造型"的共同特征,发现线条的艺术特征与毛笔工具之间的关系。 [设计意图]指导学生学会查找文献资料的方法,学会运用对比鉴赏法,通过探究发现,合作完成学习单,形成学习能力。 4.过程性评价:评价学习单的完成情况,教师小结。 [设计意图]教、学、评一致,注重过程性评价,进行巩固。 5.教师演示:教师先让学生熟悉中国书画的工具、材料,再演示笔墨、线条技法,引导学生发现中国书画"以线造型"的特征及其与材料的关系,并分析中国书画中的"笔法"在作品中是如何体现的。教师适时小结。 [设计意图]引导学生在艺术实践与体验中,学会发现问题,针对问题进行交流、反馈,形成美术学科核心素养。 6.艺术实践:教师示范笔锋的运用及行笔的方法,并布置学生作业:在教材第3页的四幅国画小品中自主选择1~2幅进行临摹。教师巡回指导学生行笔的方法。 [设计意图]引导学生在临摹学习中,加深体验,提高认知和实践能力。 7.深度学习:教师指导学生阅读教材第5页的内容,提问学生如何理解中国书画用笔中强调的笔意、笔力、笔趣、笔韵。引导学生展开学习,并对这三幅作品进行分析、交流、总结,提出个人的观点。 [设计意图]指导学生比较、分析、理解中国书画笔墨表现的内涵,注重批判性思维的培养

续表

（三）教学评价	1.尝试练习笔法和墨法，感受中国书画的材料美感。 2.选择一件中国古代书画作品，从笔意、笔力、笔趣和笔韵等方面进行分析，通过书面或口头语言进行表述，并与同学交流心得。 3.教师注重对学生在中国书画学习中体现的学科核心素养发展水平进行评价。 [设计意图]依据教材本单元后的"学习记录本、档案袋"内容，引导学生对照相关问题，开展自评和同学之间的互评
（四）本课总结	中国书画的用笔方法要合乎生动、老练、秀润、雄厚、磅礴等传统技法要求，其笔墨和用色是一个完整的体系，笔法与墨法相得益彰，同时，笔墨技法和作者的思想感情也是紧紧联系在一起的

3.雕塑模块教学建议

根据雕塑模块的内容要求，提出以下几点教学建议：

(1)通过教学，培养学生的立体造型意识、材料的使用能力以及动手创作的能力，使他们能运用雕塑知识与技能，创作自己的雕塑作品。

(2)在学习"雕塑概述"时，可让学生回忆自己见过的雕塑，描述其所属类型、所处的场合、意义和价值。让学生先感性地认识身边的雕塑及其作用，然后通过课堂学习，归纳雕塑艺术的特点、种类、发展脉络和社会价值，理解雕塑与环境的关系。

(3)指导学生运用鉴赏方法，从雕塑的形态、主题、文化背景和创作观等方面，由表及里地分析作品，学习雕塑作品鉴赏。

(4)根据学生的喜好，形成不同的学习小组（如彩塑组、浮雕组、综合材料组等）。在小组内，学生进一步讨论相关作品的形态、主题、文化背景和创作观等，反思、调整并确定自己所选的样本。学生通过自主、合作和探究的方法学习雕塑技法，并尝试完成一件以模仿为主的作业，教师给予适当指导。

(5)与学生共同讨论，联系社会与现实生活，选择一个有意义的创作主题和任务。然后引导学生根据创作任务搜集素材、借鉴经典、设计草图、寻找材料、制作小稿或实验性作品，完成并展示雕塑作品等，体验像艺术家一样创作的过程。

(6)要鼓励学生发现或利用身边的雕塑材料，也可以在雕塑作品表面用颜色、材料仿造花岗岩、青铜、铝合金和木质等不同材质效果，提高作品的艺术表现力。

(7)举办学生雕塑作品展，优秀作品可长期陈列。这既提升了学生的成就感，又营造了校园文化氛围，潜移默化地提高全校学生的美术学习兴趣。

4.设计模块教学建议

根据设计模块的内容要求，提出以下几点教学建议：

(1)通过阅读和鉴赏活动，使学生了解设计的相关知识，认识设计活动以生活体验中的问题为导向，遵循发现问题、分析问题和解决问题的过程，帮助他们在头脑中建立起"好的设计"的概念和标准。要让学生广泛地接触材料，认识形式与功能的关系，提高构思、策划、绘图和制作能力，逐渐形成设计意识。

(2)在教学中既要注意启迪学生创意思维的艺术性，又要明确要求合理运用材料与制作工艺的科学性，强调从思维到表达一体化的系统性教学。

(3)倡导面向学生身心发展需求的开放性教学。倡导选择便于体验的身边物品与环境，充分考虑社会现象与时代需求的设计主题，创设不同情境进行设计教学，以体现教学内容和创意实践的开放性。为此，教师既要遵照教科书提供的理论与方法，又要充分利用当地资源，因地制宜，实现符合实际的实践教学。

(4)多开展基于拓展设计主题与内容的多元性教学。面对设计课题时，既可选择同一内容的主题，也可选择不同内容的主题；完成设计作品时，既可以用相同材料、工具与方法，也可以用不同材料、工具与方法。

(5)创意竞争与分工合作是设计活动的基本行为方式，可以采用综合性设计项目的命题、限定时间的个人创意表达以及优选方案的民主评价，以分工合作的方式，分组完成优选方案的制作。

5. 工艺模块教学建议

根据工艺模块的教学内容要求，提出以下几点教学建议：

(1)在教学中融入历史、生活和社会知识，将课程内容与学生的生活经验紧密联系，让学生在具体的文化情境中认识手工艺的特征和表现形式，激发他们的学习兴趣。建议建立校外手工艺作坊，通过实践活动、主题探究和兴趣选修等多种方式开展教学。

(2)积极探索多种教学途径，组织丰富多彩的教学活动，以内外结合的课堂教学与综合活动构建有效的手工艺教学体系。

(3)请教当地的知名工艺师、民间艺人，发掘家乡和其他地区手工艺的内涵。从文化和历史的层面解读当地手工艺的价值和特色，激发学生热爱和珍惜家乡手工艺的情感，帮助他们掌握传承与保护本土文化遗产的方法，提升他们对本土文化的认知。

(4)强调工艺课程的知识和技能在帮助学生美化生活方面的作用，使学生在实际生活中领悟工艺的独特价值，形成用工艺的方法解决生活和学习中问题的能力。尤其重视动手实践能力的培养，使学生具有将创新观念转化为具体成果的能力。

(5)提倡深入民间进行社会调查，搜集手工艺品及相关的图像、影像资料，结合相关的起源传说、神话故事、趣闻轶事、象征意义和图腾崇拜等文化现象，对其功能、形态、色彩、材质、制作方法及独特的审美品质进行分析和认识。

(6)以学生心理发展规律为基点，按照手工艺内容的要求组织教学，让学生通过选题、借鉴、搜集素材、设计草图、寻找材料、制作、完善和展示等方式体验创作过程。在教学过程中，要把握知识与技能的难易程度，注意知识与技能的递进和迁移。

6. 现代媒体艺术模块教学建议

根据现代媒体艺术模块的内容要求,提出以下几点教学建议:

(1)运用小组讨论或合作交流的方式,对优秀的现代媒体艺术作品进行分析、归类,思考其与现代生活的密切关系。指导学生深入发掘作品的内涵、形式、创意和技巧,并尽可能用专业术语进行分析和评判,发表自己的观点和见解。

(2)强化问题的设计与引导,在具体问题的提示下,引导学生掌握基本的现代媒体工具、手段与造型方法,并在学习任务的驱动下,师生合作,尝试创作,享受创作过程的乐趣。

(3)指导学生开展基于主题的学习活动,选择贴近其生活实际的表现主题(如健康、环保、家庭、校园生活等),积极尝试并运用新颖的艺术形式表达自己的观点、思想和情感。指导学生利用照相机、摄像机或计算机技术制作叙事性的现代媒体艺术作品,并与同学交流、探讨作品中存在的问题,不断加以改进。

(4)引导学生开展任务驱动式的学习,与学生共同制订学习任务书,帮助他们经历调查、探究、试验、制作和评价等阶段,以个人或小组合作的方式对媒体素材进行搜集、加工、整理,融入媒体艺术的观念,创造具有新意的作品。

(5)配合具体活动任务或主题的需要,指导学生拍摄、搜集各种相关素材,探索主题和事件的意义,进行研究性学习结果的展览及演示,采用口头、书面等形式评价自己和他人的作品,并修改和完善自己的作品。

(6)引领学生积极关注社会生活及信息科技等领域内的最新知识与表现技能,提倡跨学科、跨领域的探究式学习,在学习过程中融合造型艺术、计算机语言和网络技术等手段和方法,理解现代媒体艺术中科学、艺术与人文理念的融合。

(四)选修课程的教学建议

1. 美术史论基础模块教学建议

根据美术史论基础模块的内容要求,提出以下几点教学建议:

(1)将教师讲授、学生自主阅读等方式结合起来,帮助学生认识美术的基本概念和基础理论,鼓励学生以口头和书面的方式进行表达和交流,结合对具体作品的鉴赏,在特定的语境中加深对其内涵的理解。

(2)讲授并指导学生阅读相关资料,以观看视频、参观美术馆(博物馆)和当地的文化历史遗迹、组织讨论等方式,帮助学生了解中外美术发展的基本脉络,形成知识框架,进而学会分辨不同的风格流派,了解美术史上重要的艺术家及其代表作。

(3)以主题和任务驱动的方式,设置问题情境,引导学生以个人或小组合作的方式,利用各种途径搜集资料,研究美术与自然、社会和个人的关系。联系文化情境,对美术的现状进行分析和研究,写出研究报告,并进行发表和交流。

2.速写基础模块教学建议

根据速写基础模块的内容要求,提出以下几点教学建议:

(1)引导学生阅读书籍、搜集资料和互动交流,结合适当的讲解和示范,帮助学生认识速写的特点、作用和价值,体会速写工具、材料的性能,认知速写的步骤和要领。

(2)通过示范、指导范本临摹和现场写生等方式,帮助学生获得关于人物和风景速写的基础知识和基本技能,培养学生对物体形象特征的观察、捕捉和表现能力。

(3)遵循"精讲多练"的原则,鼓励学生进行练习,并在练习过程中,引导学生反思自己存在的问题,同时提供适当的技法指导,帮助他们不断提高速写水平。

3.素描基础模块教学建议

根据素描基础模块的内容要求,提出以下几点教学建议:

(1)通过讲解和讨论等方式,帮助学生理解素描的概念,并在欣赏优秀素描作品的基础上,认识素描的作用和表现方法。以教师示范和学生临摹优秀素描作品等方式,引导学生汲取中外画家的素描表现技法,并通过课堂写生加以强化。

(2)结合长期作业和短期作业,进行针对性的训练,让学生逐渐学会整体的观察和描绘,明确静物写生、风景写生、人物写生的要求,体悟其不同的表现特征,鼓励学生尝试运用不同的素描形式和技法表现对象的特征和自己的感受。

(3)通过启发学生的思想、感情和提供文化背景知识,帮助学生将素描技法与思想、情感的表达相结合,并从文化的角度理解素描的不同表现方式,鼓励学生以自评、互评的方式形成反思能力和评价能力,推动持续的素描学习。

4.色彩基础模块教学建议

根据色彩基础模块的内容要求,提出以下几点教学建议:

(1)以讲授、讨论或阅读的方式,引导学生认识色彩的基础知识;通过欣赏作品范例,帮助学生认识色彩在创作和设计中的作用及色彩与情感的关系。关注艺术家在作品中通过色彩对人文、情感和审美趣味的表达。

(2)引导学生以临摹的方式感悟色彩变化、色彩调配、色彩应用的规律和色彩的情感特性,了解画家的色彩表现方式,训练学生的色彩调配能力。在此基础上,可要求学生遵循写生步骤,进行静物、风景和人物的写生。

(3)通过启发学生的感受和提供文化背景知识,鼓励学生在写生中传达自己的感受、思想和情感,以增强作品的感染力。在色彩教学的整个过程中,鼓励学生以自评、互评的方式形成反思能力和评价能力,从而提高他们学习色彩知识的兴趣和能力。

5.创作与设计基础模块教学建议

根据创作与设计模块的内容要求,提出以下几点教学建议:

(1)教学应该集中于拓展生活经验,增加思想积累,训练思维方法,以及选择、运用美术创作与设计的知识与技能等方面。同时,在问题情境中,联系特定的任务,增强学生学习知识与技能的目的性。

（2）美术创作与设计大多基于特定题目进行，应引导学生正确地理解题意。让学生交流对题目的理解，准确把握题目的指向，综合各种思维方式，尝试提出创作构思或设计创意，并以草图呈现。搜集不同艺术家或设计师针对类似题目的创作或设计，以启发构思或创意，并学习和借鉴表现方式。修改、调整和优化构思和草图，进行正式的创作或设计。

（3）美术创作与设计是不断深化和拓展的过程，不断地自我反思和听取他人的意见是推进思想和创造的有效方法。改进和优化表现效果，在美术创作与设计活动中尊重和保护学生的个性。

五　评价与考试建议

（一）评价建议

普通高中美术教学评价是对学生的学习过程和结果的关注，并以反馈和调控的方式确保教学目标的适宜性、教学策略与方法的有效性，使学生和教师形成反思、调整与改进的能力。

1. 树立以学科核心素养为本位的评价理念

以美术核心素养为本位的评价，不仅关注学生对知识与技能的掌握程度，更关注学生运用知识和技能解决问题时所体现的学科核心素养发展水平。建议多关注过程性评价，随时发现问题并解决问题；综合运用多种评价方式，形成既注重结果又关注过程，并能有效促进学生发展的评价机制。

2. 合理"量化"评价内容

教师除了运用"档案袋"等手段开展质性评价外，也应注重评价量规的制定，合理量化各项评价指标，真实反映学生美术学科核心素养的发展状况。依据各模块的学业质量标准，分解教学目标，确定评价指标、评价量规、权重分配和评价方法。对于需要团队合作的学习活动，要增设分工、合作、参与度和效率等方面的评价指标。教师应及时反馈评价结果，并帮助学生分析问题，确定改进方法。

3. 运用"学习档案袋"

"学习档案袋"的建立，保证了美术教学评价的相对真实，它为合理判断学生的学业质量水平提供了重要的过程性资料。"学习档案袋"的内容应包括学习任务书、研究报告、创作草图、设计方案、创作过程日记、自我反思与评价表等。教师应通过学生的美术学习成长记录，恰当判断学生的学业发展水平，发现学生的潜能和发展需求，并给予针对性的指导。

4. 提供展示机会

展示是美术学习评价的独特方式，也是重要的美术学习活动。评价时除了展示作品外，也可以展示学生的调研资料、创作素材、研究方案等各种学习成果。通过不同形式的展示，营造学习氛围，激发学习兴趣。

5. 发展学生的自评和互评能力

要将学生的自我评价、同学间相互评价、教师评价等评价方式结合起来,以体现评价的多主体、开放性的特点。学会评价是学生主动学习、学会学习的重要标志。要充分发挥评价的激励与促进作用,提高学生的评价能力,激发学生的自信心,使其形成持久的学习兴趣。

(二)学业水平考试建议

美术学业水平测试是对高中学生在校期间美术学习情况的全面检测。实施美术学业水平测试,有利于促进学校深入落实美育工作,指导学生认真学习美术课程,提高学生的美术学科核心素养;有利于教师准确把握学生的美术学习情况,改进教学和管理方式;有利于高等院校选拔适合自身特色和专业要求的学生,促进普通高中与高校人才培养的有效衔接。

1. 对必修课程、选择性必修课程和选修课程分别进行水平考试

普通高中美术课程采用必修课程、选择性必修课程与选修课程相结合的课程组织形式,其中,学业水平合格性考试以必修课程和选择性必修课程的要求为准,一般针对2~3个模块的学习内容。高考或计入高校招生录取总成绩的学业水平测试以选修课程要求为参考。

2. 以学业质量标准作为考试依据

必修课程、选择性必修课程和选修课程的学业质量水平分为三级(选修课程的学业质量水平仅列出二、三级),学业水平考试内容应以《课程标准》中规定的学业质量标准为依据。

3. 重点考查学生的能力

学业水平考试重点考查学生对美术的感受、理解、鉴赏和表现的能力,并注重考查学生分析问题、解决问题的能力及学习能力。

4. 运用不同考试形式和题型

学业水平测试的形式分为两种。一种是笔试,主要用于美术鉴赏模块或其他模块中有关美术理论知识类的考试。试题设置客观题型与主观题型,客观题型一般不超过试卷总分的50%。另一种是学习档案袋(作品集),主要用于绘画、中国书画、雕塑、设计、工艺和现代媒体艺术等模块的考试。教师要求学生在递交艺术作品的同时还应提交创作过程的文档,包括画稿、草图和照片等图像,以及创作中的调查、探索、反思等。

5. 以等级计分的方式记录考试结果

学业水平考试实行等级计分,必修课程与选择性必修课程测试等级分为合格、不合格,选修课程考试等级分为优秀、合格、不合格,以便于高校的选拔。

6. 确定合适的考试时间

学业水平考试的时间,应安排在每个模块学习结束后进行,考试结果必须予以公示。

附件 1

普通高中美术学科备课规范要求

一 基本原则

(一)主体性原则

备课应面向全体学生,充分体现学生在教学活动中的主体地位,深入了解和充分尊重学生不同的学习需要和发展诉求,着眼于全体学生的学习和成长,让学生真正掌握学习的主动权,从而使学生的主体性在学习过程中得到有效发挥。

(二)科学性原则

备课应准确把握学科基本概念和学科知识体系,依据《课程标准》及教育学、教育心理学理论,遵循教育教学规律和学生身心发展规律,结合教育教学实际开展备课活动。

(三)目标性原则

备课应充分理解和认真落实《课程标准》的理念,以培养学生的美术学科核心素养为目标,关注学生关键能力的发展与必备品格的形成。依照《课程标准》所提出的相应模块的"学业质量标准",开展教育教学的准备工作,做到目标清晰、任务明确、实施有序。

(四)实践性原则

备课应基于学生的认知结构、生活经验和解决问题的能力水平,注重创设问题情境,让学生有机会在不同的情境中积累经验、获取知识、锻炼能力,并能够运用所学的美术知识和技能解决生活中的实际问题,以用促学,学以致用。

(五)主动性原则

备课应充分考虑到学生的身心发展水平,立足学生的实际需求,设计能激发学生学习兴趣的教学环节和教学活动,充分调动学生学习的能动性,使其主动参与学习、自主构建美术知识体系。

二 基本方法

(一)教学目标的确定

教学目标是指在教学活动中,师生双方预期能达到并可以观测的学习结果。教学目标的确定应依据高中不同教学模块及相应模块的学业质量标准的要求,把教学内容与现实生活情境相结合,让学生通过解决问题,形成开放性的、可持续发展的真实性学习结果。

教学目标的表述应明确、严谨、科学,要求按照"知识与技能""过程与方法""情感、态度和价值观"三个维度进行设计,同时有机融入美术学科核心素养。在阐述每个维度教学目标的同时,还应明确指向某一种或几种美术学科核心素养的培养,注意具体目标和整体目标之间的逻辑关联。

(二)教学内容的选择

教学内容包括教材内容和相关文献资料。选择教学内容时,首先需要分析教材的知识系统、学习系统和作业系统,在理解教材体系和内容的基础上进行筛选。除此之外,教师还可通过图书、杂志、网络信息资源和大数据等渠道补充有利于培养学生美术学科核心素养的内容,还包括实际教学过程中可以通过师生合作生成的内容,也可结合当地美术教学资源,选择教学内容。同时,要在充分研究《课程标准》中不同模块的教学目标、学业质量水平及评价要点的基础上进行选择,做到"目标""内容""评价"的有机融合。

(三)教学重难点的把握

确定教学重难点,教师要先领会《课程标准》的精神,关注培养学生美术学科核心素养的课程要求。其次,要根据学科教学的完整知识体系框架和教学目标,分析出居于核心地位的、对形成学生必备品格和关键能力有重要影响的、能引发学生持久理解与探究的教学内容。最后,依据分析出的内容,结合学生的认知能力、学业水平与身心发展规律来科学确定重难点。

(四)教学活动的设计

基于学科核心素养的教学活动设计就是要在现实情境中引导学生去发现问题、明确任务,以自主、合作、探究等方式获取知识、技能,并运用知识、技能来解决问题、完成任务,最终形成适应学生终身发展和社会发展需要的必备品格和关键能力。

高中美术教学活动要依据每个模块的教学内容进行设计。美术鉴赏模块要创设问题情境,通过基本问题与小问题的引导,多角度、多层面地联系生活,联系不同学科,鼓励学生按照"描述—分析—解释—评价"的程序进行独立思考和合作探究。绘画、中国书画、雕塑、设计、工艺、现代媒体艺术等模块要设置真实的创作主题,通过基本问题与小问题引导学生进行合作探究,经历"主题—鉴赏—技法—构思—创作—展评"的程序,体验"像艺术家一样创作"的过程,发展学生的学科核心素养。

另外,《课程标准》提倡主题性研究型教学,教师可根据教学内容的关联性和课时安排来设计教学活动。此外,学生的接受程度、准备情况也是教师设计教学活动时必须要考虑的因素。

(五)教学用具和资料的准备

1.教学用具:教具是指在教学过程中借以辅助教学活动的用具,可根据教材和学情来准备,具有直观性、美观性与实用性的特点。

常用的工具材料包括各类纸张(绘图纸、宣纸、彩色卡纸、海绵纸、瓦楞纸等)、颜料、各类画笔、美工刀、剪刀、雕塑刀、木刻刀、软陶泥、彩泥、胶水、双面胶、透明胶等,甚至还包括铁丝、毛线、丝带、废旧物品等辅助用具。

常用的教学设备主要指绘画、陶艺、雕塑等专用器材和设备。现代美术教学则更多地用到多媒体设备,如计算机、音响等,还包括数码影音设备、投影仪、扫描仪、打印机、虚拟/增强现实、人工智能、远程视频系统等,以及操作这些设备的软件和图形图像处理软件等。

2.教学资料:教师上课用到的图片、画册、模型、实物、范例作品、复印资料和教师的自制教具,课程学习单和评价表、学习档案袋,当地可开发的艺术资源、博物馆、美术馆资源以及多媒体信息技术资源等。

教学用具和资料的准备要结合教学活动的需要合理使用,同时要考虑根据教学环境和学生实际情况进行选择。

三 基本步骤

(一)备标准

认真学习、理解《课程标准》中关于课程性质与基本理念、学科核心素养与课程目标、课程结构、课程内容、学业质量、实施建议等方面的论述,明确美术课程在培养学生方面的整体方向和目标要求。以美术课程在不同模块的内容要求、教学提示、学业质量标准等方面的要求进行教学准备。

(二)备教材

1.分析教学内容在教材中的地位和作用

研究教材内容中的新知识和前后教材中知识的关联性,明确教材编写的思路及其内在的逻辑关系。

2.明确教材内容所属的体系

研究教材中的知识系统、学习系统和作业系统。对知识系统进行概括,提炼知识与技能目标;对学习系统进行分析,分析需要体验或掌握的学习、表现方法,设计教师的教法与学生的学法;分析作业系统与学习任务。

3.设计基本问题和小问题

首先分析教学内容,提出基本问题,再将基本问题分解成与学科相关的小问题,引导学生在观察、感知、体验、思考、探究、创造和评价中展开学习,有效发展学生的学科核心素养。

4.分析本课需要用到的工具材料,分析本课的评价工具与评价方法等

(三)备学生

了解学生已储备的学科知识与教学内容之间的联系,思考通过教学可以帮助学生形成哪些方面的学科核心素养;了解学生实际的身心发展水平、生活经验和已有的认知水平,分析学生的兴趣差异,并根据学生的学习能力设计相应的教法与学法;关注学生在学习过程中遇到的问题,尊重学生的学习感受。

(四)备教学方法

美术教学方法是教学过程中教师和学生为实现教学目标和教学任务的要求所采取的行为方式的总称。教法、学法要依据教学目标、内容、学科核心素养形成的特点和学生的学习心理合理选择。

常用的美术教学方法:第一,以语言传递信息为主的方法,包括讲授法、谈话法、讨论法、读书指导法等;第二,以直接感知传递信息为主的方法,包括演示法、参观法、观察比较法、体验法等;第三,以操作练习为主的方法,包括临摹练习的方法、写生练习的方法、制作练习的方法(工艺制作、艺术设计等)等;第四,以创设情境为主的方法,包括实物演示情境教学法、媒体与图片情境教学法、音乐渲染情境教学法、表演体验情境教学法、示错情境教学法等。

核心素养本位的高中美术教学强调设置真实的问题情境,通过"基本问题"和"小问题"引导学生以自主、合作和探究的方式获取知识与技能,并掌握解决美术实际问题的方法。同时,要提供情境性评价,注重"教、学、评"的一致性,要设计和运用多种学习工具、评价工具和评价方法,如单元学习任务书、学习单和评价表、学习档案袋等。

(五)写教案

教案的撰写要根据《课程标准》、教材要求及学生的实际情况,以单元、课题或课时为单位,对教学内容、教学步骤、教学方法等进行具体的设计和安排。教案包括教材分析、学情分析、教学目标、教学重难点、教学用具、教学过程、展示评价、板书设计等环节,各环节并不是固定不变的,应依据具体课程内容进行合理设置。

基于核心素养的美术教案的撰写,建议根据教学内容设计基本问题和小问题,明确任务驱动和学业质量水平标准。

附件 1

湖南美术出版社普通高中教科书《中国书画》

(一)单元教学设计

单元名称	第一单元　神与物游——笔墨意境与中国书画	
单元问题情境	学校会议室里挂着一幅中国画《皖山图》,学生们看到这幅作品时,反映不太看得懂,有同学问:中国画是如何通过笔墨来塑造形象的? 它是如何表现中华文化与价值的? 如何创作一幅中国画作品呢	
单元目标	1.知识与技能: (1)体验与了解笔法、墨法等中国书画基本表现语言,感受中国书画以线造型、追求气韵及以形写神等审美特征(图像识读、美术表现、审美判断、创意实践)。 (2)了解中国书画从立意、以诗入画、布局章法等方面来营造意境(图像识读、审美判断)。 (3)尝试运用构图原理和笔法、墨法来创作诗书画印结合的书画作品(美术表现、创意实践)。 2.过程与方法:通过创设问题情境,让学生结合具体的练习和创作活动获得对中国书画的体验和感悟,完成主题性研究学习,解决中国画创作问题(图像识读、美术表现、审美判断、创意实践)。 3.情感、态度和价值观:感受中国书画中蕴含的中国传统文化精神,形成热爱中国传统文化之情,逐步建立文化自信(文化理解)	
	第一课	第二课
基本问题	书画用笔、用墨有哪些成熟的方法? 如何通过笔墨来塑造形象、传递情感	中国书画的意境是从哪些方面来营造的? 书法作品的章法有何特点? 中国书画作品的经营位置有何特点? 它们的观察方式有何独特之处
任务驱动(可以根据活动建议、艺术实践、探究发现来设计)	临摹《芥子园画传》中石头和树木的画法,再尝试组合所临摹的石头、树木,完成一幅山水画创作,并用来装饰自己的房间	选择你喜欢的诗句,运用本课所学知识,考虑题款及印章的布局,创作一幅具有诗意画境的书画作品送给自己的亲人
评价工具	学生记录本、学习档案袋	
评价方法	过程性评价;自评、互评、师评;展示评价	

(二)《中国书画》第一单元学业质量标准等级划分

结合本单元的课程内容与学业质量水平,完成本单元学习后的学业成就表现如下:

水平	质量描述
1	1—1 能区分中国画中的写意和水墨等形式,以及人物画、山水画和花鸟画等表现题材。(素养1) 1—2 能识别中国书法中的草书、行书和楷书。(素养1、3) 1—3 能掌握临摹中国画中山石、树木和花鸟的一些基本画法,并组合起来进行创作;能选择篆书、隶书、行书或楷书的字体,按照其笔法和结构进行临摹。(素养2) 1—4 能了解中国书画以线造型的特点;能了解"气韵生动""以形写神"的基本含义;能够感受中国书画的独特魅力。(素养3、5)

(三)《中国书画》第一单元第一课教学案例

第一课 笔墨传神
一 教材分析
本课属于选择性必修课程"中国书画"模块,主要学习中国书画艺术的核心要素——"笔墨"与"程式",理解"气韵生动"的审美思想。教材提出了"书画用笔、用墨有哪些成熟的方法?""如何通过笔墨来塑造形象、传递情感?"两个基本问题,以尝试创作一幅山水画作为学习任务。 教材首先分析了中国书画"以线造型"的共性特征及工具的特点,讨论"书画同源"的观点以及书画线条之间的交互影响与融合。接着分析了中国画"程式"的组织方式,建议从临摹入手,进行练习、组合,完成中国画的创作。本课作为中国书画模块第一课,也为后续学习奠定了概念基础
二 学情分析
高一学生具有良好的逻辑思维习惯,具有合作开展研究性学习的意识和能力,能够在教师的指导下解决问题。学生在义务教育阶段初步掌握了中国书画的基础知识与基本技能,对中国书画的笔墨和人文精神有了初步的了解,但在中国书画的基础知识与基本技能的掌握上仍有欠缺,因此,学生临摹和创作中国书画的难度较大,且每位学生对中国书画的理解存在差异,学生对传统文化的认同感也亟待提升,教师需要注意教学策略,提升学生的学习兴趣

三 基本问题与小问题	
(一)中国书画用笔、用墨有哪些成熟的方法?	1.中国书画的艺术特征与创作工具有什么关系? 2.如何理解中国书画用笔中强调的笔意、笔力、笔趣、笔韵? 3.中国书画在"墨法"上有哪些技巧和变化? 4.如何理解书画同源
(二)如何通过笔墨来塑造形象、传递情感?	1.其形象塑造是如何体现"气韵生动"的审美思想? 2.中国绘画是如何通过"以形写神"来传递情感的? 3.在形象塑造中,程式化与气韵生动之间是否存在矛盾

续表

四 教学目标	
(一)知识与技能	1.掌握运笔的方法,并能够运用多种笔法、墨法(美术表现)。 2.理解中国书画以线造型的特点(图像识读、审美判断)。 3.了解中国书画程式的内涵,理解中国画的"气韵"及"以形写神"等审美特质(图像识读、审美判断)。 4.学会中国画的基本笔法、墨法,通过临摹、组合的方式创作一幅山水画来装饰自己的房间(美术表现)
(二)过程与方法	通过创设问题情境,以完成一幅山水画创作来装饰房间为真实性学习任务,开展深度学习(美术表现)。在鉴赏和感受笔法、墨法的过程中,感悟中国书画以线造型的特点(美术表现、审美判断)。在临摹的体验中,探究"三远法"等传统绘画理论,运用山石、树木组合的方式创作一幅中国画作品(美术表现、创意实践)
(三)情感、态度和价值观	感受中国传统书画艺术的独特魅力,增强对中国传统文化的认同、理解和喜爱,培养文化自信(文化理解)

五 教学重点和难点
重点: 1.体验中国书画的工具、材料、基本表现方法。 2.理解中国书画"以线造型""气韵生动""以形写神"等观念的内涵,从而加深理解中国书画的审美特征和艺术精神
难点: 1.深入理解中国画"气韵生动"的内涵。 2.临摹《芥子园画传》,自己组合完成一幅作品

六 教学用具
教材、PPT课件、毛笔、墨汁、宣纸、毛毡、镇尺、笔洗、砚台等

七 教学过程(第五课时)	
(一)情境导入	播放2017年9月故宫博物院举办《千里江山——历代青绿山水画特展》展览的视频,创设情境,引出主题。
(二)新课学习	1.任务驱动:本节课我们尝试运用组合石头、树木的方法,完成一幅山水画创作,用来装饰房间。 [设计意图]根据教材内容设计真实性学习任务,以任务驱动的方式引导学生解决问题,并逐步形成美术学科核心素养。 2.欣赏感知:多媒体播放中国书画作品,学生欣赏作品,感受中国书画在笔墨技巧、线条运用、章法布局等方面的特点,初步感知什么是"程式"。教师小结。 [设计意图]引导学生通过欣赏作品,尝试理解概念。

续表

（二）新课学习	3.艺术实践一：教师介绍《芥子园画传》，并使用多媒体播放画传中的作品。学生欣赏教材中石头、树木的画法，教师讲解、示范，学生对照教材进行临摹练习，教师巡回指导。 4.深度学习：学生两人一组，阅读教材第15~16页，自主学习"三远法"和水纹技法，分析山水画的程式，合作探究中国书画的程式与气韵生动之间是否存在矛盾？完成学习单的内容。由学生代表发表观点，教师评价、小结。 [设计意图]学生通过比较、分析、理解、评价，进行深度学习，发展思维能力，形成美术学科核心素养。 5.过程性评价：围绕学科核心素养的发展水平，评价学习单的完成情况，教师小结。 [设计意图]教、学、评一致，注重过程性评价，进行巩固。 6.艺术实践二：教师示范创作一幅以石头、树木为题材的山水画小品，重点分析画面的经营位置，然后布置学生作业：创作一幅内容为树、石组合的山水画。教师巡回指导，引导学生思考如何运用所学知识与技能解决书画创作中的实际问题。 [设计意图]学生通过艺术实践、体验，发现问题，并针对问题交流反馈，培养批判性思维，形成美术学科核心素养
（三）教学评价	**研究过程 30分** 				
---	---	---	---
作业：完成学习单，根据完成质量酌情赋分。	研究：能够对自主搜集的文献资料进行比较研究，根据完成质量酌情赋分。	撰写：强调学生思维和撰写能力，能评价自己的作品与他人的作品。撰写创作思路、研究过程。
10分	10分	10分 | **美术作品 60分** | 布局：较好地组合树木、石头，画面布局均衡、美观。	线条：运用线条表现树木、石头，画出形象特征。	笔法：运用起笔、运笔、收笔等笔法进行临摹和创作。	墨法：运用焦墨、积墨、破墨等墨法进行临摹和创作。	气韵：运用笔墨在作品中表现出一定的韵味。	创作：临摹树木、石头的画法，自行组合树、石完成一幅山水画创作，表达情感。
---	---	---	---	---	---
10分	10分	10分	10分	10分	10分	 **学生参与度 10分**：主要针对学生课堂学习的表现做出评价。 [设计意图]依据教材中本单元后的"学习记录本、档案袋"内容，设计质性评价量规，对照学习任务与基本问题，着眼于学生美术学科核心素养的形成，开展自评、互评、师评
（四）小结	中国书画以其独特的象征性寓意，体现了中国人特有的观察世界、表达感情的方式。中国画的审美境界来源于中国传统艺术精神，中国画作品所表现的艺术神韵既是艺术家个人思想境界的体现，也是数千年来华夏文明最基本、最核心的审美价值的体现。 注：本课教学设计第一课时见《普通高中美术学科教学指导意见》正文中的中国书画模块教学设计案例

附件2

普通高中美术学科作业规范要求

一 科学设计作业

(一)作业设计的基本原则

1. 教育性原则

作业设计应围绕学生学科核心素养的形成,以利于学生形成正确的价值观念、必备品格和关键能力,充分体现美术课程的育人价值。

2. 实践性原则

作业设计应基于实践要求选择作业内容,创设有助于学生运用所学知识解决实际问题的情境,引导学生在实践中分析问题、解决问题,凸显美术作业的实践性。

3. 实效性原则

作业设计应基于教学目标和学生的实际水平,选择具有可行性和可操作性的内容。在有效减轻学生课业负担的前提下,优化作业的结构和组合形式,提高作业的实效性。

4. 趣味性原则

作业设计应以培养学生的学习兴趣为着力点,在确保实现教学目标的前提下,尽可能采用学生乐于参与的作业方式,如情境作业、实践作业等,提升作业的趣味性。

5. 多样性原则

作业设计应注重形式的多样性,作业类型可分为口语表达类、文字表述类、技能训练类等。也可利用本地特有的自然、文化和教育资源,创新作业形式,丰富学生的美术学习体验。

6. 个性化原则

作业设计应符合高中学生的身心发展规律和认知特点,并针对不同学生的学习能力和接受程度,设置不同的难度等级,尊重学生的个体差异,体现作业的选择性,以便符合不同学生的发展需求。

(二)作业设计的质量要求

1. 作业内容科学

作业设计应符合《课程标准》中美术的课程目标、相关模块的内容要求及设定的教学目标,体现美术学科知识与技能的整体关联和阶段要求,注重提升学生解决实际问题的能力。

2. 作业表述规范

作业表述应力求规范,无思想性、科学性、逻辑性错误。

3. 作业设计合理

作业设计应注重形式创新,体现时代特点。美术作业应充分发挥图像语言的表达优势,积极探索符合学科特点的新的作业形式,合理利用现代教育技术成果,体现信息化社会的教育教学要求和时代特点。

二 合理布置作业

(一)作业布置的基本原则

1. 差异性原则

美术作业布置应尊重学生的个体差异,增加选择性,提升作业的有效性,使每个学生都能获得成功体验。

2. 多样性原则

美术作业布置应突破单纯依靠视觉传达的作业形式,加强美术作业与学生生活实际的联系,充分利用社会文化和自然资源,积极探索能体现本学科核心价值与文化特征的作业方式,有效促进作业内容和形式的多样化发展,提升作业质量。

3. 科学性原则

美术作业布置应表述精准,要求明确,难易适中,要合理控制作业时间,减轻学生不必要的课业负担,还应注重美术技能训练与审美体验的有机结合,提高美术作业的教育教学价值。

(二)作业布置的实施建议

1. 科学规划单位时间内作业总量,实现作业量的整体控制

科学规划和设计作业,控制每学年、学期和学段的作业总量,做到目标明确、计划合理、实施有序。

2. 面向生活实际,拓展作业渠道,增强作业的实效性

积极探索新的作业形式,将必要的美术课后作业与学生生活实际相结合,积极探索美术作业的校本化、生本化途径,发展学生的实践能力,增强美术作业的实效性。

三 有效指导作业

(一)作业指导的基本原则

1. 整体性和差异性相结合的原则

作业指导应面向全体学生,关注学生的个体差异,做到培优补差,促进全体学生的共同发展,体现素质教育的根本宗旨和基本要求,促进教育公平。

2. 引导性原则

作业指导应帮助学生熟练掌握作业方法,引导学生通过查阅资料、观看视频材料以及自主练习和实践,主动获取结果,丰富过程体验,注重培养学生的创新意识和能力。

3. 多样性原则

作业指导应突破师生单一互动的模式，积极探索生生互动的课堂作业指导形式或家校互动的课后作业指导方法。教师可在课堂指导的基础上，利用网络进一步拓展"线上与线下"互联互助的作业指导方式，丰富作业指导途径，提高作业指导水平。

(二) 作业指导的实施建议

1. 注重整体指导，兼顾个别指导

作业指导应立足课堂教学的任务与要求，面向全体学生，注重整体指导，并结合具体情况对学有所长或学习有困难的学生开展个别指导。

2. 注重课堂指导，兼顾课后指导

作业指导应以课堂指导为主，确有必要在课后完成的作业指导，应结合本地本校的教育教学实际，在不加重学生课业负担的前提下，有序开展。

3. 注重规范性、针对性、启发性和实效性

作业指导应体现规范性，依据《课程标准》的"课程内容"和"实施建议"来进行；加强针对性，符合高中学生的认知结构和身心发展水平；突出启发性，关注学生创新意识和能力的培养；注重实效性，保障学科教育教学任务的完成与质量的提升。

四 适时反馈与评价作业

(一) 作业反馈与评价的基本原则

1. 规范性原则

教师要依据《课程标准》中的教学目标、教学及评价建议等相关要求，围绕美术学科核心素养的培养要求，提升作业评价的针对性、指导性和启发性，规范作业评价的标准。

2. 及时性原则

作业评价作为作业实施的重要环节，是学生反思自身学习状况、调节自己学习行为的基础，也是教师把握学生学习状况、分析问题产生的原因、采取针对性教学措施的依据，所以教学评价的实施应力求准确、及时。

3. 多元化原则

作业评价应注重方式的创新和完善。除教师评价外，也可采用学生自评、互评、展示评价等评价方式，突出评价方式的多元化，推进作业评价的科学发展。

4. 优化作业管理形式

作业管理可采用原作实物管理和电子相册管理相结合的方式，充分利用现代教育技术和相关设备，丰富管理渠道，提升管理水平。作业管理也可采用学生自主管理和教师集中管理相结合的方式，还可利用地方或学校的艺术场馆，探索美术作业管理与地方文化建设、校园文化建设有机结合的新型作业管理模式。

(二)作业反馈与评价的实施建议

1. 注重评价的启发和激励作用

作业评价应有效促进学生学业水平的提升和全面发展,突破作业评价注重甄别与选拔的单一指向,加强作业评价对于学习过程的指导,突出作业评价的启发和激励作用。

2. 拓宽评价渠道和评价方式,实现作业评价的标准多元化、目的多元化

作业评价应积极拓宽评价渠道,鼓励学生、家长及社会公众以适当的方式参与美术作业的评价,优化评价方式。教师应从不同的角度,结合教学实际进行作业评价,实现评价目的的多元化;从尊重学生的个性特点和不同的文化形式出发,实现评价标准的多元化。

五 作业实施中应把握的关键要素

(一)落实立德树人根本任务

美术学科作业作为课堂教学的基本手段,应突出育人的根本宗旨,全面落实立德树人根本任务,服务于教育教学的改革与发展。

(二)促进学生美术学科核心素养的形成

美术学科作业作为教学的实践环节,应着眼于学生美术学科核心素养的培养,帮助学生形成适应其终身发展和社会发展需要的必备品格和关键能力,促进学生的全面发展。

(三)落实《课程标准》,服务全体学生

美术学科作业的设计与实施,应贯彻、落实《课程标准》的基本精神和价值导向,符合高中阶段学生的身心特点和认知发展规律,服务全体学生,保障教育公平。

(四)立足课堂教学,提升实效性

美术学科作业的设计与实施,应立足于美术课堂教学的理论与实践,加强针对性和实效性,提升作业设计与实施质量。精心设计基础性作业,避免过重的作业负担,促进学生的学业进步和健康成长。

(五)创新作业形式,加强实践性

美术学科作业的设计与实施,应立足于作业结构的优化和作业形式的创新,适当增加探究性、实验性、综合性作业。在保障美术学科基础知识与基本技能学习的基础上,拓宽作业表现的渠道,加强作业的实践性,引导学生在广泛的生活情境和社会情境中发现美、感受美、欣赏美和创造美,促进学生美术专业技能和综合素质的发展与提升。

(六)规范作业管理,突出科学性

作业管理可采用电子档案、学习档案袋等形式,也可与本校、本地的艺术场馆合作,积极探索美术作业的新型管理方式,实现美术作业管理的多样化,提升管理的实效性。同时,可制定美术作业自主管理办法,鼓励学生自行管理美术作业,使美术作业管理成为养成良好学习习惯和提升学习能力的有效手段。

执笔人:朱德义　殷文胜　于强　李新猛　席茜　郝蔚舒

普通高中体育与健康学科教学指导意见

为贯彻落实《国务院办公厅关于新时代推进普通高中育人方式改革的指导意见》(国办发〔2019〕29号)、《安徽省深化基础教育改革全面提高育人质量行动计划》(皖发〔2020〕6号)、《安徽省新时代推进普通高中育人方式改革实施方案》(皖教工委〔2020〕31号)等有关文件精神,以《普通高中体育与健康课程标准(2017年版2020年修订)》(以下简称《课程标准》)、《安徽省普通高中新课程新教材实施方案》(皖教基〔2020〕9号)为依据,结合我省普通高中体育与健康教学实际,对我省普通高中体育与健康教学提出如下指导意见:

一 指导思想

坚持以习近平新时代中国特色社会主义思想为指导,深入贯彻党的十九大和全国教育大会精神,全面贯彻党的教育方针,落实立德树人根本任务,培育和践行社会主义核心价值观。以深化普通高中体育与健康课程和教学改革为导向,以提高学生终身发展所需的体育与健康学科核心素养为目标,遵循教育教学规律和学生发展规律,全面落实《课程标准》的理念和要求,加强对普通高中体育与健康课程实施的指导与管理,规范教育教学行为,改进教与学的方式,全面提高教育教学质量,实现高中体育与健康课程目标,培养德智体美劳全面发展的社会主义建设者和接班人。

二 教学安排

(一)必修必学课程的安排

体能模块是本次《课程标准》新增的必修必学内容,该模块是修习运动技能的基础,对学生个体终身体育发展具有重要作用,建议学校在高中阶段第一学期集中开设体能模块内容,在发展学生体能水平的同时,让学生了解高中体育与健康课程,适应高中学习环境,能够有充分的时间根据自身兴趣、爱好和需求选择运动技能系列模块。

健康教育模块是必修必学模块内容之一,该模块是为帮助学生了解健康知识,提高健康认知水平,养成健康行为习惯,建议教师在高中阶段的每学期利用雨雪等特殊天气开设3个课时的健康教育模块内容,6个学期共计18个课时,也可集中进行教授。

(二)必修选学课程的安排

根据《课程标准》要求,学生在高中阶段学习中,可选择1~3项运动项目作为必修选学模块内容进行较为系统和全面的学习,以实现学会、学精,培养运动爱好和专长,以及积极进取、追求卓越的精神。必修选学分为三个阶段,第一学年学习3个模块,第二学年学习4个模块,第三学年学习3个模块。

必修选学内容设置建议

年级	高一		高二		高三	
	第一学期	第二学期	第一学期	第二学期	第一学期	第二学期
必修选学	A项目模块1	A项目模块2、3	A项目模块4、5	A项目模块6、7	A项目模块8、9	A项目模块10
	A项目模块1	A项目模块2、3	B项目模块1、2	B项目模块3、4	A项目模块5、6	A项目模块7
	A项目模块1	A项目模块2、3	B项目模块1、2	B项目模块3、4	C项目模块1、2	C项目模块3

1.组织形式

常见的选项教学组织形式有年级内选项教学、班内选项教学、年级内与班内选项相结合教学、打破年级界限的选项教学等四种教学组织形式,建议学校打破原有的教学行政班界限,采用年级内选项教学组织形式,将选择同一项目的学生重新编班,由不同教师分别进行不同运动项目的教学。在同一运动项目中,如果学生人数较多且学校能够开设多个选项班,可按照性别、基础、能力等维度进行项目内二次编班。

2.选课指导

在开始选项前,应向学生介绍选项的具体操作流程,组织学生填写选项意愿表。若同一项目人数过多,学校无法开设相应数量的教学班级,则依次选择第二或第三志愿的运动项目,学生可在上一学年结束前进行下一学年的运动项目选择,高一年级可在体能模块结束前进行选项,在高中阶段最多可进行3次运动项目选择,建议学校采用信息化手段开展学生运动技能选项。

选项意愿表

姓名		班级		性别		学号	
身体健康状况				个人特长			
运动项目	足球	篮球	排球	乒乓球	羽毛球	健美操	武术	……
第一选项								
第二选项								
第三选项								

备注：1.请你在上述运动项目中依次选择三项自己喜欢的运动项目（在所选项目下画"√"），如果第一选项报名人数过多，则根据报送时间和选项顺序进行调整。
2.可参考个人身体状况、兴趣爱好、运动基础及体育教师建议等因素进行选项

三　教学要求

（一）总体教学要求

1.确保体育品德与健康行为的素养形成

教师应在日常课堂教学中高度重视体育品德和健康行为的育人价值，牢固树立三个方面学科核心素养的整体意识，通过体育活动逐步使学生遵守行为规范，形成正确的价值追求和精神风貌。同时，教师还应帮助学生增进身心健康，适应外部环境，并逐步养成健康文明的生活方式。

2.推进体能发展与技能教学的深度融合

教师要深入理解体能与技能的逻辑关系，厘清两者之间的内在联系，把握好体能教学的内容、方法和形式，注意体能发展的系统性、层次性和针对性，充分利用运动技能教学中的学练时机，将专项体能融入其中，全面提升学生体能水平。

3.完善技能学练与体育竞赛的结构模式

教师需建立"学、练、赛"一体化的课程教学观念，破除原有动作技能孤立、无联系、缺情境的教学现象，正确把握开放式运动技能与封闭式运动技能的教学策略，提供给学生充足的练习时间和与学练内容高度相关的比赛体验。

（二）必修必学课程教学要求

1.体能

体能是在先天遗传和后天获得的基础上，身体对外界的适应能力，包括身体形态、身体机能和运动素质三部分。身体形态和机能是体能的物质基础，运动素质是体能的外在表现，它是体能的核心，表现为力量、速度、耐力、柔韧和灵敏等素质。学校体能教育对于发展学生体质健康水平具有重要意义，同时也是学生进行运动项目学习的基础保证。

体能模块内容和标准

内容标准	表现标准
能结合体能发展的基本原理,掌握发展力量、速度、灵敏、耐力、柔韧等运动素质和有效控制、改善身体形态的基本练习方法	1. 理解体能对个人生活、学习和健康的重要性,了解制订体能锻炼计划的程序、内容和方法,理解体能练习中锻炼效果可逆性原则和大小运动量相结合原则,并能在体能练习中运用。
掌握制定运动处方的基本方法,并根据体能状况及时改进锻炼计划	2. 初步掌握体能练习的基本方法,在教师的指导下积极参与多种体能练习,达到《国家体质健康标准》合格水平。
能结合国家体质健康数据测量和评价体能水平	3. 在体能练习过程中情绪比较稳定,努力克服困难,坚持到底,能主动与同伴合作学习,具有积极进取的精神

2. 健康教育

健康是指一个人在身体、精神和社会等方面都处于良好的状态,包括生理、心理和社会适应性三个方面。健康教育是指通过系统化的教学活动,帮助学生树立健康意识,养成健康的行为和生活方式,消除和减轻影响健康的危险因素。建立健全健康教育结构体系,把健康教育作为高中阶段素质教育的重要内容,是促进学生全面发展的必然要求,是养成健康生活方式的基本保证。

健康教育模块内容和标准

内容标准	表现标准
掌握健康的基本知识和增进健康的原则和方法	1. 理解生活方式对健康的影响,积极参与课内外体育锻炼。
掌握与健康相关的饮食和营养知识,理解运动与营养的关系	2. 理解膳食和营养均衡的作用,将所学的卫生保健、环境、疾病预防、心理健康、人际交往、安全避险等方面的知识运用于学习和生活中。
养成良好的卫生习惯,提高疾病防控的意识和能力	3. 在运动、学习生活中保持较好的情绪稳定性,较好地处理人际关系;积极与他人交流合作;学会积极适应自然环境变化的方法
掌握并运用安全运动、安全避险、预防常见运动损伤、消除运动疲劳的知识和方法	
掌握和运用提高心理健康水平的方法,提高人际交往技能,正确处理合作与竞争的关系	

(三)必修选学课程教学要求

本指导意见选取足球、篮球、排球、乒乓球、羽毛球、健美操、武术等 7 个运动项目作为参考案例进行学习内容及相应表现标准介绍(见附件3)。我省各校的学生水平差异性较大,在实际操作过程中可根据具体学情调整模块内容和课时比例。学校还可根据意见示例,结合本校实际情况、项目特点及地域特色,开拓性地进行其他运动模块设计。

各运动技能项目按照必修选学学习阶段"3∶4∶3"的比例进行设置,沿着"认知理解－动作迁移－创新应用"的路径发展。开放式运动技能模块内部结构由"A——单个动作技术及运用、B——组合动作技术及运用、C——战术及运用、D——比赛"构成,"A－B－C－D"内容学习目标依次递进。封闭式运动技能模块内部结构由"A——基本动作技能及运用、B——组合动作技能及运用、C——创编、套路或比赛"构成。"A－B－C"内容的学习目标依次递进。教师需根据学生的动作技能发展水平阶段,设计相应的内容组合模式。下图是开放式运动技能教学内容结构化构建示例,教师可帮助学生通过有组织、结构化的系统学习,深入理解和整体把握教学内容内在的发展性和关联性,从离散性的知识点走向体系化的知识网络,实现能力外化于行,品格内化于心。

开放式运动技能教学内容结构化构建

动作技能发展水平	内容组合模式	要求
初级认知阶段	A+B	侧重于对运动的体验和认知,以单个动作技术为基础拓展组合练习方式
中级改进阶段	A+B+D	侧重于单个动作间的有效衔接,以组合动作技术为基础设计展示或比赛
高级完善阶段	B+C+D	侧重于组合练习中战术意识的渗透和能力的培养,以战术为基础设计展示或比赛
终极自动化阶段	C+D 或 D	侧重于通过完整比赛或其他高阶情境培养学生技战术综合应用素养

四 教学建议

(一)总体建议

课堂教学应落实《课程标准》要求,以培养学科核心素养为目标,体现学科"健身育人"的本质特征,把握"教会、勤练、常赛"总体原则,帮助学生通过体育活动享受乐趣、增强体质、健全人格、锤炼意志。

1.以学科核心素养统领课程教学。教师应树立明确的目标意识及目标引领内容和方法的思想,强化问题导向意识,遵循"理解－迁移－创新"的能力培养路径,全面提升学生的学科核心素养。课堂学习目标是以学科核心素养为取向,基于课程目标的具体化操作,其表述应具体明确,难度适宜,可操作性强。通过实现每一堂课的学习目标,发展学科核心素养。

2.以结构化的内容构建学习体系。教师应避免在课堂上孤立、静态地进行单个知识点或单项技术的教学,注意课程教学内容的关联性、序列性和整体性。在运动项目教学中,通过多种动作技术的学练,加大组合动作的练习,参加形式多样的展示或比赛,增强知识点之间或动作技术之间的有机联系,提升学生对运动项目整体的掌握水平。

3.以情境化的体验促进深度学习。教师应避免采用单一灌输式教学,注重多样化的教学方式,有效设计学习和活动情境,激发学生积极主动地学习;积极倡导"自主、合作、探究"类学科活动,充分给予学生思考、协作和创造的学习时空,引导学生在做中学、做中思、做中乐,形成深度且个性化的运动体验,实现从以教为主向以学为主的学习转变。

4.以差异化的教学促进全体成长。教学是面向全体学生的教育活动,要创设富有层次性和挑战性的学习任务,使运动基础不同的学生都能尝试、有收获。在教学中可通过分层教学方式,设置不同的学习目标,多样化的活动形式,给学生提供展示个性的空间,帮助每一个学生获得成功体验。

(二)模块教学建议及示例

1.体能模块教学建议与示例

(1)练习内容与形式的科学安排。在进行体能练习时,教师要了解学生体能水平,关注个体差异,保证练习的科学性和针对性,可采用生动有趣、富有挑战的活动作为载体。教师还应根据季节和气候等环境条件,充分开发与利用各种器械和场地资源,指导学生学会因时、因地开展体能练习活动。

示例1 为增强学生体能创设的8～10分钟跨栏跑实践课教学情境

学习任务1:一般先是准备活动后的专项准备活动,然后是8～10分钟的体能练习之一——牵拉韧带、转髋练习(牵拉大、小腿韧带,上下、左右转髋)跨栏坐等。

教师活动:示范结合讲解动作要点,观察与指导学生练习。

教学情境:设置问题,如练习跨栏跑哪些部位容易损伤?教师引导学生回答,总结出集体练习的内容与方法。

学生活动:听教师提示口令随教师动作,按照教师的要求练习。

练习队形:如右图。

练习要求:动作幅度逐渐加大,防止拉伤。

设计意图:发展学生的灵敏、协调素质。理解跨栏跑的价值,积极发展一般体能和专项体能;在参与跨栏跑练习和多种形式比赛中,表现出与同伴交流与合作,在集体练习中体验成功的快乐,情绪比较稳定;表现出主动克服困难、积极进取的精神。

学习任务2:8～10分钟的体能练习之二——立卧撑、仰卧蹬腿。

教师活动:用提示口令与动作指挥学生练习,观察学生练习,提出要求。

学生活动:听教师提示口令随教师动作,按照教师的要求练习。

练习队形:同学习任务1队形。

设计意图:发展学生的灵敏、协调、力量素质;培养学生勇于进取的精神;学生在集体练习中体验成功的快乐,增强学生的荣誉感

示例 2　为提高学生的实际运动能力创设不断变化的理论与实践相结合的学习与体验情境

> 学习任务:体适能小游戏:1.单腿平衡;2.闭眼单腿平衡;3.单腿下蹲。
> 教师活动:组织全班集体完成游戏。
> 教学情境:随老师的动作顺序,完成不了的学生分别到 A、B 区随老师尝试练习下一个动作。
> 学生活动:听教师提示口令随教师动作,按照教师的要求进行游戏。
> 练习要求:双手叉腰,听到开始口令时,重心转移到单腿上,另一腿屈膝提足,脚离地约 15 cm,30 s 内如果出现支撑腿移动、非支撑腿触地、非支撑腿与支撑腿接触、手离开腰等,表示该动作未完成。
> 设计意图:课堂导入力求体现"凝神、起兴、点题"六字原则;选择"学生的亲身感受",从学生记忆最深刻的方面加以引入,可以迅速吸引学生的注意力,引起他们的共鸣;通过师生共同体验,激发学生想进一步学习的兴趣。

（2）体能练习的多环节应用。体能练习作为教学内容,可设置在课堂教学的多个环节。可在准备活动或放松部分中安排柔软性体能练习;可在准备活动后,作为主教材的辅助练习或诱导练习(见示例1),为学习运动技能打下良好基础;可在主教材中穿插结合或单独以课课练的形式进行。

（3）体能练习与自我锻炼相结合。学生的自我锻炼能力是健康行为的重要基础,教师在体能模块教学中,应注重对学生的自我锻炼意识和能力的培养,充分调动学生自主学练的积极性。鼓励学生根据自身体能水平,制订锻炼计划,通过锻炼小组,相互监督、相互评价,提高运动能力,培养协作精神。

示例 3　为提高自我锻炼的认识创设的问题情境

> 学习任务:认识运动处方。
> 教师活动:视频引导——讲解提示——答疑解惑。
> 教学情境:祖国的繁荣昌盛的视频;过度肥胖人群的烦恼;减肥视频;康复中心视频;医生的处方;诊断标准;运动处方的意义。
> 学生活动:根据视频的引导,回答老师的提问。
> 设计意图:课堂导入力求体现"凝神、起兴、点题"六字原则。利用具有视觉冲击力的视频,引起学生的兴趣,迅速吸引学生的注意力,引起他们的共鸣。教师引导、任务驱动、实践、掌握方法,培养学生自主探究学习能力,增强学生健康生活方式的意识。诊断内容的学习使学生进一步认识自己身体的健康状况,进一步提升学生学习的兴趣,增强社会责任感。

（4）体能练习与健康教育相融合。教师在实际教学中,可将体能与健康教育关联性较高的内容进行整合,在同一课次或临近课次中传授给学生,学生具备了相关健康教育知识后,可以根据自身体质特点选择适宜的运动项目进行练习并及时改进体能锻炼计划等,逐步养成健康、文明、科学的运动习惯。

示例 4　使用《国家学生体质健康标准》评价体能水平,促进学生体能全面协调发展

年级		班级		学期		姓名		性别		学号	
类别	项目		模块学习初		模块学习末		进步幅度	单项得分	综评		
			成绩	分值	成绩	分值					
体能	50 米										
	立定跳远										
	坐位体前屈										
	800 米(女) 1000 米(男)										
	引体向上(男) 仰卧起坐(女)										
	肺活量										
体能认知	尝试用体重指数(BMI)对自己的身体进行描述,并制订锻炼计划使自己的体形更加优美		模块学习初		模块学习末		发展趋势		综评		
			指数	状态	指数	状态	A. 正效 B. 无效 C. 负效				
健康行为	评价重点: 1.积极参与运动;2.具有安全防范的表现;3.情绪稳定……										
体育品德	评价重点: 1.勇于进取;2.遵守规则;3.正确的胜负观……										
体能总分											

说明:①体能认知的评价以定性评价为主,发展趋势分为正效、无效、负效三个等第,分别对应综评分值 100 分、50 分、20 分。

②体能综评=(项目 1+项目 2+项目 3+……)/测试项目总数。

③健康行为和体育品德的评价内容是根据课程标准的要求,结合班级的具体情况,根据模块学习的重点在学习过程中予以评价,也可以用团队评价的方式进行,并给予相应的评分。

④体能总分=(体能综评+体能认知综评+健康行为+体育品德)/4。

2.健康教育模块教学建议与示例

(1)教学策略安排建议与示例

①传授式教学策略:边教边学。如健康的基本知识、运动处方、如何抵御疾病、青春期的身心变化与健康维护等内容,可通过这种教学策略不断提高学生的健康意识(见示例 3)。

②体验式教学策略:学生边体验边学习。如增进健康的原则与方法、了解健康体适能、安全运动和防治运动伤病等内容,可通过这种教学策略不断提升学生的健康行为(见示例2)。

③小组合作教学策略:学生为实现某一共同目标而彼此配合、相互协助的一种联合学习行动。如培养自我健康管理的技能、健康饮食、防治运动伤病、培养社会交往技能等内容。

示例 5　自主与小组合作教学策略的设计

学习任务:发展柔韧性情境导入
教师活动:动作领做——讲解提示——答疑解惑。
教学情境:视频播放,师生跟随模仿练习;小组比赛(劈叉接力),评价导入学习内容。
学生活动:听教师提示口令随教师动作,根据视频的引导,按照教师的要求练习。
设计意图:课堂导入力求体现"凝神、起兴、点题"六字原则。通过师生共同体验,激发学生想进一步学习的兴趣,通过游戏培养学生的规则意识以及克服困难的决心

示例 6　自主、合作、探究学习的设计

学习任务:扭伤的处理。
教师活动:视频情境导入——视频及讲解正确处理方法——教师投屏演示处理方法——布置小组任务——引导学生探究评价各组处理结果。
教学情境:视频情境导入;学生的亲身经历及处理方法,学生探究个人处理的方法;导入正确的处理方法;教师投屏演示处理方法,学生分小组合作学习处理方法,分析评价各组的处理结果。
学生活动:观看视频——回忆个人受伤及处理经历——观看老师演示——按照教师要求练习——根据老师提示探究处理方法。
设计意图:通过师生共同体验,激发学生想进一步学习的意愿。通过合作、探究学习培养学生的团队合作精神以及增强学生尊重与爱护生命的意识

(2)教学情境设置建议与示例

在健康教育模块教学中,教师应设置多样化的教学情境,将健康教育知识与生活实际问题相结合,帮助学生将知识应用于生活,提升实践能力。健康教育教学情境主要有问题探究情境(示例5)、游戏情境(示例2)、比赛情境(示例5)、团队合作情境等(示例5、6)。

(3)教学评价设计建议与示例

健康教育模块内容在以教师评价为主的基础上,引导学生积极进行自我评价和相互评价;在评价内容方面,重视对学生的知识点掌握能力、行为和品德进行综合评价;在评价方法方面,倡导定量评价与定性评价、相对性评价与绝对性评价;注重评价的时效,关注评价的切入点。如:示例5、6中的学生模仿、小组比赛(劈叉接力)、回忆个人受伤及处理经历、根据老师提示探究处理方法环节;示例2中的跟老师一起来做个小游戏环节。

(4)教学资源开发建议与示例

重视利用现代信息技术手段,增强体育教师的健康教育课堂教学能力,丰富和拓展学生对健康的认知,促进学科核心素养的形成。体育教师应尽量利用多媒体、电子白板、智能手机等信息技术辅助教学,有效使用视频、PPT、微课等信息资源,尝试通过慕课、翻转课堂等

教学方式,提高健康教育的教学效果。如:示例3、5、6中的视频引导、观看视频、教师投屏演示处理方法环节。

(5)教学方法与手段选择建议与示例

教学方法和手段的使用,应有较强的针对性和可行性,这样才能有效地达成预期的教学效果。

①讲授法:以语言传递信息为主的方法(示例3、5、6)。

②任务驱动法:在学习的过程中,学生在教师的帮助下,紧紧围绕一个共同的任务活动中心,在强烈的问题动机的驱动下,通过对学习资源的积极主动应用,进行自主探索和互动协作的学习。(示例2、5、6)。

③探究讨论法:以引导探究为主的方法(示例3、5、6)

④直观演示法:以直接感知为主的方法(示例3、5、6)

⑤自主学习法:以欣赏活动为主让学生通过观察获得感性认识的教学方法(示例5、6)。

3.必修选学内容模块教学建议与示例

(1)教学策略安排建议与示例

在进行开放式运动技能项目的教学时,应从一开始就要加强学生对某项运动的完整体验和学练,在理解与体验完整运动的基础上学习、掌握和运用各种技能,特别强调通过创设由易到难、由简单到复杂的活动和比赛情境,使学生在活动和比赛情境中提高运动技能水平以及分析问题和解决问题的能力,形成良好的体育品德。

示例7 体验、传授和自主与合作探究式教学策略的设计

学习任务:学习排球垫球技术。
分　　组:男女生根据人数等分为2组。
情境设置:
比赛第一阶段规则:同时使用2个球,老师抛球比赛开始;球只能从网上范围到对方场区;球可落地弹起3次。
比赛第二阶段规则:同时使用2个球,老师抛球比赛开始;球只能从网上范围到对方场区;球可落地弹起2次。
比赛第三阶段规则:同时使用2个球,老师抛球比赛开始;球只能从网上范围到对方场区;球可落地弹起1次。
比赛第四阶段规则:同时使用1个球,老师抛球比赛开始;球只能从网上范围到对方场区;球不可落地。
比赛第 X 阶段规则:按照现代规则的要求。
教师活动:引导学生探究不同规则要求下的得分技巧,学习与使用合理技术;设计比赛的评价方式;根据学生比赛情况提高比赛规则要求。
设计意图:降低难度提趣;提高要求增趣;掌握技术、规则提高,共同体验,激发学生想进一步主动学习的意愿。通过合作、探究学习培养学生的团队合作精神

在进行封闭式运动技能项目的教学时,宜采用传授和自主与小组合作探究式教学策略,学生在基本掌握单一动作或技术后立即进行完整运动的练习,使学生尽早体验和理解完整

运动,从而提高单个动作和组合动作的技术水平和运用能力。

示例8　传授式、自主与小组合作教学策略的设计

学习任务:学习形神拳。
教师活动:动作领做——讲解提示——答疑解惑——学生导师制分组学练——小组比赛——评价探究——集体练习。
教学流程:教师演示——学生跟随模仿——观看视频——导师制分组学练——小组比赛——评价探究——随老练习。
学生活动:听教师提示口令随教师动作,根据视频的引导,按照教师的要求练习。
设计意图:通过师生共同体验,激发学生想进一步学习的兴趣;通过探究、比赛培养学生的动作运用能力、合作意识以及克服困难的决心

示例9　发展学生行进间运球能力的教学的设计

学习任务:发展行进间运球能力。
教师活动:讲解提示——示范动作——能力分组——巡回纠错——组织比赛。
教学流程:学生体验行进间运球——教师点评及示范一个完整的行进间运球过程(传+接+运+突+分球或上篮)——学生分组进行练习(学生根据自己的水平选择行进间运球的练习及担任各种角色,教师在各组练习中进行指导,纠正错误)——组织行进间运球的综合练习或比赛。
学生活动:听教师提示口令随教师动作,按照教师的要求练习。
学生分组:A组——传+接+运;B组——传+接+运+突+分球;C组——传+接+运+突+上篮。
设计意图:激发学生学习动机,让学生在现有水平上更好地提高运动技能;通过比赛培养学生的动作运用能力、合作意识以及克服困难的决心

(2)教学情境设置建议与示例

设置多样化的教学情境,将单个技术与组合技术及比赛结合起来,提高学生的实践运用能力。教学的情境设置主要有:问题探究情境(示例7、8)、比赛情境(示例7、8、9)、团队合作情境等(示例7、8、9)。

(3)课堂运动负荷建议与示例

课堂教学的练习密度应达到50%以上,学生的平均心率,即运动强度应达到(140±10)次/分。教师应熟悉教材特点,合理搭配内容,加大教学单元规模,缩小学习目标跨度,精讲多练、边讲边练,优先选用巡回指导,少用集体纠正。

(4)教学评价设计建议与示例

在以教师评价为主的基础上,引导学生积极进行自我评价和相互评价;在评价内容方面,重视对学生的运动能力、行为和品德进行综合评价;在评价方法方面,倡导定量评价与定性评价、相对性评价与绝对性评价;注重评价的时效,关注评价的切入点。如:示例7、8、9中的比赛环节,传+接+运+突+上篮的各个环节。

(5)教学资源开发建议与示例

现代信息技术手段,可以提高体育课堂组织的效率,丰富和拓展学生对动作技能的认知,促进学科核心素养的形成。在条件与环境允许的情况下,建议有效使用微课、慕课、穿戴设备等信息技术辅助教学,提高课堂教学的效果。如示例8、9中的环节都可以使用视频等信息化手段。

(6)教学方法与手段选择建议与示例

①讲解示范法:以语言及动作传递信息为主的方法(示例7、8、9)。

②任务驱动法:教师给学生布置探究性的学习任务,学生讨论尝试,对动作技能的运用进行深刻的理解,尽快掌握与运用动作技能,促进学科核心素养的形成(示例7、8、9)。

③探究讨论法:以引导探究为主的方法(示例9)。

④自主学习法:以欣赏活动为主,让学生通过观察获得感性认识的教学方法(示例7、8、9)。

五 评价与考试建议

体育与健康课程评价,作为高中阶段学校教育评价的一部分,是以课程目标为依据,根据学业质量水平,运用相应的评价技术和手段,通过信息收集和分析整理,对学生的体育和健康学习过程和学习结果进行价值判断,改善教师的教和学生的学,最终促进学生的全面发展,其功能主要表现为诊断、反馈、改进、激励、导向等。

(一)课程评价的内容选择

紧扣学科核心素养的三个方面,每个模块的评价内容应根据体育学习的内容不同而有所不同。对于可量化的指标,如速度、时间、距离、数量、成功率等,可依据《国家学生体质健康标准》,结合学校实际情况,进行量化打分;对于一些无法量化的评价内容,如学习态度、行为、情绪控制、团队意识等,可采用观察与记录或等级式打分的方式,将这些隐形指标量化,便于观测和操作。同时还应注意评价内容中各分项的权重分配。

(二)课程评价的方法运用

常用的课程评价方法有以下几种:

终结性评价是在某一相对完整的学习阶段结束后,对整个学习目标的实现程度进行评价。主要用于了解学生的整体情况,评定学生的发展水平,也可用于判断学习目标是否合适及学习内容和策略的有效性。

定量评价是指采用结构式的方法,预先设定操作化的评价内容,收集学生在学习中可以量化的信息,运用数学方法作出推论的评价。如收集学生的体质数据,检验个人或班级的平均成绩与总体平均成绩的差异等。

定性评价是指采用开放的形式获取评价信息,作出评价判断的方法。如通过观察学生的表现、态度等,对学生体育学习各个方面的情况给予评语式评价或等级式评价。

相对评价是先建立一个评价基准,然后把各个被评对象逐一与基准相比较来判断其优劣。如依据班级平均分数测得学生的进步幅度。

5.绝对评价是依据某种需要或需求设定评价标准的评价,是把群体中每一成员的某个指标逐一与评价标准对照,给出绝对分数,从而判断其优劣。如依据《国家学生体质健康标准》测得学生的分数。

在实际操作中,应注重多种评价方法相结合,尝试多元评价主体的参与,可采用定量评价的方式检验学生的学习效果,再结合定性评价来检验学生对此项技能的运用。过程性评价要及时有效,可以团队形式进行,团队中每一位成员的良好发挥均能为本团队加分,以此激发学生的团队精神与合作意识。由于学生的认知、体能和学力存在差异性,在评价时注意将绝对性评价与相对性评价相结合。

(三)课程评价的信息收集

课程评价应通过收集不同评价主体、评价内容和手段的反馈信息,强化评价效果。提升课程评价意识,关注学生在运动认知、技能、体能、习惯、心理、适应能力、体育品德等方面的信息,可使用量表或档案袋等方式记录学生相关信息,利用信息技术手段对学习行为进行测量。

(四)课程评价的效果反馈

教师可在课堂教学的不同阶段对学生的学习情况进行反馈,反馈的形式多种多样,包括口头、眼神、掌声、成绩单等。这种反馈应及时有效,让学生在第一时间知道自己的运动技术掌握情况,知道自己的进步和不足,并对不足进行改进。同时,反馈应多以表扬为主,关注学生学习态度,保护学生的学习热情。学习评价的反馈应有利于体现鼓励学生积极参与体育锻炼,有利于促进学生枳极向上和进步发展的激励机制的形成。

附件 1

高中体育与健康学科备课规范要求

一 备课程标准

(一)认知课程性质与理念

1. 体育与健康课程的定位

课程定位是课程研究的逻辑起点,是发挥课程功能的出发点。体育与健康课程并不是体育课程和健康教育课程两门课程简单机械地合并,而是在原有的以身体练习为主要手段的基础上突出健康为目的的一门必修课程,因此必须保持体育课程的原有性质。

2. 体育与健康课程的性质

《课程标准》规定体育与健康课程是一门以身体练习为主要手段,以体育与健康知识、技能和方法为主要学习内容,以培养高中学生的体育与健康学科核心素养为主要目标的课程。教师须准确认知与把握课程的基础性、实践性、选择性、综合性等特性,并在课程的设计、准备、实施、评价过程中体现出上述 4 种特性。

3. 体育与健康课程的理念

《课程标准》规定体育与健康课程的理念主要有:(1)落实立德树人根本任务和健康第一指导思想,促进学生健康与全面发展;(2)尊重学生的学习需求,培养学生对运动的喜爱;(3)改革课程内容与教学方式,提高学生的综合能力和优良品格;(4)注重学生运动专长的培养,奠定学生终身体育的基础;(5)建立多元学习评价体系,激励学生更好地学习和发展。教师要准确理解与把握课程理念,并在课程的设计、准备、实施、评价过程中渗透课程理念,并确保上述理念落到实处。

(二)把握核心素养与课程目标

《课程标准》将本学科核心素养界定在运动能力、健康行为、体育品德三个方面,集中体现出学科育人价值,在此基础上制定出高中阶段体育与健康课程的总目标,并紧紧围绕学科核心素养,即分别从运动能力、健康行为、体育品德三个方面制定出高中阶段学生所要达到的具体分目标。

课程目标是指导整个课程编制过程最为关键的准则,体育与健康课程目标是指学生通过课程学习所要达到的预期学习结果。它是课程教学的出发点与落脚点,决定课程的教学方向与过程,是设计教学活动、选择教学内容、选用教学方法、采用教学组织形式、评价教学质量的重要依据,对教师的教和学生的学都具有重要的导向和激励作用。因此,教师认真钻研、理解体育与健康课程总目标、三个核心素养方面的分目标显得至关重要。它不仅影响课程教学质量,还将直接影响课程目标的达成。

(三)领会课程内容设计意图

《课程标准》中规定本课程内容主要包含体能、健康教育、运动技能系列,三者之间是相互联系、相互促进的平行关系。运动技能系列中的 10 个模块之间呈递进关系,即下一模块是上一模块的延伸和发展,它们之间是相互关联、衔接递进、螺旋上升、逐渐拓展的关系。

教师要认真领会《课程标准》中有关"课程内容"部分的精神与设计意图,在教学过程中,要围绕课程目标,依据《课程标准》中的"内容要求""教学提示""学业要求"等来选择具体的模块教学内容,并确保每一模块内的教学内容以及模块与模块之间的教学内容呈现递进关系。

(四)理解课程学习质量

《课程标准》中的学业质量标准是以学科核心素养及其表现水平为主要维度,结合课程内容,对学生学业成就表现所作出的总体刻画,每个模块共设置了五级学业质量水平,其中水平二是合格要求。通过运用学业质量水平对学生的学习结果进行评价,不仅可以了解学生在课程方面的掌握程度,以及学科核心素养的达成程度,而且对课程的性质、目标、设计、内容、方法乃至教学质量和学习效果等方面都具有一定的制约作用,进而还可为课程的发展提供决策指导。

(五)吃透课程实施建议

《课程标准》主要从教学、学习评价、学业水平评价方案设计、教材编写等方面,提出课程实施的具体建议,教师应准确把握与吃透《课程标准》所提出的实施建议,这将有利于更好地设计与实施体育与健康课程,有效提升教学效果,达成课程目标。

示例 1 基于学科核心素养预设教学目标和教学过程

学习阶段:模块 1
学习内容:篮球传切配合
学习目标
1.运动能力:掌握传切配合的技术要领,学会传切配合的方法,能在消极防守下熟练完成传切配合,40%的学生能在比赛中运用战术。
2.健康行为:能够在练习和比赛中关注自己和同伴的安全,养成科学锻炼的习惯。
3.体育品德:体会篮球运动的乐趣,能够主动遵守课堂练习要求和篮球比赛规则。
教学步骤
1.复习移动中双手胸前传接球动作。
2.教师提出传切配合中摆脱与传球时机等问题,学生根据学习资料探究学习。
3.师生合作展示传切配合,共同总结动作要领和练习方法。
4.学生分组进行空切配合练习,教师指导。
5.学生分组进行一传一切练习,教师指导。
6.两人一组传切配合过固定标志物(或消极防守)练习。
7.进行二打二篮球比赛,成功完成传切配合动作得一分。
说明
　　学习目标是课堂教学的出发点和落脚点。依据学科核心素养三个指标预设可操作、可测量的课堂学习目标,是在备课环节中落实学科核心素养的重要一环。在设计教学过程时,要以学习目标达成为落脚点,将提高学生学科核心素养落实到具体教学活动中。在该示例中,教师紧紧围绕学习目标达成,设计"学—练—赛"一体化教学过程,充分体现了三个核心素养方面的分目标对于课堂教学的指导价值

二 备学生

学生是课程的教学对象,是教学的主体,全面、充分了解学生情况是上好一节体育课的关键。首先,教师可通过多种途径全面了解任课班级的学生人数、年龄、性别、运动能力、学习态度、兴趣爱好、学习风气以及学生干部、体育骨干和特殊学生等方面的状况,了解学生的学习需求等,在此基础上对其进行归纳分析,找出其共同点与不同点。其次,教师还应充分关注学生间的个体差异,在目标确定、手段安排、方法选择、组织形式采用、运动负荷安排、教学评价等方面,做到区别对待、因材施教,遵循"面向全体、兼顾两头"的原则,灵活运用分层教学、个别指导等形式,满足学生个性化学习的需要。最后,教师在教学准备与实施过程中,要有计划地培养和使用学习骨干,发挥其在维护教学秩序、动作示范、帮助与保护、调动学生积极性等方面的重要作用。

示例 2　精准分析学情,开展分层教学

学习阶段:模块 2
学习内容:横箱分腿腾越
学情分析
　　授课班级为高一年级,该选项班共有 40 名同学,其中男生 22 名,女生 18 名。该班学生体质健康水平整体较好,在小学和初中阶段学习过山羊分腿腾越动作,对该动作有一定认知与体验。男生参加体育课学习的主动性要优于女生。但随着学生整体步入青春期后,男生的柔韧性偏差,女生的相对力量偏弱以及部分学生存在畏难心理障碍等,这些是教学中需重点关注和解决的问题。
学习目标
1. 运动能力:掌握横箱分腿腾越的动作要领,学生能在帮助与保护下完成横箱分腿腾越动作,60%的同学可以完成有一定难度(拉远踏板、增加跳箱高度)的分腿腾越动作。
2. 健康行为:通过练习发展上下肢以及腰腹部力量素质,在学习中表现出安全锻炼的意识和行为。
3. 体育品德:在互帮互助中发展合作学习能力,形成认真负责和勇敢果断的良好品质。
教学步骤
1. 学生复习山羊分腿腾越动作。
2. 教师讲解、示范横箱分腿腾越动作,学生思考山羊分腿腾越动作与横箱分腿腾越动作的区别。
3. 学生继续进行山羊分腿腾越动作练习,强调分腿要积极充分。
4. 在帮助与保护下学生进行横箱分腿腾越练习。
5. 设置不同难度和要求的练习任务,学生自主选择练习。
6. 学生进行展示,师生评价。
7. 设置挑战任务,鼓励学生挑战难度适宜的练习。
说明
　　本示例中,教师针对男女学生不同的运动能力和心理特征,通过采取增加辅助练习、降低练习要求以及设置不同难度的练习任务等教学措施,来满足学生个性化学习的需要,使每一位学生都能通过自己的努力在自身原有的基础上获得进步与提高。

三 备场地器材

体育教师可结合教学内容、教学重难点、学生人数等,合理规划布局体育场地器材,也可依据场地规划、器材布置等进行体育与健康课程教学设计,如:根据学校体育场地器材的种类来选择体育与健康课程教学内容;根据体育场地的大小、体育器材数量的多少,确定体育与健康课程教学的组织形式;根据体育场地器材的布置,合理安排教学顺序,以及结合阳光、风向等,设计讲解示范队形及学生练习队形,从而有利于学生的练习以及学生间的相互观察,有利于教师的观察、帮助、指导;还可通过体育场地器材布置的变化,来变换练习形式,提高练习密度,活跃课堂气氛,提高教学效果等。

示例3 合理设计组织队形,提高练习密度

学习阶段:模块3

学习内容:足球运球过杆射门

学习目标

1.运动能力:掌握足球运球过杆的动作方法,能够在中等速度下完成运球过杆射门,50%的同学能在实战中合理运用技术。

2.健康行为:通过练习发展速度、灵敏等素质,能够积极参与学习,享受运动快乐。

3.体育品德:在互帮互助中发展合作学习能力,形成努力拼搏、积极进取的良好品质。

教学步骤

1.复习已学的运球和踢球动作。

2.教师讲解动作要领并进行完整动作示范。

3.学生分组进行练习,教师指导。

4.设置不同练习难度的练习场地(不同标志杆间距、不同大小球门、不同运球速度等),学生自主选择练习。

5.学生进行展示,师生评价。

6.开展教学比赛。

场地组织图(见右图)

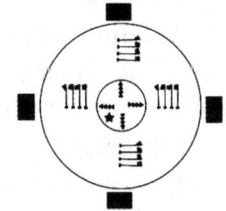

说明

该示例中,教师将足球练习组织队形设计为圆形,一方面可以较好地观察和指导学生开展练习,另一方面在练习中无须集中队伍,教师就可以进行教学指导。通过练习组织队形的精心设计,充分节约使用场地,增加练习时间,实现提高练习密度的目的。

四　备教材教法

(一)确定教学内容

体育教师要认真研读《课程标准》，精准把握《课程标准》的精神与内涵。对学校来说，应根据学生兴趣爱好与需求，结合体育师资队伍的专项、学校体育场地器材设施以及学校体育传统等情况，设置出可供学生选择的运动项目（即运动技能系列）。除了体能模块、健康教育模块的内容外，体育教师还要针对学校所开设的运动项目，在认真领会《课程标准》中有关"课程内容"部分的精神与设计意图的基础上，围绕课程目标，依据《课程标准》中的"内容要求""教学提示""学业要求"等来选择符合学生身心发展特点的具体模块内容。内容的选择既要考虑到与上一阶段已学内容相衔接，同时又要确保每一模块内的内容以及模块与模块之间的内容呈现相互关联、衔接递进、螺旋上升、逐渐拓展的递进关系。内容的选择应充分体现健身性、趣味性、实效性、全面性、多样性、教育性、健康性、科学性、可行性、地方性。

(二)认真钻研教材

针对高中三年体能模块、健康教育模块以及运动技能系列各运动项目的内容，教师首先需要认真钻研内容间的内在联系，特别是运动技能系列各运动项目的内容，将其合理地分配到 10 个模块之中；其次，要制订高中学段的教学计划，即将体能模块、健康教育模块、运动技能系列各运动项目的教学模块合理地分配到 3 个学年、6 个学期中去；再次，要钻研每一模块的内容，在此基础上制定出模块教学计划，包括 1 个体能模块、1 个健康教育模块、10 个运动技能系列模块的模块教学计划；最后，在认真钻研课时教学内容的基础上，结合学生的已有基础以及体育场地器材的状况，选择出适合本次课的教法、学法、步骤与组织形式等，制定出课时教学计划。

(三)选择教学方法

教师在深入钻研教学内容的基础上，根据学习目标及教学任务，结合学生及体育场地器材的实际情况，以及体育教师自身的教学艺术水平，选择合适的教学方法。教学方法的选择要有利于提高教学质量，促进学生全面发展；要有利于突出教学重点、突破教学难点，有效达成教学目标；要有利于调控学习过程，有效落实教师的教和学生的学；要有利于突出学生主体地位，激发学习兴趣；应高度重视学生间的个体差异，区别对待、因材施教，使每一位不同运动基础的学生都能通过自己的努力获得运动体验和乐趣；要有利于学生深度学习和形成学科思维，有效地运用自主、合作、探究学习方式，引导学生在做中学、做中思、做中乐；要依据运动项目特点、体育教学的实际场景，设计真实有趣的教学情境，引导学生主动学习，全面达成教学目标。例如：以提高技术动作为主的教学内容，可根据技术动作的复杂度及难易度，选择分解教学法或完整教学法；以增强身体素质为主的体育教学内容，可选择重复练习法、间歇练习法、循环练习法；以比赛活动为主的体育教学内容，可选择游戏法、竞赛法；以探究活动为主的体育教学内容，可采用发现法、问题探究法等。

示例 4　体验成功，增强学生学习的自信心

学习阶段：模块 5

学习内容：跨栏跑起跨腿技术

学习目标

1. 运动能力：掌握跨栏跑起跨腿的动作方法与要领，能够运用跨栏技术在中速下完成跨低栏的动作。
2. 健康行为：能够积极参与学习，通过练习发展速度、协调等身体素质。
3. 体育品德：在小组练习中善于观察和协助，形成果断、自信的良好品质。

教学步骤

1. 复习摆动腿动作。
2. 教师讲解动作要领，示范完整跨栏技术动作。
3. 学生分小组进行栏侧练习，交流栏侧练习的体会。
4. 设置不同跑速的栏侧起跨腿练习，教师指导。
5. 学生进行完整跨栏步练习（1～3 个栏架）。
6. 学生分组展示，师生评价。

说明

　　跨栏跑技术动作对于学生的速度、力量以及协调性等素质有较高要求，学习起来有一定的难度。在该示例中，教师通过复习已学动作、专项动作辅助练习以及设置不同难度的练习任务等教学方法与措施，引导学生有效地运用自主、合作、探究学习方式，在练中学、练中思、练中乐，帮助学生建立学习信心、体验运动的快乐。

五　制订教学计划

　　教师应根据《课程标准》、本指导意见和学校体育与健康课程实施计划的要求制订高中体育与健康课程的学段教学计划、模块教学计划和课时教学计划。在制订计划的过程中，教师需充分考虑学校学生、场地、器材、气候等实际情况，以学科核心素养为出发点，合理设计学习目标，选择教学内容和方法，优化组织形式，开展教学评价。现给出各层次教学计划示例，供高中阶段各学校和教师参考。

1. 学段教学计划示例

高中体育与健康学段教学计划

模块	内容	学期课时分配					
		高一上	高一下	高二下	高二下	高三上	高三下
体能模块							
运动模块 1							
运动模块 2							
运动模块 3							
运动模块 4							
运动模块 5							
运动模块 6							
运动模块 7							
运动模块 8							
运动模块 9							
运动模块 10							
健康模块							

2. 模块教学计划示例

高中体育与健康模块教学计划

学年　　第　　学期　　　年级　　任课教师：

模块		课次	
学习目标			
设计理念			
教材分析			
学情分析			
学习内容			

课次	学习目标	学习内容	重难点	实施步骤	设计意图
1					
2					
3					
4					
5					
6					
……					

3. 课时教学计划示例

高中体育与健康课时教学计划

教师：　　　班级：　　　人数：　　　课次：　　　时间：　　　地点：

学习目标	运动能力： 健康行为： 体育品德：		
学习内容		重点	
		难点	
学习任务	教师活动	学生活动	设计意图
场地 器材		安全保障措施	
预计 运动负荷	运动密度：	练习密度：	平均心率：
课后 反思			

附件 2

高中体育与健康学科作业规范要求

普通高中体育与健康学科作业是体育与健康课程实施的重要抓手,是高中体育课堂教学的拓展和延伸,是高中学生习得体育基础知识、技能和技战术,养成终身体育的习惯,形成健康体育行为,培养体育学科核心素养的重要途径。

普通高中体育与健康学科作业的设计、布置、检查和反馈,必须坚持"育人为本、健康第一"的教育理念,落实立德树人的根本任务。教师要准确把握作业的性质和功能,积极探索过程性评价和发展性评价有机结合,提高设计作业的能力,提升学生学(练)习的有效性,切实减轻学生过重的课业负担,促进学生健康成长。

一 高中体育与健康课程作业的内涵和意义

作业是学生在完成本学科课程学(练)习后的体能巩固和技能拓展,是以达成本学科核心素养及其表现水平为主要目的。依据《课程标准》中必修必学和必修选学内容,高中阶段的作业可划分为体能类作业、健康教育类作业和运动技能类作业,通过作业让学生在运动能力、健康行为和体育品德三个方面巩固和拓展学科核心素养发展水平。具体来说,高中体育与健康课程作业设计是期望学生通过一定时间学(练)习后达到相应的学业质量水平。这个发展水平不仅仅是针对知识和技能,更主要的是针对学生的学科核心素养。换言之,高中体育与健康学科作业是根据学科核心素养的要求,结合模块教学内容而制订的。

二 高中体育与健康课程作业的科学设计

学生是完成作业的主体,教师是设计和评价作业的主要责任人。教师要依据模块教学内容和课堂教学内容,研究作业设计和布置的科学方法和手段,提高运用作业改进教学的能力。

作业的设计应基于《课程标准》,要突出体育与健康学科素养,要以身体练习为主要手段,以体育与健康知识、技能和方法为主要内容,以培养高中学生的体育与健康学科核心素养和增进高中学生身心健康为主要目标。要尊重学生身心发展的特点和教育规律,满足不同学生的学(练)习需求,从学(练)习活动整体考虑,系统、科学、合理设计不同层次、不同形式的作业,引导学生积极参与,养成良好的健康行为习惯。

普通高中体育与健康作业主要有体能类作业、健康教育类作业和运动技能类作业等三类作业。体能类作业主要包括发展学生体成分、心肺耐力、柔韧性、肌力和肌耐力、灵敏、平衡、协调、爆发力、速度、反应等方面能力的学(练)习活动;健康教育类作业主要包括与健康有关的饮食和营养知识、良好的卫生习惯和疾病防控意识、安全运动和心理适应能力方面的相关知识和方法等学习活动；运动技能类作业主要包括运动项目基本知识与技能、技战术运用、专项体能与一般体能、展示与比赛、规则与裁判法、观赏与评价等方面的学(练)习活动。

三 高中体育与健康课程作业的合理布置和要求

作业是教师引导学生开展自主学(练)习、承载学(练)习内容、体现学(练)习方式、实施过程性评价的载体。在布置作业前，教师要对作业的学(练)习内容、学(练)习时间、练习次数、运动负荷、练习场地、练习器材、保护与帮助、注意事项等进行认真规划。凡是布置学生完成的作业，教师必须认真预设，了解作业量大小，把握作业的难易程度及完成时间。每节课后作业的完成时间控制在 30 分钟左右。

要精心选择与模块教学进度同步、与学生基础相适应、重在知识技能迁移与运用的作业，切实减少简单、机械、重复的练习。倡导教师结合必修必学、必修选学教学内容自主编制作业，合理搭配体能、健康教育和运动技能类作业，不得布置惩罚性作业。鼓励教师结合教材内容、场地器材、气象天气和学生实际，利用学校、社区体育资源，布置能促进学生体能增强和技能提高的实践性作业。

作业布置既要面向全体学生，又要关注个体差异，尊重学生学(练)习上的差异性、阶梯性，给学生以选择的权利。提倡"体能作业＋健康教育作业＋运动技能作业"模式，不搞"一刀切"，使各个层次的学生做有所得。"体能作业和健康教育作业"面向全体学生，保证全体学生的课程学(练)习达到学业质量水平的基本要求；"运动技能作业"为学生选作作业，给学生提供拓展的空间和机会。

作业布置要注意时机，明确学(练)习安全要求、练习时间和运动负荷。

四 高中体育与健康课程作业有效完成及监督

作业是学生对课堂学(练)习体能的巩固和技能的深化，能够体现学生掌握课堂学(练)习内容的程度和水平，也为教师提供教学效果的反馈信息，从而指导学生学(练)习，检查教学效果，调整教学方案。教师应认真有效监督学生的作业完成情况，以便及时检查教学效果和发现教学中存在的问题。

五 适时反馈作业

作业的反馈是课堂教学的一部分，直接影响学生的学(练)习效果。教师应根据教学模块，结合学生的体质健康状况以及教学进度的安排，对作业进行通盘考虑，分清主次、提炼出重点和关键，确定内容，并在体育课堂教学中跟进反馈练习。

六　作业实施中应把握的关键要素

(一)基本理念

面向全体学生，着眼于学生的全面发展和终身发展，以提高学生核心素养为目的，以指向未来为追求。作业的设计要体现多维度目标的整合，发挥出作业的整体育人价值。

符合学生的认知规律和成长规律，尊重个体差异。作业内容和作业要求应有针对性和递进性，做到环环相扣、层层递进，满足不同层次学生的学(练)习需求。

与课程教学实际紧密结合。高中体育与健康课程作业的设计要注重与各运动技能项目的联系，不能胡编乱造，违背科学。

(二)质量要求

作业的设计应基于课标、注重基础、强化实践、循序渐进。作业的学习目标与《课程标准》教学目标、学段教学目标、模块教学目标以及课时教学目标是相统一的；作业的内容与配套教材及学生体育锻炼实际有紧密联系；作业的形式应多样，要有利于促进学生全面发展，助其对体育与健康知识的理解和应用，促进体质增强和运动技能的提高。

(三)作业的管理

学校要统筹调控不同年级、不同班级作业数量和作业时间。通过学生访谈、问卷调查等形式了解高中体育与健康作业的难度、数量及作业时间，不断提高作业质量。

附件3
高中运动项目学习内容及表现标准参考案例

一 足球模块

足球是一项以脚控制球体,以射门为目的,综合运用各种技战术,强调集体攻防对抗的开放式运动技能。该运动对发展学生体能素质,培养团结协作、勇于拼搏的意志品质和合作交流能力具有重要作用,同时也有助于学生形成健康行为,养成终身体育习惯。

足球模块内容和标准

模块	内容标准	表现标准
1	A:脚内侧运球、脚背内侧运球、脚背外侧运球、脚背正面运球 B:多种运球方式组合等 C:运用4种运球方法或组合动作绕过标志杆 D:多种运球方式绕杆比赛	1.能说出足球多种运球及其组合技术的特征、价值与运用实际,能描述并评价组合动作质量。 2.能合理运用并展示3种运球方式,并能根据不同情境做出以运球为核心的动作组合练习。 3.乐于尝试,探究合作,勇于表现
2	A:头顶球、脚内侧传接球、脚内侧传接球、脚背正面传接球、脚背外侧传接球 B:头顶球+脚内侧传球、头顶球+脚背正面传球、头顶球+脚背外侧传球等 C:3人一组,1人防守,2人传接球,头顶球接球后随机运用各种传接球 D:多种传接球比赛	1.能说出足球多种传接球(含头顶球)及其组合技术的特征、价值与运用实际,能描述并评价组合动作质量。 2.能合理运用并展示3种传接球方式,并能根据不同情境做出以传接球(头顶球)为核心的动作组合练习。 3.乐于尝试,探究合作,勇于表现
3	A:正脚背射门、脚内侧推射、吊射 B:运球+传球+射门灯等 C:边中结合+倒三角传中射门练习 D:多种射门比赛	1.能说出足球多种射门其组合技术的特征、价值与运用实际,能描述并评价组合动作质量。 2.能合理运用并展示3种射门方式,并能根据不同情境做出以射门为核心的动作组合练习。 3.乐于尝试,探究合作,勇于表现
4	A:任意球、掷界外球、球门球、角球、开球 B:定位球及行进间射门 C:配合演练定位球战术 D:多种定位球射门比赛	1.能说出掷界外球、球门球、角球、任意球、开球等定位球战术的运动时机、特点和功能。 2.能根据不同情境合理选择和展示定位球攻防战术。 3.团队配合,信任队友,责任担当,调控情绪
5	A:踢墙式二过一、斜传直插二过一、直传斜插二过一 B:行进间运球二过一等 C:分组配合练习、分组对抗练习 D:二过一配合战术比赛	1.能说出二过一进攻战术特征、常见形式、练习要求、运用价值和基本要求。 2.能根据不同情境合理选用并展示二过一进攻战术配合形式。 3.乐于参与,配合默契,勇于争先,合理的情绪表达

续表

模块	内容标准	表现标准
6	A:第二空当、连续"二过一" B:传切配合、交叉掩护配合 C:三名队员呈三角形,进行进攻配合 D:根据不同情境合理选用三人配合进攻战术比赛	1.能说出三人配合进攻战术特征、常见形式、练习要求、运用价值和基本要求。 2.能根据不同情境合理选用并展示三人配合进攻战术配合形式。 3.乐于参与,遵守规则,配合默契,具有一定的大局意识和合理的情绪表达
7	A:局部进攻、个人防守、局部防守 B:交叉掩护配合、传切配合等 C:踢墙式二过一、直传斜插二过一、斜传直插二过一、回传反切二过一 D:根据不同情境合理选用局部进攻、个人防守、局部防守战术的比赛	1.能说出局部进攻和个人防守及局部防守战术特征、常见形式、练习要求、运用价值和基本要求。 2.能根据不同情境合理选用并展示局部进攻战术和个人及局部防守战术。 3.交流合作,敢于挑战、遵守规则,具有一定的安全意识和合理的情绪表达
8	A:边路进攻、中路进攻、快速反击、区域盯人防守、人盯人防守、混合盯人防守 B:根据不同情境合理进行防守变换以及采用进攻阵型 C:全队进攻战术、全队防守战术 D:合理运用整体攻防战术的比赛	1.能说出3种以上整体攻防战术的名称、要点及其运用价值及具体战术中个人及同伴间的基本要求。 2.能根据不同情境合理选用并展示整体攻防战术,形成良好的战术意识和战术素养。 3.顽强拼搏,勇于争胜,不畏艰难,具有一定的大局意识和合理的情绪表达
9	A:3-1阵型(防守阵型)、2-1-1阵型(加强中路攻守能力) B:接球+传球、移动+传球 C:3-1防守战术,2-1-1加强中路攻守战术 D:运用以上阵型进行五人制足球比赛	1.能说出五人制比赛的基本阵型;关注各类足球比赛,具有基本的足球欣赏能力;熟悉基本比赛规则,能编排、组织小型足球比赛。 2.在五人制比赛中积极展现个人防守和局部防守技术,选用并展示合理的进攻战术,基本形成本队技战术风格和打法。 3.顽强拼搏、善于交流,具有大局意识和控制不利情绪
10	A:3-2-1阵型(防守稳健,突击性强) B:传切配合+运球射门 C:防守从前锋开始做起,中场球员往返次数较多,球员注意轮换 D:七人制足球比赛	1.能说出常见比赛阵型及应用时机、人员配备要求,主动关注各类足球比赛,能分析基本战术,具有一定的足球欣赏能力,深入领会比赛规则。 2.在七人制比赛中积极展示整体防守战术,选用并展示合理的整体进攻战术,形成本队的技战术风格和打法。 3.具有一定的团队协作意识和良好的情绪控制能力,尊重对手和规则

二 篮球模块

篮球是一项以手控制球体,不允许"带球跑",以将球准确投入篮筐为目的,综合运用各种技战术,立体型攻守集体对抗的开放式运动技能。现代篮球存在健身、教育、娱乐、社交等价值,有助于发展学生体能素质,加强与人交往、合作意识,培养规则意识,形成良好的行为习惯、价值观和生活态度。

篮球模块内容和标准

模块	内容标准	表现标准
1	A:各类跑的基本移动技术;双手胸前传、接球;高、低运球;单手肩上投篮(男)、双手胸前投篮(女) B:双手胸前传接球＋跑;高、低运球＋跑;高、低运球＋传球;高、低运球＋投篮;接传球＋单手肩上投篮(双手胸前投篮)等 C:传切配合;交换配合 D:投准、传准、运球比赛	1.能说出篮球技术中各类跑、双手胸前传接球、单手肩上投篮和双手胸前投篮及相应动作组合、战术配合的名称和方法,明确动作优劣,初步建立战术意识,学会欣赏比赛。 2.能在不同速度、方向、距离、力量、准度等条件下循序渐进地完成各类动作及组合,且能做到动作串联流畅;能将学习内容运用到比赛中,提高战术配合能力,强化专项体能。 3.能展现勤学善思、谦虚认真、不甘落后、乐于合作的品质
2	A:防守基本步法;急停的基本移动动作;单手肩上传球;行进间投篮 B:单手肩上传球＋移动;接传球＋急停;接传球＋跳;接传球＋行进间投篮;单手肩上传球＋移动＋行进间投篮等 C:掩护配合;穿过、挤过、绕过配合 D:2对2小场比赛(女生允许多走1～2步)	1.能说出防守基本步法、急停的基本移动动作、单手肩上传球、行进间投篮及相应组合、战术配合的名称和方法,明确动作优劣,明白战术配合的时机和意义,学会欣赏比赛。 2.能在不同速度、方向、距离、力量、准度等条件下循序渐进地完成各类动作及动作组合,且能做到动作串联流畅;能将学习内容运用到2对2半场比赛中,提高战术配合能力,强化专项体能。 3.能展现勤学善思、谦虚认真、不甘落后、乐于合作、勇于担当的品质
3	A:单、双脚跳基本移动动作;单手体侧传球;体前变向运球;跳投 B:单手体侧传球＋移动;行进间体前变向运球＋跳投;接传球＋跳投;接传球＋行进间体前变向运球;接传球＋行进间体前变向运球＋跳投等 C:策应配合;围堵中锋配合 D:3对3半场赛	1.能说出单脚跳、双脚跳基本移动动作,单手体侧传球,体前变向运球,跳投及相应动作组合、战术配合的名称和方法,明确动作优劣,明白战术配合的时机和意义,学会欣赏比赛。 2.能在不同速度、方向、距离、力量、准度等条件下循序渐进地完成各类动作及组合,且能做到动作串联流畅;能将学习内容运用到3对3半场比赛中,提高战术配合能力,强化专项体能。 3.能展现出勤学善思、谦虚认真、不甘落后、乐于合作、勇于担当的品质

续表

模块	内容标准	表现标准
4	A：转身基本移动动作；双手头上传球；运球转身；顺步突破；交叉步突破 B：接传球＋运球转身；运球转身＋双手击地传球；运球转身＋双手头上传球；运球转身＋顺步突破；运球转身＋交叉步突破等 C：突分配合；夹击、关门配合 D：4对4半场比赛	1.能说出转身基本移动动作、双手头上传球、运球转身、顺步突破、交叉步突破及相应动作组合、战术配合的名称和方法，明确动作优劣，明白战术配合的时机和意义，学会欣赏比赛。 2.能在不同速度、方向、距离、力量、准度等条件下循序渐进地完成各类动作及组合，且能做到动作串联流畅；能将学习内容运用到4对4半场比赛中，提高战术配合能力，强化专项体能。 3.能展现出勤学善思、谦虚认真、不甘落后、乐于合作、勇于担当的品质
5	A：抢篮板球；背后运球；单手背后传球；补篮 B：背后运球＋移动；背后运球＋单手背后传球；背后运球＋投篮；移动＋抢篮板；投篮＋抢篮板；投篮（不中）＋补篮；背后运球＋投篮＋抢篮板等 C：长传快攻；防守长传快攻 D：5对5半场赛	1.能说出抢篮板球、背后运球、单手背后传球、补篮及相应动作组合、战术配合的名称和方法，明确动作优劣，懂得战术配合的意义和技巧，学会欣赏比赛。 2.能在不同速度、方向、距离、力量、准度等条件下循序渐进地完成各类动作及组合，且能做到动作串联流畅；能将学习内容运用到5对5半场比赛中，提高战术素养水平，强化专项体能。 3.能展现出勤学善思、谦虚认真、不甘落后、乐于合作、勇于担当的品质
6	A：单、双手击地传球；单手接球；反手投篮 B：单、双手击地传球＋移动；移动＋单手接球；接传球＋反手投篮；运球＋反手投篮；传球＋移动＋单手接球＋反手投篮 C：半场二攻一；半场一防二 F：5对5全场比赛	1.能说出抢篮板球、背后运球、单手背后传球、补篮及相应动作组合、战术配合的名称和方法，明确动作优劣，懂得战术配合的意义和技巧，学会欣赏比赛。 2.能在不同速度、方向、距离、力量、准度等条件下循序渐进地完成各类动作及组合，且能做到动作串联流畅；能将学习内容运用到5对5全场比赛中，提高攻防战术素养水平，强化专项体能。 3.能展现出勤学善思、谦虚认真、不甘落后、遵守规则、乐于合作、勇于担当的品质

续表

模块	内容标准	表现标准
7	A:单、双手低手传球;胯下运球;抛投 B:胯下运球＋移动;移动＋抛投;胯下运球＋单、双手低手传球;胯下运球＋移动＋抛投 C:半场三攻二;半场二防三 D:5对5全场比赛	1.能说出单、双手低手传球,胯下运球,抛投及相应动作组合,战术配合的名称和方法,明确动作优劣,懂得战术配合的意义和技巧,学会欣赏比赛。 2.能在不同速度、方向、距离、力量、准度等条件下循序渐进地完成各类动作及组合,且能做到动作串联流畅;能将学习内容运用到5对5全场比赛中,进一步提高攻防战术素养水平,强化专项体能。 3.能展现勤学善思、谦虚认真、不甘落后、遵守规则、乐于合作、勇于担当的品质
8	C:半场人盯人防守与进攻半场人盯人防守 D:5对5全场比赛	1.能说出半场人盯人防守与进攻半场人盯人防守的方法和手段,懂得该战术配合的意义、技巧和细节,能客观点评比赛。 2.能将学习内容运用到5对5全场比赛中,提高攻防战术水平,强化专项运动能力。 3.能展现出勤学善思、不甘落后、遵守规则、乐于合作、勇于担当的优秀品质
9	C:全场紧逼人盯人防守与进攻全场紧逼人盯人防守 D:5对5全场比赛	1.能说出全场紧逼人盯人防守与进攻全场紧逼人盯人防守的方法和手段,懂得该战术配合的意义、技巧和细节,能客观点评比赛。 2.能将该战术运用到5对5全场比赛中,提高全场攻防战术水平,强化专项运动能力。 3.能展现出勤学善思、不甘落后、遵守规则、乐于合作、勇于担当的优秀品质
10	C:区域联防与进攻区域联防 D:5对5全场比赛	1.能说出区域联防与进攻区域联防的方法和手段,懂得该战术配合的意义、技巧和细节,能客观点评比赛。 2.能将该战术运用到5对5全场比赛中,进一步提高全场攻防战术水平,强化专项运动能力。 3.能展现出勤学善思、不甘落后、遵守规则、乐于合作、勇于担当的优秀品质

三 排球模块

排球是一项以身体任意部位在空中击球,以使球在本方区域不落地为目的,综合运用各种技战术攻防对抗的开放式运动技能。排球运动作为集体项目,除了能够增进学生健康、增强体质外,还有助于培养学生人际交往的能力和规则意识,便于学生在高中这一特殊阶段形成良好的行为习惯、价值观和生活态度,为终身体育打下基础。

排球模块内容和标准

模块	内容标准	表现标准
1	A:准备姿势;移动步法(并步、交叉步、跨步);正面下手发球;正面双手垫球;正面传球 B:正面下手发球＋移动;正面双手垫球＋移动;顺网正面二传＋移动;正面下手发球＋移动＋正面双手垫球等 C:接发球防守阵型 D:计数比赛;使球不落地的比赛等	1.能说出排球准备姿势,移动步法中的并步、交叉步、跨步,正面下手发球,正面双手垫球,正面传球及相应动作组合,接发球阵型的名称和方法,明确动作优劣,初步建立战术意识,学会欣赏并参与比赛。 2.能以不同的力度、速度、节奏、角度、距离循序渐进地完成各类动作及动作组合,且能做到动作串联流畅;能将学习内容运用到比赛中,提高配合意识,强化专项体能。 3.能展现出勤学善思、谦虚认真、不甘落后、乐于合作的品质
2	A:移动步法(跑步、滑步、后退步);侧面下手发球;体侧双手垫球;侧向传球 B:侧面下手发球＋移动;移动＋体侧双手垫球;侧向传球＋移动;侧面下手发球＋移动＋体侧双手垫球等 C:接传、吊球防守阵型 D:击球较准比赛;简易规则对抗赛	1.能说出排球步法中的跑步、滑步、后退步,侧面下手发球,体侧双手垫球,侧向传球及相应动作组合,接传、吊球防守阵型的名称和方法,明确动作优劣,明白阵型的站位及意义,积极参与并欣赏比赛。 2.能以不同的力度、速度、节奏、角度、距离等方式循序渐进地完成各类动作及动作组合,且能做到动作串联流畅;能将学习内容运用到比赛中,提高配合能力,强化专项体能。 3.能展现出勤学善思、谦虚认真、不甘落后、乐于合作、勇于担当的品质
3	A:正面上手发飘球、背向双手垫球;背向传球;扣近网球 B:正面上手发飘球＋移动;正面上手发飘球＋移动＋手垫球;正面上手发飘球＋移动＋扣近网球;移动＋背向传球等 C:强攻 D:简易规则隔网对抗赛	1.能说出正面上手发飘球、背向双手垫球、背向传球、扣近网球及相应动作组合、强攻战术的名称和方法,明确动作优劣,明白战术配合的时机和意义,参与并欣赏比赛。 2.能以不同的力度、速度、节奏、角度、距离等方式循序渐进地完成各类动作及动作组合,且能做到动作串联流畅;能将学习内容运用到无拦网的隔网对抗赛中,提高战术配合能力,强化专项体能。 3.能展现出勤学善思、谦虚认真、不甘落后、乐于合作、勇于担当的品质

续表

模块	内容标准	表现标准
4	A：单人拦网；正面上手发大力球；让垫；扣远网球 B：正面上手发大力球＋移动＋让垫；单人拦网＋移动＋垫球；正面上手发大力球＋移动＋扣远网球等 C：快攻 D：单人拦网下强调快攻配合的隔网对抗赛	1. 能说出单人拦网、正面上手发大力球、让垫、扣远网球及相应动作组合、快攻配合的名称和方法，明确动作优劣，明白战术配合的时机和意义，参与并欣赏比赛。 2. 能以不同的力度、速度、节奏、角度、距离等方式循序渐进地完成各类动作及动作组合，且能做到动作串联流畅；能将学习内容运用到比赛中，提高战术配合能力，强化专项体能。 3. 能展现出勤学善思、谦虚认真、不甘落后、乐于合作、勇于担当的品质
5	A：双人拦网；单手垫球；侧面勾手发球；调整扣球 B：侧面勾手发球＋移动＋垫球；侧面勾手发球＋移动＋单手垫球；拦网＋单手垫球等 C：接扣球防守阵型 D：加强拦网下的隔网对抗赛	1. 能说出双人拦网、单手垫球、侧面勾手发球、调整扣球及相应动作组合、接扣球防守阵型的名称和方法，明确动作优劣，懂得战术配合的意义和技巧，参与并欣赏比赛。 2. 能以不同的力度、速度、节奏、角度、距离等方式循序渐进地完成各类动作及动作组合，且能做到动作串联流畅；能将学习内容运用到比赛中，提高战术素养水平，强化专项体能。 3. 能展现出勤学善思、谦虚认真、不甘落后、乐于合作、勇于担当的品质
6	A：三人拦网；调整传球；挡球；扣快球 B：挡球＋移动；移动＋调整传球；拦网＋扣快球等 C：二次攻；立体攻 D：多人拦网下进攻方式立体多变的隔网对抗赛	1. 能说出三人拦网、调整传球、挡球、扣快球及相应动作组合、战术配合的名称和方法，明确动作优劣，懂得战术配合的意义和技巧，参与并欣赏比赛。 2. 能以不同的力度、速度、节奏、角度、距离等方式循序渐进地完成各类动作及动作组合，且能做到动作串联流畅；能将学习内容运用到比赛中，提高攻防战术水平，强化专项体能。 3. 能展现出勤学善思、谦虚认真、不甘落后、乐于合作、勇于担当的品质
7	A：前仆垫球和侧倒垫球；自我掩护扣球；跳传（部分学生学习掌握）；跳发球（部分学生学习掌握） B：前仆垫球＋（起身）移动＋扣球；侧倒垫球＋（起身）移动＋扣球；跳发球＋移动＋垫球；跳传＋拦网等 C：接拦回球防守阵型 D：采用"心"或"边"跟进防守的隔网对抗赛	1. 能说出前仆垫球和侧倒垫球、自我掩护扣球、跳传、跳发球及相应动作组合、战术配合的名称和方法，明确动作优劣，懂得战术配合的意义和技巧，参与并欣赏比赛。 2. 能以不同的力度、速度、节奏、角度、距离等方式循序渐进地完成各类动作及动作组合，且能做到动作串联流畅；能将学习内容运用到比赛中，进一步提高攻防战术水平，强化专项体能。 3. 能展现勤学善思、谦虚认真、不甘落后、乐于合作、勇于担当的品质

续表

模块	内容标准	表现标准
8	C:中二三进攻阵型与防守运用 D:中二三进攻阵型下的教学比赛	1.能说出中二三进攻阵型与防守的方法和手段,懂得该战术配合的意义、技巧和细节,能客观点评比赛。 2.能将学习内容运用到全场比赛中,提高攻防战术水平,强化专项运动能力。 3.能展现出勤学善思、不甘落后、遵守规则、乐于合作、勇于担当的优秀品质
9	C:边二三进攻阵型与防守运用 D:边二三进攻阵型下的教学比赛	1.能说出边二三进攻阵型与防守的方法和手段,懂得该战术配合的意义和技巧,能客观点评比赛。 2.能将该战术运用到全场比赛中,提高全场攻防战术水平,强化专项运动能力。 3.能展现出勤学善思、不甘落后、遵守规则、乐于合作、勇于担当的优秀品质
10	C:插三二进攻阵型与防守运用 D:插三二进攻阵型下的教学比赛	1.能说出插三二进攻阵型与防守的方法和手段,懂得该战术配合的意义、技巧和细节,能客观点评比赛。 2.能将该战术运用到全场比赛中,进一步提高全场攻防战术水平,强化专项运动能力。 3.能展现出勤学善思、不甘落后、遵守规则、乐于合作、勇于担当的优秀品质

四 乒乓球模块

乒乓球是一项具有速度快、旋转强、变化多、趣味性强、设备简单等特点的运动,它集健身性、竞技性、娱乐性为一体,技战术种类多样、瞬息万变,并具有很高的锻炼与观赏价值,是室内外皆宜,深受大众喜爱的桌上隔网运动,属于开放式运动技能项目。乒乓球运动能改善神经系统、心血管系统和呼吸系统的功能,能有效提高人的身体和心理素质,培养顽强拼搏、机智果断的意志品质和合作交流能力,有助于学生树立终身体育意识,形成健康行为方式,养成终身体育习惯。

乒乓球模块内容和标准

模块	内容标准	表现标准
1	A:握拍法;基本站位和准备姿势;正手攻打;反手挡球;单步、跨步、小跳步等基本站位 B:正手攻打+移动;反手挡球+移动等 C:正手攻打回合比赛、反手挡球回合比赛等	1.了解乒乓球运动的起源及发展,能说出乒乓球运动的技术特征、价值与实际运用,能体会和评价技术动作质量。 2.能合理运用握拍法进行熟悉球性及击球练习,提高击球的准确性、连续性,获得成功体验。 3.乐于尝试,不怕失败,团结协作

续表

模块	内容标准	表现标准
2	A:正手攻球;反手挡球;一推一攻;左推右攻;常用步法的运用 B:一推一攻＋移动;左推右攻＋移动等 C:重复侧身正手攻球 D:合理运用挡球和正手攻球进行比赛	1.能说出正手攻球以及挡球的基本技术动作及组合技术的特征、价值与实际运用,能描述并评价组合动作质量。 2.能掌握正手攻球和反手挡球单个技术,并能运用合理的步法完成组合动作。 3.配合协调,探究学习,勇于表现
3	A:正手平击发球;反手快推横拍(快拨) B:正手发平击球＋正手攻球;正手发奔球＋攻球等 C:正手发奔球至对方中路或右方大角;侧身抢攻 D:合理运用发球、接发球技术以及步法进行比赛	1.能说出正手发平击球;正手发奔球以及快推的基本技术动作及其组合动作技术的特征、价值及运用实际,能描述并评价组合动作质量。 2.能掌握发球及快推技术动作,并合理运用步法完成组合动作。 3.配合协作,探究学习,勇于表现
4	A:反手攻球;反手发奔球;场地、规则及裁判法 B:正手发奔球＋反手攻球;反手发奔球＋反手攻球等 C:反手发奔球至对方反手或中路配合近网短球进行反手攻球 D:合理利用技战术进行比赛	1.能说出场地大小及规则以及反手攻球技术及其组合技术的特征、价值与运用实际,能描述并评价组合动作质量。 2.能掌握反手攻球动作,并合理运用步法完成组合动作。 3.遵守规则,勇敢顽强,配合协作
5	A:反手搓球;反手发下旋球 B:反手发下旋球＋反手搓球＋移动等 C:搓转或不转至不同落点,伺机强攻 D:合理运用发球、技战术进行比赛	1.能说出搓球技术的特点和功能。 2.能掌握动作方法并根据不同的来球选择合理的技术进行回接。 3.勇敢顽强,机智果断,团结协作
6	A:正手搓球;正手发下旋球;对搓练习 B:正手发下旋＋正(反)手搓球;反手发下旋＋正(反)搓球等 C:搓转与不转相结合,搓短搓长相结合,不断变化落点,伺机抢攻 D:搓球比赛;单打比赛	1.能说出两种以上组合练习及组合目的、练习要求和运用价值,并能描述评价组合动作质量。 2.能根据来球的速度、旋转、高度和落点选择合理的技术进行回击。 3.勇于拼搏,机智果断,团结协作,探究学习
7	A:正手拉加转弧圈球;正手发左侧旋球 B:正手发下旋球＋正手拉球;正手发左侧旋＋正手拉球等 C:长短球和拉搓结合;拉反手＋扣杀大角 D:单打比赛	1.能够说出拉弧圈球技术动作及其组合技术特征、价值及运用实际,并能描述且评价组合动作质量。 2.能根据来球的情况(速度、旋转、落点)选择合理的技术进行回击,熟练掌握击球时机,控制落点和方向。 3.乐于参与,调控情绪,勇于表现,团结协作

续表

模块	内容标准	表现标准
8	A:正手拉加转弧圈球；反手发右侧上、下旋球 B:正手发下旋＋正手搓球＋正手拉球＋正手攻球等 C:发球抢攻战术；接发球抢攻战术 D:单打比赛	1. 能够说出多种组合练习及其组合目的、练习要求和运用价值。 2. 能根据来球情况迅速反应,运用合理的步法及技术进行回击,并控制好高度和落点。 3. 遵守规则,调控情绪,机智果断,积极参与
9	A:搓球；正手搓球 B:正手发左侧下（侧上）旋球＋反手搓球＋正手拉球＋正手扣杀等 C:双打位置轮换 D:双打交流赛	1. 能说出双打比赛的规则及要求,还有组合练习的目的、练习要求和运用价值。 2. 运用合理的步法,根据来球情况作出快速果断的反应。 3. 遵守规则,积极参与,勇于表现,合作学习
10	A:正手拉前冲弧圈球 B:正手发下旋＋搓球＋正手拉转弧圈球＋正手拉前冲弧圈球＋扣杀等 C:双打技战术（发球抢攻,接发球抢攻） D:双打交流赛	1. 能说出乒乓球组织与编排的注意事项,能组织小型比赛。 2. 能运用合理的技术动作来进行击球,获得成功的体验。 3. 遵守规则,勇于拼搏,乐于参与,合作学习

五 羽毛球模块

羽毛球是一项集健身性、竞技性、娱乐性为一体的技能性隔网对抗运动项目,属于开放式运动技能。该运动对发展学生体能素质,培养勇敢顽强、机智果断的意志品质和合作交流能力具有重要作用,也有助于学生形成健康行为,养成终身体育习惯。

羽毛球模块内容和标准

模块	内容标准	表现标准
1	A:正反手握拍；正手发高远球；正手击打高远球；基本步法(垫步、交叉步、蹬步、跳步等) B:正手发高远球＋移动；正手击打高远球＋移动等 D:半场正手发高远球和击打高远球比赛等	1. 能说出羽毛球运动技术的特征、价值与实际运用,能描述并评价组合动作质量。 2. 能合理运用握拍,熟悉球性,并能将球发至理想区域,体会击球动作,获得成功感受。 3. 乐于尝试,探究合作,勇于表现

续表

模块	内容标准	表现标准
2	A:反手发网前球;正手挑直线高远球;正手击打高远球 B:发网前球＋移动;正手挑直线高远球＋移动;发网前球＋正手挑球＋正手击打高远球等 C:重复击直线高远球;重复挑直线后场球 D:发网前球比赛;半场正手挑直线高远球比赛等	1.能说出羽毛球发、挑、打基本技术动作及其组合技术的特征、价值与实际运用,能描述并评价组合动作质量。 2.能掌握单项技术并展示动作组合练习。 3.乐于尝试,探究合作,勇于表现
3	A:正、反手挑高远球;正手击打高远球 B:反手挑直线高远球＋移动;发网前球＋正、反手挑球＋正手击打高远球 C:重复挑斜线高远球 D:反手挑高远球比赛;全场击高远球比赛等	1.能说出羽毛球挑球及其组合技术的特征、价值与实际运用,能描述并评价组合动作质量。 2.能掌握挑球动作并合理运用步法完成组合动作。 3.配合协作,探究合作,勇于表现
4	A:轻吊网前球;网前搓球;综合步伐练习 B:正手发高远球＋轻吊球;抛球＋搓球＋挑球;正手发高远球＋轻吊球＋搓球＋挑球等 C:直线吊上网;斜线吊上网 D:半场交流赛	1.能说出羽毛球吊球、搓球的特点和功能。 2.能掌握动作方法,根据不同来球合理选择技术动作。 3.配合协作,乐于参与,勇于表现,调控情绪
5	A:头顶击直线高远球;杀球、接杀球 B:发高远球＋击高远球＋杀球＋接杀球 C:杀吊结合;杀球上网;羽毛球规则和裁判法 D:单打比赛	1.能说出两种以上组合练习及其组合目的、练习要求和运用价值。 2.能熟练掌握动作方法,根据对方位置选择击球方式及击球落点。 3.配合协作,乐于参与,勇敢顽强,机智果断,遵守规则
6	A:劈吊球(直线、斜线);跳杀球(直线、斜线);综合步伐练习 B:发高远球＋劈吊球;发中场球＋跳杀球 C:双打位置轮转 D:双打交流赛	1.能说出劈吊球与轻吊球的区别,吊球与跳杀球的练习要求、运用价值和基本要求。 2.能根据来球的不同落点与高度合理运用吊球与杀球,熟练掌握击球时机,控制击球方向与落点。 3.配合协作,乐于参与,勇于表现,调控情绪
7	A:发、击平快球;正反手抽球 B:发平快球＋击平快球＋抽球＋挡球 C:发球战术;接发球战术;攻人战术;攻中路 D:双打比赛	1.能说平快球与高远球的区别、练习要求、运用价值和基本要求。 2.能根据不同来球及对方队员技术情况,采用不同的击球动作及攻防配合战术。 3.交流合作,敢于挑战,遵守规则,具有一定的安全意识和合理的情绪表达

续表

模块	内容标准	表现标准
8	A：正手击斜线高远球；头顶吊球 B：击斜线、吊直线；吊球＋推球；杀球＋放网 C：斜线高球杀直线上网；重复吊球 D：团体赛(单—双—单)	1. 能根据个人能力确定自己适合单打或双打，能说出自己掌握并能运用的技战术。 2. 能根据不同情境合理选用并展示攻防战术，形成良好的战术意识和战术素养。 3. 顽强拼搏，勇于争胜，不畏艰难，具有一定的大局意识和合理的情绪表达
9	A：反手发平高球；网前推球；扑球 B：平抽挡组合；杀球＋放网＋推、扑 C：三人轮转配合 D：三对三比赛	1. 能说出羽毛球单、双打比赛的基本战术；关注各类羽毛球比赛，具有基本的羽毛球比赛欣赏能力；熟悉基本比赛规则，能编排、组织小型羽毛球淘汰赛。 2. 比赛中积极展现个人技术、配合技术，选用并展示合理的攻防战术。 3. 顽强拼搏，善于交流，具有团队意识和控制不利情绪的能力
10	A：正手发网前球；放网前球；网前钩对角 B：发网前球＋放网前球＋网前钩对角 C：重复网前球；单打、双打战术取位 D：混合团体赛(男单、女单、男双、女双、混双)	1. 能主动关注各类羽毛球比赛，能分析基本战术，具有一定的羽毛球欣赏能力，深入领会比赛规则。 2. 比赛中积极展现个人技术、配合技术，选用并展示合理的攻防战术。 3. 具有正确认识自我及鉴别本组队员特长的能力，有一定的团队协作意识和良好的情绪控制能力，尊重对手和规则

六 健美操模块

健美操是在音乐的伴奏下，以有氧运动为基础，达到增进健康、塑造形体和娱乐目的的一项体育运动项目，属于闭合式运动技能。通常采用徒手或轻器械进行练习，是在氧供应充足的情况下进行的中低强度的全身性运动，增强了人体的心肺功能和良好的身体姿态。

健美操模块内容和标准

模块	内容标准	表现标准
1	A：基本步伐[点跳(小跳)、开合跳、弓步跳、吸腿跳、后驱腿跑、弹踢腿、大踢腿] B：基本步伐组合 C：以基本步伐与手位为基础进行简单的创编与展示	1. 了解健美操运动的特征、价值与运用实际，能熟练地说出健美操基本步伐动作名称。 2. 能熟练展示七个基本步伐动作，保证每一个动作发力及身体姿态保持规范、稳定、有力。 3. 积极参与学习，培养健美操锻炼的兴趣，具备安全意识，团队合作意识

续表

模块	内容标准	表现标准
2	A:柔韧类动作:地面左右抱腿成叉 B:垂直劈腿、立转360°接垂直劈腿 C:全国健美操大众锻炼标准第三套大众一级	1.明确规定套路中每个组合动作组成及技术要点,知道难度动作名称,掌握柔韧类难度的动作要领。 2.能跟着音乐熟练完成一级动作,动作协调有力。完成柔韧度的练习以及控制力练习,认识每一个动作的发力点。 3.乐于尝试,探究合作,充满自信,勇于表现
3	A:身体协调与节奏感练习 B:基本步伐的串联练习、基本步伐方向的变化组合练习 C:全国健美操大众锻炼标准第三套大众二级	1.明确基本步伐的变换节奏和方向变化,了解规定套路中每个组合动作组成及技术要点。 2.能跟音乐熟练完成二级动作,动作协调有力并富有表现力。掌握基本步伐的转换节奏技巧。 3.乐于尝试,探究合作,充满自信,勇于表现
4	A:手位操动作训练 B:基本手位操组合;手脚配合组合基本步伐练习 C:全国健美操大众锻炼标准第三套大众二级	1.清晰熟知手位操动作要领,步伐组合构成,熟悉二级动作要点及锻炼方法,合理安排锻炼。 2.能跟着音乐熟练完成二级动作,动作协调有力并富有表现力,着重于动作的控制。 3.探究合作,充满自信,并具备较强的比赛能力
5	A:有氧舞蹈基本动作练习(低冲击动作) B:健身操基本步伐及串联组合动作 C:全国全民健身操五级有氧舞蹈	1.运用所学知识和技能解决运动项目学习中的问题,正确描述组合动作技术要领,积极参与小组学习、比赛。 2.能熟练完成组合动作,动作协调有力并富有表现力,小组动作整齐。 3.比较自觉主动地进行锻炼,具有良好的合作能力和团队精神
6	A:有氧舞蹈基本动作练习(高冲击动作) B:把杆练习 C:全国全民健身操五级有氧舞蹈队形创编及展示	1.了解把杆练习的重要性,积极参与组合动作学习,并能清晰地讲解各组合动作要领。 2.把杆练习动作标准有控制,有氧舞蹈掌握好重心的前后转换和左右交替,充分带动手臂加大动作幅度,动作完成比上模块应具有更高标准。 3.积极、乐观、主动地学习,具有良好的合作能力和团队精神
7	A:啦啦操手位动作 B:啦啦操32个基本手位动作组合 C:少年甲组花球啦啦操	1.明确掌握32个基本手位动作名称和动作要领。 2.熟练完成啦啦操基本手位及动作组合,具有较强的动作控制力,做到动作干净有力。 3.能正确的自我认识和认知,理解自己的动作形态,表现积极向上、乐观开朗的人生态度
8	A:32个基本手位动作 B:手位动作按顺序串联 C:全国第二套啦啦操规定套路中学组花球	1.通过基本手位的学习,能灵活运用于成套动作中便于理解记忆的成套动作,能够更快更好地记住整个成套动作要领。 2.跟着音乐熟练完成规定套路,动作有力度,控制性高,富有表现力。 3.注重团队精神和坚韧不拔的意志品质,胜不骄、败不馁

续表

模块	内容标准	表现标准
9	A:基本操化动作和难度动作 B:操化+难度+过度连接+操化 C:竞技健美操五人操及编排(一)	1.对于成套的创编有新颖的思维构建和难度的衔接认知,遵循创编的原则和方法。 2.依规则要求,较好地完成竞技健美操五人项目第一部分的编排,并展示。 3.具有较好的领导、组织及合作能力,具有严格的规则意识,顽强拼搏,追求卓越。
10	A:基本操化动作和难度动作 B:操化+难度+过度连接+操化 C:竞技健美操五人操及编排(二)	1.对于成套的创编有更多新颖的思维构建,清晰认识成套中的每一个操化和难度技巧,加强表现力要求,遵循创编的原则和方法。 2.具备较强的编排能力,更好地完成竞技健美操五人项目第二部分的编排,完成在音乐的伴奏下结合身体素质、操化动作、难度技巧和表现力融为一体的展示。 3.具有很好的领导、组织及合作能力,具有严格的规则意识,顽强拼搏,追求卓越,并将良好行为与品德迁移到生活和学习中

七 武术模块

武术是以中华文化为理论基础,以技击方法为基本内容,以套路、格斗、功法为主要运动形式的传统体育,其中武术套路属于封闭式运动技能,武术中的散手、防身术属于开放式运动技能。武术不仅可以培养健康体魄,使学生掌握一定的格斗技能,更有助于培养学生的爱国主义精神、良好的道德品质、心理品质和社会适应能力。

武术模块内容和标准

模块	内容标准	表现标准
1	A:基本手型(拳、掌、勾);基本步型(弓步、马步、仆步、虚步、歇步);基本腿法(直摆性、屈伸性);基本手法(冲拳、推掌、架掌) B:手型+步型组合动作练习;手型+步型+腿法;手型+步型+手法;手型+步型+腿法+手法 C:五步拳	1.能熟练说出基本动作名称。 2.能展示手型、步型、腿法、手法;动作准确、规范、稳定、有力。 3.遵守规则,练习积极,参与兴趣高,有安全意识,有初步武术意识
2	A:平衡基本功(燕式平衡);基本腿法(直摆性、屈伸性、击响性);基本跳跃(腾空飞脚、腾空旋风脚、腾空摆莲) B:手法+腿法+跳跃组合练习 C:少年拳第二套	1.能说出基本组合动作名称。 2.能展示基本组合;动作连贯、稳定、有力。 3.遵守规则,练习积极,参与兴趣高,有安全意识,有武术礼仪意识

续表

模块	内容标准	表现标准
3	A:肩部基本功(仆步抢拍);平衡基本功(提膝平衡);基本腿法(直摆性、屈伸性、击响性) B:手法＋腿法＋平衡练习 C:形神拳	1. 能熟练说出拳术动作名称。 2. 能展示基本动作与拳术；动作连贯、规范、稳定、有力。 3. 遵守规则,练习积极,参与兴趣高,有安全意识,有初步武术意识
4	A:持剑方法(正把剑、反手剑)、持剑礼、基本剑法(点剑、刺剑、崩剑、挂剑、撩剑、抹剑、云剑) B:步型＋基本剑法、腿法＋剑术方法 C:初级剑(1－9式)	1. 能说出器械的基本动作名称。 2. 能展示器械的基本动作与组合；动作连贯、稳定、有力。 3. 遵守规则,练习积极,参与兴趣高,有安全意识,有武术礼仪意识
5	A:基本剑法(点剑、刺剑、崩剑、挂剑、撩剑、抹剑、云剑、腕花剑) B:步型＋基本剑法、腿法＋剑术方法 C:初级剑全套演练	1. 能说出基本动作名称。 2. 能展示器械的基本动作与组合；动作连贯、稳定、有力。 3. 遵守规则,练习积极,参与兴趣高,有安全意识,有武术礼仪意识
6	A:太极拳基本手型、步型、手法、步法 B:手型＋步型组合动作练习；手型＋步型＋步法；手型＋步型＋手法；手型＋步型＋步法＋手法 C:太极十二动	1. 能说出基本动作名称。 2. 能展示太极拳的基本动作与组合；动作柔和、缓慢、连续不断。 3. 遵守规则,练习积极,参与兴趣高,有安全意识,有武术礼仪意识
7	A:太极拳基本手型、步型、手法、步法 B:手型＋步型组合动作练习；手型＋步型＋步法；手型＋步型＋手法；手型＋步型＋步法＋手法 C:24式太极拳	1. 能说出24式太极拳的基本动作名称,了解太极拳的风格特征。 2. 能展示太极拳动作；动作柔和、缓慢、连续不断。 3. 遵守规则,练习积极,参与兴趣高,有安全意识,有武术礼仪意识
8	A:实战姿势,散打拳法(冲拳、掼拳、鞭拳、抄拳、弹拳)、步法(进步、退步、插步、跨步、盖步、垫步) B:拳法击打实物练习 C:散打攻防对练	1. 能说出击打技术的原理和锻炼价值,描述动作要领、练习方法以及练习过程中的安全事项,能欣赏相关比赛。 2. 能熟练展示基本组合；能在视觉、听觉提示或限制条件的对抗中,做出至少3种以上组合,动作连贯、灵敏、有力。 3. 遵守规则,练习积极,参与兴趣高,有安全意识,有武术礼仪意识

续表

模块	内容标准	表现标准
9	A:散打腿法(蹬腿、弹腿、踹腿、扫腿、勾踢、撞膝、顶膝)、步法(进步、退步、插步、跨步、盖步、垫步) B:踢靶或踢沙包练习 C:散打攻防对练	1.能说出击打技术的原理和锻炼价值,描述动作要领、练习方法以及练习过程中的安全事项,能欣赏相关比赛。 2.能熟练展示基本组合;能在视觉、听觉提示或限制条件的对抗中,做出至少3种以上组合,动作连贯、灵敏、有力。 3.遵守规则,练习积极,参与兴趣高,有安全意识,有武术礼仪意识
10	A:散打腿法与拳法 B:徒手攻防组合技术练习(主动进行的组合技术与防守反击的组合技术) C:散打攻防对练	1.能说出散打基本动作名称。 2.能展示散打基本动作;动作连贯、稳定、有力。 3.遵守规则,练习积极,参与兴趣高,有安全意识,有武术礼仪意识

执笔人:吴桥　杜泉　张颢　周坤　刘军　王琦　张纪胜

普通高中综合实践活动学科教学指导意见

为贯彻落实《国务院办公厅关于新时代推进普通高中育人方式改革的指导意见》（国办发〔2019〕29号）、《安徽省深化基础教育改革全面提高育人质量行动计划》（皖发〔2020〕6号）、《安徽省新时代推进普通高中育人方式改革实施方案》（皖教工委〔2020〕31号）等有关文件精神，以《中小学综合实践活动课程指导纲要》（教育部教材〔2017〕4号）、《安徽省普通高中新课程新教材实施方案》（皖教基〔2020〕9号）为依据，为全面、准确实施《中小学综合实践活动课程指导纲要》，规范综合实践活动课程教学，结合我省综合实践活动教学实际，对我省中小学综合实践活动教学提出如下指导意见：

第一部分 概述

一 指导思想

坚持以习近平新时代中国特色社会主义思想为指导，深入贯彻党的十九大和全国教育大会精神，全面贯彻党的教育方针，坚持教育与生产劳动、社会实践相结合，引导学生深入理解和践行社会主义核心价值观，充分发挥中小学综合实践活动课程在立德树人方面的重要作用。

按照《中小学综合实践活动课程指导纲要》（以下简称《指导纲要》）的整体规划、宏观设计和具体要求，规范我省综合实践活动课程教学，科学把握教学实施中的有关问题，促进综合实践活动课程常态开设，引领综合实践活动课程发展方向，全面提高我省综合实践活动课程实施水平，实现综合实践活动的课程目标，培养德智体美劳全面发展的社会主义建设者和接班人。

二　课程性质

综合实践活动课程是国家义务教育和普通高中课程方案规定的中小学必修课程,与学科课程并列设置,是基础教育课程体系的重要组成部分。该课程由地方统筹管理和指导,具体内容以学校开发为主,自小学一年级至高中三年级全面实施。

综合实践活动课程是从学生的真实生活和发展需要出发,将从生活情境中发现的问题,转化为活动主题,通过探究、服务、制作、体验等方式,培养学生综合素质的跨学科实践性课程。

三　基本理念

综合实践活动课程既是提升学生综合素质的重要途径,更是考查学生综合素质发展情况的重要窗口。

《指导纲要》提出四个理念:综合实践活动课程目标以培养学生综合素质为导向,课程开发面向学生的个体生活和社会生活,课程实施注重学生主动实践和开放生成,课程评价主张多元评价和综合考察。

这四个理念反映了综合实践活动课程的价值追求:发展学生基于学科知识和学科思维的发现、探究、理解现实生活中事件、现象和问题的能力;回归、直面生活世界,培养学生热爱生活的积极态度和解决生活中问题的实践能力;通过实践活动,发展学生的交往能力、社会实践能力、社会责任感等公民素养;突出学生的发展性导向,聚焦学生自主发展、社会参与、问题探究、创新创造等方面的能力表现。

综合实践活动注重引导学生在实践活动中以体验、体悟、体认的方式,感知生活、社会、文化中凝结的科学技术、价值规范、艺术创造和文化品位等。课程实施中应关注新时代社会发展、技术进步、学生的生活实践和发展需求,突出课程的综合性、实践性、开放性和跨学科性,坚持问题导向,将生活中的问题转化为学习主题,培养学生的社会责任感、创新精神和实践能力。

四　课程目标

《指导纲要》提出课程总目标:学生能从个体生活、社会生活及与大自然接触中获得丰富的实践经验,形成并逐步提升对自然、社会和自我之内在联系的整体认识,具有价值体认、责任担当、问题解决、创意物化等方面的意识和能力。

价值体认:建立人与自然、人与社会、人与自我关系的基本价值观念。价值体认的基本方式:价值观认同、价值观判断、价值观塑造。

责任担当:通过自主管理、社区活动、服务活动,建立社会责任感;愿意承担社会义务且具有承担社会义务的能力。责任担当的方式:社会参与、社会服务。

　　问题解决:通过研究自然、社会、生活问题,提升分析问题的能力;参与问题解决的基本过程,学习问题解决的基本方法。

　　创意物化:通过设计、制作、装配等实践过程,提高创新与创意、设计与制作能力;利用工具和现代技术,解决生活中的问题。

　　价值体认、责任担当、问题解决、创意物化四个维度的目标明确,表达精炼,内涵丰富。四个维度的目标通过内在的统合与联系,引导学生在实践中获得体验,习得解决问题的科学方法,培育创新精神,提高实践能力,增强社会责任感,形成对自然、社会和自我内在联系的整体认识,促使学生在"认识自我""融入社会""尊重自然""探究世界"中成长发展。

　　《指导纲要》提出了小学、初中、高中各学段的具体目标(详见《中小学综合实践活动课程指导纲要》),明确了对各学段学生在价值体认、责任担当、问题解决、创意物化等方面所具有的品格和能力的不同要求,回应了各学段综合素养的培养要求。

　　《指导纲要》构建了自小学一年级至高中三年级立体化、进阶式、螺旋上升的目标体系。比如,责任担当维度的目标构建,从小学阶段关注个人自理能力的养成,到初中阶段初步形成对自我、学校、社区负责任的态度和社会公德意识,到高中阶段形成主动服务他人、服务社会的情怀,体现了学生责任担当的渐进发展与提高。再比如,问题解决维度目标的建构中问题的发现与提出、问题的分析与解决、问题研究结果的呈现与应用三个方面,体现了对不同学段学生问题解决能力的递进式发展要求。

　　综合实践活动课程分层次多级别的目标体系强调综合实践活动的设计与实施必须围绕课程目标进行。《指导纲要》提出的理念和目标为综合实践活动课程提供了整体理论框架,学校和教师应遵循《指导纲要》的规范开展教学,使综合实践活动真正具有课程意义,实现综合实践活动在立德树人方面的重要作用。

|第二部分　课程实施|

一　课时安排

　　综合实践活动课程是国家义务教育阶段和普通高中阶段的必修课程,与学科课程并列设置,是基础教育课程体系的重要组成部分。综合实践活动课程由地方统筹管理和指导,具体内容以学校开发为主,自小学一年级至高中三年级全面实施。综合实践活动课时安排如下:

　　小学1～2年级,平均每周不少于1课时;小学3～6年级和初中,平均每周不少于2课时。

　　《课程标准》规定:综合实践活动共8学分,包括研究性学习、党团活动、军训、社会考察等,研究性学习6学分(完成2个课题研究或项目设计,以开展跨学科研究为主)。

根据安徽省教育厅《关于进一步落实中小学综合实践活动课程开设的通知》(皖教秘基〔2018〕97号)要求,学校要把综合实践活动课程列入学期教学计划,呈现在班级课程表中,切实保证综合实践活动课时,在开足规定课时总数的前提下,根据具体活动需要,将课时的集中使用与分散使用有机结合起来。要处理好课内与课外的关系,合理安排时间并拓展学生的活动空间与学习场所,保证学生活动的连续性和长期性。

二　课程内容

(一)主要内容

综合实践活动课程内容基于学生身心发展的客观需要,从学生与自然、学生与他人和社会、学生与自我这三个方面来组织活动内容,确定活动主题。

《指导纲要》依据小学、初中和高中三个学段目标,从考察探究、社会服务、设计制作和职业体验等四个方面,分类推荐了152个中小学综合实践活动主题,并对每一个推荐活动主题如何开展做了简要说明,这些主题、说明和基本要求同其他学科课程的课程标准和教材类似,如同学科课程有了课程标准和教材,是我们组织和开展教学活动的基本依据。

综合实践活动课程的内容不同于学科课程的内容。学科课程的内容主要是各学科系统的理论知识,综合实践活动课程的内容不是预设的理论知识体系,而是学生感兴趣的问题,是学生活动的主题以及学生为探究主题而综合运用的知识、技能、实践经验等。设计与实施综合实践活动教学,要引导学生主动运用各学科知识分析解决实际问题,使学科知识在综合实践活动中得到延伸、综合、重组与提升;学生在综合实践活动中所发现的问题要在相关学科教学中分析解决,所获得的知识可在相关学科教学中拓展深化。

(二)内容选择与组织原则

综合实践活动课程的内容选择与组织应遵循如下原则:

1. 自主性

在主题开发与活动内容选择时,要重视学生自身发展需求,尊重学生的自主选择。教师要善于引导学生围绕活动主题,从特定的角度切入,选择具体的活动内容,并自定活动目标任务,提升自主规划和管理能力。同时,要善于捕捉和利用课程实施过程中生成的有价值的问题,指导学生深化活动主题,不断完善活动内容。

2. 实践性

综合实践活动课程强调学生亲身经历各项活动,在"动手做""实验""探究""设计""创作""反思"的过程中进行"体验""体悟""体认",在全身心参与的活动中,发现、分析和解决问题,体验和感受生活,发展实践创新能力。

3. 开放性

综合实践活动课程面向学生的整个生活世界,具体活动内容具有开放性。教师要基于学生已有经验和兴趣专长,打破学科界限,选择综合性活动内容,鼓励学生跨领域、跨学科学习,为学生自主活动留出余地。要引导学生把自己成长的环境作为学习场所,在与家庭、学校、社区的持续互动中,不断拓展活动时空和活动内容,使自己的个性特长、实践能力、服务精神和社会责任感不断获得发展。

4. 整合性

综合实践活动课程的内容组织,要结合学生发展的年龄特点和个性特征,以促进学生的综合素质发展为核心,均衡考虑学生与自然的关系、学生与他人和社会的关系、学生与自我的关系这三个方面的内容。对活动主题的探究和体验,要体现个人、社会、自然的内在联系,强化科技、艺术、道德等方面的内在整合。

5. 连续性

综合实践活动课程的内容设计应基于学生可持续发展的要求,设计长短期相结合的主题活动,使活动内容具有递进性。要促使活动内容由简单走向复杂,使活动主题向纵深发展,不断丰富活动内容、拓展活动范围,促进学生综合素质的持续发展。要处理好学期之间、学年之间、学段之间活动内容的有机衔接与联系,构建科学合理的活动主题序列。

学校是综合实践活动课程实施的主体,学校和教师要深入领会综合实践活动课程性质与基本理念,根据综合实践活动课程目标,整体把握课程内容,并基于学生发展的实际需求,选择相宜的活动方式,开发建设课程资源,逐步提升学校综合实践活动课程的实施水平。

三 活动方式及实施建议

《指导纲要》明确考察探究、社会服务、设计制作和职业体验为综合实践活动的主要活动方式。

(一)考察探究

考察探究指学生基于自身兴趣,在教师指导下,从自然、社会和学生自身生活中选择和确定研究课题,以野外考察、社会调查、研学旅行等多种方式,综合运用各学科领域的知识进行问题分析、解决和意义获取的学习活动。它具有生活性、自主性、研究性和课程性特征。

考察探究活动的三个阶段和关键要素:

1. 课题的确立与启动阶段

①发现并提出问题。学生从自然、社会和生活中发现问题,在教师的指导下将问题转化为有价值的研究课题。

②提出假设,选择方法和研制工具。研究课题确定后,需制订初步的研究计划,提出研究假设,预想在实施过程中会出现什么难题,找寻可能的解决方案。学习并选择适用的研究方法。这个阶段应设计相应的观察表、访谈提纲、实验方案或调查表、确立文献查找的路径等。

2. 课题的实施阶段

①获取证据。学生带着研究问题和假设走进现实的情境，运用实地观察、访谈、实验、调查、考察等方法，获取材料，解决预设的问题，发现活动中生成的新问题。

②提出观点或解释。学生针对前期提出的问题，分析所获取的资料并提出自己的观点，检验、验证、解释研究假设，培养理性思维和批判质疑、勇于探究的精神。

3. 课题的总结和展示阶段

①交流、评价探究成果。学生通过海报、板报、制作品、表演、绘画、视频、音频等多种形式展示研究成果，对研究成果进行交流与讨论，并将研究成果以及研究过程中所积累的有价值的素材归入档案袋。

②反思和改进。鼓励学生反思整个研究过程，诸如选题、研究计划、研究方法、分析与解释、结论是否合理，有哪些方面今后需要注意或改进等。引导学生在反思的基础上，明确做什么、为什么做和怎么做，提出改进研究的策略与方法，为今后的学习和研究积累经验。

(二)社会服务

社会服务指学生在教师的指导下，走出教室，参与社会活动，以自己的劳动满足社会组织或他人的需要，如公益活动、志愿服务、勤工俭学等，它强调学生在满足被服务者需要的过程中，获得自身发展，促进相关知识与技能的学习，提升实践能力，成为履职尽责、敢于担当的人。

社会服务活动的基本实施环节和关键要素：

1. 明确服务对象和需要

社会服务活动包括自我服务、家庭服务、班级服务、校园服务、社区服务、社会服务等，服务对象可以是人也可以是机构或组织，开展一项社会服务活动是从确定服务对象及其需要开始的。确定了服务对象，可以通过观察和体验、关注媒体报道、问卷调查和访谈以及咨询社区机构等方式，深入了解服务对象的真实需要。例如，校园的某一处需要绿化，低年级的某些学生需要学习辅导，社区里某个孤独的老人在生活上需要他人帮助照料等。

2. 制订服务活动计划

服务活动计划包括服务对象及其需要、活动内容、需要运用的资源和前期准备、活动时间和地点安排等。制订服务活动计划要经历前期调查研究和协商讨论的过程，教师要指导学生通盘考虑社会服务活动前后的各种要素。

3. 开展服务活动

学生进入服务现场之前，必须做好相关的知识技能培训，工具使用方法的培训、安全及活动过程注意事项的培训。

要求学生做好行动记录，记录行动过程中发现的问题，提出进一步的行动设想，保证行动的连续性和合理性。

4. 反思服务经历，分享活动经验

反思服务经历有助于学生更全面地审视整个服务过程，改进服务活动。鼓励学生通过文章、图片、艺术作品、视频和表演等展示和分享社会服务活动经验和成果，参与其中的人可通过这些展示与分享获得某种间接经验和启发。

社会服务不仅仅是一种活动方式，更是服务意义和学习价值的有机统一。例如，学生考察发现河流被污染的原因之一是垃圾污染，于是针对河流污染状况，结合科学、化学、生物、数学等课程的学习，从河流中获取水样本，分析样本，证实结论，向相关的污染控制部门提供研究结果，这种根据学生的年龄特点和学习阶段设计的社会服务活动，是培养学生的公民责任意识和担当能力的有效途径，可以更好地促进学生相关知识技能的学习和运用。

(三) 设计制作

设计制作指学生运用各种工具、工艺（包括信息技术）进行设计，并动手操作，将自己的创意或设计方案，转化为物品或作品的过程，如编织、陶艺创作、动漫制作等，它注重提高学生的技术意识、工程思维、动手操作能力等。在活动过程中，鼓励学生手脑并用，灵活掌握、融会贯通各类知识和技巧，提高学生的技术操作水平、知识迁移水平，体验工匠精神等。高中阶段的设计制作主要在通用技术课程上完成。

不同类型的设计制作过程不尽相同，但一般都包括下面几个关键要素：

1. 创意设计

设计过程主要有：明确问题，考虑设计的约束条件，例如可用材料、工具的限制，与该问题相关的知识储备等；提出多种问题解决方案；讨论设计理念；论证各种解决方案。

2. 选择活动材料或工具

选择合适的材料或工具是使创意设计变成现实的重要条件。设计制作的材料包括：纸、木、皮、布、纱线、泥沙、金属等自然或人工生产的无毒无害材料；工具可以包括：锯、钳、锥、钻、锉、针、笔等传统工具，以及编程工具、数据库、概念图以及激光切割机、3D 打印机、摄影摄像机、机器人等数字化智能化工具。

在实践过程中，教师要指导学生根据自身使用工具的能力、解决问题的需要、现实条件及材料本身的属性选择恰当的材料。

3. 动手制作

动手制作指学生将创意或设计方案付诸现实，转化为物品或作品的过程。动手制作的方式包括折叠、裁剪、切割、测量、烧铸、制模、作图、激光雕刻等手工制作，以及建模、编程、3D 打印等数字制作。在这个环节中，需要注意工具使用的安全性与规范性。

4. 展示物品或作品

学生通过交流设计制作的实践过程，展示实践成果，解释其工作原理，整理并总结整个活动过程，提升其思维能力。

交流展示过程中，教师应鼓励多样化的展示方式，引导学生相互欣赏、相互学习，讨论交流，培养团队意识和互助精神。

5. 反思与改进

反思与改进过程是设计制作必不可少的环节。反思的意义在于让学生对实践过程中的行动及其结果做出思考，评判问题解决方案的适切性，思考是否有更好的方式来解决问题。反思后对设计再次修改、测试、制作的过程即为改进。

(四)职业体验

职业体验指学生在实际工作岗位上或模拟情境中见习、实习，体认职业角色的过程，如军训、学工、学农等，它注重让学生获得对职业生活的真切理解，发现自己的专长，培养职业兴趣，形成正确的劳动观念和人生志向，提升职业生涯规划能力。

综合实践中活动课程中的"职业体验"是一种有目的、有组织、有计划地与各种职业生活进行关联的活动。《指导纲要》将"职业体验"作为综合实践活动课程的一种主要活动方式单列，是学校职业生涯规划教育日益受到重视的必然结果。

职业体验活动的基本步骤及关键要素：

1. 选择或设计职业情境

选择或设计不同的职业体验情境，是学生开展职业体验的前提。体验情境可以分为真实情景和模拟情境。真实情境即生活中各种真实的职业场所，真实情境中的职业体验通常有参观、见习、实习等形式；模拟情境即所设定的环境是抽去了真实环境本身所具有的复杂性之后所作的一种再现，是一种简化了的环境，但具有真实情境中最基本、最具代表性的要素，模拟情境可在课堂给学生创造更多的体验机会。

2. 实际岗位演练

实际岗位演练即学生在具体情境中的体验，根据学生是否直接置身于职业情境，可以将体验分为直接体验和间接体验。真实情境和模拟情境中的体验都属于直接体验，除此以外还可以利用诸如访谈、讲座、经验交流等形式使学生获得相关的间接体验。

3. 总结、反思和交流经历过程

职业体验以体验式学习过程为基础，经历实际岗位演练之后，教师可以引导学生总结、反思和交流职业体验所获得的价值体认和责任担当。

4. 概括提炼经验及行动应用

概括提炼经验与行动应用作为总结、反思的结果，既是前一个体验式学习的终点，也是下一个循环的起点，反映了体验式学习过程螺旋上升的特性。

职业体验活动既要考虑学生学习兴趣、认知水平和发展需要，又要充分考虑本地区现有的可利用的课程资源。学校需因地制宜做好课程规划，与社区、企业、高校、公益组织等建立联系，使学生能够在多样化工作的真实情境中获得职业体验；根据学校既有的空间、设施、课程特色等实际情况,在校内创设可以模拟的情境;同时也需要发掘各类职业相关的校外人力资源,如校友、家长、行业代表等,为学生提供间接职业体验。

综合实践活动活动方式的划分是相对的,应根据每个学段的教育目标和年龄特点,有侧重地选择活动方式。活动可以有所侧重,以某种方式为主,兼顾其他方式;也可以以整合方式实施,使不同活动要素彼此渗透、融会贯通。《指导纲要》推荐的 152 个主题活动适合不同年级用不同的活动方式进行,教师应该注意不同主题和不同活动方式的教学要求,组织和开展相关教学活动。

《普通高中课程方案》(2017 年版 2020 年修订)规定高中生须修完 8 个综合实践活动课程学分,其中研究性学习强调对所学知识、技能的实际运用,注重学习过程和学生实践与体验,学校要根据课程目标,培养学生发现问题和解决问题的能力,教会学生收集、分析和利用信息等多种研究方法,培养科学态度、科学精神和科学素养。

四 实施过程

综合实践活动教学一般以主题活动展开,主题活动的实施过程,既是学生寻找问题和解决问题的活动过程,也是教师指导学生进行探究体验的过程。在综合实践活动实施过程中,指导教师必须根据主题活动内容与考察探究、社会服务、设计制作和职业体验等活动方式的不同,制定活动方案(包括背景分析、活动目标、活动准备、课时安排、活动过程、场所要求、人员分工、安全措施、活动评价、预期成果等),教师既不能"教活动",也不能对学生放任自流,要做好活动关键环节和细节的指导。

一个完整的综合实践主题活动一般包括活动准备阶段、活动实施阶段和活动总结阶段。

(一)活动准备阶段

教师要基于校情和学情,引导学生提出感兴趣的问题,并及时捕捉活动中动态生成的问题,组织学生就问题展开讨论,确立活动内容和活动方案。

让学生积极参与活动方案的制定过程,对活动可利用的资源及活动的可行性进行评估等,通过合理的时间安排、责任分工、实施方法和路径选择,增强活动的计划性和可行性,提高学生的活动规划能力。

(二)活动实施阶段

让学生经历多样化的活动方式,促进学生积极参与活动,在活动过程中发现和解决问题。

加强方法指导,教给学生发现问题、分析问题、科学探究的方法和途径,帮助学生找到合适的学习方式和实践方式;指导学生做好活动过程的记录和活动资料的整理。教师要把不同的主题活动看成有内在方法关联的学习活动,注意指导的针对性和实效性。例如,如何收集整理资料、调查、采访、撰写调查报告、展示成果,如何与他人交流合作等是学生开展不同内容和方式的综合实践活动必备的基础知识,教师需要有详细的整体指导方案,让学生在不同的实践活动中掌握综合实践活动的学习方法。

教师指导要注意激励、启迪、点拨、引导,确保活动达到预期目标。

(三)活动总结阶段

教师要指导学生选择合适的方式呈现结果,鼓励学生灵活运用绘画、摄影、表演、研究报告、小论文、制作品等多种形式表达与交流,引导学生对活动过程和活动结果进行系统梳理和总结,提升知识建构能力。指导学生根据反馈意见和建议查漏补缺,拓展主题活动内容,深化主题探究和体验。

五 综合实践活动评价

综合实践活动评价,要坚持评价的方向性、指导性、客观性、公正性等原则。

《指导纲要》明确了评价理念、评价内容、评价过程、评价方式等要求,强调综合实践活动要突出学生的发展性导向,聚焦学生实践领域关键能力的表现,做好写实记录,建立档案袋,为综合素质评价提供实证材料,方便招生录取时使用。

学校要确立综合实践活动课程与各学科课程"等价性"的课程意识,依据《指导纲要》的要求,以促进学生综合素质持续发展为目的,在执行层面研究制定综合实践活动课程评价办法,科学设计并实施综合实践活动评价。

小学阶段原则上每学期期末,教师要依据课程目标和档案袋材料,结合平时对学生活动情况的观察,写出有关综合实践活动情况的评语,对学生综合素质发展水平进行分析。

初中阶段综合实践活动的评价应立足于学生参加综合实践活动的过程与结果,关注学生所获得的成果、知识技能以及体验情况,对学生综合实践活动情况作出总体评价,将综合实践活动与综合素质评价深度整合。

《普通高中课程方案》(2017年版2020年修订)规定高中生须修完综合实践活动课程8个学分,由学生所在学校进行学分认定。普通高中学校要结合实际情况,研究制定学生综合实践活动评价标准和学分认定办法,规范学分认定过程和学生获得学分的基本标准,对学生综合实践活动课程学分进行认定。

下列表格描述了综合实践活动能力及其评价的一些关键要素,供学校研制综合实践活动课程评价办法时参考。

能力领域	二级指标	关键能力表现评价点	实证材料（档案袋材料）	备注
认知性实践能力	提出问题能力	提出有意义、有价值的问题；理解问题，把握问题的实质；表述问题，将问题转化为课题	1.档案袋材料包括：学生在考察探究、社会服务、设计制作、职业体验等综合实践活动中，能够反映学生综合素质具体活动的写实性记录，相关事实材料与证明等，如调查报告、研究报告、作品照片、证书和录音录像；参加党团活动、公益劳动、军训、社会实践次数的实证材料；研究性学习专题报告等内容。2.学生在教师指导下整理"档案袋材料"，遴选最具代表性的重要活动记录和典型事实材料以及其他能体现个人特长的实证材料。学生必须对所提供的相关事实材料、证明的真实性负责。3.档案袋是学生自我评价、同伴互评、教师评价学生的重要依据，也是招生录取中综合评价的重要参考	评价方式：过程评价和总结评价。评价主体：自己、同学、教师。评价呈现方式：评语、综合等级、学分认定
	情境认知能力	情境与任务的关系；情境的有利因素和不利因素；进入情境，利用情境解决问题		
	分析、解决问题能力	信息的收集与整理；信息的分析与应用；运用知识解决问题		
	总结与反思能力	撰写研究报告；归纳总结，表达独到的见解；反思得失，提出新问题		
	创新能力	敢于质疑，具有批判精神；好奇心强，提出新的见解和方案；创造性地解决问题		
交往性实践能力	规划能力	了解规划的基本要素和要求；制定可行的活动方案；有效组织和分配活动资源，实施规划		
	社会参与能力	养成爱家乡、爱学校、爱国家的意识、态度和行为习惯；关注社会、国家大事；积极参与社会事务，有社会生存能力		
	社会交往能力	能自我管理，理解个人与他人、集体、社会的关系；理解他人，融入社会；了解人际交往的礼仪		
	社会服务能力	具有服务意识；积极参与家务、生产劳动、社会宣传、志愿活动等，乐于助人		
	职业能力	理解职业，尊重劳动者；体验职业，具备职业理想；理解知与行的关系		
工具性实践能力	动手操作能力	认识和学会工具的使用方法；利用工具完成任务		
	设计与制作能力	了解设计的基本流程、关键要素与方法，独立完成产品的设计与制作方案；理解产品或系统的内在结构、基本原理、制作材料的性质和基本成分；能够独立或合作完成完整的产品或作品；在设计与制作的过程中，能够合理地改进工具或工艺		

第三部分　课程管理

一　规划与建设

(一) 课程规划

中小学校是综合实践活动课程规划的主体,应在地方指导下,对综合实践活动课程进行整体设计,将办学理念、办学特色、培养目标、教育内容等融入其中。要依据学生发展状况、学校特色、可利用的社区资源(如各级各类青少年校外活动场所、综合实践基地和研学旅行基地等)对综合实践活动课程进行统筹考虑,形成综合实践活动课程总体实施方案;还要基于学生的年段特征、阶段性发展要求,制定具体的"学校学年(或学期)活动计划与实施方案",对学年、学期活动做出规划。要使总体实施方案和学年(或学期)活动计划相互配套、衔接,形成促进学生持续发展的课程实施方案。

学校要对综合实践活动课程实施所需要的教师配备、场地设施、课程资源、经费投入、安全保障等进行合理规划和统筹安排,为开齐开足综合实践活动课程提供必要条件。

地方教育行政部门要加强资源统筹管理,协调校内外综合实践活动课程资源,强化公共资源的相互联系和硬件资源的共享,为学校利用各种社会资源及自然资源提供政策支持。

(二) 加强课程资源的开发和建设

在地方教育行政部门的指导下,学校应依据综合实践活动课程要求、学校特色及可利用的社区资源对综合实践活动课程进行统筹考虑,制定分年级的学年(或学期)活动计划与实施方案,根据新时代社会生活、科技、文化和教育的发展情况,结合《指导纲要》中的 152 个推荐主题,二度开发出体现当地经济、社会及文化等方面特点和学校文化的综合实践活动主题,充分体现《指导纲要》的指导思想、基本理念和价值追求。学校不得以单一的讲座报告、书面作业形式代替综合实践活动,不得以学科活动取代综合实践活动;不得以专题教育、研学旅行、基地实践等单一活动取代综合实践活动课程。

二　培训与教研

地方教育行政部门和学校要加强调研,了解综合实践活动指导教师专业发展的需求,搭建多样化的交流平台,强化培训和教研,提升教学质量。

(一) 加强教师队伍建设

学校要建立专兼职结合、相对稳定的指导教师队伍。原则上每所学校至少配备 1 名专任教师,负责学校综合实践活动课程的教学及日常管理,各学科兼职教师要发挥专业优势,开展综合实践活动校本教研，主动承担指导任务。学校要积极争取家长、校外活动场所指导教师、社区人才资源等有关社会力量成为综合实践活动课程的兼职指导教师，协同指导学生综合实践活动的开展。

要开展对综合实践活动课程专兼职教师的全员培训，努力提升教师的跨学科知识整合能力，培养教师课程资源的开发和运用能力，提高综合实践活动教学水平。

(二)完善日常教研制度

各校要建立综合实践活动课程教研组，组织教师认真研读《指导纲要》，通过专业引领、同伴互助、合作研究，积极开展以校为本的教研活动，及时分析、解决课程实施中遇到的问题，提高课程实施的有效性。

各级教研机构要配备综合实践活动专职教研员，加强对综合实践活动课程的指导，组织开展专题教研、区域教研、网络教研等教研活动，提升综合实践活动课程教师的基本技能与应用能力，提高综合实践活动课程整体实施水平。组织开展课堂教学、论文、活动设计、微课、学生活动成果、学校综合实践活动课程实施方案等评选活动，为教师专业发展提供支持。

三 督查与管理

学校要成立综合实践活动课程领导小组，承担起学校课程的实施规划、组织、协调与管理方面的责任，负责制定并落实学校综合实践活动课程实施方案，统筹协调校内外相关部门，开齐开足综合实践活动课，要将综合实践活动课程管理纳入常规教务管理工作，督促教师严格按照课表上课，推动以学生综合实践活动开展情况为重要内容的学生综合素质评价。

地方教育行政部门和教育督导部门要将综合实践活动实施情况作为检查督导的重要内容，从组织领导、师资队伍建设、课时安排、课程资源开发利用、校本教研组织实施、管理制度保障等方面进行综合评价。

四 考核与激励

(一)建立健全指导教师考核激励机制

各地要明确综合实践活动课程教师考核办法，建立专兼职综合实践活动课程指导教师评价制度，根据综合实践活动学科的性质和特点科学合理计算综合实践活动课程教师的工作量，将指导学生综合实践活动的工作业绩作为职称晋升、岗位聘任和评优评先的重要依据。

(二)总结交流优秀成果

各地要依托有关专业组织、教科研机构,定期开展综合实践活动课程展示交流活动,激发广大中小学生实践创新的潜能和动力。对优秀成果予以奖励,发挥优秀成果的示范引领作用,激励广大中小学教师和专兼职研究人员持续从事中小学综合实践活动课程研究和实践探索。

地方教育行政部门、教研机构和学校要充分发挥师生在课程资源开发中的主体性与创造性,及时总结、梳理、推广来自教学一线的典型案例和鲜活经验。

综合实践活动教学要以《指导纲要》为课程规范与操作指南,各校要提高认识,加强学习,明确综合实践活动课程在培养学生德、智、体、美、劳全面发展中的重要地位,落实相关政策和文件精神,为课程的高质量开设创造条件;学校要把综合实践课程的全面实施和有效管理放在和其他必修课程同等的位置,针对课程实施存在的突出问题,从课程目标、内容、活动方式、教师指导、教学评价和教学保障等方面精准施策;教师要认真研究、精心设计、合理指导、科学评价。

附件1
综合实践活动课程教师必备的能力与素养

综合实践活动课程是国家义务教育和普通高中课程方案规定的必修课程,与学科课程并列设置,是基础教育课程体系的重要组成部分。教师必须把《指导纲要》的要求作为课程实施的规范和指南。

教师是综合实践活动课程实施的关键,综合实践活动课程教师应具备以下能力和素养。

一 中小学综合实践活动课程的相关理论

1. 理解综合实践活动课程的性质、基本理念
(1)认识综合实践活动课程开设的重要意义。
(2)掌握综合实践活动课程的基本理念与性质。
2. 领悟综合实践活动课程目标与学段目标的实质和内涵
(1)领会综合实践活动课程总目标。
(2)理解小学、初中、高中各学段目标及其体系架构和丰富内涵。
3. 熟悉综合实践活动课程内容与活动方式
(1)领悟内容选择与组织原则。
(2)了解考察探究、社会服务、设计制作、职业体验等活动方式的含义、特点,掌握不同阶段学习内容及活动方式的选择与组织。
(3)把握研学旅行、基地实践、专题教育等相关形式的综合实践活动的政策要求、活动内容及活动方式。

二 实施中小学综合实践活动课程的专业能力

1. 具备课程资源开发与运用能力

具有选择并指导实施教育部《指导纲要》推荐的 152 个主题活动的能力,能紧密结合学生认知水平、心理生理特点等二度开发出以体现地域特征和学校文化为创新点、生长点及增长点的综合实践活动主题。
(1)理解课程资源的多样性。
(2)熟悉校内外课程资源开发的原则和途径。
(3)掌握综合实践活动方案设计与案例编写。
(4)掌握多种课程资源整合利用的方法。

2.掌握开展各类主题活动所需的研究方法

熟知考察探究、社会服务、设计制作、职业体验等不同活动方式和不同学段的活动内容、目标要求及基本方法。特别应具有以下专业素养：

(1)熟悉选题指导型、主题分解型、活动策划型、方法指导型、阶段交流型、成果交流型等类型的综合实践活动主题设计的整体思路和方法。

(2)具备文献检索与利用能力，掌握调查、访谈、实验、利用网络开展活动等基本科研方法。

(3)具备各种文体材料的撰写、过程性记录、结果整理等能力。

(4)具备信息技术应用能力，能将信息技术与教育教学深度融合。

(5)熟悉设计制作所涉及的相关工具的性能及使用方法。

3.具有指导学生开展主题活动的能力

(1)熟知综合实践活动教师指导的基本行为规范和指导常规，科学指导学生开展主题活动。

(2)具备指导学生选择学习活动内容、明确主题，制定活动方案和开展活动的能力。

(3)掌握活动准备、实施、总结交流等阶段课程实施的过程性方法指导。

活动准备阶段的教师指导主要包括：提出问题并将问题转化为活动主题的指导，制定活动方案的指导，活动资料与活动工具准备的指导等。

活动实施阶段的教师指导主要包括：进入活动情境的指导，方法论的指导，搜集与处理资料的指导等。

活动总结与交流阶段的教师指导主要包括：活动结果、活动过程及活动体验的总结指导，表达与交流的指导等。

4.熟练运用综合实践活动评价的方法

(1)了解评价的基本原则，根据针对性、全面性、发展性、鼓励性原则，撰写学生活动评语。

(2)掌握不同活动方式、不同学段活动的评价方式、要求和评价标准。

(3)能够设计表格、档案袋、活动记录单、评价量表等，并依据不同的反馈形式，对活动过程与结果、学生的表现情况进行恰如其分的评价。

三　中小学综合实践活动课程规划与管理的能力

综合实践活动课程教学涉及规划、设计、组织、协调与管理，教师要了解政策和要求，做好课程规划、实施的管理工作。

1.了解教育行政部门、学校对综合实践活动的管理要求

2.熟悉并参与学校的综合实践活动课程规划与实施

(1)全面了解学校综合实践活动课程实施(课时安排、实施机构和人员)情况。

(2)参与学校综合实践活动课程规划与建设。

3.具有综合实践活动课程实施过程的管理能力

(1)准确把握活动主题的可行性、适宜性和科学性要求,合理规划课程方案。

(2)全面、客观地分析学校和学生实际,对综合实践活动的实施过程进行管理与指导。了解不同学段、不同年级、不同学生的身心特征、兴趣爱好、能力特长,指导学生组建并实现活动小组的管理与自我管理。

(3)统筹各种资源,协调各方面社会力量,保障综合实践活动的实施。

教师要认真学习教育部印发的《指导纲要》,切实加强对综合实践活动课程的精心组织、整体设计和综合实施,在教学实践中不断提升课程实施水平。

附件 2
综合实践活动课程其他活动方式的教学实施建议

根据《指导纲要》,综合实践活动除了考察探究、社会服务、设计制作、职业体验等活动方式外,还有党团队教育活动、博物馆参观等。目前在中小学开展较多的有研学旅行、专题教育、基地实践等活动,现将相关的政策要求整理如下,并提出活动内容及教学实施建议,供学校和教师实施教学活动时参考。

一 研学旅行

中小学生研学旅行是由教育部门和学校有计划地组织安排,通过集体旅行、集中食宿方式开展的研究性学习和旅行体验相结合的校外教育活动,是学校教育和校外教育衔接的创新形式,是教育教学的重要内容,是综合实践育人的有效途径。

根据教育部等 11 部门《关于推进中小学生研学旅行的意见》(教基一〔2016〕8 号)精神,2018 年 3 月安徽省教育厅等部门发布的《关于推进中小学生研学旅行的实施意见》(皖教基〔2018〕4 号)对中小学研学旅行的相关问题做了明确要求和规定,各地开展研学旅行要遵照执行。

研学旅行是一种研究性学习、体验式学习,学校作为研学旅行的组织实施主体,为保障研学旅行教育目标的达成,须做好以下工作:

1.将研学旅行纳入教育教学计划

各中小学校要结合实际,把研学旅行与学校德育、综合实践活动课程和研究性学习相结合,使研学旅行功能最大化。

合理安排研学旅行学段和时间,原则上每个学生在小学、初中、高中就学期间,各参加一次研学旅行。每次小学 1 至 2 天、初中 3 至 4 天、高中 5 至 6 天,小学以县区内研学旅行为主,初中以市内研学旅行为主,高中以省内研学旅行为主,研学旅行时间应尽量避开旅游高峰期。

2.加强研学旅行课程建设

中小学校要高度重视研学旅行的育人功能,精选主题,精心设计活动计划和方案,充分发挥研学旅行与学校课程相互衔接、相互补充的育人作用,做到研学与旅行有机结合,避免"只旅不学"或"只学不旅"的现象。结合学校的特色文化,将学校的办学理念、办学特色、培养目标、教育内容等融入研学旅行活动,根据学段特点和地域特色,逐步开发乡土乡情、县情市情、省情国情等不同层次,以及自然与文化、历史与地理、科技与人文、工业与农林、城市与乡村、传统与现代、参与与体验等多种类型的研学旅行活动课程体系。

学校和研学基地要认真对接,设计课程内容,共同构建中小学研学旅行课程,围绕课程内容各司其职,确保中小学研学旅行有效实施。

3.组建研学旅行教师指导团队,规范研学旅行的流程

学校要组建研学旅行教师指导团队,对研学旅行内容进行课程化实施,要围绕研学课程让学生提前进入学习状态,要带着考察探究的问题去研学,对研学内容心中有数。研学旅行教师指导团队可在实地考察、探究与实践中根据实际情况不断补充、修正研学旅行的活动方案。不同学段研学旅行侧重点不同,研学内容及研学重点也有所不同,但研学旅行的基本流程大体一致。

研学旅行的基本流程:

①准备阶段。一是学校层面的准备,成立领导小组,制定活动方案,设计研学手册;制定安全预案,召开动员大会,进行模拟演练等;二是师生层面的准备,包括查阅资料、研究制定研学旅行活动方案、进行研学旅行生活准备等。

②实施阶段。包括实地考察与调查、问题发现与研究、实践体验与感悟、实证材料收集与整理、活动过程记录等。研学旅行绝不是单纯的外出游玩,还应包括对自然、地理、历史、人文景观的考察探究,包括场馆参观、爱心奉献、职业体验、民俗采风等实践体验活动。

③成果呈现阶段。学生要及时汇总研学旅行资料,包括行前收集整理的资料,实地考察、现场调查与访谈、沿途照片、实证材料,问题发现、问题研究与问题解决的材料,研学日记、研学旅行报告等。

4.制订安全保障方案

教育行政部门按照属地原则,负责督促学校落实安全责任,审核学校活动方案、投保信息和应急预案。

学校制订中小学生研学旅行安全保障方案,探索行之有效的安全责任落实、事故处理、责任界定及纠纷处理机制,实施分级备案制度,做到层层落实,责任到人。

学校要做好研学旅行的安全教育工作,并与家长、委托开展研学旅行的企业或机构签订安全责任书。

二 专题教育

教育部、全国少工委、共青团中央及其他部委根据国家和社会发展的需要,发布了一些要求在中小学开展的专题教育文件,如优秀传统文化教育、革命传统教育、国家安全教育、心理健康教育、环境教育、法治教育、知识产权教育等各类专题教育,这些专题教育的内容必须在国家课程中得以体现,这样才能在学校中真正落实。

《指导纲要》把可以作为综合实践活动主题的内容进行了提炼和转化,将学生感兴趣的综合实践活动主题纳入综合实践活动课程中,构建了小学、初中、高中相互衔接的专题教育内容体系。为实现专题教育的目标,使专题教育真正落地,学校应做好以下几点:

1.将专题教育纳入课程计划,提升专题教育课程化实施水平

各中小学要根据专题教育的内容要求,针对不同学段的学生身心发展的特点,结合本校的课程实际和学科教学要求,把专题教育活动内容用课程教学的思维加以设计,根据需要纳入学校综合实践活动课程。承载专题教育任务的主题活动要突出专题教育的具体要求,做到有方案、可操作、能落实,使专题教育活动开展符合综合实践活动课程要求,强调学生的参与、实践和感悟,促进学生提升综合素养。

普通高中可根据本校办学目标和特色,实施与专题教育相关的研究型课程,并引导学生根据自身兴趣和特长开展相关研究性学习活动。

2.利用多种途径开展专题教育

实施专题教育可通过课堂教学、集中主题活动、网络学习和实践体验活动等多种途径进行。学校可利用晨会、班会和校会时间,组织开展形式多样的专题教育;也可以将专题教育与校园文化环境建设融合,通过宣传栏、电子屏、校报、校园电视台、红领巾广播、黑板报等多种载体来统整专题教育内容。

3.协调各类社会资源,保障专题教育开展

利用校内外各类公共资源,促进校内与校外、社区与家庭的合作,共同推进专题教育的实施。充分利用信息化手段和网络教育资源,协调、依托各类社会资源,组织学生参加专题教育的实践活动。

三 综合实践基地活动

综合实践活动基地、青少年校外活动场所(以下统称实践基地)通过创设社会性、生活化、活动型、体验性的活动环境、课程模块和实践过程,提供多渠道实践体验的机会,使学生获得积极的、真实的体验,从而让学生形成对自我、自然和社会的整体认识,养成积极而负责的生活态度,学会做人、学会生存、探究与创造。

实践基地承担区域内中小学校的综合实践活动,开展由于场地、器材装备、设施等条件限制学校无法开设的综合实践活动课程有关的主题活动。实践基地要坚持公益性、实践性、安全性原则,充分利用自身优势和特点、师资、设施等优势辐射区域内各学校,促进综合实践活动课程的开展。

1.建立"市县教育局统筹、实践基地实施、中小学协助配合"的运行模式,落实各部门责任

(1)各市县区教育主管部门要切实加强对实践基地的管理,建立健全学生参加实践活动的各项规章制度。协调好实践基地和学校之间的工作关系,检查学校与实践基地组织学生参加实践活动的情况和效果,推动学生综合实践活动正常有序开展,提高实践基地使用效率和活动效果。

(2)实践基地要合理配备教学活动开展所需的师资、设施、设备等,规范实践教学流程,建立完备的工作制度。健全医疗保障、安全保障和后勤保障机制,规范食堂、宿舍的管理要求,完善物品采购、验收、保管制度。

(3)完善实践基地与学校的协调沟通机制。县区教育行政部门分学期制定和公布课程

计划,对区域内各学校进行时间分配和计划安排。各学校主动按计划规定的时间组织学生参加实践基地的综合实践活动课程,实现学生参加实践基地活动制度化、常态化。

2. 开发合适的基地课程,提高实践基地的教学质量

实践基地的教学活动要以教育部印发的《指导纲要》《国家示范性综合实践基地实践活动指南》为依据和规范,遵循《国家示范性综合实践基地实践活动指南》对基地课程建设的要求,以培养学生的创新精神和实践能力为核心,参照《指导纲要》推荐的活动方式,加强基于生存体验、素质拓展、科学实践、主题教育四大模块的课程建设,充分挖掘地方工业、农业、科技、社会生活、人文历史等资源,将其引入场所内,创建特定的场馆、活动室、拓展实践区等活动环境,创设特定活动主题,创新活动内容和形式,形成课程特色,建立校本课程体系。引领学生在实践基地体验、探索、实践,培养学生的动手实践能力和创新精神,努力践行社会主义核心价值观教育。

3. 整合、优化实践基地课程和教学设施,强化劳动教育

劳动教育是全面贯彻党的教育方针的基本要求,是培育和践行社会主义核心价值观的有效途径。2020年3月中共中央、国务院发布《关于全面加强新时代大中小学劳动教育的意见》,对新时代劳动教育做了顶层设计和全面部署,意义重大,影响深远。

综合实践活动作为实践的课程、生活的课程,落实劳动教育责无旁贷。实践基地要全面贯彻中共中央、国务院《关于全面加强新时代大中小学劳动教育的意见》,担当起落实新时代劳动教育的责任。

实践基地要对劳动教育有长远规划,整合实践基地教学设施,优化实践基地综合实践活动课程,有选择地设置适合不同学段学生的劳动教育课程,如家政、烹饪、园艺、种植、非物质文化遗产、手工制作、电器维修、3D打印、服装设计和制作等。把基地创建成劳动教育的实验区和实践场,培养学生的劳动观念、劳动意识,习得自我服务及社会服务的劳动技能,形成尊重劳动、热爱劳动、珍惜劳动成果的优秀品质。

4. 加强指导和保障,强化评价和督导

(1)市县教研部门负责指导实践基地的教学研究工作,要定期组织研讨活动,指导、引领各县市区实践基地开展教学工作,不断提高实践基地的教学质量。

(2)加强教师队伍建设,保障教师待遇,加强教师业务能力培训,不断提高教师的专业化水平。

(3)配套硬件资源和耗材。要积极建设各类专用活动室、专题场馆、工农业实践区域、劳动实践区域等,科学合理地增添教学装备,要设置活动耗材专项经费,保障活动场所正常运转。

(4)实践基地在教育行政部门监督、管理下,要对学生在综合实践基地的活动情况作出评价。

(5)各级教育督导机构要把实践基地开展活动的情况和各学校参加活动的情况纳入督导检查内容中。

执笔人:许晓红　盛庆超　奚家福　王昌余　吴广知　陶士金　张勋贵　胡炯　佘承智

后　记

《安徽省普通高中学科教学指导意见》的研制工作是在委厅领导的高度重视下，在分管领导徐静平副厅长的特别关心和指导下进行的。在研制过程中，省教科院余奕祥院长亲自统筹协调、积极推进，徐贵亮、王光厚、曹武副院长精心安排、狠抓落实，各学科教研员认真组织本学科教学指导意见的研制工作。各学科研制组成员积极参与，为指导意见的出台贡献了智慧和力量，研制组成员名单详见各学科指导意见文末。

为提高本书的文稿质量，省教科院于 2020 年 6 月 15 日至 17 日在合肥市组织召开各学科教学指导意见咨询论证工作会议，集中对文稿进行审议。与会专家主要是来自全省各地的大学教授、教研员和一线教师，他们分别是陈明杰、许晓天、章全、吴望民、李庆春、方小培、褚军、郑文年、王岚、张青、李文波、朱玉江、陶小陵、杜泉、孔庆东。值本书出版之际，我们向参加咨询论证工作会议的各位专家表示衷心的感谢。我们还要特别感谢各地教育部门和学校师生的紧密配合，感谢各位学界同仁的积极参与，感谢出版社领导和编辑们的辛勤付出。

制定普通高中各学科教学指导意见是一项全新的工作。由于我们的研究还不够深入，再加上时间仓促，不当之处在所难免。真诚希望各地教师、教研员和教育行政管理人员在使用过程中，及时向我们提出宝贵的意见和建议，以便再版时进一步完善。